Apoteose de Rameau

FUNDAÇÃO EDITORA DA UNESP

Presidente do Conselho Curador
Herman Voorwald

Diretor-Presidente
José Castilho Marques Neto

Editor-Executivo
Jézio Hernani Bomfim Gutierre

Conselho Editorial Acadêmico
Antonio Celso Ferreira
Cláudio Antonio Rabello Coelho
José Roberto Ernandes
Luiz Gonzaga Marchezan
Maria do Rosário Longo Mortatti
Maria Encarnação Beltrão Sposito
Mario Fernando Bolognesi
Paulo César Corrêa Borges
Roberto André Kraenkel
Sérgio Vicente Motta

Editores-Assistentes
Anderson Nobara
Arlete Zebber
Dida Bessana

Henri Pousseur

Apoteose de Rameau
e outros ensaios

Tradução
Flo Menezes e Mauricio Oliveira Santos

Seleção dos textos, prefácio e notas críticas
Flo Menezes

editora
unesp

© 2005 Henri Pousseur

Títulos originais dos textos: Le chromatisme organique d'Anton Webern; De Schoenberg à Webern, une mutation; La Question de l'ordre dans La musique nouvelle; Vers une périodicité généralisée; L'apothéose de Rameau; Stravinsky selon Webern selon Stravinsky.

© 2008 Editora UNESP
© 2008 da tradução brasileira

Fundação Editora da UNESP (FEU)
Praça da Sé, 108
01001-900 – São Paulo – SP
Tel.: (0xx11) 3242-7171
Fax: (0xx11) 3242-7172
www.editoraunesp.com.br
feu@editora.unesp.br

CIP – Brasil. Catalogação na fonte
Sindicato Nacional dos Editores de Livros, RJ

P894a

Pousseur, Henri, 1929-2009
  Apoteose de Rameau e outros ensaios/Henri Pousseur; tradução Flo Menezes e Mauricio Ayer; seleção dos textos, prefácio e notas críticas Flo Menezes. – São Paulo: Editora UNESP, 2009.
  360p.

  Apêndices
  Inclui índice
  ISBN 978-85- 7139-919-8

  1. Pousseur, Henri, 1929-2009. 2. Música – História e crítica. 3. Música – Filosofia. 4. Composição (Música). 5. Harmonia (Música). I. Menezes, Flo. II. Título.

09-1773. CDD: 780.9
CDU: 78(09)

Editora afiliada:

Asociación de Editoriales Universitarias de América Latina y el Caribe

Associação Brasileira de Editoras Universitárias

Sumário

"Nosso Rameau" – Prefácio de Flo Menezes   7

1   O cromatismo orgânico de Anton Webern   29

2   De Schoenberg a Webern: uma mutação   49

3   A questão da "ordem" na música nova   89

4   Por uma periodicidade generalizada   111

5   Apoteose de Rameau   ensaio sobre a questão harmônica   171

6   Stravinsky segundo Webern segundo Stravinsky   255

Apêndice
Livros de Henri Pousseur   333
Livros sobre Henri Pousseur   333
Obras de Henri Pousseur   333

Índice remissivo   349

Índice onomástico   355

Nosso Rameau[*]

In Memorian
Henri Pousseur
(1929-2009)

Protagonista pós-weberniano

Entre os grandes nomes que fizeram e fazem a história da música contemporânea, radical, verdadeiramente especulativa na segunda metade do século XX e início do XXI, é incontestável a singular presença de Henri Pousseur, nascido em 1929 em Malmédy, pequena cidade da comunidade francesa da Bélgica. Seu nome figura ao lado dos de Pierre Boulez (1925-), Karlheinz Stockhausen (1928-2007), Luciano Berio (1925-2003), Iannis Xenakis (1922-2001), Gyorgy Ligeti (1923-2006), Luigi Nono (1924-1990), John Cage (1912-1992) e alguns poucos mais como um dos protagonistas da chamada geração pós-weberniana.

É possível que o fato de ser oriundo de um país dividido por no mínimo duas culturas – a francesa e a flamenga –, sem falar da influência alemã e inglesa, tenha contribuído para que, entre tais nomes, seja o de Pousseur talvez o menos (re)conhecido, tanto entre nós quanto internacionalmente, em que pese sua evidente reputação, nos meios mais especializados, como

---

[*] Publicado pela primeira vez em Menezes, Flo. *Música maximalista* – ensaios sobre a música radical e especulativa. São Paulo: Editora Unesp, 2006, p.279-302.

um dos grandes nomes da música atual. Nada que justifique a ausência, na bibliografia em português, de alguns de seus escritos mais importantes.

Trata-se – é preciso dizê-lo – não só de um genial compositor: Pousseur é, ao lado de Pierre Boulez, também autor da talvez maior obra teórica da música nova. Sua envergadura, nesse sentido, é comparável à de Arnold Schoenberg para a primeira metade do século passado.

O entrecruzamento de culturas certamente contribuiu para a formação humanista, crítica e profundamente diversificada do jovem Pousseur, que aos dez anos já ingressava no Conservatório de Liège para estudar piano e órgão. Em tal época, teve como professor de harmonia Pierre Froidebise, que o põe em contato, ainda bem jovem, com a obra de Schoenberg e de seu aluno mais radical, Anton Webern, sem falarmos da obra, já bastante em voga, de Igor Stravinsky, por cuja música Pousseur viria a ter um respeito e amor incomensuráveis ao longo de toda a sua vida.

Mas é a década de 1950 que guarda a Pousseur as principais descobertas de sua carreira. Logo em 1951, por iniciativa do próprio Froidebise, empreende viagem à abadia medieval de Royaumont – a mesma que, em tempos atuais, sedia os famosos cursos de verão com o papa da Nova Complexidade, Brian Ferneyhough –, onde encontra pela primeira vez Pierre Boulez. Tal encontro será decisivo em sua vida. De acordo com as próprias palavras de Pousseur, após ter mostrado a Boulez uma de suas primeiras composições (*Sept Versets des Psaumes de la Pénitence*[1]), ouvira do jovem "mestre" uma verdadeira aula de cerca de uma hora sobre a música de Webern, com especial acento nas relações harmônicas daquilo que viria a ser chamado de *harmonia de simultaneidade* (a verticalização das relações cromáticas: Segundas menores, Sétimas maiores, Nonas menores). Seu vínculo indissolúvel com a obra weberniana estava então selado.

A esse significativo encontro seguiram-se muitos outros, com o próprio Boulez, claro, mas também com Stockhausen, de quem viria a se tornar íntimo amigo, e logo em seguida com Berio, Bruno Maderna e com os demais protagonistas da chamada "geração de Darmstadt", termo que deriva do fato de ter sido essa cidade alemã a que agregara, naquela época, os principais expoentes da vanguarda musical pós-weberniana em seus famosos festivais, realizados no verão europeu.

A série generalizada

Pousseur engrossa, então, as fileiras dos partidários da estratégia compositiva de se fazer uma *tabula rasa* do passado musical, tendo por base

---

1 A obra, de caráter evidentemente religioso, revela a tendência espiritual do jovem Pousseur que, ainda adolescente, chegara a pensar em tornar-se padre.

as premissas lançadas pela obra de Anton Webern. O intuito principal era a busca incessante pela mais genuína essência sonora, imbuída de um particular gosto pelo controle absoluto dos dados musicais, levando às últimas conseqüências o princípio serial esboçado por Schoenberg e seus discípulos com a técnica dodecafônica. Afinal, por que abrir mão da possibilidade de absoluto controle das estruturas musicais? Por que renegar a responsabilidade, como compositor, pela estruturação dos aspectos ou parâmetros constituintes da forma musical, do menor ao mais vasto elemento de sua arquitetura?

Num desejo obstinado pela organização das estruturas musicais – o qual, aliás, nada mais faz que ecoar os anseios de toda música *especulativa*, já desde os primórdios da escritura musical em tempos bem remotos –, residia a poética do que se convencionou chamar de *serialismo integral*, ou ainda *série generalizada*, movimento do qual Pousseur é considerado um dos principais expoentes.

Mas já desde suas primeiras obras seriais, Pousseur demonstra especial atenção a uma, diríamos, *fenomenologia da escuta*. Em que pese toda a elucubração de índole serial – processos intelectuais, aliás, absolutamente legítimos, sem os quais boa parte da música dos anos 1950 não teria vindo à luz, e sem os quais seríamos, hoje, musicalmente bem mais pobres –, Pousseur alia-se a uns poucos dentre os compositores da geração de Darmstadt (como seu amigo Luciano Berio) que nutrem particular interesse pela maneira com a qual a música deve atingir os ouvintes, sem que se abra mão de sua organização extrema nem de seus preceitos "seriais". Assim sendo, em suas *Symphonies à Quinze Solistes* (1952-53) constata-se já a aplicação da chamada *técnica de grupos*, a segunda fase do recém-nascido serialismo integral. Nela, o serialismo não seria mais aplicado a cada ponto isolado do desenvolvimento musical, a cada nota, mas antes a pequenas seqüências, nas quais ao menos uma das dimensões paramétricas (alturas, registros, timbres, durações, intensidades) deveria permanecer constante. Como resultado, obtinha-se certo grau de continuidade e de homogeneidade de textura que se contrapunha à fase inaugural mais "esfacelada" da série generalizada, conhecida como *música pontilhista* ou *pontual*. Além disso, adentrava na metodologia serial integral certa *hierarquia* entre os parâmetros compositivos, ao mesmo tempo que o compositor vislumbrava um maior grau de liberdade de escrita sem, contudo, abrir mãos de seus preceitos ainda rigorosamente seriais.

Música eletrônica, música serial

E é justamente nesse contexto que uma porta se abre aos compositores mais radicais desse período. Valendo-se da sensibilidade do pai da chamada *música eletrônica* (em seu sentido correto, originário, correspondente ao nascimento da *elektronische Musik* em 1949, em oposição e, ao mesmo tempo, complementação da recém-fundada *musique concrète* francesa de 1948), ou seja, a partir da iniciativa de Herbert Eimert, fundador do primeiro estúdio do gênero em 1951 junto à rádio alemã de Colônia (NWDR), Pousseur é convidado, em 1953, a fazer parte do seleto rol de jovens compositores que se enveredariam pela experiência da composição musical em estúdio.

Inseridos em um contexto laboratorial, esses jovens autores – Pousseur, Stockhausen, o belga Karel Goeyvaerts e o alemão Gottfried Michael Koenig – viam-se defronte da possibilidade de levar às últimas conseqüências, ao nível das partículas sonoras mais elementares, o princípio de composição e organização seriais, levando ao apogeu o princípio "atomista" esboçado por Webern em meio à gesticulação delgada, já essencialmente pontilhista e miniaturista de sua escritura instrumental.

Não haveria outra forma de se encarar a oportunidade de tal experiência senão pelo viés de uma busca obcecada pela organização serial estrita de todos os parâmetros, incluindo aí os próprios timbres, a própria constituição interna dos espectros, algo, portanto, que a música instrumental não proporcionava ao pensamento serial. A música eletrônica passa então a ser sinônimo, nessa sua fase inicial, de música serial,[2] e Pousseur, mais uma vez, torna-se um dos protagonistas da nova empreitada.

Sobredeterminação

É a época dos famosos Festivais de Donaueschingen e sobretudo de Darmstadt, celeiro da música nova européia. Era natural que, após uma primeira fase de radicalização extrema, os compositores da geração de Darmstadt, portadores de uma considerável bagagem no âmbito da música instrumental, desejassem resgatar o elo perdido com os instrumentos e verificassem em que medida seria possível conjuminar os recursos tecnológicos com os problemas sintáticos e com os aportes da escritura instrumental. Pousseur, nesse contexto, desempenha mais uma vez papel decisivo, concebendo uma das primeiras realizações musicais – senão a primeira de fato relevante – em que se conjugam orquestra e eletrônica: trata-se de *Rimes pour différentes sources sonores* (1958-1959).

---

2 Ver em detalhes, a esse respeito: Flo Menezes. *Música Eletroacústica* – história e estéticas. São Paulo: Edusp, 1996, p.31-42.

Mas o mesmo ano de 1958 marca o reaparecimento bombástico de John Cage nos cenários de Darmstadt (onde já tinha atuado em 1954), em substituição a Boulez, o qual cancela sua presença nos seminários do festival local de verão por causa das suas ocupações com a finalização de *Poésie pour pouvoir* (1958), a estrear em outubro daquele ano em Donaueschingen.[3] Cage já havia tomado antes contato com o meio musical europeu, do que é testemunha sua rica correspondência com Pierre Boulez. Mas dos anos 1940 e início dos anos 1950 a 1958, Cage aprofunda e escancara seu interesse pela *indeterminação* (*indeterminacy*) na música, contrapondo-se cada vez mais, como bom americano, à ordem européia. Ao intuito serial generalizado, hiperorganizado, Cage opõe o caos, o acaso, em suma: o acaso, ainda que paradoxalmente também submetido a uma milimétrica organização. Com sua postura, balança os alicerces da geração pós-weberniana, provocando quase um ocaso da série generalizada.

Pousseur faz parte daqueles que, sem deixar de se influenciar pela postura de Cage, mantém desde cedo uma postura crítica às intervenções casuísticas e ocasionais do compositor norte-americano, contrapondo à indeterminação cageana o que teria preferido chamar de *surdétermination* (ou seja: *sobre-determinação*). Ainda que conferindo ao papel do acaso certa importância, Pousseur almeja, assim, um controle de ordem superior, impondo às estruturas casuais uma estruturação causal: o acaso controlado. Uma espécie de descaso pela prepotência norte-americana em se desconsiderar os esforços (des)medidos e acumulados em anos de árdua busca, levados a cabo pelos compositores europeus.

Era esse, a rigor, o verdadeiro sentido da *obra aberta* promulgada por Umberto Eco em 1957. Não se tratava, então, de negar a estruturação em si, mas antes entender o potencial labiríntico – ou, para falarmos como o poeta Edoardo Sanguineti, colaborador de Berio –, "laboríntica" de toda expressão. James Joyce, Ezra Pound e mesmo Mallarmé já haviam mostrado o mesmo caminho em literatura, e era preciso que a música demonstrasse suas capacidades em tornar-se igualmente flexível aos distintos níveis de "leitura" ou de escuta da própria obra musical. E é desse modo que se deve compreender Pousseur quando alega que, não fosse por Cage, a música européia teria feito, por si só, apelo a certa abertura das estruturas musicais.

Como quer que seja, datam desse período criações de fundamental importância, tais como a peça eletroacústica *Scambi* (1957), *Mobile* (1957-1958) para

---

3 Após essa sua atuação provocadora, Cage retornaria a Darmstadt novamente apenas bem mais tarde, em 1990. Cf. a esse respeito Pascal Decroupet, "Cage in Darmstadt, 1958", Borio, Gianmario & Danuser, Hermann (Orgs.), capítulo *Im Zenit der Moderne – Die internationalen Ferienkurse für neue Musik Darmstadt 1946-1966*, Band 2, Rombach Verlag, Freiburg i. B., 1997, p.231-40.

dois pianos e *Répons* (1960) para sete músicos. Aliadas a uma flexibilização da forma musical, tais obras apontam para um novo caminho no itinerário criativo de seu autor.

O poder da música coletiva

A última das obras citadas motiva Pousseur a empreender, em colaboração com o regente e compositor Pierre Bartholomée, a formação de um grupo musical para sua estréia em 1962, dando origem ao *Ensemble Musiques Nouvelles* de Liège.

Ao tomar contato, como principal mentor, com um grupo de músicos profissionais claramente constituído e voltado à nova música, e em eco às considerações acerca da participação ativa do ouvinte na percepção da própria obra musical tal como enunciada pelas poéticas da obra aberta, Pousseur vislumbra a co-participação dos membros do conjunto em obras criadas coletivamente. Aliada à sua intensa e incessante atividade pedagógica, desenvolvida sobretudo em Liège e nos EUA durante a década de 1960, e, mais tarde, por um bom período em Paris, Pousseur idealiza e lidera alguns projetos de música coletiva, vertente de suas atuações que terá como apogeu uma das mais belas obras do repertório musical contemporâneo: a composição coletiva *Stravinsky au futur ou l'Apothéose d'Orphée*, realizada em 1971 quando do desaparecimento do mestre russo.

Em tais empreendimentos, Pousseur revela a verdadeira natureza de suas profundas convicções democráticas: jamais tendo reivindicado para si a autoria isolada de uma obra como *Stravinsky au futur*, tal obra jamais teria sequer sido concebida caso não houvesse a liderança inestimável de Pousseur, em todos os aspectos. Modestamente, Pousseur afirma-se como co-participante, apesar de sua indubitável liderança. Ao descrever a função do compositor à frente de uma "criação autenticamente coletiva", Pousseur assevera que seu papel, nada fácil, seria o de "conceber as estruturas gerais, prever tanto quanto possível a diversidade de suas aplicações particulares e assegurar até certo ponto, o quanto possível, sua coerência".[4] Afirmando o enorme potencial expressivo das criações coletivas – desde que se trate de uma formação calcada na presença de músicos altamente qualificados –, Pousseur como que se "dilui" em meio à força das intervenções pessoais dos instrumentistas, sem deixar, com isso, que a obra emergente não seja mais

---

4 Pousseur, H. *Composer (avec) des Identités Culturelles*. Paris: Institut de Pédagogie Musicale et Chorégraphique, La Villette – Cité de la Musique, 1989, p.48.

um Pousseur! Dessa forma, edifica verdadeiras pedras preciosas do repertório contemporâneo, num *pendant* radicalmente democrático à tendência da chamada *música intuitiva*, igualmente de caráter coletivo, encabeçada por Stockhausen nos anos 1960.

"O Fausto de vocês" e a problemática das citações

Mas tais realizações coletivas têm precedentes na própria obra de Pousseur. Após tomar conhecimento do texto "Música, Arte Realista"[5] de Michel Butor – um dos expoentes do *Nouveau Roman* francês – e sentir-se fortemente impactado pelas idéias lá expostas (sobre citações, "cores" harmônicas, históricas), Pousseur entra em contato com o escritor francês, resultando daí uma profunda empatia e amizade, assim como uma colaboração criativa que se estende até os dias de hoje.

Em que pese a relevância dos trabalhos posteriores, frutos de tal irmandade, é o primeiro deles o que se configura, indubitavelmente, como o mais importante: *Votre Faust* (1961-1968), "fantasia variável do gênero ópera".

Tendo por base o drama de Fausto em suas mais distintas versões, no qual o protagonista da ópera, um compositor de sintomático nome Henri, desgastado por suas investidas quase vãs no intuito de propagar sua obra de vanguarda, vende sua alma ao diabo para poder compor uma obra que, por imposição do demônio, terá de ser uma ópera justamente sobre o tema de Fausto, a monumental obra de Pousseur/Butor parafraseia em seu título o *Meu Fausto* (*Mon Faust*) de Paul Valéry, incitando o ouvinte a co-participar da obra no próprio ato de sua escuta. Em *Votre Faust* (ou seja, *Vosso Fausto*), a sobredeterminação adentra não somente os elementos constituintes da forma, mas determina também a própria forma em sua globalidade: os ouvintes são convidados inclusive a votar sobre o final da ópera, para o qual existem quatro opções – um final francês, um alemão, um italiano e um inglês.

Em meio a tal arquitetura radicalmente aberta, porém sempre responsável (em eco à noção de *responsabilidade* do compositor, evocada de modo tão veemente por Boulez), Pousseur envereda-se por profundas especulações harmônicas. Generalizando o próprio princípio da série generalizada, ele estende o conceito de participação não somente ao público ouvinte, mas também à própria história musical: *Votre Faust* constitui-se quase exclusivamente de citações, tanto no plano musical quanto no que se refere ao texto que lhe

---

5 Cf. Butor, M. "La Musique, Art Réaliste". In: Butor, *Répertoire* (I Paris), Editions de Minuit, 1960, p.27-41.

dá suporte. O caráter "coletivo" reveste-se, aqui, de um sentido histórico, na (des)apropriação de fragmentos de um vasto legado cultural.

Em seu magnífico texto *Composer (avec) des Identités Culturelles*, bem posterior a *Votre Faust*, Pousseur aborda de modo franco e aberto a problemática das citações, discursando sobre a essência poética desse recurso metalingüístico e eminentemente literário que, em música, revela-se como, no mínimo, arriscado. Levando em conta o processo de fragmentação do objeto citado e sua *descontextualização*, assim como sua *recontextualização* no novo ambiente estrutural no qual se vê inserido, Pousseur discorre sobre as condições necessárias para a pertinência de tal uso, salientando, resumidamente, os seguintes aspectos:

a) Se se trabalha com elementos de citação reconhecíveis, é preciso ou que estes sejam postos em evidência como momentos particulares, como pólos privilegiados de uma textura de conjunto de alguma maneira mais neutra, ... ou que essa própria textura seja ela mesma inteiramente baseada em elementos, citacionais ou não, dotados, de toda forma, de uma pregnância análoga, e susceptíveis de se contrabalançar uns aos outros. ...

b) ...É preferível não respeitar completamente os contornos [perfis] completos... . Proceder-se-á, pois, preferentemente por *fraturas* (*déchirures*), por uma técnica de *fragmentação* (*lambeaux*), praticar-se-ão até mesmo *feridas* (*plaies*), confiando que, conforme a tendência dos tecidos (nesse contexto, de um tecido *perceptivo*), tais feridas se cicatrizem, produzindo assim *soldaduras* (*soudures*) naturais, em nosso caso entre elementos de origens diversas... .

c) Maior ou menor dissolução da identidade reconhecível poderá ser obtida e controlada... sobretudo mediante alterações de proporções internas, variações do material intervalar etc., ... em que a técnica das "redes" [de que logo trataremos] generaliza a aplicação eventualmente ao infinito. ...

d) ... Será por certo igualmente muito útil poder dispor... de um *sistema* subjacente (ou dominante) suficientemente forte, claro e lógico... para assegurar *a priori* certa coerência à panóplia ou constelação dos elementos associados (a qual me parece precisamente reproduzir, transposta a uma escala macroscópica, o modelo aplicado por Webern no plano das microestruturas).

e) Todos esses artifícios – não nos esqueçamos – somente se justificam plenamente e apenas adquirem seu total sentido... se nos submetermos a uma operação *discursiva* no sentido mais completo da expressão... .

f) Enfim, ... ao menos de acordo com *certas condições*, o projeto de uma música feita em parte de restos de outras músicas preexistentes... pode demonstrar-se perfeitamente legítima e "poeticamente rentável".[6]

Destarte, pelo viés da metalinguagem, Pousseur amplia e radicaliza o conceito da série generalizada, procurando englobar, de maneira sistemáti-

---

6 Pousseur, H., op. cit., p.24-6.

Apoteose de Rameau

ca, o maior número possível de estruturas musicais, das mais atuais às mais longínquas. Por meio de técnicas específicas da harmonia que elabora, tais como as *permutações seriais cíclicas* e, logo depois, as *redes harmônicas*,[7] Pousseur pretende estabelecer um princípio generalizante que possibilite "rimar" o universo de um Monteverdi com o de um Webern, conforme suas próprias afirmações.[8] Edifica-se, assim, uma *gramática musical generalizada*, e o conceito de série generalizada expande-se na incorporação de outros referenciais harmônicos. Ao mesmo tempo em que olha para trás e resgata elementos da sintaxe de outrora, o campo de germinação de tais reinserções aflora e aponta para um novo caminho, eminentemente especulativo, de uma harmonia múltipla, estendida, ampliada.

Sob tal ângulo, a citação em Pousseur difere completamente da empregada, na mesma época, por Berio no terceiro movimento de sua extraordinária *Sinfonia* (1968-1969), no qual o mestre italiano ancora todo o seu contexto musical no uso integral e praticamente intacto do *Scherzo* da *Segunda Sinfonia* de Gustav Mahler. Se depois de Berio, ouvir este Mahler jamais será a mesma coisa, e se a cada reescuta deste Mahler as imagens acústicas de Berio interferem em nossa memória, numa das intervenções mais espetaculares que algum artista jamais realizou no legado histórico da cultura em qualquer um de seus domínios, Pousseur aglutina um somatório espantoso de citações (incluindo Berio e ele mesmo, Pousseur), olhando para o futuro das elaborações harmônicas. Enquanto Berio apela às citações – recurso, como vimos, em si mesmo bastante problemático e essencialmente literário – em atitude *retrospectiva, interferente* e *intromissiva*, Pousseur o faz de maneira *prospectiva, proponente* e *especulativa*.[9]

---

7 Uma explanação detalhada a respeito de cada uma dessas técnicas encontra-se em meu livro *Apoteose de Schoenberg* – tratado sobre as entidades harmônicas. São Paulo: Ateliê Editorial, 2002, 2.ed. (revista e ampliada).

8 Cf. Pousseur, H. L'Apothéose de Rameau – Essai sur la Question Harmonique, *Revue Esthétique – Musiques Nouvelles*. Paris: Éditions Klincksieck, 1968, Tome XXI, fasc.2-4, p.122 e 132. Mais recentemente, Pousseur declara: "Eu queria desenvolver uma metagramática que absorvesse todas as gramáticas, incluindo as mais recentes, e que permitisse encontrar o mesmo denominador comum entre Monteverdi e Webern, juntamente com muitas outras coisas. Os nomes de Monteverdi e de Webern não constituem mais que um símbolo de uma realidade mais vasta, mas é curioso que suas iniciais, M e W, são o inverso de uma em relação à outra!" (Pousseur apud Michel Hubin, *Henri Pousseur* – Rencontre avec son Temps. Bruxelas: Éditions Luc Pire, 2004, p.32).

9 Tal correlação entre Berio e Pousseur do prisma da citação foi por mim desenvolvida ao início da década de 1990 – cf. Menezes, Flo. *Luciano Berio et la Phonologie* – Une Approche Jakobsonienne de son Œuvre. Frankfurt a. M.: Verlag Peter Lang, Série XXXVI – Musicologie, v.89, 1993, p.156-66.

Em meio a tal processo que encontra suas raízes na metalinguagem e que se afirma, sobretudo, com *La seconde apothéose de Rameau* (1981), estendendo-se até o presente com obras da envergadura de *Dichterliebesreigentraum* (1992-1993) – numa impressionante releitura de Robert Schumann –, a íntima colaboração com Butor encontra sempre espaço para um profícuo desenvolvimento, dando origem a obras-primas tais como *Traverser la forêt* (1987) ou *Déclarations d'orages* (1988-1989), a cujas estréias mundiais tive o privilégio de assistir ao lado de Pousseur.

Da série generalizada à periodicidade generalizada

Nesse sentido, a primeira colaboração Pousseur/Butor adquire importância fundamental. *Votre Faust* é um divisor de águas no percurso criativo de Pousseur. Pode-se entender sua obra musical como tendo duas fases principais: *antes* e *depois* de *Votre Faust*, da qual, aliás, desmembra-se toda uma série de significativas obras-satélite.

Em meio a tal referencialidade múltipla que caracteriza essa obra-mor de Pousseur, cada aspecto diferenciado de linguagem musical por ele evocado vem e revem, em ciclos periódicos, e a música de Pousseur assume, cada vez mais, esse caráter fragmentário de múltiplos aspectos, numa intercorrência de gesticulações ora cromáticas, ora diatônicas, ora mistas. Mais uma vez a imagem de Webern, o pai todo poderoso, vem à tona: é como se o universo pontual weberniano sofresse, aqui, certa dilatação, em que cada ponto, ligeiramente ampliado, constituísse em si mesmo um microrganismo, numa alternância de cores que, esta, vai de encontro à absoluta homogeneidade do universo harmônico em Webern. A homogeneidade, em Pousseur, está na fragmentação (pós-romântica?) da heterogeneidade. Exemplo magistral para se compreender tal poética da fragmentação multicolorida tipicamente pousseuriana é sua obra para piano *Apostrophe et six réflexions* (1964-1966). A variação colorística da harmonia é, em Pousseur, acentuada. Seus fragmentos são multicolores, sem deixar de revelar a mesma delicadeza e o mesmo refinamento dos quais se reveste a obra do mestre de referência: Webern.

Assim é que o próprio Pousseur esclarece:

> De minha parte, esforçava-me a reativar toda espécie de elementos históricos que havíamos até então severamente excluído, com o intuito de pô-los *ao serviço* de uma "serialização" geral e bem mais possante, a fim de, dizia-me a mim mesmo (não seria isto – alguns o creram – apenas um álibi?), realizar em uma escala bem mais estendida (não mais entre notas pontuais, mas antes entre blocos, entre panos inteiros de música e por vezes de matéria sonora – o que por certo acarretava

conseqüências à natureza própria desses grandes elementos) o ideal weberniano de um espaço "multipolar", em que nada pode ser jamais completamente subordinado a outra coisa, em que nada mais, a partir de então, seja, inversamente, considerado como realidade referencial hegemônica.[10]

Com isso, o próprio caráter *integral* do serialismo dos anos 1950 passa a ser questionado:

> Nos anos 1950 não trabalhamos, como vulgarmente se diz, com um serialismo integral, mas antes com um serialismo bastante restrito e elementar, aplicado a parâmetros simples e distintos e que se mostrava deveras negativo e paralisado no que dissesse respeito à tradição.[11]

E dessa forma é que se pode, então, compreender o que Pousseur designa por *periodicidade generalizada*. Sem abrir mão do conceito serial, Pousseur acaba por ampliar e estender, pois, o conceito de generalização do princípio serial, abrindo espaço para a inclusão de relações harmônicas – tais como o universo diatônico, os intervalos de Terça e Sexta e mesmo a Oitava – que, na fase aguda do serialismo, seriam inconcebíveis ou, no mínimo, rigorosamente evitadas ao máximo, e, em fase ainda mais madura, fazendo eclodir no seio de uma mesma obra universos musicais até mesmo antagônicos, numa ampla rede multirreferencial e, em certo sentido, radicalmente "democrática".

Mas não se trata, de maneira alguma, de uma espécie de retrocesso ou de neotonalismo. A referência a Stravinsky, além da clara a Webern, encontra-se, obviamente, aqui também preservada, mas o modelo, além de ainda essencialmente weberniano, tem por base aquela que constituiria a principal obra especulativa do velho Stravinsky, já em namoro com o serialismo dodecafônico, e que recebeu do próprio Pousseur, em seu texto "Stravinsky segundo Webern segundo Stravinsky", uma das mais completas e exaustivas análises de que se tem notícia: *Agon*, de 1953-1954.

O resgate da figura e os perfis

Com a publicação da análise acima referida, sintomaticamente dedicada, em tom polêmico, a Pierre Boulez – para quem o interesse em Stravinsky,

---

10 Pousseur, H. "Webern et Nous". In: Pousseur, H. *Musiques Croisées*. Paris: L'Harmattan, 1997, p.166.

11 Pousseur. H. *Parabeln und Spiralen* – Zwei Hauptaspekte eines Lebenswerkes, Komposition und Musikwissenschaft im Dialog II (1999), Signale aus Köln – Musik der ZeitMünster: Lit Verlag, 2002, p.2.

Henri Pousseur

ecoando seu mestre Olivier Messiaen, reside exclusivamente no aspecto rítmico e no que concerne à técnica de montagem da forma musical –, configura-se um distanciamento irreversível com o mestre francês que custou a Pousseur, dada a influência exercida legitimamente por Boulez na *intelligentsia* musical internacional e sobretudo francesa, um certo e injusto isolamento.[12]

A isso se soma o estranhamento da relação com seu "irmão" Berio, quando da estréia de *Votre Faust* na *Piccola Scala* de Milão, em janeiro de 1969. Berio sai ao ataque da obra em um artigo intitulado "Notre Faust",[13] no qual, ainda que tecendo comentários bastante favoráveis e elogiosos em relação à partitura de Pousseur, castiga o texto de Butor. Pousseur, saindo em defesa de sua meia-parte, e enaltecendo o próprio processo criativo impregnado pela parceria com o escritor francês, praticamente rompe com Berio, reavendo a relação de íntima amizade com este somente anos mais tarde. Com Boulez, o distanciamento estende-se reciprocamente até os dias presentes.[14]

Da mesma época datam dois de seus mais significativos textos teóricos: "Pour une Périodicité Généralisée" (1964) e "L'Apothéose de Rameau" (1968). No primeiro, discursa, com muita originalidade, sobre a correlação entre os desenhos das formas de onda, com os quais tomara contato na experiência da música eletrônica, com os perfis melódicos ou com as figuras intervalares. A partir de uma aguda consciência do caráter ondular dos espectros periódicos, Pousseur exemplifica como tais comportamentos podem ser transplantados para o desenvolvimento seqüencial das notas em uma dada textura, atentando o leitor (e, mais especificamente, o compositor) para a importância de um trabalho consciente dos fenômenos de fase e de controle das ondulações que perfazem o perfil dos intervalos.[15] Com o paralelo figural entre formas de onda

---

12 Referindo-se claramente a Pierre Boulez, ainda que não o citando literalmente, Pousseur relata acerca de tal distanciamento: "Igor Stravinsky compôs *Agon*, obra que logo elegi como um importante modelo, defendendo-a, o que acabou esfriando consideravelmente minhas relações com alguns de meus velhos amigos: '*Puisque vous aimez* Agon, *nous n'avons absolument plus rien à nous dire*' [em francês no original alemão: 'Já que você aprecia *Agon*, não temos absolutamente mais nada a nos dizer']. Vocês compreendem o que quero dizer?" (Pousseur, H. Op. cit., p.6).

13 Cf. Berio, L. "Notre Faust". In: *Contrechamps Nr. 1 – Luciano Berio*. Lausanne: Editions l'Age d'Homme, setembro de 1983, p.51-6.

14 O que não impediu, entretanto, que Boulez reconhecesse, em recente entrevista sobre sua obra *Pli selon Pli* (1957-1962), o papel relevante de Pousseur como seu interlocutor na elaboração das estruturas harmônicas da *Improvisation sur Mallarmé II* (o terceiro movimento de sua obra) – cf. Albèra, P. "Entretien avec Pierre Boulez". In. Albèra (Org.). *Pli selon Pli de Pierre Boulez* – Entretien et Études, Genève: Éditions Contrechamps, 2003, p.18.

15 No Brasil, essa visão de Pousseur logo teve repercussões significativas no seio da vanguarda musical: tomando contato com essa "concepção ondular" em Darmstadt em 1963, quando

e figuras intervalares, Pousseur amplia a consciência ondular dos fenômenos sonoros, externando o aspecto microestrutural das ondas periódicas ao nível da elaboração dos perfis melódicos.

A preocupação, a essa altura dos acontecimentos, volta-se – constatemos – a um resgate da *figura*, ou seja, de algo apreensível pela mera escuta quando da confrontação com uma obra contemporânea, da mesma forma que a harmonia revestia-se de aspectos antes evitados pelo caráter proibitivo do serialismo generalizado. E mais uma vez Pousseur firmava-se por uma postura essencialmente fenomenológica com relação à elaboração das estruturas musicais.

Já com relação à "Apoteose de Rameau", estamos diante do texto mais complexo de Pousseur. Nele, Pousseur esmiúça em detalhes sua técnica das redes harmônicas, por meio do qual pretendera elaborar – e elabora de fato – uma *gramática generalizada* dos universos harmônicos. Se Rameau representara o balizamento racional da fundamentação harmônica tonal, erigindo a teoria do baixo fundamental que sedimenta as constituições triádicas da tonalidade, era chegada a vez de procurar levar seu pensamento à apoteose, pelo prisma pós-weberniano, em que a essência de todas as relações harmônicas passa a ser vista como passível de ser interpretada por uma *rede* constituinte de três dimensões – vertical, horizontal e oblíqua[16] –, passíveis de serem espacializadas (*à la* Webern) de forma distinta, a partir da qual certa estrutura harmônica seja aí *projetada*, e, operando-se uma transformação das dimensões intervalares dessa mesma rede, *transformada*, mantendo-se, de qualquer modo, traços de identificação que se calcam essencialmente na constituição dos *perfis* intervalares.

Um episódio bastaria para se entender um pouco mais a amplidão do pensamento pousseuriano. Após minha defesa de Doutorado sobre Berio em 1992, para a qual contei com Pousseur como Orientador junto à Universidade

---

fora aluno de Pousseur no Festival de Verão daquela cidade, o compositor Willy Corrêa de Oliveira sentiu-se fortemente influenciado por tais correlações entre formas de onda e desenhos melódicos, edificando boa parte de suas análises nas disciplinas de Composição junto à Universidade de São Paulo a partir de tais paralelos, do que eu mesmo fui testemunha como seu aluno nos anos 1980.

16 Concebendo suas redes harmônicas em três dimensões, Pousseur faz eco, pois, à essência triádica da tonalidade. Mas está convencido, por outro lado, que a essência da tríade tonal repousa não em *três*, mas antes em *quatro* notas, com a repetição da fundamental Oitava acima (por exemplo: Dó–Mi–Sol–Dó). Assim é que afirma, em "L'Apothéose de Rameau": "... Os intervalos fundamentais do espaço acústico e auditivo... não são apenas a Quinta e a Terça maior, mas também e primeiramente a Oitava..." (Pousseur, "L'Apothéose de Rameau", op. cit., p.151).

de Liège, Pousseur convidou-me a uma conversa detalhada sobre meu trabalho em uma cafeteria. Era a primeira vez que sentávamos para discutir em detalhes minhas idéias tais como as elaborei no trabalho de Tese no decurso de alguns anos. Até então, Pousseur deixou-me totalmente à vontade na elaboração teórica, confiando plenamente em minhas intenções. Quando o via, falávamos sobre tudo, menos sobre a Tese. Mas daquela vez foi diferente, e Pousseur insistia num papo delongado. Desejava ver substituído em meu trabalho o termo "indeterminação", quando aplicado à sua música e a de seus companheiros de viagem, pelo de "sobredeterminação", e visava a uma ampla conversa sobre diversos outros aspectos. Quando por mim interpelado sobre a eventual correlação de sua teoria das redes harmônicas com o *pitch class* norte-americano, Pousseur afirmou, com justeza, o caráter muito mais amplo, abrangente e relevante de sua técnica no que se refere à consideração do *registro* dos intervalos (aspecto sem o qual, aliás, a obra de um Webern jamais poderia ser de fato compreendida). E, salientando a amplidão de alcance das redes harmônicas, exemplificou a gama de ação de sua teoria ao evocar a estruturação pré-serial do motivo-Bach[17] e, ao mesmo tempo, a indeterminação de tipo cageano para, não sem certa ironia, desenhar-me em um guardanapo a correlação por redes entre tais universos opostos, pela simples alteração de seus "calibres intervalares" (tais como preconizam suas redes):

Seu sistema seria, pois, capaz de abranger tudo, estabelecendo paralelos até mesmo entre fatos opostos: tem lugar, aí, uma alteração dos passos intervalares, mas conserva-se a identidade das figuras ora pelo seu perfil (contorno dos intervalos), ora pelo seu conteúdo harmônico (a Terça menor Lá-Dó). O próprio Pousseur elucida: "É como uma paisagem cuja estrutura fundamental permanece estável apesar da variação das estações e das horas, e até mesmo das colonizações vegetais, animais e humanas, e que a despeito dessa variação e das surpresas que ela pode reservar ao viajante que retorna após uma longa ausência, permanece de alguma forma reconhecível".[18]

---

17 O motivo-Bach possui as propriedades, afins com os princípios seriais, de cobrir todas as notas cromáticas de certo âmbito (no caso, da Terça menor) e de apresentar seu *retrógrado da inversão* igual a seu *original*, como ocorre com algumas séries de Webern.
18 Pousseur, H. "Composer (avec) des Identités Culturelles", op. cit., p.47.

Aliado ao controle dos perfis para garantir a identidade das figuras, Pousseur atentava – e isso já desde a década de 1950 – para o poder polarizador de certos intervalos, procurando (em plena sintonia com Berio) generalizar o conceito pré-tonal e tonal de *polarização* ao de *omnipolaridade* ou *multipolaridade*.[19] Assim sendo, para além dos perfis, a fenomenologia de tipo pousseuriano revelava o cuidado com a escuta ao ampará-la com tangíveis *centros de gravidade* da harmonia.

A utopia e a obsessão por Ícaro e Mnemósine

Em meio ao universo polissemântico da obra de Pousseur, ancorado na referencialidade múltipla das citações e de suas especulações harmônicas, vislumbra-se pouco a pouco, em uma série de obras, uma sintomática obsessão pelos mitos de Mnemósine, a Memória, e de Ícaro, filho de Dédalo, o engenhoso construtor do labirinto do Minotauro na ilha de Creta.

Que Pousseur recorra à Deusa da Memória para cunhar simbolicamente seu próprio trabalho, é questão que não nos surpreende. A condição mnemônica está presente de forma cabal tanto no reconhecimento da identidade dos perfis em meio à obra complexa, quanto no recurso incessante à metalinguagem que tem na citação seu veículo mais fundamental.

A insistência ainda mais pertinaz da referência a Ícaro, no entanto, demanda explicação mais atenta dessa figura mitológica. Acompanhante de seu pai Dédalo, o criador do labirinto, na condenação que o próprio pai sofrera, vendo-se obrigados a permanecer nos emaranhados descaminhos da inventiva construção, Ícaro faz-se cúmplice do pai em um audaz plano de fuga pelos ares, em pleno vôo: o caminho por terra, ainda que Dédalo soubesse como sair do labirinto, seria vigiado pelos medíocres soldados. Alçando vôo, não haveria como serem surpreendidos. Dessa forma, constroem suas asas e planejam a partida. Ao decolarem, no entanto, Dédalo aconselha ao filho um vôo mediano, entre a umidade do mar e o excessivo calor dos raios do sol, para que a cera que mantinha juntas as suas asas não derretesse. Assim sendo, Ícaro parte em vôo em companhia do pai, da mesma forma como Dante faz-se acompanhar por Virgílio saindo do Inferno na *Divina comédia*. Ao se distanciarem do risco de nova captura, contudo, Ícaro deixa-se inspirar

---

19 No mesmo número inaugural da revista *Incontri Musicali* (cf. *Incontri Musicali*. Milão: Edizioni Suvini Zerboni, Numero Uno, dezembro de 1956), Pousseur falará de *multipolaridade* em seu texto "Da Schoenberg a Webern: una Mutazione" (p.4), ao passo que Berio recorre à mesma noção em seu texto "Aspetti di Artigianato Formale" (p.61).

pelo vôo e empreende uma trajetória cada vez mais alta, aproximando-se demasiadamente do sol. A cera de suas asas derrete, as asas se desprendem e Ícaro cai no mar profundo, sendo engolido pelas águas que, por isso, levam seu nome: mar Icário.

A simbologia é das mais pertinentes: em meio ao labirinto serial ou pós-serial, ancorado pela Memória das citações, Pousseur pretende alçar vôo livre e arrojado, não dando asas ao risco de uma violenta queda e se reportando ao mito que encarna a vontade indomável de liberação. Nessa perspectiva, encara a própria tarefa de edificação mítica e inventa um segundo Ícaro, *Icare 2*, que, ao contrário do originário, não se precipita ao mar e leva sua viagem às últimas conseqüências.[20] Dá a mão, assim, ao projeto utópico, a uma *utopia concreta*, nos dizeres daquele filósofo que exercera talvez a maior influência sobre seu pensamento: Ernst Bloch, o filósofo da utopia, cujo *Das Prinzip Hoffnung* [O Princípio Esperança] Pousseur descobrira na biblioteca de Stockhausen.[21]

A extensão do conceito de redes harmônicas se dá, utopicamente, até mesmo no plano de uma integração de linguagens musicais distintas. Pousseur começa a entrever obras nas quais não somente as citações, mas as próprias linguagens musicais distintas e concomitantes, incluindo aí, por exemplo, até mesmo a música do jazz, se fizessem presentes.

O projeto utópico pousseuriano, aliado ao conceito de *modelos reduzidos* de sociedade, fortemente influenciados pelos utópicos franceses do século XIX (em especial pelo socialista-utópico Charles Fourier) – termo que inclusive ocasionou toda uma série de obras de Pousseur[22] –, chega a tal ponto que parece, em certa medida, superar a pretensão primordial do próprio serialismo integral em constituir uma *tabula rasa* da composição, para em vez disso almejar, prioritariamente, uma postura que fosse suficientemente

---

20 A obra *Les Éphémérides d'Icare 2* (1970) para vinte músicos inaugura o encontro de Pousseur com o mito de Ícaro. É o próprio Pousseur quem diz: "Após essa obra, a figura de Ícaro tornar-se-á recorrente em meu trabalho: depois das *Éphémérides*..., haverá *Icare apprenti, Icare obstiné, La Patience d'Icarène* etc.. Por que Ícaro? No mito antigo, Ícaro é associado à queda; inventei um seu irmão, Ícaro 2, que consegue voar, pois recebera de sua tia Mnemósine (a memória) a receita da cera que não derrete com o sol". (Pousseur apud Michel Hubin, op. cit., p.33). Em seu reconhecimento a Webern, Pousseur chegará a escrever que este seria o "*Ícaro vitorioso* da música moderna" (Pousseur, "Stravinsky selon Webern selon Stravinsky". In: *Musique en Jeu Nr. 5*, Éditions du Seuil, Paris, 1971, 2ème partie, p.118).

21 Cf. Pousseur, H. "Webern et Nous", op. cit., p.188.

22 E que, num certo sentido, faz eco ao *miniaturismo* de índole weberniana, à medida que o próprio termo, tanto em português como também em francês (*modèles réduits*), é utilizado para as miniaturas, maquetes e outras construções que reproduzem, em menor escala, estruturas de maiores dimensões.

democrática para incluir a maior gama de referências possíveis no âmago das novas estruturas musicais. É por tal viés que se pode compreender quando Pousseur afirma, referindo-se à sua geração mas reportando-se sobretudo a si mesmo, que aquela música

> teria menos por função a proposição de um novo vocabulário... do que *abrir e articular um espaço suficientemente vasto* para que todas as músicas presentes no mundo contemporâneo e na consciência coletiva possam aí ter lugar, se encontrar, se confrontar, dialogar, se casar, se mesticizar, e... produzir assim uma espécie de super- ou metalinguagem que as englobaria a todas (assim como seus múltiplos cruzamentos), e onde tais músicas pudessem emergir como subsistemas comunicantes.[23]

Em 1967, sua obra orquestral *Couleurs croisées* desvela a união da utopia pousseuriana com sua clara inclinação política de esquerda, à medida que incorpora como tema principal a canção *We shall overcome*, símbolo da resistência anti-racista norte-americana, cuja referência se vê motivada igualmente pelo fato de que Pousseur, nos idos dos anos 1960, lecionava como compositor convidado nos Estados Unidos.

Sem dobrar-se às pressões ideológicas tanto mercadológicas quanto stalinistas, e sem, portanto, qualquer concessão ao profundo amor pela especulação musical mais genuína, alimento e sedimento de toda vanguarda autêntica, Pousseur afirma-se, assim, no mínimo como um dos compositores mais progressistas ou, ainda melhor, *transgressistas* de sua época.

Pousseur c Berio

Ter elegido como lema semântico um hino de protesto contra o racismo não deixa de entrever forte correlação com a postura de seu "irmão" Berio, que no mesmo ano escreveria *O King* para mezzo-soprano, flauta, clarinete, piano, violino e violoncelo – peça incorporada logo depois como segundo movimento de sua *Sinfonia* –, na qual paga tributo à memória do líder negro norte-americano Martin Luther King, então recém-assassinado. Na conclusão do famoso terceiro movimento da *Sinfonia*, Pousseur é um dos autores citados por Berio, e a obra referenciada é justamente *Couleurs croisées*. Dando continuidade a essa rede de referências, Pousseur compõe em 1970 *Crosses of crossed colors*, dedicando a obra *in memoriam* de Martin Luther King.

---

23 Pousseur, H. *"Composer (avec) des Identités Culturelles"*, op. cit., p.21.

Mas as referências recíprocas entre Pousseur e Berio são constantes já desde os anos 1950 e merecem um comentário à parte, dada a importância capital de ambos os mestres no cenário da música contemporânea e dado o grau de correspondência e diálogo entre os dois compositores, de difícil equiparação – tal como a relação Pousseur/Butor – ao longo da história da música do século XX. Ora tais paralelos demonstram-se como convergentes, ora como divergentes, mas, mesmo nesse caso, nutre-se profunda identidade de postura e, no mínimo, um incomensurável respeito mútuo.

Vimos já quão diferem as atitudes de ambos diante da problemática das citações: enquanto Berio interfere na história, Pousseur permite que a história interfira em sua música. A questão harmônica, tão proeminente no trabalho de Pousseur já mesmo em meio à aguda fase do serialismo integral, assume, como bem sabemos, papel de honra igualmente na obra de Berio, que compartilha desde os anos 1950 com Pousseur, como vimos, a necessidade da noção de *multipolaridade*. Mas mesmo se considerarmos a força individualizante dos intervalos tomados um a um, vemos quanto ambos os compositores se afinam. O papel das Terças, por exemplo, que se reveste de caráter fundamental como principal intervalo na obra de Berio (em particular a Terça menor), é de suma importância nas considerações que levariam Pousseur a refletir acerca do reemprego sistemático de intervalos consonantes quando da elaboração de suas permutações seriais cíclicas – o estágio imediatamente anterior à concepção das redes harmônicas. E também o Uníssono, relegado na fase aguda do serialismo integral a um plano inferior por suas afinidades com a Oitava – intervalo este vetado de modo categórico por Boulez –, encontra-se revitalizado tanto em *Quintette à la mémoire d'Anton Webern* (1955) de Pousseur quanto em *Allelujah II* (1956-1958) de Berio.

E os paralelos não param por aí. Pousseur concebe *Rimes* em 1958, obra dedicada a Berio e a Bruno Maderna; Berio motiva-se e compõe/contrapõe *Différences* um ano depois. A convite de Berio, Pousseur ingressa no *Studio di Fonologia Musicale* de Milão e compõe *Scambi* em 1957, a primeira obra aberta dentro da vertente de música eletrônica; Berio endossa a experiência e realiza uma versão pessoal da obra de Pousseur. Berio compõe no estúdio eletrônico *Visage* (1961), obra concebida, em princípio, exclusivamente para o rádio da mesma forma como *Electre* (1960) de Pousseur, que responde com *Trois visages de Liège* (1961), obra na qual, em uma de suas partes (*Voix de la ville*), escutam-se vozes declamando nomes de ruas de Liège, talvez uma alusão às vozes e aos ruídos citadinos referentes à cidade de Milão em *Ritratto di città* (1954), a primeira realização eletroacústica de Berio, feita em parceria com Maderna. Quando Berio concebe, em 1966, sua *Sequenza III* para voz feminina, dedicada à Cathy Berberian, Pousseur responde no mesmo ano com *Phonèmes pour Cathy*, cujo título inspira Berio em 1971, em *Recital I (for Cathy)*. *Tempi concertati* (1958-1959), de Berio, é dedicada a Pousseur, e emprega, pela primeira vez, a notação proporcional; Pousseur utiliza a inovação beriana em seu *Madrigal I* (1958) para clarinete solo, e retribui a dedicatória de Berio com um belo texto analítico sobre a obra do compositor italiano. Não bastasse isso, Pousseur publica em 1970 seus *Fragments Théoriques I sur la Musique Expérimentale*,[24] dedicando o volume a Berio e a Stockhausen, após ter, em 1969, escrito importante texto sobre a verbalidade na obra de Berio,[25] enquanto é deste o verbete sobre Pousseur em uma enciclopédia americana dos anos 1970.[26]

Das "convergências divergentes", citemos ainda algumas. Berio baseia-se em Claude Lévi-Strauss como sedimento semântico de sua *Sinfonia*, no mesmo ano em que Pousseur polemiza com Lévi-Strauss em um dos textos (redigido em 1968) deste seu livro. Berio publica em 1969 seu texto "Notre Faust", de que já falamos, e Pousseur sai em defesa de Butor e, conseqüentemente, de sua própria obra, cuja imbricação com o autor do livreto lhe parece indissolúvel, publicando uma resposta intitulada "Si, il nostro Fausto, Indivisibile".[27] Quando da publicação do primeiro volume da série *Contrechamps* em 1983, dedicado a Berio, este liga pessoalmente a Pousseur – segundo Pousseur mesmo me relatou – para pedir a permissão da republicação de seu "Notre Faust". Apesar de Pousseur ter se oposto à republicação do artigo, o texto de Berio reaparece no volume, o que motiva um novo afastamento entre ambos os mestres, bem como a publicação, por parte de Pousseur, de uma significativa carta aberta a Berio na mesma série de publicações.[28] Isso tudo a partir de *Votre Faust*, obra que, ao início, cita *Thema (Omaggio a Joyce)* (1958) de Berio.

Dentre tais aspectos divergentes, um é digno de maior atenção: Pousseur disseca *Agon* de Stravinsky em "Stravinsky segundo Webern segundo Stra-

---

24 Cf. Pousseur, H. *Fragments Théoriques I sur la Musique Expérimentale*. Études de Sociologie de la Musique. Bruxelas: Editions de l'Institut de Sociologie, Université Libre de Bruxelles, 1970.

25 Cf. Pousseur , H. "Berio und das Wort". Texto de encarte do disco (LP) "Luciano Berio – *Circles, Sequenze I, III, V* ", WER 60021, Wergo.

26 Cf. o verbete "Henri Pousseur", de autoria de Berio. In: *Dictionary of Contemporary Music*. Nova York: Dutton & Co., 1974, p.588.

27 Pousseur, H. Si, il nostro Fausto, Indivisibile. *Nuova Rivista Musicale Italiana 2*, 1969, p.281-7.

28 Cf. Pousseur, H. "Les Mésaventures de Notre Faust (Lettre Ouverte à Luciano Berio)". In: *Contrechamps Nr. 4*, Editions l'Age d'Homme, Lausanne, abril de 1985, p.107-22. Por volta de 1991, Pousseur retoma o contato com Berio, mantendo com este a amizade de outrora até o desaparecimento do mestre italiano. Pousseur contou-me pessoalmente em Colônia, em dezembro de 2004, que Berio havia lhe telefonado pessoalmente pouco antes de sua morte, pondo-o a par do estágio avançado de sua doença.

vinsky", obra pela qual Berio tinha especial admiração, citando-a inclusive em sua *Sinfonia*. Ao encerrar seu texto, Pousseur aguilhoa Berio ao proclamar que "Stravinsky está vivo!" – frase ela mesma paráfrase do famoso texto no qual Boulez investe contra Schoenberg: "Schoenberg est Mort",[29] de 1952 –, "com a tranqüilidade daqueles cujos olhos viram e os ouvidos ouviram".[30] Nessa postura anti-sinestésica escamoteia-se uma nítida contraposição ao final do artigo polêmico de Berio, que, conclamando Pousseur a restituir o "nosso Fausto", instiga o amigo belga a "se corrigir na base de motivações significativas para quem sabe também olhar com os ouvidos e ouvir com os olhos",[31] numa evidente referência seja ao contexto operístico, seja à noção de *teatro dell'udito* (*teatro do ouvido*) do Renascimento italiano de um Orazzio Vecchi.[32] Berio havia já, anteriormente, escrito, a propósito de seus *Circles* (1960), que a obra deveria "ser ouvida como teatro e vista como música".[33]

Por fim, há de se mencionar o embate em torno da questão *melódica*: enquanto Pousseur, em distintas ocasiões, acentua o papel da melodia e investe na constituição de novas estruturas melódicas, vendo a melodia inclusive como um instrumento de resistência cultural,[34] Berio assevera em tom francamente polêmico:

> Entre as muitas tendências e maneiras de hoje, existe uma que é ao mesmo tempo curiosa e patética: a reconquista da melodia. Meu amigo Pousseur atualmente está apregoando o dever de tirar as melodias do inimigo e, uma vez conquistadas, o dever de usá-las contra ele. ... Como tive ocasião de dizer ao próprio Pousseur, ... os processos que geram melodias não se fabricam de um dia para o outro e ... as melodias nascem espontaneamente na coletividade e nas poéticas quando todos os "parâmetros" musicais fazem as pazes e se põem

---

29 Cf. Boulez, P. *Apontamentos de Aprendiz*. São Paulo: Perspectiva, 1995, p.239-45.

30 Pousseur, H. "Stravinsky segundo Webern segundo Stravinsky", op. cit., p.126.

31 Berio, L. "Notre Faust", op. cit., p.56.

32 Cf. a obra *L'Amfiparnaso* (1597) de Orazzio Vecchi, em cujo Prólogo o coro canta: "... Questo di cui parlo / Spettacolo, si mira con la mente / Dov'entra per l'orecchie, e non per gl'occhi / Però silenzio fate, / E'n vece di vedere, hora ascoltate". A expressão *teatro dell'udito* é, por vezes, encontrada como *teatro per gli orecchi* (*teatro para os ouvidos*).

33 Cf. texto de Berio como encarte do disco (LP) *Berio – Visage, Sequenza III, Circles, Cinque Variazioni*, Vox-Turnabout LC 0391, Holanda. O LP teve por base as notas de programa para o concerto no *Berkshire Festival* de Tanglewood, em 1960. Posteriormente, Berio referir-se-á aos aspectos teatrais da performance musical como inerentes à estrutura de uma dada obra, vista sobretudo como uma *estrutura de ações*: "Para que ela seja escutada como teatro e vista como música" (Berio apud Stoianova, Ivanka. Luciano Berio – Chemins en Musique, *La Revue Musicale*, Triple Numéro 375-376-377. Paris: Éditions Richard-Masse, 1985, p.163).

34 Particularmente notável, nesse sentido, é sua carta a Herman Sabbe – cf. Pousseur, "Lettre à Herman Sabbe: La Mélodie comme Arme Culturelle". In: *Yang XV/2*, Gent, 1979.

a "cantar" juntos, isto é, decidem contribuir para a melodia, seja ela de Bach, Mozart, Webern ou mesmo Gershwin.[35]

Para Pousseur, no entanto, o manifesto butoriano sobre o caráter realista (e ao mesmo tempo utópico) da música ainda preserva toda validade, quando o escritor francês declara já com todas as letras: "A gramática da música é uma gramática do real; ... os cantos transformam a vida".[36]

Mais uma vida pela Harmonia

Recentemente, em 3 de dezembro de 2004, pude participar como convidado de um debate público em homenagem aos 75 anos de Pousseur, com sua presença, na Universidade de Colônia, Alemanha. Éramos quatro à mesa: além de nós dois, um jornalista e Christoph von Blumröder, proeminente musicólogo do Instituto de Musicologia local e organizador do evento.

Na ocasião, Pousseur presenteou-nos com a performance de duas versões de *Scambi*, a sua e a de Berio, discorrendo sobre as diferenças de concepção entre ambas. Em meio à conversação, eu não podia deixar escapar a oportunidade de lhe colocar a questão em torno da relevância da Harmonia, ciência mãe da música, para o advir de novos dias. Qual o papel que as especulações harmônicas ainda ocupariam em seu percurso criativo? Como veria essa questão?

A resposta, das mais sintomáticas, não poderia ser mais categórica: "Se eu tivesse ainda uma vida toda pela frente, não seria capaz, ainda assim, de esgotar as possibilidades infindáveis que possuem os intervalos".

Em sua busca incessante e inabalável pela Harmonia – entendida, aqui, em seu mais amplo sentido, tanto musical quanto humanamente –, consiste a originalidade e singularidade da obra de Henri Pousseur, aspecto este que lhe confere ainda hoje, já em pleno século XXI, lugar de honra dentre os criadores mais perspicazes de nosso tempo.

Flo Menezes
São Paulo, abril de 2005.

---

35 Berio, L. *Entrevista sobre a Música* – Realizada por Rossana Dalmonte. Rio de Janeiro: Civilização Brasileira, 1981, p.67-8.

36 Butor. Op. cit., p.28.

Esclarecimentos sobre os textos

Quanto à nomenclatura das notas musicais:

Adotamos, para uma maior precisão com relação à disposição das notas no *registro* das alturas (algo fundamental para se compreender, por exemplo, a música de Webern), a terminologia segundo a qual o Lá do diapasão é o *Lá 4*. Sendo assim, a oitava central do piano, tomada como parâmetro, ou seja, a que contém o Lá 440 Hz, vai de Dó 4 a Si 4; a oitava inferior, normalmente já na clave de Fá, vai de Dó 3 a Si 3 etc. Desta forma, o leitor poderá encontrar mais facilmente nos exemplos e nas partituras referidas as notas musicais às quais Pousseur se refere.

Quanto às notas de rodapé:

Nota original do autor (de Henri Pousseur) = (N.A.)
Nota crítica de Flo Menezes = (F.M.)
Nota do tradutor Mauricio Oliveira Santos = (M.O.S.)

1
O cromatismo orgânico de Anton Webern[1]

Sabe-se bem que impulso decisivo a obra de Anton Webern deu à produção musical recente. Não poderíamos observar o quanto a poética de Webern (no sentido artesanal da palavra) permanece até hoje se não malconhecida, ao menos insuficientemente descrita, malformulada? Por certo que foi possível aos compositores que procuraram nesta poética o princípio e o estímulo para suas pesquisas compreenderem corretamente, através da escuta e de uma leitura atenta das obras deste mestre, os ensinamentos aí contidos. Mas, decididos a tornar acessíveis os benefícios provenientes desse envolvimento com a música de Webern, tais compositores se satisfizeram, freqüentemente, em emitir algumas considerações parciais ou superficiais, gerais ou vagas, por vezes até mesmo hesitantes e quase sempre abstratas.

Pode-se explicar claramente tal fato: um conhecimento intuitivo foi plenamente suficiente, e mesmo conveniente, a um uso pessoal e concreto que

---

1 Tradução de Flo Menezes da publicação alemã "Anton Weberns organische Chromatik". In: *Die Reihe II – Anton Webern*. Viena: Universal Edition, 1955, p.56-65, e cotejada com o manuscrito original em francês fornecido pelo próprio autor. A versão original em francês foi recentemente publicada em: Pousseur, H. *Écrits Théoriques 1954-1967 – Choisis et Présentés par Pascal Decroupet*. Sprimont (Bélgica): Pierre Mardaga Éditeur, 2004, p.15-28.

desejavam fazer dessa obra, e a pedagogia não fazia parte de suas preocupações principais; assim é que puderam limitar seus esforços teóricos a um plano quase rudimentar. Mas no momento em que o pensamento serial emerge de seus anos de incubação e nos apresenta os sintomas de uma primeira crise de desenvolvimento,[2] deve-se perguntar se os ensinamentos que se ocultam por trás do estudo das obras de Webern não poderiam, uma vez metodicamente elucidados, nos auxiliar com eficiência.

* * *

Tentou-se até o presente definir a poética de Webern baseando-se no manejo particular das séries dodecafônicas. Neste processo, foi-se obrigado a considerar o período não-serial como uma fase preparatória para obras seriais, e estas últimas como as premissas de um sistema serial generalizado, apesar de tal sistema ter permanecido, para Webern, desconhecido. Como se pode explicar então a constância estilística que reina em todas as suas obras, seriais ou não (o que faz que as diferenciemos claramente das obras de Schoenberg e de seus discípulos), pela qual tais obras puderam influenciar a nova geração de compositores? Para darmos um exemplo: as *Bagatellen Op 9* de Webern, datadas de 1911-1913, não estariam infinitamente mais próximas de seu *Streichtrio Op 20* ou mesmo de seu *Streichquartett Op 28* do que, por exemplo, dos Terceiro e Quarto Quartetos de Schoenberg? E não seriam tais *Bagatelas* tão representativas da contribuição irredutível de Webern quanto suas obras posteriores? É óbvio que a especificidade, a novidade radical de tal contribuição não resulta, pois, da técnica serial propriamente dita. De onde resultaria então? Falar, a esse respeito, de propriedades de caráter inexprimíveis e que formam uma determinada personalidade seria desviarmo-nos

---

2   Pousseur refere-se à crise da música serial dita *pontual* ou *pontilhista*. De fato, desde aproximadamente 1954 novas concepções adentravam o terreno da música serial, substituindo a poética pontilhista, caracterizada por uma constante mutação de todos os parâmetros sonoros serializado, por uma escrita em que alguns desses parâmetros eram, por assim dizer, "congelados", a fim de se constituírem regiões mais homogêneas e, de certo modo, localizáveis pela mera escuta. Nisso consistiu o que se designou por *técnica de grupos*. A bem da verdade, a crise do chamado *serialismo integral* já tivera início em 1952 (ou seja, logo após a composição da primeira obra integralmente serial: a *Sonate* para dois pianos, de 1950-1951, do belga Karel Goeyvaerts). É preciso que tenhamos em vista, pois, que o serialismo, em sua vertente "integral" (estendido a todos os parâmetros do som), teve curtíssima existência, dando logo vazão a técnicas alternativas, tais como, a partir de 1952, as *multiplicações* de Boulez e a *técnica de grupos* do próprio Boulez, Stockhausen e outros. (F.M.)

da questão em si. Pois se esta personalidade deseja nos comunicar – e com o vigor de que temos conhecimento – sua própria postura e sua coesão, é necessário, então, que ela se elabore diante de nossos olhos, é preciso, pois, que ela penetre no âmago da realidade material de suas obras.

Revelar nestas seus traços, seus sinais tangíveis, constitui a urgente tarefa para então compreendermos, só assim, a chave da expressão weberniana.[3] Quem sabe se tal tarefa não nos forneça ao mesmo tempo as bases de uma teoria, autônoma e homogênea, ainda inexistente na música nova? Quem sabe ela não possa nos sugerir a resposta às questões que se colocam hoje a toda uma gama de compositores?

Dada sua brevidade, o presente texto pretende apenas esboçar provisoriamente a direção a seguir – segundo nosso ponto de vista – para atingirmos esse objetivo. Com a ajuda de alguns exemplos práticos, tratarei de uma questão precisa, delimitada, mas susceptível de resgatar um fenômeno primordial e até o presente ainda insuficientemente posto em evidência.

* * *

Quem dedica um pouco de sua atenção a qualquer obra de Webern logo se dá conta da natureza peculiar das mais simples relações sonoras, acima de tudo daquilo que poderíamos chamar de *conexões freqüenciais elementares*. Constata-se uma abundância de conexões cromáticas, principalmente de intervalos de Sétima maior, de Nona menor, de Décima-quarta maior etc. Constata-se, no mais, que tais relações adquirem um sentido totalmente diverso daquele que adquiriam em Schoenberg, e que não se trata, a bem da verdade, das mesmas Sétimas, das mesmas Nonas (assim como também não das mesmas Quartas, das mesmas Décimas etc.). Torna-se evidente que Webern concede ao cromatismo um espírito novo, depurando-o de uma vez por todas de seus elos com a harmonia alterada pós-wagneriana, reconduzindo-a enfim, ao que parece, às suas características mais originárias. Quais teriam sido as modalidades de tal conversão?[4] Que papel desempenham os intervalos

---

3 Nota-se aqui como Pousseur assumia já por volta de 1955 uma posição crítica quanto aos resultados perceptíveis provenientes dos procedimentos seriais propriamente ditos. Seu posicionamento autocrítico (já que ele também fora um dos expoentes do serialismo pós-weberniano), principalmente com respeito à especulação harmônica e em plena década de 1950, levou-o a reconsiderar as inúmeras possibilidades de elaboração da *harmonia*, resultando na concepção de suas *permutações seriais cíclicas* e, posteriormente (em meados da década de 1960), das chamadas *redes harmônicas* (*réseaux harmoniques*). (F.M.)

4 Questão omitida na publicação alemã. (F.M.)

acima mencionados em meio à nova articulação sonora? Tais questões são aqui levantadas em relação à primeira das *Sechs Bagatellen Op 9*. Pondo em parênteses a resposta, empírica, que meu conhecimento sensível já havia me fornecido há algum tempo, esforcei-me para encontrar, ainda que guiado por tal conhecimento, uma resposta fundamentada em observações mais objetivas.[5] Submeti esta peça a um severo exame, voltando-me essencialmente à rede de conexões[6] cromáticas que a constitui do início ao fim. A partir daí, tirei algumas conclusões unívocas, em estrita coincidência com o que minha intuição previa já de antemão. Acredito que tal análise poderá mesmo nos levar ao cerne da questão que por ora nos ocupa.

Talvez nos digam que isso constitui uma "abstração"; talvez nos façam a objeção de que o estudo isolado dos esquemas intervalares não poderia nos transmitir a realidade concreta das estruturas musicais, já que nestas todos os aspectos dos sons funcionam em estreita dependência uns com relação aos outros. Nesse caso, nada mais posso fazer que me conformar e solicitar àqueles que me dirigem tais objeções para que se munam de paciência. Na música instrumental tradicional, a freqüência física[7] dos sons deve ser considerada como o índice de uma tendência oscilatória predominante, ao qual o timbre, função resultante[8] de todos os eventos vibratórios secundários, se subordina. Parece-nos, pois, perfeitamente justificável que estudemos as relações entre estes aspectos mais aparentes dos fenômenos acústicos (as freqüências), e que consideremos provisoriamente suas estruturas internas (ou timbres) só quando

---

5 Sentença omitida na publicação alemã. (F.M.)

6 É digna de nota a utilização por Pousseur da expressão "rede de conexões" com relação à questão harmônica já em 1955. Sua principal contribuição nesse campo será, como já mencionado, a elaboração no decorrer da década de 1960 daquilo que denomina como *redes harmônicas* (*réseaux harmoniques*), e tal pensamento prenuncia seu próprio feito em alguns anos. (F.M.)

7 O leitor encontrará, tanto neste texto quanto nos demais, diversos termos associados à nota musical: "nota"; "som"; "freqüência"; "altura". (F.M.)

8 Saliente-se, aqui, a clareza da concepção de Pousseur quanto ao *timbre*, pois ao contrário do que normalmente se admite, este não constitui um parâmetro constituinte do som, mas antes deriva dos demais parâmetros (alturas, intensidades, duração dos parciais, morfologia sonora, envelope espectral). Certamente tal visão esclarecedora, que se distingue da visão, a esse respeito, um tanto quanto perturbadora e confusa dos tratados de acústica, deve-se à experiência de Pousseur ao ser convidado por Herbert Eimert a atuar como compositor junto ao estúdio da NWDR de Colônia, com a música eletrônica a partir de 1953. (Cf. a respeito da questão do timbre como parâmetro da *composição*, mas não do *som*, Menezes, Flo. *A acústica musical em palavras e sons*. São Paulo: Ateliê Editorial, 2004, p.94-6 e 199-201). (F.M.)

Apoteose de Rameau

estas alterarem seu funcionamento no interior das articulações superiores – o que não deixaremos de fazer em tal circunstância.[9]

Por outro lado, logo veremos que não faz parte de minhas intenções discursar de modo abstrato sobre as relações de altura sem me ocupar da influência que elas podem exercer sobre as relações rítmicas e de dinâmicas, ou mesmo das mudanças de valor que as alturas podem causar em tais relações. Desejaria antes de qualquer coisa considerar as articulações freqüenciais no que diz respeito à sua imediata eficácia com relação à percepção musical. Com isso, o tempo será incluído automaticamente em nossas coordenadas, pois deveremos distinguir as conexões imediatas (nas quais os termos são simultâneos ou se sucedem sem interrupção) das conexões mediatas (as quais, produzindo-se apenas de modo indireto, a certa distância – após a escuta de outras relações sonoras –, nem por isso são necessariamente menos eficazes). No decorrer de nossa análise, consideraremos cada vez mais os coeficientes de duração e de amplitude. Eles nos permitirão conceber mais nitidamente os distintos tipos de conexões. Por fim, faremos alusão à forma integral da peça, derivada, por sua vez, das articulações elementares que teremos trazido à luz no decurso de nosso exame.

Dada a necessidade de se começar tal abordagem por algum lugar, minha opção pareceu-me a melhor por causa da relativa independência que as conexões freqüenciais possuem em relação aos outros parâmetros, à anterioridade genética[10] que elas parecem manifestar e à função privilegiada que assumem na elaboração da linguagem weberniana.[11]

* * *

---

9 Nota-se claramente aqui a importância dada à *harmonia* por Pousseur, distinguindo seu percurso criativo dos demais compositores da geração pós-weberniana. (F.M.)

10 *"Antériorité génétique"* no manuscrito francês. Com efeito, Pousseur realça a "superioridade" da percepção freqüencial perante as demais, algo que é assumido mesmo por vertentes aparentemente antagônicas do fazer musical a ele contemporâneo. Assim é que até mesmo o pai da música concreta francesa, Pierre Schaeffer, opositor à escola de música eletrônica da qual fazia parte Pousseur, fala de uma *supremacia das alturas* – cf. Menezes, Flo. Op. cit., p.96-8. (F.M.)

11 Parágrafo omitido na publicação alemã. (F.M.)

Henri Pousseur

[Bagatela n.1]

Sechs Bagatellen für Streichquartett

I

Anton Webern, Op. 9

A nota Ré 4, com a qual a primeira bagatela se inicia (ver o exemplo musical), logo forma uma conexão de Segunda menor simultânea com Mi bemol 4. A Sétima maior Dó sustenido 5, que logo a seguir terá abaixo sua própria Nona menor Dó 3, se segue imediatamente. Dessa forma, as quatro primeiras freqüências expostas constituem uma verdadeira cadeia de conexões cromáticas. Fundamental é, aqui, o fato de que cada elo dessa cadeia é apresentado de um aspecto diferente, em distensão progressiva: Segunda menor, Sétima maior, Nona menor. O ouvido só pode ser privilegiado por meio desse processo: um inequívoco comportamento auditivo lhe é sugerido desde o início. A próxima nota, Sol bemol 4, apresentará relações cromáticas mais ou menos diretas. Sua dupla conexão só se efetuará após duas unidades de compasso, mas numa forma particularmente eficaz, ou seja, através de duas Segundas menores: a inferior Fá 4; e a superior Sol 4. A nota Sol 4 forma, por sua vez, uma relação indireta de Segunda menor com o Lá bemol 4 que se segue ao Sol bemol 4 e que se sobrepõe ao Lá natural 3 como sua Sétima maior.

Esta última nota será, juntamente com Si 3 (que constitui de modo indireto, ainda que não distanciado no tempo, a conexão de Segunda menor com o Dó 4 precedente e, com isso, uma primeira ligação entre a segunda cadeia cromática e a primeira antes mencionada), sobreposta ao Si bemol 5, que soa duas oitavas acima. A partir da Segunda maior Fá 4 – Sol 4, pode-se ainda observar o desenvolvimento de duas séries conectivas: a primeira a precede, uma vez que Fá 4 tem a função de segunda nota de uma Sétima maior descendente, cuja primeira nota, Mi 5, está em relação indireta de Nona menor com o Mi bemol 4 dos compassos 1 e 3 (estabelecendo assim uma nova ligação entre partes distintas da cadeia cromática); a segunda, que soa após a Segunda maior de que falamos, é formada por um grupo de conexões quase exclusivamente imediatas: a nota Sol 4 sobrepõe-se à nota Fá sustenido 2 oitavas mais grave (à qual se sobrepõe igualmente Fá 4), enquanto ao Mi 2 grave se junta um Mi bemol 4, no mesmo registro do Mi bemol 4 do primeiro compasso.[12]

Dessa forma, fecha-se o ciclo cromático. Ele coincide justamente com a primeira articulação principal da peça. Sua importância estrutural é evidente. A fim de torná-la ainda mais clara, podemos efetuar uma série de cortes sincrônicos nestes dois compassos e meio. (Tal operação pode parecer arbi-

---

12 Nota-se aqui que Pousseur não fala da mesma nota Mi bemol 4, embora sua posição no registro seja absolutamente idêntica. Ele tende, já aqui, a diferenciar as diversas aparições de freqüências umas das outras em meio à obra de Webern, chamando a atenção para a autonomia própria de cada uma dessas notas, e isso mesmo em se tratando de idêntica localização no registro (o que até certo ponto encontra correlação imediata com a concepção pontilhista da obra de Webern efetuada pela geração pós-weberniana). (F.M.)

trária. Se a vantagem metodológica que se pode tirar daí não for suficiente para justificá-la, a existência de uma retenção auricular, aqui favorecida pelo isolamento das notas em determinados registros, certamente nos autoriza a fazê-la). Obtemos, então, a seguinte seqüência de campos harmônicos:

				Si bemol 5	
	Dó sustenido 5	**Dó sustenido 5**		Mi 5	
Mi bemol 4		Sol bemol 4	Lá bemol 4	Fá 4	Sol 4
Ré 4		Dó 4	**Si 3**	**Si 3**	Mi bemol 4
			Lá 3	**Lá 3**	
				Fá sustenido 2	**Fá sustenido 2**
					Mi 2

Constatemos, pois, que tanto no interior de cada campo quanto de um campo ao outro sempre existe, no mínimo, uma conexão cromática, e que o número de tais conexões cresce proporcionalmente à densidade dos campos.

O cromatismo condiciona, portanto, a primeira articulação do desenvolvimento musical. Uma nova observação deverá esclarecer-nos sobre sua verdadeira natureza. O trecho acima analisado compreende os doze sons da escala cromática, mas três deles são expostos por duas vezes. Essas três notas repetidas (Mi bemol 4; Fá sustenido 2 e Sol bemol 4; e Mi 2 e Mi 5) – das quais duas (as últimas mencionadas) são dispostas em oitavas diferentes – não acarretam um novo desenvolvimento do total cromático, mas integram-se, assim como sua aparição anterior, neste primeiro ciclo de conexões. O fato de pertencerem a diferentes cadeias de relações ou ainda a distintos campos harmônicos nos permite concebê-las não como possíveis oitavações de uma mesma nota já anteriormente executada, *mas sim como notas absolutamente distintas.*

É necessário, aqui, distinguirmos de modo radical a altura real de um som de seu valor cromático.[13] Tal valor é uma função relativa que resulta do posicionamento da nota em meio ao todo contextual, possibilitando-nos perceber sua relação com os outros elementos desse todo.[14] A altura real, por sua vez, constitui-se como seu próprio valor, absoluto, nominativo. Tem-se, na

---

13 Pousseur refere-se, aqui, à distinção necessária entre o *peso* de uma nota (sua localização no registro das freqüências) e seu *croma* (sua identidade no interior de uma oitava determinada) – cf. a esse propósito Menezes, Flo. Op. cit., p.115-9. Nesse contexto, sua abordagem distingue-se substancialmente de outras, para as quais tal distinção é irrelevante (tal como a *pitch class theory* ou *set theory*), e que, para um real entendimento da linguagem weberniana, demonstram-se como insuficientes. (F.M.)

14 Ou, ainda melhor: uma função relativamente abstrata, permitindo-nos estabelecer certo tipo de relação, por exemplo, harmônica (cf. "A Apoteose de Rameau", primeira parte). (N. do A. acrescida ao manuscrito em 1972).

Apoteose de Rameau

verdade, a presença de catorze alturas distintas,[15] entre as quais se constitui uma rede de relações que tem por base a conexão cromática.

Esse fato nos revela a presunção da exigência de um desenvolvimento integral e contínuo do "total" cromático, tal como foi formulado pelo dodecafonismo ortodoxo.[16] Pode-se indubitavelmente encontrar certas virtudes metodológicas em tal procedimento. Vimos claramente em nosso exemplo, contudo, que isso não constitui condição necessária – e tampouco, como veremos mais tarde, suficiente – à pureza do estilo. Pode-se objetar que o exemplo escolhido pertence a um primeiro período criativo de Webern e que este teria, mais tarde, aderido ao princípio serial dodecafônico. Entretanto, tal objeção não diminui em nada o significado de nosso exemplo. Dois outros exemplos extraídos das *Sechs Bagatellen* poderão nos mostrar o quanto Webern estava ciente de tais questões já em 1911-1913. Como primeiro exemplo, temos o início da terceira bagatela, em que os doze sons são expostos uns após os outros sem repetição (pois a quase-simultaneidade das notas Si bemol 3 e Fá 5 não permite que consideremos esta última como estruturalmente anterior à primeira); e, como segundo, os quarto e quinto compassos da segunda bagatela, nos quais Webern justapõe com grande mestria distintas oitavações de vários valores cromáticos. Aliás, mesmo em suas obras estritamente dodecafônicas, Webern tenderá sempre ao rompimento com o tratamento serial, procurando elaborar configurações semelhantes às que expomos aqui. Existem vários exemplos nos quais determinados "cromas" se encontram (por meio da sobreposição de partes seriais independentes) de modo tão aproximado que não permitiriam nenhum manejo dodecafônico em sentido estrito,[17] e que, uma vez registrados diferentemente, *nem por isso dão lugar a uma percepção oitavante.*

---

15 Ou ainda de *catorze valores cromáticos* distintos. (F.M.)

16 Ou seja, uma vez expostos os 12 sons da escala cromática, ter-se-ia uma apresentação do "total" cromático. O que se tem com a apresentação da série dodecafônica é, na verdade, a exposição dos 12 valores relativos (das 12 notas de Dó a Si), mas não da totalidade de seus valores cromáticos absolutos (referentes, pois, aos diferentes registros). (F.M.)

17 A análise dodecafônica minuciosa de todas as obras seriais de Webern nos permite constatar o rigor de Webern com relação às manipulações seriais em sentido estrito, ao contrário do que Pousseur pressupõe aqui. Um único exemplo de exceção ocorre precisamente no compasso 47 do segundo movimento da *I. Kantate Op 29*, no qual Webern substitui um Mi por um Ré no clarone para evitar uma relação oitavante com outro Mi na celesta, pertencente a outra série. A afirmação de Pousseur, no entanto, não perde em nenhuma hipótese o valor, pois se por um lado um manuseio estritamente serial é adotado por Webern em todas as suas obras dodecafônicas, por outro tal tratamento só foi possível pelo fato de o serialismo não possibilitar por si só um total controle do dado harmônico, permitindo a Webern, pois, a manutenção da homogeneidade de seu estilo harmônico – cf. a esse respeito Menezes, Flo. *Apoteose de Schoenberg*. São Paulo: Ateliê Editorial, 2.ed., 2002, p.241-56. (F.M.)

Uma objeção mais séria pode ser feita com respeito ao caminho percorrido por nosso raciocínio: se as diferentes oitavas de um croma não possuem o mesmo valor absoluto, como podemos então considerar as Segundas, Sétimas, Nonas, Décimas quartas etc., como conexões idênticas? Quanto a isso, veremos mais tarde que é inexato falar de identidade. É preciso que estabeleçamos uma diferença funcional entre esses diversos tipos de intervalos, e tal diferença diz respeito, até certo ponto, a seu aspecto *rítmico*. Por outro lado, é-nos absolutamente claro que, partindo-se unicamente do ponto de vista das freqüências, não se percebe uma Segunda como igual a uma Décima quarta, ou uma Sétima idêntica a uma Nona. Todavia, entre tais intervalos tem-se uma semelhança de fato. Observemos o seguinte exemplo: caso uma Terça maior Dó-Mi seja inserida numa cadeia cromática completa (compreendendo Dó sustenido, Ré, Mi bemol, e até mesmo Si e Fá), os demais membros dessa cadeia podem ser distribuídos em registros mais ou menos distantes, mais graves ou mais agudos (ainda que conservando sua eficiência "cromatizante", "destonalizante",[18] sem que esta sofra mudanças substanciais. Constituir-se-iam exclusivamente algumas diferenças de tensão cromática e de orientação. Mas tal Terça se diferenciaria por sua própria natureza do intervalo Dó-Mi, disposto no mesmo registro, caso este fosse incorporado a um acorde perfeito ou a uma figura modal. De onde viria então a analogia dos efeitos que os distintos tipos de conexão cromática nela causaram?

Dada a imprecisão relativa com a qual percebemos as relações entre distintas alturas, os diferentes intervalos temperados podem ser assimilados aos primeiros intervalos da série harmônica natural. Ao menos concebemos assim tais intervalos se a escritura em questão a isto não se opõe expressamente. Mas os intervalos naturais são, contudo, unipolares, direcionais e hierárquicos. Um de seus dois componentes é subordinado ao outro, designando-o, referenciando-se a ele, sacrificando em seu favor sua própria autonomia e ganhando seu próprio significado através desse parentesco.

Essa força de atração é tanto menor quanto mais tais componentes se distanciam dos primeiros harmônicos, quanto mais sua relação se torna complexa. O Semitom, suas inversões e transposições são os intervalos que menos possuem uma orientação interna. (Por certo que o Trítono também não possui nenhuma maior orientação em si, e bem sabemos que importante papel é conferido a esse intervalo na música weberniana; entretanto, ele só pode se prestar a um uso limitado: uma cadeia de Trítonos não nos conduziria muito longe...). É o contexto desses intervalos que assume a função de

---

18 "*Dé-tonalisante*" no manuscrito francês. (F.M.)

fortalecer ou neutralizar sua polaridade[19] amena por natureza. É fato notório que a linguagem tonal conferiu uma força direcional às relações cromáticas. Uma vez encadeadas umas com as outras, e distribuídas em diferentes registros, muitas conexões cromáticas adquirem, ao contrário, um sentido nitidamente bipolar.[20] Com o trítono, elas constituem os únicos intervalos temperados que podem assegurar inequivocamente tal ligação. E por isso é que as encontramos na base de uma música na qual as submissões naturais são banidas por princípio.

Por certo que a virtude cromática da Sétima se deve à existência – subjacente – da Oitava. Mas torna-se a Oitava, por isso, perceptível? E no caso negativo: não seria legítimo utilizarmos com astúcia a natureza para daí derivarmos uma nova realidade? Para retomarmos o exemplo de Schoenberg: o avião voa porque um belo dia se decidiu decretar o fim da força de gravidade? Não teria sido, ao contrário, pelo fato de que reconhecemos suas leis com mais sutileza que pudemos então desviá-la de suas determinações primeiras? Da mesma forma, não foi suficiente proclamar simplesmente a queda da Tônica e em seguida "organizar" de maneira gratuita os doze sons temperados a fim de que reinasse espontaneamente uma nova ordem. Precisou-se instaurar tal ordem com todo o vigor e assegurar a cada instante sua integridade. Para isso, foi indispensável uma intuição segura das profundas tendências que a viabilizavam. Assim é que uma força, uma energia nova freqüentemente nada mais é que uma inércia canalizada, dirigida a fins até então desconhecidos.

A semelhança entre os distintos tipos conectivos deve-se antes de tudo a uma similaridade de sua ação.[21] A expressão *unidade métrica*, que utilizamos mais acima, mostra-se inadequada. É necessário, isto sim, referirmo-nos a um *grupo de procedimentos métricos de base*.

A validade de tal visão será comprovada pela continuação de nossa análise. Não é necessário que prossigamos por escrito a investigação tal como foi realizada com os três primeiros compassos. O leitor poderá prossegui-la,

---

19 *Polaridade* e *direcionalidade* são conceitos, constatemos, presentes no pensamento de Pousseur já desde o presente texto, consistindo em dois conceitos de suma importância para a evolução compositiva da chamada Escola de Darmstadt, da qual viria a se tornar um dos principais protagonistas nos anos 1960. (F.M.)

20 Nota-se aqui a utilização por Pousseur do termo *unipolar* com relação à música tonal, assim como do termo *bipolar* para o cromatismo weberniano. Em seu texto seguinte, "De Schoenberg a Webern: uma Mutação", Pousseur expõe-nos pela primeira vez sua concepção de *multipolaridade* referente a todo o universo harmônico weberniano, em contraposição à *unipolaridade* tonal. (F.M.)

21 Para "*similarité d'action*" do manuscrito francês, a tradução alemã utiliza a expressão "homogeneidade de sua tendência" ("*Gleichartigkeit ihrer Tendenz*"), talvez mais apropriada que a própria expressão utilizada no manuscrito. (F.M.)

com grande proveito, por sua própria conta. A compreensão por ele então adquirida tornar-se-á ainda mais concreta. Ele verificará então que não nos detivemos em aspectos excepcionais, mas sim que pudemos trazer à luz a essência desta música.[22] Contentar-nos-emos, por ora, com o inventário detalhado que poderemos apresentar no transcorrer de nossa análise, tirando daí, então, as conclusões que nos são viáveis.

Das 73 notas que a peça contém, 61 participam de duas conexões cromáticas. No que se refere a 27 delas, ambas as conexões são imediatas; com relação às outras 33, uma das conexões é indireta, a outra, direta; por fim, apenas no caso de uma única nota (o já mencionado Sol bemol 4 do segundo compasso, que constitui um dos raros casos deste tipo em todas as *Sechs Bagatellen*), ambas as conexões são indiretas. As 12 notas restantes contêm apenas uma relação cromática eficiente, mas esta é, contudo, sempre direta.

O *potencial cromático* da peça é, pois, extremamente alto. Ele é distribuído com uma rigorosa economia e expande sua força constitutiva na totalidade das relações sonoras. Através da forma pela qual tais relações se inserem nessa textura conectiva, os intervalos aparentemente diatônicos como as Terças, as Quintas, as Sextas – mesmo que estes sejam expostos de maneira mais visível – não são entendidos como simples relações harmônicas, mas como conexões indiretas, derivadas das conexões elementares, resultantes da interferência de distintas cadeias cromáticas. Sua estrutura mesma é, por isso, modificada, adquirindo igualmente um sentido bipolar. Vê-los como "múltiplos" de um mesmo denominador comum – do Semitom, no caso –, seria, contudo, fruto de uma concepção mecanicista e restritiva. Em vez disso, é necessário pensarmos num equivalente orgânico de tal noção.

Mas retornemos às conexões elementares. Verificamos que existe uma diferença gradual de função rítmica entre os diversos tipos conectivos (Segundas, Sétimas etc.). A fim de fundamentar tal ponto de vista, fizemos o levantamento do número de cada um desses tipos no interior de cada um dos dez compassos da peça, exposto na tabela a seguir. Diferenciamos, neste processo, as formas mediatas das imediatas.[23]

---

22 O trecho compreendido entre "O leitor poderá... essência desta música" foi omitido na publicação alemã. (F.M.)

23 A Décima sexta direta do compasso 8, apontada tanto no manuscrito quanto na publicação alemã, é, na verdade, uma Décima sexta acrescida ainda de uma Oitava (constituindo-se como o maior intervalo da peça – e ao qual o próprio Pousseur se refere mais tarde). Por outro lado, não encontramos nenhuma Décima sexta direta no compasso 3 (como apontado no manuscrito), nem no compasso 10 (como consta, em vez do 3º compasso, na tradução alemã). (F.M.)

Apoteose de Rameau

Mesures	1	2	3	4	5	6	7	8	9	10	Totais		
Segundas mediatas imediatas	/	2	2	2	1	/	2	1	2	/	12	19	19
	1	/	/	/	/	/	4	1	1	/	7		
Sétimas mediatas imediatas	/	/	/	/	/	/	/	/	1	1	2	23	37
	1	2	1	3	1	2	4	2	3	2	21		
Nonas mediatas imediatas	/	1	/	1	1	/	/	/	1	/	4	14	
	/	1	/	3	/	1	1	1	3	/	10		
Décimas quartas mediatas imediatas	/	/	/	1	/	/	/	/	/	/	1	10	17
	/	2	1	/	2	2	/	1	/	1	9		
Décimas sextas mediatas imediatas	/	/	/	/	/	1	1	/	/	1	3	7	
	/	1	1	1	/	/	/	1	/	/	4		

O exame das diferentes rubricas desse quadro é de um interesse incontestável. De 19 conexões de Segunda, 12 são indiretas (ou mediatas), 31 das 37 conexões de Sétima e Nona, e 13 das 17 conexões mais distendidas são, ao contrário, diretas (ou imediatas).

Os menores intervalos parecem assim ser os mais apropriados para as maiores distâncias de tempo. Eles são particularmente apropriados para assegurarem a ligação de *campos sincrônicos* sucessivos. Os intervalos maiores, ao contrário, mostram-se menos propícios às grandes distâncias de tempo. Eles prestam-se mais às relações entre camadas simultâneas distintas, a distintos registros da tessitura ou a *campos diacrônicos*. No que se refere aos intervalos próximos da Oitava, ou seja, às Sétimas e às Nonas, constatamos que tais intervalos constituem os componentes mais importantes de nosso *grupo métrico*. Enquanto os intervalos maiores aparecem quase exclusivamente de forma simultânea, tais intervalos apresentam-se com a mesma freqüência tanto nas formas sucessivas quanto nas simultâneas ou mistas. Eles asseguram a passagem contínua de um ao outro desses tipos extremos. Enquanto estes últimos asseguram principalmente a ligação entre complexos distintos, as Sétimas e Nonas funcionam como articulação interna desses complexos ou são encarregadas de sua comunicação periférica.

A análise de alguns exemplos, particularmente dos casos minoritários (Segundas menores diretas, Décimas quartas ou Décimas sextas indiretas), é susceptível de confirmar ou invalidar esta interpretação. Consideremos primeiramente os tipos concernentes aos grandes intervalos indiretos. Em todos os quatro casos aqui existentes, cada uma das duas notas do intervalo está inserida numa segunda relação cromática, e tal conexão é sempre direta (no quarto compasso, por exemplo, temos Mi bemol 6 (harmônico) em relação de Nona simultânea com Ré 5, enquanto Mi 4 se sobrepõe a Fá 3).

Por outro lado, em dois casos o espaço entre as notas é relativamente suprimido, facilitando sua percepção (como é o caso de Dó sustenido 5 (harmônico) – Dó 2 no sexto compasso, ambos executados com dinâmica forte, enquanto uma das notas intermediárias, Si bemol 4, é executada com um *p crescendo*). Nos outros dois casos (como na relação Si 2 – Dó 5 no décimo compasso), as notas da conexão soam cada qual no limite inferior e superior da totalidade do campo harmônico e são, por isso, realçadas pela sua disposição extrema no registro. Em todos os casos tomou-se o cuidado de evitar o perigo que poderia resultar do distanciamento de tais conexões. Constatamos a sua eminência, confirmando-se a tensão rítmica relativa à qual tais distanciamentos são susceptíveis. Esses exemplos mostram-nos, positivamente, até que ponto os referidos distanciamentos são capazes de assumir a ligação entre grupos distribuídos em diversas regiões freqüenciais que já contêm sua estrutura cromática própria.

No decurso dos últimos anos, observa-se a tendência de se considerarem os registros como entidades fixas, preexistentes, nas quais se precisa apenas encaixar as "alturas absolutas" (como se denominou os valores cromáticos das notas). Mas nossa percepção não subdivide por si só o espaço sonoro. Diferenciamos, no máximo, duas ou três zonas aproximativas de tessitura: os sons graves, médios e agudos. Cabe à escritura a articulação de tais zonas, delimitando-as ou conectando-as. Sabemos que importante papel foi desempenhado pela Oitava deste ponto de vista na música tonal. Mas esse intervalo não agiu só. A ele juntaram-se, pois, as mudanças de tonalidade, sobretudo quando são acompanhadas de uma transposição mais ou menos fiel do material temático e do âmbito utilizado, como as mudanças de registros.

Tais mudanças efetuam-se, na música tonal, por transposições de Quinta ou Terça, por exemplo. Numa música integralmente regida pela conexão cromática, esta deveria, então, assegurar a articulação dos registros. Uma análise diacrônica de distintas *bandas de freqüências* (por exemplo, com a extensão de duas Oitavas de extensão) mostrar-nos-ia a riqueza cromática de cada uma delas. Se desejarmos, entretanto, observar cada uma das relações que se inserem em tais bandas de freqüências, seremos constantemente obrigados a passar às bandas de freqüências vizinhas. A localização dos registros não é, portanto, nítida. Seus limites estão em perpétuo movimento. Eles se interpenetram sem cessar. Da mesma forma, só pudemos efetuar cortes "verticais" na primeira estrutura à custa de uma série de abstrações, pois os "campos harmônicos" também se encontram num estado de constante osmose. A análise dos casos minoritários opostos aos já analisados, ou seja, das Segundas menores diretas, esclarecer-nos-á ainda mais tal fato.

Dentre sete de tais intervalos, três são ouvidos como intervalos sucessivos, "melódicos". Na medida em que tal figura desempenhara um papel particularmente importante na música tonal, ela se apresenta carregada de um poder convencional privilegiado. Por tal razão, a aparição desses intervalos ocorre sempre com certo risco, evitado por Webern em nosso exemplo da seguinte maneira: a primeira Segunda menor sucessiva (Sol 5 – Sol bemol 5, no sétimo compasso) parece-nos pouco melódica. Cada uma das duas notas é executada por um instrumento diferente e com um timbre particular. Uma breve pausa as separa. Por fim, tais notas inserem-se num grupo compacto de Segundas mais ou menos simultâneas. O próximo exemplo, Si 3 – Dó 4 – Si 3, sucede-se imediatamente a esta última estrutura, como o efeito de um último eco. Assim, essa progressão de Segundas adquire seu próprio valor estilístico e é percebida como uma das possibilidades de emissão do intervalo de Segunda menor: emissão simultânea, parcialmente sobreposta, ou sucessiva. O último exemplo (Fá 5 – Mi 5 no nono compasso) apresenta-se, por fim, como uma espécie de memória do precedente. Ele se integra à última seção que, por sua vez, assume, até certo ponto, o papel de uma última exposição do *grupo métrico*.

Quanto às Segundas simultâneas ou mistas, todas, com exceção da que ouvimos no início da peça, ocorrem no sétimo compasso, ou seja, no ponto culminante rítmico e dinâmico. Essa concentração, à qual se opõe a distribuição homogênea das Segundas menores indiretas por toda a peça, é sintomática. As Segundas são aqui escolhidas por sua grande intensidade, sua crescente força rítmica. Se por um lado uma Segunda indireta é dotada de um potencial conectivo semelhante ao de uma Décima quarta maior direta, por outro as Segundas simultâneas adquirem, em razão de sua contração, uma tensão cromática ainda maior.

Isso nos leva a observar mais de perto a idéia de um *ritmo de conexões*. O tempo que transcorre entre a execução de ambas as notas constitutivas de uma relação cromática é percebido como um período de espera, como um silêncio tenso.[24] Não que se trate aqui de uma atração comparável à que

---

24 Trata-se, aqui, de uma das passagens teóricas mais significativas sobre o papel do *silêncio* em Webern. Para Pousseur, o silêncio na música weberniana reveste-se de um caráter *estrutural*, diretamente ligado à percepção intervalar essencialmente cromática. Em um texto posterior, de 1961, Pousseur assevera, em tom mais poético, que "se falou freqüentemente do *silêncio* na música de Webern, mas seria necessário se abster de limitar esta justa intuição a seu aspecto imediatamente material: o silêncio que ela nos oferece não diz respeito somente à ausência de som em um dado momento... É, ao contrário, a virtualidade absoluta, a digressão (*écart*) primordial, anterior a toda digressão definida, e somente ela, ao permitir que os elementos se distingam entre si, que se situem uns em relação aos outros, lhes confere o poder de se definir, ou melhor ainda: de existir" (Pousseur. "Webern et le Silence". In: Pousseur, H. *Écrits Théoriques 1954-1967*, op. cit., p.107). (F.M)

reinava na música tonal, mas só mesmo a relação cromática pode anular – ou melhor: equilibrar – a tendência polarizadora que manifesta a impressão de memória[25] deixada por um determinado som, ou só ela pode ainda substituir essa impressão. Uma vez que no organismo musical weberniano tal remissão constitui uma imperiosa necessidade, as *durações intraconectivas* ganham uma vida particular. São estas que determinam o ritmo subjacente do desenvolvimento musical. Raramente esse ritmo é simples, porque cada instante é feito da espera de diversas conexões e também porque distintos tempos relacionais[26] se sobrepõem num contraponto incessante, num tecido contínuo. (Deste ponto de vista, poderíamos até mesmo considerar as conexões rigorosamente simultâneas como um "tempo condensado").

Um estudo separado das proporções de tempo, dos esquemas agógicos aparentes, não nos conduziria, pois, a uma compreensão, mesmo que parcial, da música de Webern. A agógica assume aqui a função de articular as relações freqüenciais – e vice-versa. E da interação dos parâmetros de altura e de duração (aos quais é necessário que se acrescente, embora com um grau de importância menor, o parâmetro dinâmico, susceptível de acentuar ou atenuar o sentido dos outros dois, mas jamais de alterá-los definitivamente), é desta interação, enfim, que nasce o ritmo propriamente dito. A menor mudança de sua posição respectiva repercutiria no conjunto da estrutura, alterando a constituição de todo o tecido sonoro.[27]

Um último olhar para esta primeira bagatela poderá nos mostrar como Webern joga com este poder mútuo, e como instaura uma sutil dialética entre as diversas funções desses parâmetros.

A peça compreende seis seções principais. Analisamos de modo aprofundado a primeira delas. Ela é sucedida imediatamente pela segunda seção, enquanto uma pausa na duração de uma colcheia separa esta última da terceira seção, no início do quinto compasso. As três estruturas centrais são, ao contrário, estreitamente imbricadas. É impossível demarcarmos com exatidão suas fronteiras. Diríamos que a transição da terceira para a quarta seção

---

25 *"Empreinte mémorielle"* no manuscrito francês; *"Gedächtniseindruck"* na versão alemã. (F.M.)

26 *"Temps relationnels"* no manuscrito francês. (F.M.)

27 Pousseur insiste, aqui, no fato de que a escritura rítmica weberniana calca-se, sobretudo, na noção da *duração*, mais que daquela, mais tradicional, concernente aos *valores rítmicos*. A rítmica em Webern submete-se, assim, a uma concepção que tem nos *campos de força intervalar* seu principal núcleo estrutural, e nesse sentido o universo rítmico weberniano servirá de modelo para a emergência das novas poéticas que viram na música eletroacústica, do ponto de vista da organização temporal, seu potencial de emancipação. A escritura weberniana é mais *durativa* que propriamente *métrica*, da mesma forma como o som, que era do tempo, cede terreno, no bojo da música eletroacústica, ao tempo do som. (F.M.)

situa-se mais ou menos no sétimo compasso, e a transição da quarta para a quinta aproximativamente no início do oitavo compasso. A última seção, por fim, separa-se da precedente por uma breve respiração, na metade do nono compasso.

As conexões freqüenciais entre as diversas seções podem confirmar ou se opor a tais cesuras e a tais contrações agógicas.

As conexões cromáticas eficientes entre as duas primeiras seções são pouco numerosas e relativamente fracas, o que tende a acentuar a respiração, exteriormente pouco realçada, existente entre a seção inicial e os eventos subseqüentes. Uma rede mais densa de relações atenua o efeito da pausa que separa a segunda da terceira seção, "saltando" por assim dizer por sobre ela. Citemos as conexões de Segunda menor Ré 5 – Dó sustenido 5 (harmônico), Dó 5 – Dó sustenido 5 (harmônico), Dó sustenido 4 – Ré 4; as Nonas menores Fá 3 – Fá sustenido 4 e Sol sustenido 3 – Sol 2; as Décimas sextas menores Mi bemol 6 – Ré 4, e Mi 4 – Fá 6 (estas últimas não consideradas em nosso inventário por serem bem menos eficazes, mas nem por isso sem significado).

Por outro lado, a contração agógica das duas próximas ligações é nitidamente confirmada. A conexão intervalar é aqui assegurada por certo número de conexões diretas. É de se notar que o sexto compasso é o que contém o maior número de intervalos extensos, e que o início do oitavo compasso apresenta o maior intervalo entre todos os existentes na peça: Dó 4 – Dó sustenido 7.[28] O sétimo compasso, que em oposição a tal acontecimento possui o agrupamento espacial mais estreito, atinge através de tal vizinhança o momento de maior tensão informativa, em torno do qual toda a peça se organiza.

Esta ruptura, ainda mais acentuada pela dinâmica, elucida a solidariedade entre as outras forças conectivas, tanto freqüenciais quanto agógicas. É por uma razão oposta que tais forças convergirão quando da separação entre as duas últimas estruturas (no nono compasso). Trata-se aqui de estabelecer um relaxamento final definitivo. Não é preciso que citemos mais que a Segunda menor Dó 3 – Si 2 (particularmente eficaz por soar no limite inferior do âmbito de tessitura), ou ainda a Sétima maior Mi bemol 6 – Mi 5, e a Nona menor Lá 3 – Si bemol 4, ambas mais atenuadas pela presença de notas intermediárias que tendem a distrair a atenção do ouvinte. O ritmo de conexão é ainda desfortalecido pelo fato de três alturas absolutas, que apareceram na estrutura anterior, serem mantidas neste campo estrutural, ainda que agrupadas diferentemente: Fá sustenido 4, Dó sustenido 4, Sol 3. Tais uníssonos caminham, naturalmente, em sentido contrário ao das conexões cromáticas.

---

28 Ou seja: intervalo de Vigésima terceira menor! (F.M.)

Eles não extinguem a lembrança das notas, prolongando-a e aprofundando-a, assegurando à constelação sonora, assim, certo caráter estático e provocando a desaceleração do movimento global.

É ainda digno de nota o fato de que algumas estruturas acusam uma abundância particular de um ou dois tipos de relação indireta. Assim é que existe na primeira estrutura um número considerável sobretudo de Segundas maiores e dos múltiplos deste intervalo: Terça maior, Trítono, Sétima menor. A segunda seção, por sua vez, expõe-nos certo número de Terças e Sextas menores. Esse fato, que determina o caráter próprio de tais estruturas, deve-se a suas constituições cromáticas particulares. Poderíamos em seguida considerar o lugar que esta peça ocupa em meio às *Sechs Bagatellen*, e mostrar que a textura cromática condiciona em alto grau a forma do todo. Isso nos conduziria, contudo, para muito longe.

Tiremos, pois, uma última conclusão de nossa análise: Webern não se contentou, como Schoenberg, em decretar a identidade entre horizontal e vertical, e aplicar os mesmos esquemas intervalares em cada uma dessas dimensões convencionalmente fixas (o que poderia apenas reforçar sua oposição ainda mais). A existência, em Webern, de um grupo operacional de base, assumindo de uma maneira homogênea as ligações em todos os sentidos; a existência de uma série de tipos conectivos (absolutamente simultâneo, mais ou menos sobreposto, imediatamente ou mediatamente sucessivo – os quais verificamos até que ponto estão ligados às diferentes extensões freqüenciais); a mescla quase constante entre os campos sincrônicos e diacrônicos; a possibilidade de se passar de uma maneira quase que imperceptível de uma à outra dessas perspectivas; tudo isso, enfim, permite que o ouvinte da música de Webern perceba tanto o sucessivo e o simultâneo quanto as distâncias mínima e máxima de durações e de espaço como casos extremos, como os limites de um leque, como os pólos de uma progressão de possíveis.[29]

Ousemos ainda uma última interpretação, talvez metafórica, mas certamente esclarecedora: trata-se de um *continuum acústico de espaço e tempo* que se encontra, aqui, atualizado da maneira mais sensível possível.

* * *

A continuação deste estudo teria como objeto uma composição de Schoenberg contemporânea das *Sechs Bagatellen Op 9* de Webern, o que nos permitiria distinguir profundamente a poética do mestre da do discípulo, ao mesmo tempo em que se poderia reconhecer em toda a sua especificidade

---

29 "Les pôles d'une progression de possibles", no manuscrito francês. (F.M.)

a contribuição deste último. Uma olhada para uma das obras anteriores de Webern (por exemplo, para os *Cinco Movimentos Op 5*) mostrar-nos-ia claramente sua emancipação com relação ao atonalismo schoenberguiano. Com isso tornar-se-ia claro até que ponto ele pôde encontrar em Schoenberg o estímulo – sensível ou simplesmente especulativo – para sua própria invenção. A análise das partituras tardias de ambos os mestres, especialmente de suas obras dodecafônicas, mostrar-nos-ia de modo cada vez mais claro a divergência entre seus distintos percursos criativos. O estudo de seus procedimentos seriais pessoais, assim como o da estrutura interna de suas séries, ou ainda a análise dos tipos de agrupamentos seriais típicos de cada um destes compositores, realizada deste ponto de vista, poderia nos fornecer preciosas informações.[30]

As poucas observações que aqui desenvolvemos – dentro dos limites impostos a este texto – podem talvez ser de utilidade a uma teoria da música serial. Entretanto, pode-se esperar tal benefício apenas à medida que os fatos aqui observados sejam percebidos em sua mais concreta realidade. Compete a cada um, finalmente, tirar deles o melhor proveito.

1955

---

30 Todos os tópicos aqui propostos são analisados pelo próprio Pousseur em seu texto "De Schoenberg a Webern: uma Mutação". Tratou-se de afirmar, nesta época e neste contexto, a relevância dos aportes da música de Webern perante a de Schoenberg, fato que contribuiu para se designar a geração de Pousseur por *pós-weberniana*. (F.M.)

2
De Schoenberg a Webern: uma mutação[1]

Ao término de um artigo recente sobre o "Cromatismo Orgânico de Anton Webern",[2] propunha – com o intuito de pôr em evidência tudo o que distingue a música do compositor vienense da realizada por seu mestre, mas também com o objetivo de mostrar até que ponto ele pôde encontrar na obra deste último o motivo, sensível ou puramente especulativo, de sua própria invenção – que o estudo por mim iniciado tivesse prosseguimento de acordo com o seguinte itinerário:

1. Fazer a análise de uma obra de Schoenberg contemporânea das *Sechs Bagatellen Op 9*, que haviam servido para ilustrar o artigo citado acima.
2. Examinar uma obra mais antiga de Webern, ainda próxima daquilo que pareceria ser característico do estilo de Schoenberg.

---

1 Tradução de Flo Menezes da publicação italiana: "Da Schoenberg a Webern: Una Mutazione". In: *Incontri Musicali I*. Milão: Edizioni Suvini Zerboni, 1956, p.3-39, e cotejada com o manuscrito original em francês fornecido pelo próprio autor. A versão original em francês foi recentemente publicada em: Pousseur, H. *Écrits Théoriques 1954-1967 – Choisis et Présentés par Pascal Decroupet*. Sprimont (Bélgica): Pierre Mardaga Éditeur, 2004, p.29-59.

2 Pousseur refere-se ao primeiro texto deste volume. (F.M.)

3. Estudar enfim o desenvolvimento ulterior dos modos de expressão dos dois músicos, mais particularmente as respectivas maneiras pelas quais ambos consideraram o sistema serial dodecafônico.[3]

Antes que eu mesmo realize esta proposição, como me foi aqui solicitado, gostaria de lembrar brevemente qual era o assunto do artigo acima referido.

* * *

Tendo antes de tudo constatado a homogeneidade estilística que domina toda a música de Webern, seja ela dodecafônica ou pré-dodecafônica, procurava explicá-la por meio da abundância e da natureza inédita das *conexões cromáticas* que aí se encontram. A análise, limitada a este ponto de vista, da primeira das *Sechs Bagatellen Op 9* mostrava que as notas, com exceção de apenas uma, formavam uma relação cromática com uma, por vezes mesmo com duas notas imediatamente vizinhas (simultâneas ou imediatamente sucessivas).

Além dessas vizinhanças diretas, apontava a existência de certo número de conexões cujos elementos, ainda que separados por outros sons, encontravam-se, todavia, numa relação cromática perceptível (a única nota desprovida de relação cromática direta encontrava-se inserida num conjunto de conexões indiretas particularmente eficazes). As Segundas menores revelavam uma aptidão particular para assegurar tal articulação a distância (ou seja, a dos "campos sincrônicos" sucessivos). As Sétimas maiores e as Nonas menores, por sua vez, pareciam ter a função de estabelecer a estrutura cromática *elementar*, enquanto os intervalos mais extensos (de Sétima mais Oitava etc.) pareciam mais propícios a garantir a natureza cromática da relação entre as regiões freqüenciais diferentes (entre os "campos diacrônicos" simultâneos[4]).

Procurava interpretar esse procedimento do seguinte modo: as diversas formas do Semitom (sobretudo suas inversões e seus desdobramentos) são os intervalos "naturais" de maior complexidade, aqueles cuja "racionalidade" é menos tangível. Tomados isoladamente, são eles que apresentam o grau

---

3 Foi comum na geração de Darmstadt (Boulez, Stockhausen, Pousseur, Nono e outros) referir-se ao dodecafonismo como um *sistema* de composição, quando este consistiu, a rigor, em um *método* ou em uma *técnica* de composição, mais que em um "sistema" propriamente dito. Sobre isso, ver Menezes, Flo. *Apoteose de Schoenberg* – tratado sobre as entidades harmônicas, 2.ed. (revista e ampliada). São Paulo: Ateliê Editorial, 2002, p.207-8, n.1. (F.M.)

4 A fim de ilustrar a dimensão temporal inovadora de Webern, onde se tem, do ponto de vista harmônico, uma perfeita fusão do plano sincrônico, vertical, com o plano sucessivo, horizontal, Pousseur faz alusão aos conceitos lingüísticos de sincronia e diacronia, mesclando propositadamente suas características: de um lado, fala de "campos sincrônicos" sucessivos; de outro, de "campos diacrônicos" simultâneos. (F.M.)

de polaridade menos acentuado, a direcionalidade virtual menos precisa, a ambivalência mais provável. A música tonal chegou a integrá-los de maneira unívoca em sua articulação concêntrica porque os enquadrava num complexo de relações muito mais simples (a cadência), subordinava-os a este último e os deduzia de sua ordenação interna estritamente convergente.

Ao contrário, encadeando-os uns aos outros, fundando sobre eles a integridade do sistema das alturas sonoras de modo que neutralizasse todas as tendências direcionais, que equilibrasse, por meio de sua organização excêntrica, todas as energias polares implícitas,[5] Webern cria um novo tipo de universo musical, o qual, numa determinada ocasião,[6] denominei de espaço sonoro *multipolar*[7] (em contraposição à unipolaridade que reina na música tonal, ou seja, à concentração de todos os eventos sonoros – subtraindo desta seus significados particulares – em direção a um único e absoluto pólo).

Uma vez inseridas nesse universo, todas as relações freqüenciais – não somente as relações cromáticas, que garantiam sua integridade, mas também os intervalos originalmente mais simples, mais aparentemente diatônicos (Quartas, Terças etc.) – encontram-se dotadas de uma estrutura, de uma significação doravante *bipolar*. Reina por toda parte uma tensão igual, a qual não se trata mais de resolver, e que constitui o valor específico, a razão de ser da nova linguagem. É, portanto, absolutamente conveniente qualificar a música de Webern de "pontual", já que nela cada ponto, cada evento sonoro elementar adquire uma importância *harmônica* igual, e uma vez que toda espécie de subordinação se vê excluída. Observa-se, porém, que ela é aqui legitimada de uma maneira mais interior, mais orgânica do que fora até hoje.

* * *

---

5 Vale dizer, aqui, que na música de Webern nem as polarizações, nem os percursos direcionais harmônicos são inexistentes, mas encontram-se veiculados num tempo musical cuja dimensão, oposta à da música tonal, confere a eles um caráter peculiar. Não fosse a existência de diversas polarizações, Pousseur não teria, por exemplo, denominado a música de Webern de *multipolar*. É preciso entender, portanto, o contexto no qual Pousseur realça a "suspensão" da polaridade inequívoca, de cunho tonal, em Webern, e seus argumentos salientam os constantes "desvios", típicos da música de Webern, de resoluções "tonalizantes" em torno de um pólo inequívoco. (F.M.)

6 Durante uma discussão pública que teve lugar nas jornadas musicais de Donaueschingen em 1955. (N. do A.)

7 É de fundamental importância, aqui, a noção de *multiporalidade* introduzida por Pousseur. No contexto da Escola de Darmstadt, sua postura encontra respaldo sobretudo em Luciano Berio, que falou igualmente de *multipolarità* simultaneamente a Pousseur – cf. Berio, L. "Aspetti di Artigianato Formale". In. *Incontri Musicali I.* Milão: Edizioni Suvini Zerboni, 1956, p.55-69, em especial p.61, 64 e 69. (F.M.)

O problema é saber se tal *pontilhismo*,[8] tal *multipolaridade* é susceptível de realização em qualquer forma de dodecafonismo ou mesmo de atonalidade. Ou mais particularmente se ela já se encontra na música de Schoenberg (mesmo que apenas em algumas de suas obras), e se foi a partir deste músico que Webern pôde então encontrar o ponto de partida explícito, já definido, de sua inspiração. A análise de uma ou mais obras de Schoenberg nos parece, pois, indispensável. Só ela pode dar uma resposta à nossa questão. Selecionamos, primeiramente, duas passagens extraídas das *Sechs Klavierstücke Op 19*, um pouco anteriores às *Sechs Bagatellen Op 9* de Webern.

Exemplo 1: Schoenberg, Op 19, I

A riqueza cromática da primeira delas é incontestável. Se começamos por não distinguir os diversos tipos possíveis – não somente rítmicos e fraseológicos, mas também estritamente freqüenciais – de conexão cromática, poderemos mesmo dizer que este exemplo é proporcionalmente quase tão rico, com relação ao cromatismo quanto os exemplos das *Bagatelas* analisadas no artigo "O Cromatismo Orgânico de Webern". Todo som que aparece encontra em curtíssima distância outro som com o qual estabelece uma relação cromática. Muitas vezes tal relação é imediata, ou seja, efetua-se por sobreposição ou justaposição rigorosa. Coloca-se-nos, por conseqüência, a questão: em que medida podemos dizer que tais relações são *bipolares*, como no caso dos exemplos de Webern? E ainda mais: trata-se também aqui de uma articulação total *multipolar*?

Basta, contudo, um relance de olhos para constatarmos que não é bem este o caso, e que o cromatismo do mestre se difere essencialmente do de seu discípulo. Procuremos, pois, descobrir as razões profundas de tais diferenças!

---

8 *Ponctualité* no francês original. (F.M.)

Observemos antes de qualquer coisa que aqui, ao contrário do que ocorre em Webern, a grande maioria das *justaposições* cromáticas se dá por Semitom, ou seja, na forma de um intervalo particularmente melódico. Enquanto em Webern o poder condutor das (muito raras) Segundas menores sucessivas encontra-se completamente neutralizado pelo contexto, aqui ocorre exatamente o contrário. No nosso exemplo, os únicos casos de intervalos cromáticos sucessivos mais extensos que o Semitom (Nona menor descendente: Sol bemol 5 – Fá 4; e Sétima maior: Fá 4 – Mi 5, mão direita do piano, no início do exemplo) apresentam-se como formas distendidas, particularmente expressivas, mas nem por isso menos condutoras, do Semitom.

Seguramente a estrutura linear da polifonia (bem diversa da que encontramos em Webern, no qual as constantes "imbricações" e cruzamentos das partes, as numerosas interrupções e as contínuas alterações de densidade tornam impossível qualquer percepção de *linhas*, qualquer consciência de uma articulação *horizontal* e, conseqüentemente, de uma dimensão *vertical* que se contraponha perpendicularmente àquela), assim como a articulação rítmica declamatória das diversas linhas, desempenha um importantíssimo papel em tal interpretação. Mas seria possível separar os dois aspectos, o dos tipos estruturais do concernente às relações entre as alturas propriamente ditas? É sem dúvida pelo fato de as Segundas menores serem quase sempre apresentadas sucessivamente que estas adquirem um poder essencialmente condutor (enquanto no compasso 7 da primeira bagatela de Webern, onde estas se apresentam em todos os seus aspectos possíveis – ou seja, simultânea e sucessivamente, imbricadas ou separadas por pausas –, elas assumem uma função absolutamente diversa). Mas é exatamente por se tratar de intervalos assim tão "sensíveis" que as estruturas lineares são carregadas de uma força tão propulsora.[9]

Quando, pois, Webern opta também pela utilização (por exemplo, nos compassos 4 e 5 da segunda bagatela) de estruturas em exata *sucessão*, a escolha dos intervalos (e não me refiro somente aos intervalos abstratos, às relações entre os sons cromáticos, mas também aos intervalos absolutos, considerando-se aqui também os registros) será um dos principais fatores que conferem um caráter muito pouco *resolutivo* a tais estruturas. O "campo harmônico" no qual se move uma estrutura de tal gênero (e apenas esta nos revela) é *um* só e *homogêneo*. Todas as notas participam de sua constituição em igual medida. Nenhuma delas pode ser vista, como é ainda o caso em Schoenberg, como um *ritardo*, um adorno, uma nota de passagem ou uma *appoggiatura*.

---

9 Vale lembrar aqui que o intervalo de Meio-tom (Segunda menor) é também chamado de *sensível*, dada a proximidade entre as freqüências que o compõe. (F.M.)

Existe, com efeito, um aspecto de nosso exemplo sobre o qual não fixamos ainda nossa atenção e que é de fundamental importância: trata-se de seu aspecto *harmônico* propriamente dito, que neste caso pode ser entendido de modo tradicional, isto é, como o estudo da estrutura das relações sonoras simultâneas (verticais) e de seus encadeamentos. Naturalmente, tem-se aqui, de novo, a presença de numerosos intervalos cromáticos, expostos desta vez sob a forma de Sétimas maiores. Todavia, eles encontram-se em grande parte resolvidos (precisamente por meio de uma das locomoções de Meio-tom, cuja abundância havíamos assinalado acima), seja numa consonância, seja numa dissonância menos dura, menos tensa (ou seja, numa relação lógica menos complexa, com um grau de parentesco menos distante entre as freqüências). Revelemos primordialmente os casos mais evidentes:

1) Mão esquerda, antes da primeira barra de compasso: Ré 4 sobreposto a Mi bemol 3 e encadeado com Dó sustenido 4;

2) imediatamente após a barra de compasso: Mi bemol 5 – Ré 5 da voz superior sobrepostos a Mi 4 da mão esquerda;

3) mesmo compasso, após a pausa de colcheia: Lá bemol 5 – Sol 5 sobrepostos a Lá 4, tudo na mão direita;

4) compasso seguinte, imediatamente após a pausa de colcheia: Mi 5 – Ré sustenido 5 da mão direita sobrepostos a Fá 4 da esquerda;

5) fim do fragmento, exemplos simultâneos de ambas as mãos: Sol 5 – Fá sustenido 6 – Fá 6 na mão direita; e Dó sustenido 5 – Ré 4 – Mi bemol 4 na esquerda (inversão de todas as outras fórmulas e único exemplo, aqui, de uma "*appoggiatura* inferior").

Todos esses casos são, portanto, constituídos de uma resolução de uma Sétima maior numa Sétima menor. O último exemplo, duplo, é particularmente interessante. Sobrepostos, os dois encadeamentos formam dois acordes de quatro sons: o primeiro entre eles, formado pela sobreposição – a distância global de Décima primeira e a distância periférica de Trítono – de suas Sétimas maiores, é um agregado que se encontra freqüentemente em Webern (para não mudarmos de exemplo, assinalemos estas mesmas quatro notas – Ré 4, Dó sustenido 5, Sol 5 e Fá sustenido 6 –, sobrepostas por uma duração considerável, mas com registros um pouco diversos, nos compassos 5 e 6 da quarta bagatela, nos três instrumentos mais graves), e seguramente não é impossível descobrir em sua música agregados de Tons-inteiros análogos ao seguinte acorde: Mi bemol 4 – Dó sustenido 5 – Sol 5 – Fá 6 (embora acordes deste gênero sejam infinitamente menos freqüentes, e em todas as *Bagatelas* não encontremos mesmo nenhum exemplo deles); porém, ambos os agregados não serão nunca *encadeados* como o são aqui.

Apoteose de Rameau

Mesmo quando excepcionalmente (por exemplo, nas grandes obras *corais* do período dodecafônico de Webern: Op 19, 26, 29 e 31) tais acordes de igual densidade se encontram justapostos e alguns de seus respectivos sons constitutivos dispostos a distância de um Semitom, a sua *própria estrutura* (ausência de uma progressão de tensão, seja ela crescente ou decrescente), a sua *função recíproca* (ausência de convergência resolutiva no movimento das partes), e o *sentido geral do contexto* (escritura dos instrumentos e das vozes solistas) farão, todavia, que estes sejam entendidos como simples modificações, como transposições do campo harmônico ou, se se quer, como a constituição de relações entre campos autônomos e dotados de mesmo peso, mas nunca como a expressão de uma energia motriz centrípeta. Os Semitons definem, pois, como todos os outros intervalos, uma distância a ser *assumida*, em vez de suprimi-la ao superá-la pela resolução de suas tensões.

Mas retornemos a nosso exemplo e relevemos ainda alguns outros casos menos aparentes: a primeira nota do baixo, Ré 3, é encadeada com o Mi bemol 3 no momento em que a voz superior passa de seu próprio Mi bemol 5 (que formava com o baixo uma dissonância de Nona menor) ao Fá 4 inferior. Estamos defronte, portanto, de uma resolução à Oitava[10] que, no entanto, se encontra suspensa, constituindo um procedimento de escritura familiar da linguagem tonal pós-wagneriana! (Aliás, este não é na verdade o único caso, em nosso exemplo, de uma relação perceptível de Oitava entre partes distintas). Da mesma forma poder-se-ia dizer que o Fá 4 da voz superior (que é sobreposto ao Ré 4 do tenor) completa a harmonia de *Ré menor* sugerida pela Quinta Ré 3 – Lá 3 já ouvida precedentemente nas duas vozes mais graves, sugestão que é reforçada pelo fato de que as duas vozes mais agudas acabaram de apresentar, numa parte anterior do compasso (que não figura em nosso exemplo), um complexo cuja aparência de Ré menor, apesar da harmonia dissonante da mão esquerda, é inegável: sob um Lá 5 *tenuto* sucedem-se as três notas Ré 5, Mi 5, Fá 5. Em relação a tal harmonia, as primeiras notas simultâneas da mão direita, Mi bemol 5 e Sol bemol 5, constituiriam, pois, uma *appoggiatura* bem dissonante. Observemos ainda que no primeiro tempo do compasso seguinte também o baixo nos apresenta o Fá 3, enquanto:

1) O tenor acaba de executar um conjunto de notas que, sobretudo em meio a um estilo como este, pode facilmente ser interpretado como fazendo parte de uma tonalidade de Ré menor: trata-se das notas Ré 4, Dó sustenido 4 e Mi 4;

---

10 Uma espécie de "falsa relação". (F.M.)

Henri Pousseur

2) o soprano, como já vimos anteriormente, resolve o seu Mi bemol 5 num Ré 5, antes de executar Lá 4 e Dó 5;

3) no segundo tempo deste compasso, ouvimos por um instante a seguinte harmonia, bastante significativa: Ré bemol 5 (= Dó sustenido), Sol 4 (primeiro retardado pelo Lá bemol 4), Mi 4 e Lá 3 (intervalo de Quinta particularmente bem afirmado, e novamente nas vozes mais graves)![11]

Estas sugestões são muito numerosas para que o ouvinte não fique sensibilizado e não se deixe levar por um imperioso desejo de resolução, de fixação. É certo que esse desejo não será quase nunca satisfeito, e que se o for, será apenas parcial e momentaneamente. Mas isso não suprime sua existência, constituindo com freqüência, contudo, sua exasperação mais persistente! Procurando estabelecer – à medida que tenha sido induzido a fazê-lo – relações entre todos os eventos sonoros e certos pontos de referência, relacionando-os a um denominador comum, a um centro de gravidade bem definido, o ouvinte interpretará alguns deles como dissonâncias mais ou menos distantes, e estabelecerá entre eles, ainda que de modo inteiramente inconsciente, uma hierarquia, uma subordinação.

A fim de completar nossa exposição e de mostrar como tais formações atrativas constituem a totalidade dos significados musicais contidos neste exemplo, assinalemos ainda os seguintes casos:

1) Após a primeira barra de compasso: as notas Lá bemol 4 – Sol 4 do contralto, já mencionadas, estão sobrepostas a um Lá 3 do baixo, o qual é executado, por sua vez, depois do Lá bemol 4;

2) no tenor, o Mi 4 resolve em Mi bemol 4 depois que o Fá 3 do baixo cessou de soar (constituindo assim um novo exemplo de resolução suspensa, ou retardada);

3) o Si 4 do contralto, que forma uma dissonância inferior de Segunda menor com o Dó 5 do soprano, resolve em Si bemol 4 quando esta última voz é interrompida por uma pausa;

4) a Sétima menor Dó sustenido 3 – Si 3 da mão esquerda transformar-se-á rapidamente numa Sexta maior, ao mesmo tempo em que estes dois últimos tempos do compasso confirmam novamente e de modo bem nítido a impressão de uma tonalidade de Ré.

Poder-se-á mesmo seguir a pretensão de reaparição desta última até o fim da peça. Isso não quer dizer que não haja outras polarizações, outras

---

11 Trata-se, portanto, da Dominante com Sétima de Ré menor: Lá – Dó sustenido – Mi – Sol, como bem afirma Pousseur logo a seguir. (F.M.)

convergências, que lhe são absolutamente contraditórias e que tentam mesmo se afirmar. Alguns dos casos mencionados no curso de nossa análise são completamente opostos à tendência principal que acreditamos ter trazido à luz. Por exemplo, se considerarmos o Mi 4 do tenor (após a primeira barra de compasso) como *appoggiatura* cromática do Mi bemol 4 que o segue, a enumeração de tal Mi como um dos sons constitutivos da harmonia de *Dominante* que pusemos em evidência nos será bem mais incômoda.

Mas não seria também tal ambigüidade, presente em quase todas as notas, própria da mais específica escritura pós-wagneriana, escritura na qual tudo pode se tornar alteração, enarmonia? Ao menos ela constitui a aplicação mais radical, a possibilidade extrema de exploração dessa escritura. O ouvido, constantemente dividido entre diversas interpretações possíveis, procura se orientar em meio ao emaranhamento de acontecimentos contraditórios (atando-se definitivamente mesmo que à mínima sugestão de uma orientação tonal), buscando ocupar a posição mais estável entre as diversas zonas de tensão e suspender o estado de crise no qual ele se vê inserido. Mas as contínuas rupturas de equilíbrio o precipitam sempre mais adiante dos sinuosos caminhos de uma insatisfação, de uma inquietude perpétua.

Seria necessário, após todas essas constatações, determo-nos ainda mais sobre o segundo exemplo que escolhemos.

Exemplo 2: Schoenberg, Op 19, IV

Esse exemplo nos permitirá simplesmente reconhecer que a primeira peça não constitui uma exceção e que nesta obra, ao contrário, coisas muito menos equívocas se nos apresentam, muito mais susceptíveis de serem interpretadas *de um ponto de vista tonal*. Aqui neste segundo exemplo, o cromatismo é muito menos intenso, e é distribuído de um modo muito mais desigual. Limitar-me-ei a mencionar todas aquelas sucessões de notas que, tomadas isoladamente, podem ser entendidas diatonicamente ou quase diatonicamente:

1) Fá maior (com Subdominante menor) ou Si bemol menor (o Si 5, que aliás pode ser ouvido como Dó bemol, não chega a enfraquecer, em razão de seu caráter fugaz, tal impressão, sendo interpretado como uma dissonância particularmente áspera);
2) Lá maior;
3) Mi menor (sendo que a esta tonalidade podemos integrar também a tonalidade precedente, com a função de Subdominante maior);
4) Si bemol maior (com Subdominante menor);
   e enfim, simultaneamente à última nota desta seqüência, mas numa região acústica distinta:
5) Dó menor (observar-se-á a dupla presença das notas Ré e Sol).

Como se vê, essas diversas concentrações efetuam-se em torno de pontos de referência muito distanciados uns dos outros (quanto a seu parentesco tonal), por vezes mesmo em torno dos mais longínquos possíveis (relações de Segunda menor e de Trítono). Os diferentes "campos de atração" ocupam posições bem dissonantes uns com relação aos outros, e suas zonas de contato tornam-se por isso particularmente vagas e incertas. Mas estaríamos nós, no que se refira ao espírito desta música, assim tão afastados dos procedimentos pós-românticos de modulação brusca e distante? Como quer que seja, se existe aqui *atonalidade*, ela só existe mesmo em primeira instância. A um nível mais elementar, relações de outro tipo também tendem a se estabelecer e se opõem ao princípio de independência que afeta as relações macroscópicas. Toda a peça pode ser analisada deste ângulo.

Limitemo-nos a citar os três últimos compassos, que tomam o aspecto de uma cadência unívoca a Si menor. A melodia, exposta de uma maneira completamente predominante, entoa as seguintes notas: Fá 4 (= Mi sustenido?), Fá sustenido 4, Sol 4, Si bemol 3 (= Lá sustenido, uma Sétima diminuta mais grave) e Si 3 (no momento em que a consonância de Sexta entre as notas Fá sustenido e Lá sustenido, expostas com durações de igual valor, polariza a totalidade do campo harmônico, orientando-o inequivocamente em direção à indiscutível tônica: Si). Os acordes do acompanhamento, breves e sempre atacados *após* o início das notas que eles "harmonizam", não são, nem mesmo eles, aptos a obstruir uma tendência assim tão incisiva. Apesar de o primeiro deles ser dotado de uma *estrutura* e, com relação à nota melódica correspondente, até de uma *função* estritamente diatônica (já que todas as notas pertencem à tonalidade de Sol maior, e o Sol 4 é justamente a primeira nota a se seguir na melodia principal), também eles serão percebidos como dissonâncias violentas.

Parece-me possível concluir da seguinte forma: as numerosas *seduções resolutivas*, as múltiplas *racionalidades parciais* descobertas em Schoenberg têm por objetivo neutralizar a sua riqueza cromática, em todo caso conferir a esse cromatismo uma tarefa que já lhe cabia durante toda a música tonal, qual seja, o de *pôr em dúvida*, de *perturbar*, de *dinamizar* a ordem estabelecida. O cromatismo nunca participa de modo orgânico da constituição do espaço tonal, mas penetra aí como um elemento estranho, intruso, e tende à sua transformação, senão à sua destruição progressiva.

Certamente que em Schoenberg o espaço tradicional já chegou a um ponto de desintegração muito avançado, mas ainda estamos defronte dele. Se é verdade, por um lado, que todo o conjunto encontra-se abalado, que a inquietude é geral e constante, que o estranho é entendido como fato corrente, por outro também é verdade que aí não se encontrou a possibilidade de estabelecimento de uma ordem inédita, adequada às novas riquezas e necessidades. Encontramo-nos perante uma arte tipicamente *expressionista*, que participa, no plano musical, daquilo que Francastel chama de "destruição de um espaço"[12] (ou seja, da crítica, exacerbada pelo fato de que esta não dispõe nem propõe ainda uma solução construtiva e verdadeiramente libertadora, dos modos de existência típicos de uma sociedade ultrapassada).

* * *

Em Webern, como penso ter mostrado na análise das *Bagatelas*, é justamente o *cromatismo*, o velho intruso, aquilo que outrora era o elemento destruidor, que assumirá então a tarefa – orgânica – de constituir uma nova ordem, de construir um espaço musical virgem e de assegurar sua integridade. A tensão é, a partir daí, igual por toda a parte, e todos os elementos são de tal forma organizados que acabam por neutralizar os seus poderes centralizadores respectivos, de modo que se estabelece então um equilíbrio no qual cada coisa assume uma posição autônoma e pode afirmar a sua singularidade, em que o prazer do ouvinte reside justamente no fato de ele poder viver cada instante, "aqui e agora", sem jamais se sentir levado por uma fatalidade que ele não controle nem domine.

O exame dos *Fünf Sätze für Streichquartett Op 5*, compostos anteriormente às peças de Schoenberg das quais falamos acima, mostrar-nos-á como Webern, já mesmo desde os inícios de sua atividade criadora, previu a possibilidade de definição desse novo universo sonoro, e como utilizou, com uma constância admirável, todos os meios à sua disposição para atingir esse resultado. Comecemos com o exame de dois exemplos que à primeira vista nos parecem ainda bem próximos da linguagem schoenberguiana (Exemplos 3 e 4).

---

12 Francastel, P. *Peinture et Société – Naissance et Destruction d'un Espace Plastique de la Renaissance au Cubisme.* Lyon: Audin, 1951. (N. do A.)

Exemplo 3a: Webern, Op 5, I

Exemplo 3b

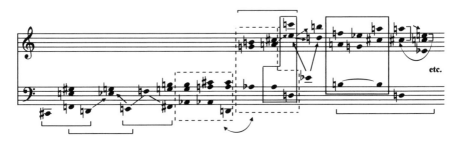

Exemplo 4a: Webern, Op 5, IV

Exemplo 4b

Em ambos, temos:

1) A estrutura linear da polifonia, com disposição e densidade constantes (por períodos inteiros);
2) a articulação melódica, fraseada, das partes;
3) o encadeamento harmônico, que se dá com freqüência por Meios-tons.

Mas se os observarmos mais de perto, logo descobriremos sensíveis diferenças. Constatamos que o contraponto é orientado sempre de forma que assegure o acompanhamento *cromático* de todos os sons, *a estrutura cromática de todos os agregados*. Esses agregados são construídos efetivamente segundo um único princípio, qual seja: o de uma extrema tensão, de um extremo desmantelamento ou mesmo ausência de qualquer hierarquia, de qualquer progressão na dissonância, de qualquer subordinação dos elementos entre si, em uma palavra, segundo o princípio que eu havia anteriormente denominado de *multipolaridade*. No primeiro exemplo, a grande maioria dos campos harmônicos resultantes da sobreposição das partes é constituída por um intervalo cromático (Sétima, Nona ou mesmo um destes dois intervalos acrescidos de uma Oitava) e por uma Terça (ou Sexta) que se relaciona com dito intervalo cromático de diversas maneiras (Exemplo 3b); enquanto no segundo exemplo, os campos harmônicos são constituídos por um intervalo cromático e por uma Quarta, por uma Quinta ou por um Trítono (o que dá no mesmo, já que neste caso a Quarta ou a Quinta são definidas pela diferença entre o Trítono e o intervalo cromático – Exemplo 4b).

Essas duas figuras, como logo veremos, podem ser consideradas os campos harmônicos preferidos de Webern, como as verdadeiras idéias fixas de sua obra[13] (o que está longe de conter, neste caso, qualquer conotação pejorativa). Ao lado de tais figuras, encontramos no nosso primeiro exemplo também algumas figuras por Tons-inteiros. A primeira destas (no último tempo do compasso 9), um acorde de Quinta aumentada, em si mesmo já bem pouco hierárquico, pode ser considerada como *retardo* (mas se trata de um *retardo ao avesso*) do "campo harmônico" subseqüente (Mi bemol 4, Mi 5, Dó 6), ao passo que a segunda (segundo e terceiro tempo do mesmo com-

---

13 Notemos que os dois tipos básicos de acordes (ou agregados harmônicos) correspondentes a estes dois campos harmônicos descritos por Pousseur (ou seja, um acorde constituído pela sobreposição de um intervalo cromático com uma Terça – ou ainda pela sobreposição de duas Terças em alguma relação cromática –; e um acorde constituído pela sobreposição de uma Quarta e um Trítono) constituem exatamente os dois arquétipos fundamentais de toda a obra de Webern – cf. a esse respeito Menezes, Flo. Op. cit., p.113-127). (F.M.)

passo) utiliza todas as notas de uma escala por Tons-inteiros, complementar da qual deriva o acorde precedente, desafiando qualquer procura de uma racionalidade tonal.

De resto, se olharmos atentamente para os nossos dois exemplos, não encontraremos aqui nenhum traço de uma única convergência polar, nem mesmo da mais virtual, ou da mais subjacente. Conseqüentemente, também não encontraremos nenhum tipo de encadeamento resolutivo. Bem ao contrário, as passagens melódicas – e mesmo as passagens de Meios-tons – realizam-se sempre de modo que transforme uma sobreposição, momentaneamente menos dissonante por causa de um "*retardo*" de uma ou mais notas, em uma sobreposição rigorosamente multipolar. Uma vez que a relação cromática já era considerada pelo jovem Webern elemento fundamental de sua linguagem, as conexões menos tensas eram então interpretadas, num certo sentido, como "dissonâncias" *com relação a seu próprio sistema*, as quais deveriam, da mesma forma, ser resolvidas (assim, tomando-se por base alguns exemplos, poderia se falar de resoluções de uma *Oitava* numa *Sétima maior* ou ainda numa *Nona menor*). Tem-se ainda em meio à obra, portanto, categorias técnicas como "dissonância", "encadeamento", "resolução", mas estas estão ao mesmo tempo a serviço de intenções ou princípios semânticos inéditos, e estão dirigidas a uma nova meta: à constituição de um espaço multipolarizado.

No mais, como já nos foi demonstrado através dos exemplos das *Sechs Bagatellen* e como teremos oportunidade de constatar a propósito dos trabalhos posteriores, é exatamente liberando-se definitivamente de tais noções que Webern realizará com absoluta pureza o projeto que o envolve. Já no Op 5, os fenômenos sobre os quais centramos até o presente momento nossa atenção, e que apresentam um aspecto exterior relativamente tradicional, estão longe de constituir a totalidade dos eventos musicais. Encontramos, ao contrário, um número bem considerável de estruturas que se aproximam em muito do espírito musical das *Sechs Bagatellen*.

Comecemos por assinalar o início da primeira peça (seção que, com respeito à estrutura seguinte – que constitui o primeiro de nossos exemplos –, de um caráter bem diverso, pode ser considerada como o primeiro grupo temático deste "tempo de sonata"). Através das primeiras quatro notas (Dó, Dó sustenido, Fá e Mi, oitavadas), define-se o princípio estrutural harmônico do qual poderão ser derivadas – e quase sempre de maneira direta – todas as relações de alturas que se estabelecem *no curso de todos os Fünf Sätze* e *em todas as direções*. Se isolarmos dois "campos harmônicos" de três sons (Dó – Dó sustenido – Fá; e Dó sustenido – Fá – Mi), suas estruturas apresentarão uma estrutura extremamente semelhante e a mesma tensão cromática entre si, e que podemos definir como se segue (apresentando-as, por uma maior clareza de exposição, em sua posição "vertical" mais estreita): *Segunda menor e Terça maior*; *Segunda menor e Terça menor*. Se dermos prosseguimento nos dois sentidos à série de figuras assim sugerida (cuja constante será a natureza cromática de um dos intervalos constitutivos), teremos, de um lado, *Segunda menor e Quarta*, e, de outro, *Segunda menor e Segunda maior* (aqui como a figura de maior tensão, constituída de *duas Segundas menores*).

Exemplo 5

As combinações diversas, mas também sempre sistemáticas, dessas figuras entre si dão origem a todas as formas melódicas, harmônicas e polifônicas que encontramos. Os nossos dois primeiros exemplos já nos mostraram isso claramente. Eis aqui algumas outras:

1. Basta continuar a leitura do início da primeira peça, estudando, por exemplo, a estrutura da frase executada pelo primeiro violino na metade do segundo compasso (e que será repetida duas vezes e meia por ele e imitada uma vez e meia pelo segundo violino uma Nona menor a baixo), para observarmos que, como ela começa com notas que se encontram já em relação cromática com os sons do primeiro campo harmônico assinalado (campo harmônico que os acordes *col legno* não fizeram mais que prolongar), todos os grupos de três sons que podemos formar entre sons vizinhos apresentam uma das formas multipolares assinaladas a seguir:

Exemplo 6

Aliás, quatro dessas cinco formas são expostas dessa maneira. Resta somente o campo constituído pelo encadeamento de duas relações cromáticas, que é muito menos freqüente. Quanto ao acorde do acompanhamento, executado primeiro pelos três, depois somente pelos dois instrumentos mais graves, ele é formado pela combinação simultânea, com duas notas comuns, de dois destes campos, ou seja, Dó 5 – Lá bemol (Sol sustenido) 4 – Si 3, e Dó 5 – Ré 4 – Si 3. De resto, ele sempre forma no mínimo uma relação cromática com as notas do primeiro violino às quais se sobrepõe. Quando por fim, após ser repetido quatro vezes, tal acorde é transposto integralmente, tal fato ocorre ainda segundo o movimento descendente Si – Sol sustenido – Dó (citando apenas a nota mais grave de cada acorde).

2. Um interesse particular se apresenta em toda a estrutura *am Steg* (*sul ponticello*) do quarto compasso. Cada um dos quatro instrumentos executa uma figura formada por uma Quarta ascendente e por uma Sétima maior descendente. Da sua sobreposição (a distância de uma semicolcheia), resultam as "harmonias" formadas, quando se trata de três sons, por uma *Nona* e (inserida nela) por uma *Terça*, ambas *menores*, e, quando se trata de dois sons, por um só destes intervalos.

3. Assinalemos ainda – para não citarmos *tudo*, como bem poderíamos fazê-lo – os quatro primeiros compassos da quarta peça, que precedem a passagem que escolhemos como segundo exemplo. Assim como nesta passagem, o campo harmônico de *Quarta e Sétima* predomina quase exclusivamente também aqui. Mesmo a figura de semicolcheia do compasso 6, bem diversificada em sua aparência e que será repetida, transposta e variada ritmicamente, nos compassos 10 e 13, pode ser derivada deste campo. Ela resulta da combinação de três campos: Dó – Fá sustenido – Dó sustenido – Sol; Dó – Fá sustenido – Si; e Si – Mi – Si bemol. Aqui a escritura já é bem próxima da das *Sechs Bagatellen*.

Seria possível não nos sentirmos tocados pelo estado de espírito serial propriamente dito, presente na composição destas peças, quinze anos antes de Schoenberg ter inventado o sistema dodecafônico? Aí estamos perante um rigor e uma minuciosidade tais que não encontraremos jamais no "pai do sistema dos doze sons", e, como se vê, tal espírito se distingue radicalmente da contabilidade mais ou menos refinada manifestada por tantos epígonos do dodecafonismo.

Sobretudo, e isso me parece ser o ponto mais importante, isto está tão aliado à idéia de um espaço multipolar que se pode tranqüilamente afirmar que as duas coisas não formam mais que uma só noção. É exatamente esse fato que constitui a originalidade em relação a qualquer forma de dodecafonismo, demonstrando-se de um interesse fundamental. É também em virtude desse fato que a adoção do sistema estritamente serial por parte de Webern não deve ser entendida como uma ruptura morfológica no curso de sua obra. Trata-se, sim, de uma integração de um procedimento técnico particularmente útil a uma linguagem cujas premissas já estavam, anteriormente, clara e definitivamente fixadas.[14]

De fato, teremos logo a oportunidade de constatar que são exatamente os elementos estilísticos mais novos – e mais inovadores –, que descobrimos no curso de nossa sucinta análise do Op 5, que conferem uma unidade ao trabalho criativo de Webern até mesmo em suas últimas obras, e que lhe asseguram a sua exemplar constância. Poderemos observar como Webern torna progressivamente mais puro o seu mundo eliminando todas as reminiscências tradicionais cuja presença havíamos ainda assinalado no Op 5, quais sejam: a estrutura contrapontística perceptível, com densidade e disposição constantes; a separação de certas passagens em melodia principal e acompanhamento; a presença bastante freqüente de intervalos relativamente condutores, ainda que não resolutivos, como o Meio-tom.

Sabemos bem que a partir do Op 9 este trabalho de depuração encontra-se então terminado (poderíamos mencionar, contudo, alguns raros retornos no curso dos trabalhos imediatamente sucessivos às *Sechs Bagatellen Op 9*), e poderemos então apreciar ainda mais os resultados que dizem respeito aos seus trabalhos posteriores. Faz-se necessário, entretanto, que nos detenhamos ainda a uma persistência sobre a qual nos abstivemos, até o presente momento, de mencionar.

No Op 5 tem-se ainda a presença de relações de Oitava efetivas, ou seja, que dão lugar à percepção evidente de uma *freqüência dobrada*,[15] de um *parentesco harmônico privilegiado*. Não me refiro às "falsas relações" de Oitava entre partes diversas, que em nosso exemplo não adquirem quase nunca uma função relevante, mas:

1. Às Oitavas *simultâneas*, das quais os compassos 7 e 9 do quarto movimento nos oferecem um exemplo digno de nota (Si 3 e Si 5). Sabemos bem quanto Webern disso logo se esquivará, indo em direção a uma

---

14 Nem mesmo em Schoenberg podemos sentir uma ruptura a esse respeito, mas veremos, contudo, que isso se dará pela razão exatamente contrária. (N. do A.)

15 Sabe-se que a Oitava superior de uma determinada nota (ou, acusticamente falando, freqüência) é o dobro de sua freqüência, transmitindo-nos a sensação de uma total estabilidade harmônica a por causa da sincronia total entre os parciais que compõem o espectro das duas notas em questão. (F.M.)

relação muito mais dissonante (no nosso caso, o Dó 6 que sucede o Sol sustenido 5 do primeiro violino), mas sua duração, bem longa, permite à escuta estabelecer sem problemas tal relação (que o Si bemol 4 intermediário, executado em *pizzicato*, não poderia evitar de modo eficaz);

2. como também às figuras complexas, muito freqüentemente cromáticas, multipolares, que são repetidas sucessivamente – e integralmente – em Oitavas diferentes (por exemplo: compassos 54-55 da primeira peça, Dó – Dó sustenido sucessivamente no violoncelo, na viola e no primeiro violino, e em três registros diferentes; compassos 11-12 da segunda peça, Dó – Si bemol sucessivamente no primeiro e no segundo violino, uma Oitava abaixo e em sobreposição parcial; compassos 14-16 da quinta peça, as notas Dó, Lá bemol, Ré bemol, Si bemol, Sol, que mudam de registro por diversas vezes).

Esses fenômenos diversos conservam, em meio ao universo específico do qual Webern faz então parte, uma consciência esporádica de registros que não lhe é própria. Não pretendo apontar outra prova de tal impropriedade além do fato de Webern tê-los eliminado totalmente em pouco tempo em sua escritura. A este propósito, basta olharmos para as *Sechs Bagatellen*: mais nenhuma Oitava simultânea, mais nenhuma transposição global à Oitava de figuras complexas, mesmo que estas sejam cromáticas!

E quando em meio aos trabalhos subseqüentes ocorre que um ou mais *cromas*, transpostos a Oitavas diversas, se encontrem perigosamente próximos uns dos outros, todas as precauções serão tomadas pela estrutura contextual e, sobretudo pela *função diversa* que tais sons assumem nas diversas oitavas com respeito a suas respectivas regiões freqüenciais,[16] a fim de que não seja gerado, na consciência do ouvinte, um curto-circuito lógico que reestabelecesse a idéia de um universo constituído pela sobreposição repetitiva (tendo-se por base o intervalo mais simples de todos) de planos de igual estrutura,[17] a

---

16 Em perfeita coerência com seu artigo sobre "O Cromatismo Orgânico de Anton Webern", Pousseur faz alusão mais uma vez à sua concepção fundamental que diz respeito às diferentes funções de uma determinada nota segundo sua disposição em registros (Oitavas) distintos em meio à textura das obras de Webern, pressuposto básico para a concepção pontilhista da geração pós-weberniana. (F.M.)

17 Adoto aqui a excelente definição de espaço tonal exposta por André Souris em seu artigo sobre "Musiques et Théories Sérielles", até então inédito. Esse artigo foi publicado posteriormente sob o título de "Le Complexe d'Orphée". *Les Lèvres Nues 9* (novembro de 1956) e republicado em Souris, A. *Conditions de la Musique et Autres Écrits*. Bruxelas: Université Libre de Bruxelles, 1976, p.183-91; e também em Souris, André. *La Lyre à Double Tranchant – Écrits sur la Musique et le Surréalisme*, textos apresentados e comentados por Wangermée, R. Sprimont (Bélgica): Pierre Mardaga Éditeur, 2000, p.209-17. (N. do A.)

Apoteose de Rameau

fim de que mais nada possa, enfim, impedir a eclosão de um novo espaço pontual.

Neste último, todos os pontos adquirem autonomia, entre os quais não existe mais nenhum parentesco, seja este mais ou menos estreito, de direito. Tais pontos podem então causar interesse ao ouvinte somente em virtude de sua existência individual, efetiva e concreta, e não mais através do papel que assumiriam numa articulação discursiva, abstrata e transponível.[18] Vê-se agora qual será, nesse caso, a função da famosa *Klangfarbenmelodie* ("melodia de timbres")! É no momento em que Webern comporá com uma mescla dissonante irreversível – como faz, entre outras obras, de maneira magistral na quinta bagatela – de fenômenos sonoros complexos, todos ou quase todos privados de periodicidade, que ele levará às últimas conseqüências o seu procedimento composicional, o qual consiste na diferenciação e dinamização da estrutura vibratória *interna* de cada evento auditivo, tornando-o digno da maior atenção possível.[19]

* * *

É certo que não basta absolutamente afirmar a perseverança de Webern, mas é necessário também mostrá-la e revelar por toda parte os seus efeitos positivos. Os Exemplos seguintes são extraídos de duas obras compostas não somente numa época posterior à dos *Fünf Sätze* e das *Sechs Bagatellen* para quarteto de cordas, mas também separadas por doze anos de pesquisa obstinada. De fato, os *Cânones Op 16* foram compostos em 1924, enquanto as *Variações para Piano Op 27* são de 1936.

---

18 Seria necessário mostrar o parentesco existente entre o pensamento de Webern e o pensamento científico contemporâneo, o qual não abandonou o conceito de gravitação, mas antes o multiplicou ao extremo, "super-racionalizando", segundo a expressão de Gaston Bachelard, o significado e a aplicação epistemológica dele? (N. do A.)

19 Deve-se ter em conta, aqui, o significado conferido por Pousseur ao *pontilhismo* weberniano: ao mesmo tempo em que fenômeno de emancipação com relação à hierarquia tonal, esse pontilhismo constitui-se, segundo o autor, de uma essência harmônica *multipolar*, e não de uma ausência total de pontos de referência harmônicos. Bem distinta da concepção pontilhista "tradicional" (que tendia a uma total neutralização da harmonia, desprezando uma possível especulação sobre este campo ao aceitar fórmulas convencionais e estereotipadas a partir do modelo weberniano), a visão pousseuriana já se demonstra, desde aqui, propensa à especulação da harmonia e à autocrítica com relação às obras do serialismo integral, do qual o compositor fez parte como um dos principais expoentes. Por outro lado tem-se, simultaneamente, uma clara aproximação ao universo detalhista, no que diga respeito à essência dos eventos sonoros, da música eletrônica (cuja origem no início dos anos 1950, em Colônia, contou com a participação determinante de Pousseur – mais precisamente a partir de 1953), que elegera Webern como seu principal ponto de referência. (F.M.)

Exemplo 7a: Webern, Op 16, III

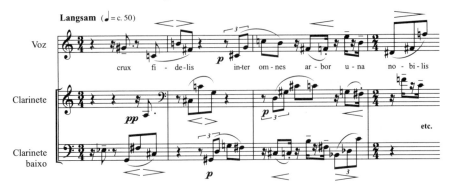

Exemplo 7b

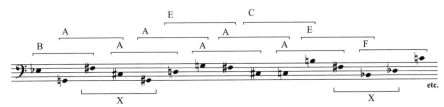

Exemplo 7c

Se, da mesma forma como fizemos com um fragmento do Op 5, examinarmos a estrutura da *célula canônica* do Exemplo 7a, indicando particularmente todos os campos freqüenciais sucessivos dos quais reconhecemos o caráter especificamente weberniano, obteremos o resultado ilustrado no Exemplo 7b.

Revelamos tão-somente duas figuras não-cromáticas (indicadas por um "X" no Exemplo): ou seja, um acorde de Quartas – que no contexto será deslocado pela introdução de um silêncio bem longo entre o 2º e o 3º som –; e um acorde perfeito – cujo efeito torna-se completamente neutralizado pelas notas da célula canônica que o envolvem imediatamente, sem falarmos ainda das outras partes canônicas que, com sua presença, asseguram sua não-polaridade.

Efetivamente, se analisarmos o resultado "vertical" da sobreposição (do entrecruzamento) das três partes polifônicas, encontraremos a sucessão dos campos harmônicos ilustrada no Exemplo 7c. (No contexto, tais campos não são jamais absoluta e integralmente simultâneos.)

Seis destes, reduzidos à posição mais estreita possível, constituem acordes de Semitom e Quarta (A), figura aqui predominante (pois é apresentada seis vezes na estrutura melódica da célula canônica, e é exatamente ela que determina a relação integral das partes, já que estas, por sua vez, começam formando um cânone direto respectivamente com as notas Mi bemol 3, Sol sustenido 4 e Lá 3); outros três (B) são acordes de Semitom e Terça menor (figura apresentada apenas uma vez na célula canônica, enquanto esta última contém ainda dois "acordes" de Semitom e Terça maior (D) e um de Semitom e Tom-inteiro (E)); e por fim outros dois (C) são acordes provenientes da concatenação de dois Semitons (figura apresentada apenas uma vez na melodia). Quanto à única figura (X) que à primeira vista não apresenta uma estrutura rigorosamente multipolar (e que poderia ser interpretada como um acorde tonal – de caráter particularmente vago, mas ao mesmo tempo muito inquieto e propulsor – de Sétima diminuta), ela adquire um significado dessa natureza pela proximidade com os outros acordes e com seu encadeamento no contexto. De fato, cada um dos sons que constituem essa figura encontra sua própria relação cromática com ao menos uma das duas figuras imediatamente vizinhas, senão mesmo com todas as duas. Observemos ainda que essa figura é formada de dois Trítonos, e estes formam, com suas relações cromáticas, o nosso campo harmônico predominante (A), sob uma forma multiplicada: Sol e Ré bemol com Dó e Fá sustenido; Mi e Si bemol com Fá e Si. Constatemos, portanto, que Webern garante a integridade de seu universo e a homogeneidade das suas articulações *em todos os sentidos*:

- No sentido *horizontal* (o qual, de resto, existe somente no nível da leitura, já que o contínuo cruzamento das vozes – sobretudo das partes confiadas ao clarinete e ao clarone, cujos timbres se fundem quase completamente – impedem, como já dito, que ele seja percebido);
- no sentido *vertical* (que resulta mesmo "dinamizado" pelo fato de que os diversos sons constitutivos de um dado campo harmônico não começam nem terminam jamais totalmente juntos);
- e finalmente no sentido oblíquo, *diagonal* (que é, com as múltiplas possibilidades que ele oferece, a dimensão específica do universo weberniano, dimensão na qual as relações estritamente simultâneas ou sucessivas não constituem mais do que casos extremos, entre os quais é possível uma evolução *contínua*).[20]

---

20 De importância fundamental para a compreensão não só da obra de Webern, mas também do pensamento do próprio Pousseur, tal passagem constitui o exemplo mais claro da fonte

O Exemplo 8 não é menos significativo que o precedente. Se começarmos por analisar os quatro "fragmentos seriais" de três notas repartidos entre as duas mãos, perceberemos que constituem quatro dos nossos cinco "campos freqüenciais" típicos:

- Segunda menor e Terça maior (Fá sustenido 3, Sol 4, Si 3, mão esquerda);
- Segunda menor e Terça menor (Fá 4, Mi 5, Dó sustenido 5, mão direita);
- Segunda menor e Segunda maior (Mi bemol 4, Ré 5, Dó 4, mão direita);
- e duas Segundas menores (Si bemol 3, Lá 2, Sol sustenido 4, mão esquerda).

Esses campos estão dispostos de tal forma que cada um deles compreende ora uma *Sétima maior*, ora uma *Nona menor*.

Se examinarmos, pois, os campos sincrônicos resultantes da sobreposição de tais fragmentos dois a dois e que envolvem, também estes, sempre três sons, veremos que os três primeiros são formados por uma relação cromática e por um Trítono (único tipo de campo não compreendido nos quatro fragmentos seriais): Mi 5 – Fá 4 – Si 3; Fá sustenido 3 – Sol 4 – Dó sustenido 5; e Lá 2 – Si bemol 3 – Mi bemol 4 (dispostos, contudo, sempre em registros diferentes). Apenas o último campo, figura de Tons-inteiros no âmbito de uma Nona maior, é constituído por um Trítono e uma Sexta menor (Dó 4 – Sol sustenido 4 – Ré 5). Observemos, entretanto, que as suas notas Sol sustenido 4 e Ré 5 formam por sua vez a nossa figura característica com o Mi bemol 4 do campo precedente. Essa figura é apresentada de uma forma particularmente eficaz – mais concentrada que as três vezes precedentes –, mais adequada à sua disposição diacrônica um pouco mais alargada.

Exemplo 8: Webern, Op 27, I

---

em que Pousseur busca sua concepção *tridimensional* da harmonia, exposta com clareza na elaboração de suas *redes harmônicas* – cf. o texto "Apoteose de Rameau", traduzido neste livro. Trata-se igualmente de uma das passagens mais esclarecedoras quanto à concepção pós-weberniana acerca de certa *diagonalidade* harmônica na obra de Webern. (F.M.)

Apoteose de Rameau

Observemos esse exemplo ainda uma última vez: o primeiro grupo de dois compassos compreende duas notas (Si 3 e Dó sustenido 5) privadas de relação cromática imediata. Mas esta será assegurada no grupo seguinte, e *da forma mais eficaz possível*: o Dó 4, que constitui a relação cromática de ambas as notas acima mencionadas, encontra-se, assim como o Si bemol 3, a uma Segunda menor (intervalo concreto) do Si 3, enquanto o Ré 5, que acaba de ser precedido por sua Sétima inferior Mi bemol 4, encontra-se a uma Segunda menor do Dó sustenido 5. Portanto, tais relações asseguram à articulação de um grupo ao outro a natureza cromática mais eficiente (embora se veja com clareza que não se trata absolutamente de um encadeamento!).

A construção em forma de "*Spiegelbild*"[21] contínuo desse primeiro movimento das *Variações* é universalmente notória, é não há necessidade de insistirmos sobre este ponto. Quando esse primeiro grupo de seis sons reaparece em modo retrógrado, o Dó com o qual Si e Dó sustenido devem entrar em relação cromática – já que Si bemol e Ré só serão executados depois de dois compassos – tornar-se-á exposto da maneira mais "vistosa" possível: no limite inferior do âmbito sonoro, como nota mais grave de toda a estrutura. No compasso 11, ao contrário, o Si, que acaba de suceder ao Dó do compasso 10, será executado como primeira nota do grupo e como nota mais aguda de todos os primeiros dezoito compassos. Todos estes fatos, tão surpreendentes, não podem ser casuais ou produzidos inconscientemente. Encontramo-nos, nesse caso, em presença de uma vontade resoluta de atingir uma meta claramente prevista e da lucidez a mais penetrante na escolha dos meios a serem adotados.

A fim de nos convencermos de que não existe nem ao menos um único trabalho de Webern (pelo menos a partir do Op 5, ou até mesmo do Op 3) no qual não sejam aplicados estes mesmos princípios harmônicos, será suficiente examinarmos a construção das séries dodecafônicas por ele utilizadas a partir do Op 17. Transcrevo-as quase integralmente no Exemplo 9. Se analisarmos todas as possíveis formações de três sons (entre sons vizinhos), não poderemos deixar de nos dar conta da maioria absolutamente esmagadora dos grupos de estrutura "específica". Limito-me a assinalar a presença exclusiva de tais grupos na série do Op 17. Para as outras séries, indico apenas as exceções a tal regra, mostrando, contudo, de que forma essas exceções são neutralizadas.

---

21 Em alemão no original. *Spiegelbild* significa "forma em espelho" ou imagem espelhada, simétrica. (F.M.)

Henri Pousseur

Exemplo 9

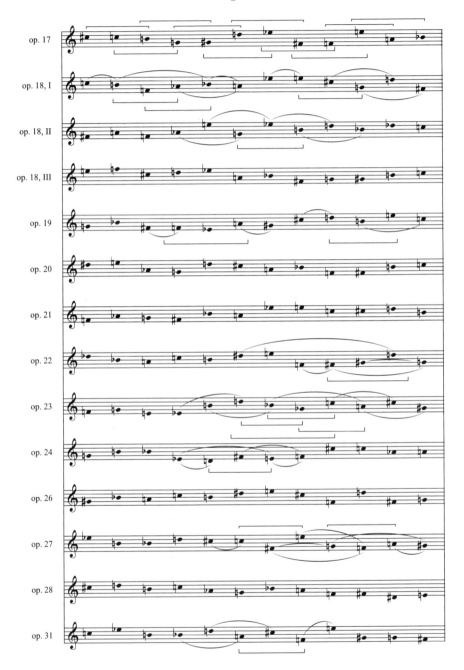

Revelemos, no total, 47 figuras por *Semitom e Terça menor*, 25 por *Semitom e Tom-inteiro*, 22 por *Semitom e Terça maior*, 19 por *Semitom e Quarta*, 13 por *dois Semitons* e, perante essas 126 figuras específicas, apenas 14 figuras não-cromáticas. Entre estas últimas, não se encontram nem acordes perfeitos, nem sucessões de Quartas ou Quintas ("baixos cadenciais"), mas somente algumas figuras por *Tons-inteiros* (quatro acordes de Quinta aumentada, três acordes de Trítono e Terça maior, e somente duas figuras constituídas de dois Tons-inteiros), como também três acordes de Quinta diminuta e duas formações de Terça menor e Segunda maior. A vizinhança de tais agrupamentos é sempre altamente cromática, em si mesmo e em relação com os agrupamentos citados. No que se refere às figuras de quatro sons, há *apenas uma*, entre todas aquelas que se pode constituir nestas formas seriais, que não tem uma estrutura cromática. Trata-se das notas 6 a 9 da série do Op 23. Elas constituem, novamente, uma figura por Tons-inteiros e três das notas em questão encontram sua relação cromática de uma maneira imediata. (No mais, essas quatro notas não servirão à constituição de nenhum dos numerosos acordes de quatro sons que podemos encontrar no Op 23.)

Com a análise precedente, não pretendo evidentemente ter levado em conta a elaboração integral das diversas obras, ou mesmo de sua estrutura freqüencial ou da manipulação serial que é aí realizada, ou mesmo ainda da construção das séries adotadas. A *ordem* dos sons vem por vezes diferenciar a estrutura interna dos tipos de campos que indicamos. Mas a constância que vigora na escolha de tais campos (constância que é reforçada pelos *agrupamentos formais* – em acordes, em figuras melismáticas – e sobretudo pela disposição no *registro*,[22] ou seja, pela fixação dos intervalos concretos, que é realizada com um rigor e uma economia não menores, não menos específicos; rigor e economia que procurei pôr em evidência através de alguns exemplos no artigo da revista *Die Reihe* – "O Cromatismo Orgânico de Anton Webern" –, e dos quais muitas das constatações que já fizemos e que ainda faremos a propósito das análises aqui expostas nos revelam a modalidade), é muito sistemática para não se revestir de uma importante significação, para não nos abrir perspectivas bem profundas sobre o procedimento weberniano. No mais, como veremos a seguir, podemos mesmo constatar como a cada instante, a cada nível do trabalho criativo de Webern, se encontram as mesmas constantes, os mesmos princípios sintáticos,

---

22 Pousseur salienta em diversas passagens de seus escritos teóricos, e em especial *nesta*, a fundamental importância do *registro* para se entender a música de Webern. Nesse sentido, sua concepção demonstra-se muito mais proveitosa para tal entendimento do que as estatísticas intervalares do tipo *pitch class*, para as quais o registro das notas não desempenha nenhum papel. (F.M.)

tanto nos casos em que a escolha da série de doze sons resulta determinante quanto no caso contrário.

O exemplo subtraído do Op 27 já nos tinha mostrado a atividade de Webern além dos componentes seriais (em sentido estrito), uma vez que a segunda análise à qual o havíamos submetido, com relação aos *campos simultâneos*, nos havia revelado um trabalho metódico não determinado pela escolha dos intervalos seriais. Mas como a série só nos expõe um único exemplo de campo com *Quarta*, é exatamente este campo (e tal fato se repetirá com uma freqüência tal que a análise das formas seriais não poderia supor) que predomina na articulação "vertical" da primeira estrutura e, de resto – através de artifícios de registro – de todo este Primeiro Movimento.

Dois exemplos extraídos da cantata *Das Augenlicht Op 26* provar-nos-ão, enfim, que são os mesmos motivos que determinam, em Webern, a combinação das formas seriais entre si, sobretudo em suas sobreposições.

Exemplo 10: Webern, Op 26

No Exemplo 10, vemos que os sons da parte orquestral (os quais formam, do ponto de vista rítmico, ainda que não do ponto de vista estritamente melódico, uma articulação imitativa), além de serem regidos entre si por uma estrutura específica, são introduzidos quase sempre de modo que determinem uma vizinhança cromática de um dos sons da parte coral. Apenas o Lá 3 do trombone escapa a esta regra. As razões para isso são: em primeiro lugar, ele já se encontra presente entre duas notas Si bemol (Si bemol 2 e Si bemol 4); em segundo lugar, a articulação cromática da parte coral simultânea é suficiente e pode facilmente suportar a introdução de qualquer elemento "atenuante" (do qual veremos mais adiante a importância funcional objetiva).

Apoteose de Rameau

No que se refere ao Exemplo 11, basta examinar as relações verticais e oblíquas que resultam da sobreposição, na orquestra, de duas camadas seriais (indico os sons de uma mediante números, e de outra, mediante letras), e em seguida ver como as duas estruturas vocais sucessivas, primeiro a do contralto, depois a do soprano, irão se inserir em tal complexo polifônico de modo que assegurem, quando este já não é o caso, a natureza cromática dos agregados resultantes e das relações existentes entre eles, ou ainda, quando tal natureza já não se encontra garantida de outra forma, de maneira que enriqueça o campo harmônico com qualquer outro intervalo e que *prepare dessa forma a virtualidade de novas articulações bipolares em outros sentidos.*[23]

Exemplo 11: Webern, Op 26

---

23 Na música de Webern reina, de fato, um princípio de economia do cromatismo que permite sua distribuição pluridimensional homogênea. (N. do A.)

Os exemplos em questão podem enfim nos mostrar como todos os aspectos não-freqüenciais da articulação musical[24] vêm a corroborar, a confirmar de modo absolutamente solidário os fenômenos e os princípios estruturais apontados por nós no nível puramente *harmônico*. Parece-me, contudo, incontestável, utilizando-me dos termos que já havia exposto em meu artigo publicado em *Die Reihe*, que a *harmonia* (cuja palavra sempre utilizaremos para nos referir à *articulação total das relações de altura na duração*[25]), perante tais aspectos, manifesta uma evidente "anterioridade genética", e que ela "assume uma função privilegiada na elaboração da linguagem weberniana". Com efeito, os fenômenos harmônicos, que dão prova de uma constância absoluta através de toda a obra de Webern, e dos quais havíamos revelado a presença a partir do Op 5, estão neste trabalho ainda ligados a uma articulação rítmica mais tradicional. E é precisamente através da depuração, da especificação desta última que a música de Webern evoluirá em direção a sua mais alta homogeneidade.

* * *

Às conclusões, parcialmente implícitas, que chegamos no decurso de nossa análise, pode-se fazer por ora ainda uma outra objeção, colocando-se a seguinte questão: o trabalho de Schoenberg examinado no início deste artigo não era uma obra dodecafônica. Mas não teria Schoenberg, ao inventar o *sistema de doze sons*, definido talvez as condições essenciais de um novo espaço sonoro, de estrutura multipolar, e não seria a ele, e não a Webern, que se deveria mesmo atribuir o ato criador (que é antes de qualquer coisa um ato de ruptura) mais importante de nossa época? As distinções que já fizemos a propósito dos tipos de *cromatismo*, das diversas e inconciliáveis entidades auditivas que tal palavra poderia sugerir, já nos possibilitam sem dúvida prever de que modo responderemos a essa questão. Para fundamentar melhor nossa resposta, examinemos ainda, brevemente, mas nem por isso com menor atenção, alguns exemplos da manipulação serial dodecafônica praticada por Schoenberg.

---

24 Pretendo dizer: a) *o ritmo elementar*, que compreende as relações de duração entre o ataque dos diversos sons, as relações entre suas respectivas durações, a inter-relação "contrapontística" entre estes dois primeiros parâmetros, e as diferenças dinâmicas, as quais intervêm de modo que acentuem, a articular tais relações puramente cronológicas de maneira sempre diversa; b) a *interferência* entre tal aspecto rítmico e as relações de altura, compreendendo nestas últimas também o registro; c) o *ritmo macroscópico* resultante do agrupamento, da sucessão, da oposição e da relação entre as diversas estruturas; e, por fim, d) a *instrumentação*. (N. do A.)

25 Nesta passagem Pousseur se consagra a uma das mais lúcidas enunciações acerca da *harmonia*, ciência que, erroneamente, é tida como concernente exclusivamente ao "encadeamento de acordes", mas que na verdade demonstra-se bem mais ampla que essa visão restritiva e regressiva das especulações harmônicas. (F.M.)

Parece-me que a análise das estruturas seriais, assim como fizemos com as séries de Webern, seja já bem reveladora. No Exemplo 12 assinalo certo número de séries (todas as que tenho à disposição neste momento) e indico as figuras de três, quatro, e mesmo aquelas com um número ainda maior de sons que não apresentam nenhum cromatismo (acordes perfeitos, acordes de Quartas e Quintas, formações por Tons-inteiros etc.), assim como – mediante um sinal diferente – as figuras que podem ser interpretadas ou por um ponto de vista estritamente diatônico, ou diatônico com alterações (interpretação que se verá ainda mais provável pelo tratamento ulterior dado a tais agrupamentos).

Exemplo 12

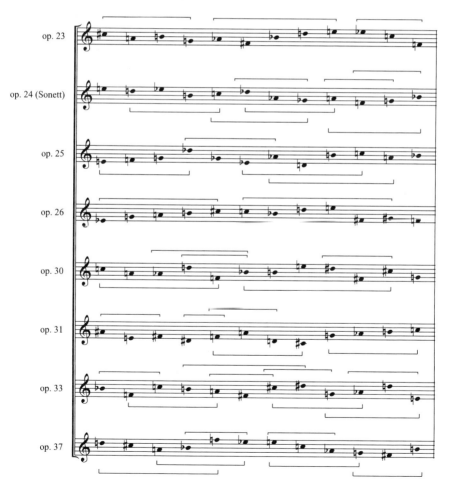

Seria ainda necessário insistir mais sobre a diferença, que nossa análise põe em relevo, entre o estado de espírito presente no estabelecimento de tais formas seriais e o que guiava Webern na elaboração de suas séries? É claro que por uma manipulação específica haveria a possibilidade de se neutralizar completamente o poder polarizador desses agrupamentos (como é o caso dos pouquíssimos casos não-cromáticos apontados por nós nas séries de Webern). Mas a análise de um último exemplo nos provará que tal manipulação, tal preocupação específica não existia em Schoenberg. (Quando se verifica uma neutralização efetiva, uma imobilização de todas as tendências, tal fato ocorre somente por um breve instante e quase por acaso. Tais passagens, em meio a estruturas absolutamente diversas, não podem mesmo assumir o significado unívoco que adquiririam em meio a um universo sonoro estilisticamente homogêneo).

Como o Exemplo[26] seguinte (13a e b) é extraído de um trabalho bem posterior ao seu Op 19, de um trabalho no qual Schoenberg atinge – ao menos de seu ponto de vista – uma mestria ímpar no manejo dos procedimentos seriais dodecafônicos, ou seja, do *Terceiro Quarteto Op 30*, creio que ele, uma vez confrontado com nossos primeiros exemplos, poderá nos fornecer algumas verdades objetivas sobre a significação geral da linguagem schoenberguiana.

Exemplo 13a: Schoenberg, Op 30

Exemplo 13b

---

26 Citado por René Leibowitz em sua *Introduction à la Musique de Douze Sons*, L'Arche, Paris, 1949, p.113. (N. do A.)

Sob o trecho da obra propriamente dita, indico (verticalmente – Exemplo 13b) todos os campos harmônicos racionais, *unipolares*, que chegam a se estabelecer (com, é claro, uma maior ou menor insistência) na consciência do ouvinte, assim como as relações simples que entram freqüentemente em jogo entre eles. Às vezes tais campos de atração se monopolizam exclusivamente por todo um período de tempo, como no caso do primeiro deles. As dissonâncias que aí se encontram têm lugar, pois, em meio a limites heptatônicos. Ou ainda tais campos se sobrepõem e se opõem não somente na duração, na sucessão, mas também no espaço, na simultaneidade. Em tal caso formam, em sua relação recíproca, uma dissonância particularmente virulenta. Entretanto, nunca chegam a se neutralizar a ponto de constituir um espaço não-tonal, não-centralizado.

O fato de que, mesmo quando são sobrepostos, tais campos sejam sempre distribuídos em regiões freqüenciais distintas proporciona-lhes sua autonomia global, sua própria coesão, ou ainda confirmar a sua hierarquia interna antes que se oponham entre si. (Em Webern, ao contrário, quando em um campo bem denso encontram-se diversas notas que, reunidas, poderiam constituir uma figura racional, polarizadora,[27] tais notas são sempre mantidas cuidadosamente separadas, e seu parentesco é sempre prudentemente interrompido por elementos contrários, rompendo assim uma possível convergência e conferindo à estrutura espacial seu sentido unitário.)

Portanto também aqui, como no segundo exemplo do Op 19, reina – em relação às ordens subalternas – uma verdadeira anarquia de nível superior. Esta se verifica já pelo simples fato de se empregar, em séries, os doze sons da escala cromática que desempenham, por sua vez, um papel mecânico. E se verifica mesmo que algumas polaridades, que reaparecem por diversas vezes e são postas em particular evidência (muitas vezes em diferentes oitavas), tornam-se privilegiadas em comparação com outras e apresentam a tendência a se impor à atenção do ouvinte como pontos de referência principais. Como no primeiro de nossos exemplos, a dissonância dos outros agrupamentos torna-se ainda mais acentuada, ainda mais exasperada. (Por esta razão, certos trabalhos de Schoenberg, como a *Suíte para Piano Op 25*, são verdadeiramente feios, mas de uma feiúra estridente, transtornada, e que, contudo, nem por isso é desprovida de um poder emocional insólito).

---

27 Interessante notarmos como Pousseur estabelece uma relação entre *racionalidade* e *polaridade*, de um lado, e *irracionalidade* e *multipolaridade*, de outro. Se tal observação diz respeito à harmonia, tal dicotomia entre ambos os pólos pode ser observada, do ponto de vista rítmico, entre a métrica racional, periódica, de Stravinsky, em contraposição à métrica "irracional", "emotiva", tendente à não-periodicidade de Webern. (F.M.)

Tudo o que dissemos com relação aos nossos primeiros exemplos, todas as conclusões às quais chegamos a propósito deles, pode a meu ver ser reconfirmado aqui, e mesmo afirmado de um modo geral a propósito da música de Schoenberg. É necessário fazermos uma distinção definitiva entre o sistema serial dodecafônico, tal como fora concebido por Schoenberg, do que fora adotado, em seguida, por Webern.

Para Schoenberg, o dodecafonismo, o serialismo, ou mesmo a famosa "suspensão da tonalidade" nunca representaram mais que o extremo resultado ou a aplicação mais radical do ideal *temático*. Levando às últimas conseqüências no plano de sua escritura o princípio do desenvolvimento dos motivos e de sua sempre maior assimilação a uma figura ou a um grupo central de figuras, Schoenberg começa por subverter, de uma maneira até então inusitada, os quadros cadenciais preestabelecidos. As harmonias, dotadas de uma ambivalência, de uma ambigüidade crescentemente maior, respondem com uma fidelidade cada vez menor aos preceitos escolásticos. Por fim, tais preceitos demonstram-se incapazes de instituir entre si uma lógica suficiente.

Schoenberg pensa, então, em levar mais adiante o tematismo: a partir de então até mesmo as formas acórdicas serão derivadas da estrutura melódica dos motivos. É o princípio de uma identidade entre as "dimensões" horizontais e verticais (cuja oposição, entretanto, ele de certo modo congela, enrijece) que ele então define. Em seu importante artigo "Gesinnung oder Erkenntnis?",[28] publicado em 1926, Schoenberg afirma que não se trata absolutamente de saber se se *deve* escrever numa linguagem tonal ou atonal, mas se é *possível* articular uma música sem o recurso da lógica harmônica tradicional. Para ele, a via para se chegar a isso consiste na estrutura temática integral e no desenvolvimento contínuo dos motivos.

Por conseguinte, a invenção do procedimento dodecafônico será simplesmente o resultado final de suas reflexões a esse respeito, a efetivação de um tematismo levado às suas últimas conseqüências (e aliado à constatação de uma irrupção cada vez maior – através da alteração de todos os graus – do cromatismo no universo musical). Mas esse mesmo princípio temático é tributário, ainda que indiretamente, de uma articulação harmônica de tipo tonal. De fato, a idéia de tema é quase indissoluvelmente ligada à noção de uma *melodia principal*, e conseqüentemente à de *acompanhamento*, de *acorde*, de *encadeamento* e de *resolução*. Ao menos é dessa forma que Schoenberg a concebe. O início do *Quarto Quarteto* nos oferece um exemplo edificante desse modo de pensar. Os acordes, derivados de uma série polivalente de

---

28 Schoenberg, A. "Gesinnung oder Erkenntnis?". In: Schoenberg, *Stil und Gedanke – Aufsätze zur Musik*. Frankfurt a. M.: Fischer, 1976, p.209-14. (F.M.)

intervalos, são dispostos de um modo quase-cadencial, não tardando a assumir um poder atrativo insuperável. Em vez de se identificarem, as "dimensões" convencionais do espaço sonoro, ou seja, a melodia e a harmonia, encontram-se ao contrário petrificadas num antagonismo definitivo.

O tematismo, após ter levado Schoenberg a se emancipar do pensamento tonal, ou se transforma progressivamente em uma nova entidade (como ocorre com Webern), ou então se reconduz inevitavelmente ao ponto de partida. Portanto, o músico gravita em um círculo do qual não consegue sair. Sua postura é permeada de contradições co-naturais, e é somente se retirando que ele poderá então ter a ilusão de tê-las resolvido um pouco. É sabido que Hindemith fez uma análise estritamente tonal do Op 33a.[29] Tal obra se prestava perfeitamente à objeção *ad hominem* com relação à não-tonalidade, e parecia mesmo que a justificava plenamente.

Neste trabalho, é já quase consciente o jogo efetuado por Schoenberg sobre polaridades bem definidas. Ele dará prova de uma extrema lucidez nessa direção ao reintegrar finalmente (em obras como *Ode to Napoleon*) procedimentos de articulação tonal absolutamente explícitos. Se por certo período o acorde perfeito permaneceu excluído do universo schoenberguiano, isso se devia ao fato de que este ameaçava estorvar a livre realização do projeto temático, ou ainda por exigências que estariam em discordância com ele. Essa é a explicação que o próprio Schoenberg dá de tal exclusão, no artigo acima mencionado. Mas ele não exclui a possibilidade de reintegrar o indesejável, na condição de poder ou neutralizar suas exigências, ou *lhe dar satisfação*. É assim que se pode observar verdadeiras excentricidades estilísticas, como no caso da série dodecafônica empregada por Alban Berg em seu *Violinkonzert* (Exemplo 14).

Exemplo 14: série do "Violinkonzert" de Alban Berg

Quando se chega a este ponto, a palavra "dodecafonismo" não possui mais um significado muito preciso, e com a mesma propriedade poder-se-ia aplicá-la a esta passagem do *Prelúdio em Lá menor* de J. S. Bach (*O Cravo Bem-Temperado*, Segundo Livro – Exemplo 15):

---

29 Hindemith, P. *Unterweisung im Tonsatz*. Mainz: Schott, 1940, p.254-6. (F.M.)

Exemplo 15: J. S. Bach, Prelúdio em lá menor do 2º Vol. do "Cravo Bem-Temperado"

* * *

Como nossas análises nos demonstraram suficientemente, não é possível imaginar um comportamento similar em Webern. Desde o início de sua atividade, ele tomou clara consciência de sua meta, de sua natureza absolutamente inovadora, não a perdendo mais de vista. Se ainda tivéssemos dúvidas com relação à sua lucidez, teríamos que nos reportar a um documento cuja importância para nosso estudo não se poderia de modo algum subestimar. Trata-se do artigo bem detalhado que Webern consagra à música de Schoenberg no volume coletivo publicado em 1912 (ou seja, numa época que se situa *entre* as composições Op 5 e Op 9 de Webern), da editora Piper & Co. de Munique, artigo no qual nos revela o desenvolvimento intenso de suas reflexões ante a obra de seu mestre. A Webern, pois, a palavra![30]

Já a propósito de *Verklärte Nacht Op 4*, Webern observa que

> a brevidade dos temas, o modo pelo qual eles se ligam sem se encadear, e a livre arquitetura daí decorrente já prenunciam os trabalhos mais recentes de Schoenberg. Os novos efeitos melódicos e harmônicos desta partitura superam tudo o que existia na época em que fora composta. Quanto à sonoridade, trata-se de um milagre sem precedentes em toda a música de câmera... O uso dos sons "estranhos à harmonia" e das sucessões cromáticas mostra claramente que nos orientamos em direção a uma libertação cada vez mais radical da tonalidade, libertação que, no mais, vem ser inteiramente realizada nos trabalhos mais recentes de Schoenberg. E ainda assinalemos: a absoluta independência do ritmo com respeito à barra de compasso.

---

30 No conjunto dos extratos do texto de Webern, sou eu quem sublinha. (N. do A.)

No que se refere ao *Primeiro Quarteto Op 7*,[31]

o seu efeito sonoro é cheio de novidades. Isto se deve primordialmente a um fato puramente interior, qual seja, a nova natureza melódica e harmônica dos temas. Mas há ainda uma razão mais extrínseca, que consiste no emprego das novas possibilidades sonoras próprias dos instrumentos de cordas, e que são aquisições da orquestra moderna: surdinas, *sul ponticello*, *col legno*, sons harmônicos etc. A este propósito, não se pode falar de efeitos superficiais de instrumentação. Esses novos meios sonoros nasceram da expressividade própria dessa música! Enfim, é preciso que apontemos ainda a maravilhosa utilização dos diversos registros dos instrumentos de cordas.

Quanto à *Kammersymphonie Op 9*, esta

possui alguma coisa de absolutamente novo no plano harmônico e melódico: os acordes e as frases de Quartas... Por outro lado, a escala de Tons-inteiros e as harmonias daí decorrentes assumem, nesta obra, uma importância primordial.

E após haver assinalado através de que meios elípticos Schoenberg atinge, quando deseja, a constituição de uma tonalidade, Webern acrescenta:

Este exemplos mostram-nos com clareza, entretanto, como a música de Schoenberg se distancia decisivamente da linguagem tonal. Esta se torna completamente decomposta em virtude da escala de Tons-inteiros, das harmonias de Quartas e dos novos tipos melódicos.

Falando do *Segundo Quarteto Op 10*, Webern não deixa de acentuar a brevidade de seus movimentos, destacando "um novo momento na criação de Schoenberg". E insiste mesmo no fato de que a última parte "não apresenta mais nenhuma semelhança com qualquer forma instrumental conhecida".[32] Enfim,

não resta mais que um (breve) passo, a partir da estrutura harmônica desta obra, para se chegar a um abandono completo da tonalidade... *As alterações transformam os acordes de Quarta em harmonias desconhecidas até o presente* e que não apresentam mais nenhuma relação de natureza tonal entre si... O ouvido interno sente a profunda coerência dessas melodias. Seus componentes exclusivos são: *o*

---

31 Que foi objeto igualmente de um importante ensaio de Berg sobre Schoenberg – cf. Berg, Alban. "Why is Schönberg's Music so Difficult to Understand?". Reich, W. *Alban Berg*. Nova York: Vienna House, 1974, p.189-204. (F.M.)

32 Webern refere-se ao Movimento inaugural da dita "atonalidade", além do fato de que este Quarto Movimento, com o Terceiro, introduz de forma inusitada a voz cantada em meio ao quarteto de cordas. (F.M.)

cromatismo, os sons *dissonantes com relação à harmonia do acompanhamento*, os intervalos inusitadamente esparsos, como na *Sétima maior*.

É nos *Lieder* com textos de Stephan George (*Das Buch der hängenden Gärten Op 15*) que "a tonalidade desaparece definitivamente. Mas uma implacável necessidade reina nesta nova harmonia". (E Webern cita uma célebre passagem do *Harmonielehre* de Schoenberg, na qual este último afirma que cada acorde lhe fora ditado por um sentimento de natureza *formal*, por uma necessidade de expressão, mas talvez também por uma lógica nova, ainda que inconsciente, da construção harmônica, de cuja existência ele está intimamente persuadido.)

Agora, sobre os *Klavierstücke Op 11*.

"Cada uma destas peças é curta", escreve Webern. Por certo que "as duas primeiras lembram ainda vagamente a forma de um 'Lied' tripartite. Os motivos, mesmo que breves e de rápida alternância entre si, ainda são repetidos e desenvolvidos. Mas na Terceira Peça até mesmo este obstáculo é vencido; aí Schoenberg abandona até o trabalho dos motivos. *Nenhum elemento temático mais é desenvolvido*".

Por fim,

também os temas dos *Fünf Orchesterstücke Op 16* são bem breves; contudo, eles são ainda desenvolvidos. O abandono de qualquer elaboração temática só se efetuará novamente no monodrama *Erwartung Op 17* [cuja obra Webern afirmará mais adiante ser um evento inaudito, pois aí se verifica a ruptura com qualquer arquitetura tradicional]. Mas já nos *Fünf Orchesterstücke Op 16* não existe mais nenhum traço de qualquer esquema formal conhecido... Poder-se-ia falar talvez de uma prosa musical. Mas a este propósito seria necessário repetirmos aquilo que o próprio Schoenberg diz de sua linguagem harmônica ... Também aqui reina uma profunda legitimidade.

E Webern, tendo citado um exemplo, aproveita-o para trazer à luz as "maravilhas instrumentais desta partitura. De que maneira singular", exclama, "o primeiro acorde é orquestrado!".

Mas é a instrumentação de *Erwartung*, obra que ele define como "uma ininterrupta mudança de sonoridades inauditas", que atrairá mais longamente sua atenção. "Não há nem mesmo um só compasso desta partitura", prossegue,

que não exponha uma imagem sonora inteiramente renovadora. Os instrumentos são tratados de maneira essencialmente solística. Os registros dos instrumentos são explorados com um sentido fabuloso das sonoridades. O modo, novo, pelo qual Schoenberg orquestra os acordes é particularmente notável.

Apoteose de Rameau

Ao descrever outro exemplo, Webern põe em evidência a singular distribuição instrumental de uma polifonia:

> É o trompete, *chiuso*, que executa a nota mais aguda; imediatamente abaixo se seguem, na ordem, primeiramente o violoncelo solo, depois o oboé (!), enquanto o trombone e a trompa, ambos com surdina, entoam respectivamente o quarto e quinto sons. Por outro lado, no quarto compasso o contrabaixo acrescentará um sexto. Enfim, totalmente fundida a tal conjunto, a sonoridade da voz! *Cada cor pertence a uma família diversa de sonoridades! Entretanto isto não origina nenhuma cacofonia; cada cor é percebida solisticamente, não-alterada. É como se cada uma dessas cores tivesse sido escolhida de modo que não superasse nenhum outro som em intensidade, e sua união com as demais desse lugar a uma unidade sonora.*

No mais,

> a linguagem harmônica e melódica desta partitura é de uma riqueza insuspeita. Schoenberg chega a construir acordes de onze sons, ou ainda, no caso de haver notas de passagem, até mesmo de doze sons diferentes.

E Webern conclui: "O que procurei mostrar é a implacável *necessidade* de tudo o que ocorre em meio a criação de Arnold Schoenberg".

Esse texto revela-nos em seu autor grande pluralidade de interesses, os quais estão, por sua vez, nitidamente orientados no sentido das preocupações do compositor. Se de um lado, a fim de que seu exame se torne exaustivo, ele assinala com consciência qualquer persistência tradicional, por outro é com uma verdadeira obstinação que põe em relevo cada novo ato de libertação com relação à tradição. Essa libertação representa, para ele, a condição primeira e indispensável de uma nova poética. Entretanto, parece que para ele não é menos importante a presença de uma nova legalidade, o esboço de uma lógica inédita, mas nem por isso menos rigorosa.

Se Webern fala tanto de uma quanto da outra a propósito do aspecto formal, retórico da articulação musical, assim como – com menor insistência, mas nem por isso de maneira menos significativa – de seu aspecto rítmico, fica evidente que a *harmonia* não é a última de suas preocupações. A este propósito, sublinhei duas passagens. E de fato, como não nos damos conta da atenção toda particular que Webern dá a Sétima maior, que identificamos como um dos elos elementares de sua linguagem? E nos agregados obtidos pela alteração dos acordes de Quarta, não reconhecemos aí os "campos privilegiados" de seu sistema harmônico?

Por fim, seu interesse se dirige de modo particular à sonoridade, à sua mais íntima modulação. Também a este propósito sublinhei uma longa passagem, porque me parecia reveladora de toda a meditação teórica de Webern. E, de fato, não seria o problema que se coloca com a sobreposição *não alterada* de sonoridades diferentes ao mesmo tempo (pois o que o próprio Webern nos afirma com relação à sonoridade do *Primeiro Quarteto* nos autoriza a pensarmos nessa possibilidade) um problema de ordem harmônica? Não seria este o motivo das tão singulares reflexões sobre o poder isolador de alguns intervalos ou grupos de intervalos? E Webern não pôde de fato refletir sobre eles em termos afins?

E não seria possível parafrasearmos esta passagem do seguinte modo:

> Cada intervalo pertence a uma região harmônica (tonal, natural) distinta. Assim nenhuma cacofonia pode ser daí derivada; cada som é percebido isoladamente, não-alterado. É como se ele tivesse sido escolhido de sorte que não tivesse mais importância do que nenhum outro, e sua reunião com os demais gerasse uma unidade harmônica?

E não seria tal paráfrase uma compreensão bem satisfatória do universo musical de Webern? Para ficarmos definitivamente convencidos disso, basta confrontá-la com um texto bem mais recente, ou seja, com um trecho de uma carta endereçada a Willi Reich em 1941 (e recém-publicada num programa da Rádio bávara), na qual Webern fala de suas *Variationen für Orchester Op 30.*[33]

"Este é seguramente o ponto de maior importância", diz Webern a propósito do extremo ascetismo que preside, nesta obra, a distribuição, mesmo que puramente exterior, dos eventos sonoros.

> É necessário que lhe diga que se trata, nesta minha obra, de um outro estilo. E se me perguntarem de qual, responderei: de um novo! De um estilo no qual se tem conta, como no caso de todas as formas precedentes da tonalidade, das leis intrínsecas ao material sonoro. Tal estilo constitui em si, portanto, uma espécie de tonalidade, a qual explora de maneira diversa as possibilidades oferecidas pela natureza dos sons: em função de um sistema no qual, segundo a expressão de Schoenberg, as doze notas das quais a música ocidental se serviu até o presente momento *estão todas em relação umas com as outras*. Tenho, pois, que insistir sobre o seguinte argumento: *este estilo forma-se tendo em conta as leis impostas pela natureza do som*. Se nós as ignorássemos, seríamos incapazes de dar um sentido ao que desejamos exprimir. E quem poderia seriamente pretender que aí residisse nosso objetivo?

---

33 O extrato correspondente a essa carta foi publicado primeiramente, em versão abreviada, em um programa da Rádio bávara (*Bayerischer Rundfunk – Konzerte mit Neuer Musik 7/27,* jul./set. de 1956, p.32-3) e em seguida integralmente nos textos de conferência de Webern sob o título *Der Weg zur Neuen Musik.* Viena: Universal Edition, 1960, p.67-8. (N. do A.)

Este texto não permite nenhuma dúvida sobre a lucidez com a qual Webern toma consciência de sua situação como criador. Ele *sabe*, não obstante sua grande veneração por Schoenberg, a despeito daquilo que, trinta anos antes, ele teria podido dizer da música deste último, de ter sido apenas ele o inventor de uma ordem absolutamente nova. E se ele fala de uma *espécie* de música tonal, articulada de maneira radicalmente *diversa* (multipolar, para usarmos a palavra certa), é antes de tudo pelo fato de que a nova ordem sonora por ele instituída – ele insiste suficientemente neste ponto – se baseia nos dados *naturais* (acústicos, mas também físio e psicoacústicos) preexistentes, ou seja, porque ele elege seus intervalos e grupos de intervalos em função de suas maiores ou menores virtualidades direcionais, de sua capacidade de garantir a homogeneidade do universo específico que se propôs a realizar.

Schoenberg, ao contrário, após haver colocado, de modo bem abstrato, todos os intervalos num mesmo nível (com o dodecafonismo), trata-os, pois, de modo arbitrário, não podendo assim evitar que se constituam forças polares casuais, das quais ele acabará por se dar conta, e que agravarão consideravelmente sua emancipação. A segunda razão pela qual Webern usa esta metáfora é que todos os sons que ele considera ainda na categoria dos "doze sons da escala cromática" (embora seja evidente que ele não exclua e talvez até mesmo espere por outras possibilidades, já que fala das "doze notas das quais se serviu *até o presente momento a música ocidental*") participam de igual medida, de modo igualmente orgânico, tanto uns quanto os outros, na constituição do novo espaço musical. Já não seria esta, remontando-nos a quinze anos atrás, a definição de um universo *multipolar*, tal como o havíamos descrito, e não constituiria isto a mais nítida confirmação dos ensinamentos que pudemos tirar de nossas análises, de nossos confrontos e de nossas comparações?

* * *

Quem poderá continuar a negar que a situação histórica, que a importância da qual se reveste Schoenberg e Webern para nós não seja absolutamente diferente? O primeiro nos aparece como a última grande figura de uma época que ele encerra definitivamente. Como Alban Berg,[34] e no entanto de modo distinto, ele *assume* as contradições musicais de seu tempo. Em vez de evitá-las, ele as conserva e as sustenta corajosamente em sua obra. Ele se

---

34 Cf. Berg, A. *Écrits*, nas traduções (e comentários) de Henri Pousseur, Gisela Tillier e Dennis Collins. Paris: Christian Bourgois Éditeur, 1985. A primeira edição deste livro, então realizada apenas por Pousseur, data de 1956, ou seja, do mesmo ano do presente texto, demonstrando-nos, com isso, a importância que Pousseur já dava a Berg mesmo em meio à época mais radical do pós-webernianismo. (F.M.)

constitui testemunha *criadora* de uma geração atormentada, fazendo assim que os homens de hoje e de sempre estejam em condição de compreendê-la concretamente.

Webern, ao contrário, fez uma seleção severa em meio a tudo o que o passado lhe oferecia. Dessa herança, ele não conservou nada mais do que uns poucos elementos que poderiam se salvar de um perecimento. Ele operou neles uma radical *mutação de sentido* e os submeteu a uma vontade de expressão inteiramente regenerada. Assim o fazendo, preparou as bases de uma sensibilidade musical apropriada ao nosso tempo, de uma linguagem coletiva adequada a uma sociedade e a uma civilização orientadas de uma maneira nova.

1956

3
A questão da "ordem" na música nova[1]

A música serial é freqüentemente concebida e representada como fruto de uma especulação excessiva, resultado de uma aplicação exclusiva dos poderes da *razão*. Tudo o que acontece nessa música é construído segundo medidas quantitativas preestabelecidas, tudo é justificado pelas regras de uma lógica puramente combinatória. Exceção feita às próprias medidas e regras, nada parece ter sido deixado aos cuidados da invenção livre, da inspiração gratuita ou de uma intuição mais afetiva. Em suma, reinaria nessa música uma *ordenação* impiedosa, controlando o curso dos eventos até nos mais ínfimos detalhes.

Entretanto, se não nos contentarmos em analisá-la, em dissecar a notação que a fixa, se nos fiarmos antes de tudo numa escuta concreta, acontece muitas vezes – numa escuta superatenta que ponha em jogo, em extrema tensão, todas as nossas faculdades receptivas – que o que percebemos é justamente o contrário desse tipo de ordenação. Justamente nos casos em que

---

1 Tradução de Mauricio Oliveira Santos de: "La Question de l''Ordre' dans la Musique Nouvelle". Pousseur, H. *Musique, Sémantique, Société*. Tournai (Bélgica): Casterman/Poche, 1972, p.78-105. Revisão de Flo Menezes.

Henri Pousseur

as construções mais abstratas são aplicadas, não raro temos a impressão de estar diante dos resultados da ação[2] de algum princípio aleatório.[3]

Se (para tomar um caso particularmente exemplar) escutarmos a Terceira Peça (Ic) do Primeiro Livro das *Structures* para dois pianos de Pierre Boulez – composta em 1951, segundo normas bastante precisas que definem, de todos os pontos de vista, o lugar de cada elemento no conjunto –, ouvimos uma espécie de profusão de sons, estatística e de densidade variável. Boa parte das relações *métricas* desejadas pelo autor permanece encerrada à nossa escuta, praticamente ausente. Se, no entanto, essa peça exerce sobre nós um encanto incontestável, trata-se muito menos do encanto de uma "geometria" perfeitamente clara e translúcida, que de um encanto mais misterioso, exercido por diversas formas distributivas encontradas na natureza, como o lento deslocamento de nuvens em farrapos,[4] como o cascalho polvilhado no fundo de um riacho de montanha ou como uma onda que jorra e se quebra contra o costão rochoso.

Observando nosso objeto de mais perto, colocamo-nos talvez em condições de compreender melhor essa relação paradoxal entre a intenção e o resultado (ou entre o fim e os meios?). Dois exemplos particularmente demonstrativos, tirados da Primeira Peça do mesmo Livro, poderão nos ajudar. Nos dois casos, trata-se da exposição, totalmente explícita, de uma mesma série de doze sons, em duas "formas" diferentes, simétricas entre si (ao menos teoricamente). Mais precisamente, a segunda é a inversão exata da primeira (no

---

2 *Jeu* no original francês. (F.M.)

3 Tal foi, em essência, a crítica elaborada por Nicolas Ruwet acerca da música serial em seu artigo "Contradictions du Langage Sériel" (*Revue Belge de Musicologie 13*, 1959, p.83-97), à qual Pousseur, em um primeiro momento, e como um dos protagonistas da música serial integral, se opôs. A polêmica em torno do grau de *aleatoriedade* em meio à música serial mais estrita constitui um dos debates mais empolgantes ao final dos anos 1950 e início da década de 1960. (F.M.)

4 Curiosamente, o próprio Boulez recorrerá a essa mesma imagem muitos anos depois, quando de sua passagem pelo *Studio PANaroma* em São Paulo, em outubro de 1996, onde, reportando-se às estruturas aleatórias regidas por processos determinísticos, assevera: "Comparo esta situação com as nuvens: olhamos durante um certo tempo para as nuvens, fazemos outra coisa, e depois relançamos nosso olhar sobre elas; sua disposição será diferente, mas a categoria da experiência permanece a mesma. Sua localização será também distinta. Caso não olharmos para as nuvens, elas continuarão de todo modo a se modificar, mas a estrutura de base permanecerá a mesma. Interesso-me por periodicidades que se sobrepõem, por periodicidades desiguais". E mais tarde: "Retomo a comparação com as nuvens: imagine que você está em uma montanha, e que de repente você acende uma lâmpada muito forte. Você enxerga as nuvens. Mas se você apagar a lâmpada, as nuvens não podem mais ser vistas. O gesto em si é deliberado, mas ao mesmo tempo trata-se de um gesto determinista que faz emergir uma estrutura não-determinista". (F.M.)

que concerne ao material cromático, ao *nome das notas*) e ambas começam com um Sol. Mas as duas são igualmente distribuídas por toda a extensão do teclado e de maneira tão pouco direcional que o início e o fim de ambas comportam notas extremamente graves e extremamente agudas.

Por essa razão, mesmo considerando que essa distribuição comporta inversões parciais exatas também do ponto de vista dos registros, é difícil reconhecer relações perceptíveis entre as duas figuras de conjunto (seja de identidade absoluta de um ponto de vista ou de outro, seja de transformação regular e imediatamente compreensível: por exemplo, inversão exata e total), exceção feita às analogias estatísticas, que se fundam sobre a similaridade do material e de suas modalidades de distribuição globais. Isso também pode ser especialmente aplicado à estrutura rítmica das duas formas; pois se as doze notas são dotadas globalmente, nos dois casos, dos mesmos doze valores de duração,[5] estes são permutados de maneira tão complexa que o ouvido tampouco pode discernir qualquer parentesco de um exemplo em relação ao outro, qualquer parentesco (aliás, tampouco qualquer diferença) figural[6] impactante.

Exemplo 1

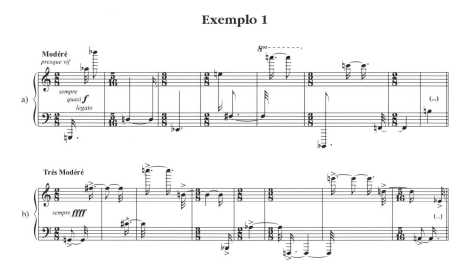

---

[5] Há uma exceção, irredutível ao "sistema". (N. do A.)

[6] Pousseur fala, no contexto deste parágrafo e dos seguintes, de *figuras* e de *parentesco figural*. Trata-se de uma das passagens mais notórias do que podemos chamar, no bojo da música pós-weberniana, de *resgate da figura*, fenômeno que, direcionado à percepção mais clara das constituições intervalares, caracterizou, em oposição ao período radical do serialismo integral, em grande parte as poéticas musicais dos anos 1960. (F.M.)

A dificuldade que a escuta experimenta ao efetuar uma comparação precisa entre as duas figuras provém, entre outras razões, do fato de que cada uma delas se organiza da maneira mais irregular possível, menos *periódica* possível, não sem analogia com os chamados "movimentos brownianos", ou seja, movimentos desprovidos (do ponto de vista do observador) de qualquer significação *individual*, oferecendo assim uma grande resistência à apreensão unitária e à memorização distintiva (tudo isso pode exprimir-se em termos de *eqüiprobabilidade*: a qualquer momento, qualquer coisa pode acontecer, ao menos *para a percepção*).

As disposições seriais rigorosas que regulam aqui os menores detalhes parecem, portanto, não ter função positiva. Longe de estabelecer simetrias e periodicidades[7] perceptíveis, uma regularidade de parentesco e de diferença, em suma uma ordem efetiva e aparente entre as diversas figuras, elas parecem destinadas, bem ao contrário, a *impedir* qualquer repetição, qualquer simetria, ou seja (à medida que ordem e simetria podem ser assimiladas uma à outra), qualquer ordem efetiva; e as disposições estatísticas no plano da "grande forma" (como as diferenças de dinâmica, tempo ou "modo de ataque" entre os dois casos de nosso exemplo, ou as diferenças de densidade entre estes e outros momentos da peça) teriam a única função de garantir a *renovação permanente* e uma *imprevisibilidade absoluta* a este nível superior.

Os escritos de Boulez datados da mesma época (e os escritos de algumas outras pessoas, entre as quais o autor destas linhas) confirmam a impressão assim descrita e reforçam nossa suspeita: não se pode atribuir somente à falta de cultura, ou simplesmente de hábitos adequados, o fato de que não se percebam inteiramente os ordenamentos seriais utilizados. Uma divergência entre estes e o resultado perceptivo buscado existe de fato. Boulez afirma, com efeito, sua intenção de manifestar a irreversibilidade essencial do tempo, e isso significa, com toda evidência, uma negação de toda periodicidade, de toda repetição, não importa quão variada ela seja.

Logo, é preciso buscar a razão dessa divergência entre o fim e os meios, é preciso, sobretudo, buscar a justificativa profunda desse *fim*, e também em que medida esse desejo de uma assimetria tão integral, da *indeterminação* mais fundamental possível, orienta ainda a música serial ulterior e mesmo a mais recente.[8]

---

7 No âmago deste *resgate da figura* insere-se igualmente uma busca de retomada dos fenômenos *periódicos*, e tal estratégia condiz com o que Pousseur chamará, fazendo eco à fase do serialismo integral (portanto, à *série generalizada*), de *periodicidade generalizada*. (F.M.)

8 Cf. a esse respeito Pousseur, H. "La Série et les Dés". In: Pousseur, H. *Fragments Théoriques I sur la Musique Expérimentale*, Bruxelas: Éditions de l'Institut de Sociologie, Université Libre de Bruxelles, 1970, p.29-78, em particular a primeira parte. (N. do A.)

Para tanto, parece-me necessário examinar de maneira crítica nossa concepção tradicional de ordem, e expor sob suas características essenciais os elementos de nosso passado que condicionaram essa concepção. Exemplos de *música tonal*, tal como ela foi composta na Europa do século XVII ao XIX, prestam-se particularmente bem a esse fim.

Tomemos como exemplo as *Variações Goldberg* de Johann Sebastian Bach: os principais componentes da ordem "clássica" escancaram-se imediatamente aos nossos olhos, colocando-nos em condições de seguir o movimento histórico que atinge aqui uma de suas expressões mais perfeitas e que assim se esclarece em toda sua intensidade. A comparação de um trecho, por exemplo, da Primeira Variação com os modelos de música recente supracitados pode esclarecer suas particularidades distintivas. Experimentamos desde logo o impacto de uma extrema simetria, que se dá inicialmente no nível rítmico-métrico. No plano inferior encontram-se as "menores unidades", as semicolcheias, que funcionam como uma "grade de tempo" de valor absoluto, abaixo da qual não podem se produzir divisões cronométricas e sobre a qual se apóiam, em proporções inteiras e simples, valores de duração superiores. Logo em seguida vêm os múltiplos mais imediatos, a colcheia e a semínima. Esta última aparece como "tempo" ou como batida do compasso, pelo fato de que as articulações melódicas importantes e mesmo certas articulações harmônicas secundárias coincidem com a articulação das semínimas, enquanto as colcheias representam apenas marcas rítmicas no interior de alguns campos harmônicos ou de certas direções melódicas.

Exemplo 2

Os campos harmônicos em si são articulados a um plano ainda mais elevado: os "compassos", que compreendem sempre três pulsos. *Quatro* compassos são invariavelmente agrupados em pequenos períodos, unificados tanto no plano dos motivos quanto, como ainda demonstraremos, no nível harmônico em si. Há *quatro* períodos parecidos em cada uma das duas seções que uma variação comporta, sendo essas seções elas mesmas repetidas, de maneira que ouvimos igualmente *quatro* seções.

Essa disposição simétrica é de natureza inteiramente *objetiva*. É certo que ela só pode ter valor porque nossa escuta dela se apropria como sistema psicológico de referência, porque a identificamos com nosso tempo vivido. Ela poderia entretanto ser medida com o auxílio de meios "externos", como relógios, metrônomos, etc. Trata-se de uma ordem autônoma, simplesmente *constatada* no mundo circundante, e que não depende diretamente de nossa *participação*. Contudo, dissemos que ela se apóia em fenômenos *harmônicos*. Examinando tais fenômenos de perto, encontramos ainda outras relações ordenadoras, que reforçam e vivificam a primeira ordenação métrica. Encontramos sobretudo uma outra espécie de simetria, que nos ajuda a melhor compreender o sentido do ordenamento clássico. Já assinalamos que o início de cada compasso é marcado por uma "mudança de acorde". Os quatro acordes de um período formam uma progressão harmônica unificada; o terceiro acorde é o mais tenso; é ele que "aspira" com maior energia a uma resolução, e esta lhe será, aliás, concedida com a aparição do quarto campo harmônico.

Exemplo 3

Esquema harmônico, único dado comum da *Aria* das trinta variações. (O baixo dos compassos *pares* é o mesmo, apenas transposto, assim como os baixos dos compassos 3 e 7.)

Os acordes, que finalizam os diferentes períodos e os levam a um estado de repouso mais ou menos completo, formam entre si uma progressão de nível mais elevado. A *questão* colocada ao final do primeiro período encontra *resposta* no final da segunda, à questão da terceira responde a quarta e assim por diante. Finalmente, a estrutura *total* da variação é disposta de maneira simétrica no que diz respeito à "evolução dos graus": aquilo que se afirma ao final do segundo período (logo no meio da primeira seção), ou seja, a supremacia da Tônica, é colocado em questão ao final dessa seção (e do quarto período), em que a Dominante se afirma com energia. Na segunda seção, ao contrário, existe primeiro a emissão de uma questão (ou de uma contestação), antinômica da precedente (afirmação do Relativo menor, mais próximo, organicamente, da Subdominante), que será enfim respondida de tal maneira que se realiza uma solução completa das contradições e dos conflitos expostos. Cada variação aparece então como fechada sobre si mesma graças a um movimento cíclico bastante claro e perfeitamente arredondado,[9] cuja função é também a de centrar todo o curso dos eventos, de subordiná-lo à ordem tonal preestabelecida.

Ora, essa ordem não é nada mais que uma metáfora da ordem interior do sujeito ouvinte; sim, nada mais que uma metáfora: é o lugar onde essa ordem se realiza e se afirma. Pois as questões e as respostas, as crises e resoluções das quais falamos existem apenas na percepção. A simetria agora em questão é de natureza puramente psíquica, é um estado em que eu me afirmo centro do mundo (percebido por mim), em que tudo o que se passa nesse mundo está relacionado comigo e classificado segundo minhas medidas e meus critérios (por exemplo, de apropriação). É exatamente este o universo do grande individualismo construtivo, tal qual encontramos em Descartes e Pascal, em Leibniz e Newton, aquele que também domina a literatura, a pintura ou a arquitetura da época clássica, e que se exprime também nos sistemas científico, político e econômico desse mesmo período.

Assistimos ao momento do mais alto e mais fecundo equilíbrio entre duas concepções, cuja relação com freqüência tensa dominou e determinou de maneira imperativa em sua evolução dialética todo o período "humanista". De um lado está a idéia de um mundo inteiramente preordenado, tal como encontramos já no aristotelismo e nos fundamentos da teologia e da teocracia da Idade Média. De outro lado está a idéia da liberdade fundamental do indivíduo, idéia que os ensinamentos cristãos deveriam igualmente promover, mas que subsistiu apenas em estado larval durante todo o período feudal. Tal idéia encontrou seu primeiro terreno de desenvolvimento quando da expansão das sociedades urbanas no século XIII. Porém, ela ainda não tinha o aspecto radical de um subjetivismo absoluto que viria a adotar mais tarde: ela era antes de tudo a afirmação e a defesa de uma multiplicidade de seres humanos contra uma hierarquia cada vez mais esclerosada. Ela encontrava sua expressão (e seu campo de experimentação) musical na polifonia primitiva, que se erigia de certo modo contra a homofonia modal e seu ideal de submissão (cujas virtudes positivas não se trata de pôr aqui em questão).

---

9 *Arrondi* no original francês. (F.M.)

Entretanto, sabemos que as aspirações à autonomia das diferentes vozes foram canalizadas desde o século XV por um controle cada vez mais severo do resultado harmônico. Passava-se assim já de uma concepção pluralista e personalista a uma representação do *ego absoluto*, que se realizará mais precisamente no liberalismo econômico e no absolutismo esclarecido, os quais – sabemos bem o quanto – se apoiavam sobre a burguesia capitalista. É também a época da *tonalidade* ortodoxa. As *Variações Goldberg* inserem-se nesse contexto como uma de suas mais altas produções, nelas realizando-se, como pudemos constatar, um maravilhoso equilíbrio entre a afirmação de uma harmonia universal e uma valorização central do sujeito individual. A *riqueza* dessa representação deve entretanto ser em parte atribuída ao fato de que a *polifonia*, expressão da pluralidade do mundo humano, conservada pela ideologia e a prática protestantes, encontrava-se aqui ainda em perfeito vigor.

A partir do momento em que seja excluída do jogo, essa riqueza se reduzirá de maneira considerável e será preciso encontrar-lhe alguma compensação. Na música da época do *Sturm und Drang* [Tempestade e Ímpeto], naquilo que se costuma chamar de maneira bastante incongruente de "classicismo" vienense, assim como na música do início do século XIX, o foco é posto de maneira cada vez mais exclusiva sobre os estados de *tensão*, sobre as *crises*, sobre os momentos de *questionamento da ordem reinante*. Os movimentos psicológicos de aspiração, de súplica e de impaciência (que certamente exerciam já em Bach um papel considerável, mas que eram integrados num conjunto mais complexo) tornam-se agora o centro absoluto do interesse. Naturalmente, isso só pode minar a harmonia universal soberanamente instituída. As inúmeras excursões que somos obrigados a efetuar fora da ordem perfeita para confirmá-la em sua autoridade tornam cada vez mais aguda a consciência de que o mundo (e logo de início o mundo "interior" dos movimentos afetivos) não é nem tão simples, nem tão transparente a ponto de não compreender muitos elementos difíceis e até mesmo hostis. No subjetivismo romântico, o indivíduo não vibra mais em uníssono com um universo que ele deveria dominar completamente, mas se sente cada vez mais jogado nesse mundo como num espaço estranho. Isso conduz diretamente ao Crepúsculo dos Deuses, ou seja, à perda de toda e qualquer fé numa possível harmonia. O expressionismo pós-romântico, que compreende uma importante vertente musical, falará apenas de um mundo cambaleante, de um universo em estado de desagregação perpétua.

Quando escutamos a música de Schoenberg, é particularmente evidente (sobretudo se a compararmos com a arte de um Bach) que as simetrias nela encontradas são frutos de uma ironia rangente, ou, ainda mais, de uma amarga nostalgia. Elas provam que ainda se sonha com aquilo que sempre se considerou como uma "era de ouro" (quando ela era na realidade *dourada*), mesmo sabendo-se perfeitamente que ela soçobra irremediavelmente no passado.

O erro radical do pensamento clássico, que se desenvolve até o absurdo, foi crer que se poderia parar o tempo, que seria possível apropriar-se das coisas e de sua presença imediata de maneira definitiva. Isso vinha a negar a essência transitória desse pensamento (e também a nossa). O contragolpe foi tamanho que a gente se encontrava jogada numa torrente impetuosa, impossível de conter e na qual não se encontraria mais nenhum ponto de apoio: o tempo se vingava do mau conhecimento que dele se tinha; o instante presente seria para sempre apenas a conseqüência irrevogável do passado e a perseguição febril do futuro; nada mais tinha valor *em si*.

O expressionismo schoenberguiano tenta uma vez mais solidificar as coisas (ou seja, "coisificar" os eventos), impondo-lhes a simetria dos objetos clássicos. Mas não pôde impedir que as relações harmônicas não-tonais que nele se desenvolveram logicamente manifestassem sua recusa a subordinar-se ainda a uma consciência centralizadora. Tem-se em conseqüência a extrema esgarçadura dessa representação musical que é o signo exemplar de realidades análogas *externas à música*.

Só era possível encontrar uma solução às grandes dificuldades que enfrentava nossa linguagem musical neutralizando as mais inconciliáveis contradições. Anton Webern deu os primeiros passos, decisivos, nessa via. Ele se recusou a se opor ao transcurso do tempo por meio de tentativas de solidificação. Reconheceu definitivamente sua autonomia, imprevisível e irrevogável, e que só podemos nos comunicar com as coisas na distância de sua transitividade, na alternância obrigatória de presença e ausência. Paradoxalmente, ele concedeu à atualidade um poder de maravilhamento inalterável. O verso de Rilke, que ele musicou em seus *Zwei Lieder nach Gedichten von Rainer Maria Rilke Op 8*, poderia ser utilizado como epígrafe de toda sua obra:

> Weil ich niemals dich anhielt, halt ich dich fest.[10]

Para atestá-lo de forma concreta, basta, por exemplo, comparar auditivamente ao *Terceiro Quarteto* de Schoenberg as *Sechs Bagatellen Op 9* de Webern (escritas, entretanto, muitas décadas antes). Trata-se aqui de uma música da instantaneidade pura, da aceitação sem mescla (e por isso de reconhecimento particularmente intenso) da aparição e desaparição das coisas; e isso traz para nossa atmosfera cultural ocidental um dado bastante fresco, porque desconhecido: quase que só seria possível encontrar correspondências disso num certo pensamento antigo ou nas artes do Extremo Oriente.

---

10 Tradução possível: "Justamente por jamais tê-lo tido, procuro (de)tê-lo". (F.M.)

Tecnicamente falando, isso é obtido por métodos que se opõem de maneira bastante exata ao sistema clássico. Neste, como vimos, reinava a simetria mais pronunciada, a mais extrema periodicidade. Encontrando em nossas tendências psíquicas mais preguiçosas uma resposta dócil, tais regularidades engendravam um quadro espaço-temporal abstrato, um esquadrinhamento que parecia preexistir às coisas que nele apareciam; elas criavam, pois, a ilusão da existência absoluta de uma ordem objetiva. Em Webern, a existência eventual de uma ordem preestabelecida não é negada, mas simplesmente *passada em silêncio*. Antes do aparecimento dos eventos, o espaço e o tempo permanecem inteiramente *indeterminados*. Eles apenas se manifestam na atualidade momentânea, são válidos da forma assim definida apenas para a duração e a extensão desses momentos particulares, e retornam depois de seu término ao seio da virtualidade absoluta. O *silêncio* é aqui o fundamento, por certo inefável, mas também incomparavelmente *seguro*, da abertura e da potência, do qual todas as formas perceptivas provêm e ao abrigo do qual elas são sempre finalmente reconduzidas.[11]

A assimetria parece então ser a lei que prevalece da maneira mais geral, e se curtas sucessões periódicas aparecem aqui e lá, devemos tão-somente atribuí-los ao fato de que eventos sucessivos manifestam *por si mesmos* uma estrutura (por exemplo uma duração) semelhante e que sua aparição em seqüência resulta automaticamente em repetição.[12] Uma vez passados estes eventos, entretanto, essa regularidade deixa de ser efetiva no presente. Deixando de lado essas simetrias em nível elementar (por exemplo, certas seqüências de notas repetidas), há nas obras dessa época o mínimo possível de repetição, e encontramos em todas as dimensões analisáveis do edifício musical uma *descontinuidade* cuidadosamente arranjada.

A descontinuidade é, aliás, o caráter distintivo ao qual Webern, ao longo de toda sua evolução, permanecerá mais fiel. Nas obras mais tardias, ela é ainda mais pronunciada de certos pontos de vista (sobretudo num plano elementar). Por outro lado, encontramos nessas obras bastante simetria nas relações mais elevadas entre figuras, e parece a princípio legítimo atribuir isso ao desejo de Webern de poder compor de novo obras *mais longas*.

---

11 Tal passagem sobre o *silêncio* encontra respaldo tanto na concepção do silêncio como dado estrutural em Webern, tal qual esboçado em "O Cromatismo Orgânico de Anton Webern" e em "De Schoenberg a Webern: Uma Mutação", quanto ao final de "Por uma Periodicidade Generalizada", em que Pousseur refere-se, citando Paul Claudel, a *Sigè* (silêncio, mistério). (F.M.)

12 De fato, a música de Webern caracteriza-se pela presença, em meio a uma aperiodicidade geral, de pequenas figuras simétricas ou regulares, essencialmente periódicas, que Walter Kolneder chamou, em seu clássico estudo sobre a obra weberniana, de *strata* – cf. Kolneder. *Anton Webern – An Introduction to His Works*. Londres: Faber and Faber, 1968, p.57-8 e 63-4. (F.M.)

Entretanto, os jovens músicos, que sentem após a morte de Webern a necessidade de dar prosseguimento à sua pesquisa, colocaram como uma de suas primeiras obrigações liquidar aquilo que consideravam ainda como os resíduos de uma retórica caduca. É nesse momento que surge o projeto de um "sistema serial generalizado", do qual as *Structures* para dois pianos de Pierre Boulez constituem um dos primeiros e mais notáveis exemplos. As *séries* utilizadas por Webern já lhe haviam permitido ultrapassar largamente a "ordem" clássica, definitivamente rejeitada; elas haviam permitido também a instituição de um novo espaço, de certo bastante móvel, mas ao mesmo tempo dotado de uma miraculosa consistência. Tais séries, aplicadas a outros níveis e de diferentes pontos de vista, deveriam garantir a eliminação definitiva das últimas contradições.

Os exemplos tirados das *Structures* de Boulez já permitiram que ouvíssemos qual era o teor dos primeiros resultados. Estamos agora em melhor condição de compreender o "porquê" de sua qualidade específica, da poesia indiscernível que lhes é própria. Podemos também mais facilmente explicar a contradição metódica momentânea que eles representam. Ela provém do fato que se busca realizar uma não-periodicidade integral[13] com o auxílio de meios que pertencem ainda à ordem musical periódica: a notação métrica e um sistema serial *oriundo de técnicas temáticas*. O êxito é certo, mas obtido pela aplicação desses meios de maneira tão complicada que eles acabam por se inverter a si mesmos e dar lugar a algo totalmente diferente, a exatamente o contrário, a algo assimétrico, isto é, algo propriamente não-mensurável, que implica *sua própria imperceptibilidade*.

Para Boulez, essa obra representava uma espécie de "zero absoluto" de sua pesquisa, uma prova de fogo (ou de frio) à qual ele estava decidido a submeter sua imaginação e seu *métier*, "para ver", como ele mesmo explicou recentemente, "quais elementos resistiriam" (ele tinha, aliás, a intenção de intitulá-la *No Limite do País Fértil,*[14] em referência a uma gravura de Paul Klee). Essa experiência lhe bastou.[15] Ele tirou dela o suficiente para poder tomar

---

13 Digna de nota é, aqui, a equiparação terminológica que Pousseur faz com relação ao serialismo integral, caracterizando-o como uma "aperiodicidade (ou não-periodicidade) integral". (F.M.)

14 Título que Boulez acaba dando, em 1955, a seu importante artigo sobre o advento da música eletrônica – cf. Boulez, Pierre."No Limite do País Fértil (Paul Klee)". In: Menezes, Flo. (Org.). *Música eletroacústica* – história e estéticas. São Paulo: Edusp, 1996, p.87-96. (F.M.)

15 De fato, já na parte Ic do Primeiro Livro das *Structures*, e sobretudo a partir do Segundo Livro dessa obra, Boulez utiliza-se do que passou a ser chamado de *técnica de grupos*, e que viria a consistir na fase derradeira do serialismo integral, abrindo mão do permanente esfacelamento do registro e da ausência de figuras que caracterizam a fase *pontual* ou *pontilhista* do movimento serial. (F.M.)

então uma via menos estritamente negativa e progredir em suas intenções de uma maneira que teremos a oportunidade de estudar mais adiante. Outros músicos buscavam ainda desvelar as contradições continuando sua pesquisa, estritamente antitética, de uma assimetria integral. Dedicaram-se, por exemplo, a generalizar a experiência que se pudera fazer com conjuntos *estatísticos*, no esforço de introduzir princípios *aleatórios*, seja no domínio da composição (abandonando ao acaso o cuidado com certas "decisões"), seja no nível da interpretação (por exemplo, quando o resultado da interpretação, não absolutamente coordenada, de um grupo de músicos era definido antecipadamente apenas de maneira aproximativa). Esforçaram-se igualmente, sobretudo no campo da música eletrônica, em levar a assimetria até o material musical em si, até o interior do som e das estruturas vibratórias que definem seus caracteres.

Em todas essas produções antitéticas, enfrentava-se uma nova dificuldade, que naturalmente não era desprovida de relações com as diversas dificuldades encontradas anteriormente pela música ocidental, e que talvez viesse a ter conseqüências fecundas.

Por um lado, podia-se levar até o fim a pesquisa da *indeterminação*, à qual se pode logicamente remeter toda tendência à assimetria integral. Mas então se chegava cada vez mais próximo de uma total *impotência formadora*. Pois a indeterminação é tão-só uma falta de determinação, isto é, uma falta de caracteres capazes de *distinguir* as coisas umas das outras e de *determiná-las* em sua especificidade. Ela é igual à *indiferença*, pois se se apaga toda distinção definidora, tudo o que resta é um vazio indiferente. De fato, as diversas produções "informais"[16] que citamos realizam essa indeterminação e essa indiferença de maneira mais ou menos resoluta, em todos os níveis e de todos os pontos de vista. Mesmo que os sons das *Structures* de Boulez sejam bem definidos em seus diferentes caracteres, como altura, modo de ataque etc., o emprego contínuo de *todas* as possibilidades, inclusive as mais extremamente opostas de certos pontos de vista (por exemplo, do ponto de vista do registro), tem por conseqüência um desgaste bastante rápido de suas

---

16 Por essa época, o termo *música informal* passa a dominar a cena quando o objeto em questão era a música serial, dada justamente a dificuldade da escuta em apreender figuras quando de sua confrontação com as obras seriais integrais. Digna de nota é, nesse sentido, a contribuição teórica de Adorno, filósofo muito presente nos Cursos de Verão de Darmstadt e que concebera, um ano antes do presente texto, um importante ensaio intitulado "Vers une Musique Informelle" (*Darmstädter Beiträge zur Neuen Musik 4*, 1962, p.73-102; republicado em Adorno, T. W. *Gesammelte Schriften*, Band 16. Frankfurt a. M.:, Suhrkamp Verlag, 1978, p.493-540). (F.M.)

Apoteose de Rameau

capacidades de renovação, revelando um *potencial de variação* bastante baixo, um verdadeiro *silêncio estrutural*,[17] pelo menos desses pontos de vista.

Pode-se dizer o mesmo, de outra maneira, das peças eletrônicas que citei: se misturamos vários ruídos "coloridos", chegaremos rapidamente a um estado de alta *entropia*, no qual todas as misturas possíveis são praticamente similares.[18] O resultado disso é finalmente uma dessas superfícies que apresentam apenas uma diferenciação bastante vaga, seja porque os detalhes se distribuem segundo uma espécie de repetição aproximativa e estatística, seja porque há modulações insensíveis, contínuas e pouco pronunciadas. Desses "fundos" considerados em si mesmos, a pintura recente também nos forneceu exemplos bem eloqüentes.

Certamente, já vimos que os fenômenos desse tipo podem exercer um verdadeiro encanto. Tais fenômenos não nos aproximariam com grande ênfase do *silêncio* inefável no qual reconhecemos, com Webern, o *fundamento* geral e absoluto?[19] Mas o êxito que tais fenômenos poderiam obter depende do fato de manterem *um mínimo suficiente de diferenciabilidade!* Caso se quisesse ir ainda mais longe no sentido da indiferença, caso se quisesse aproximar do silêncio de uma maneira ainda mais imediata, cair-se-ia inevitavelmente numa completa e insuportável monotonia, numa insignificância irremediável (exemplos não faltam). Manifesta-se então a contradição própria a esta tendência unilateral: se a ideologia clássica esforçava-se por impor algo de definido (uma pulsação rítmica, uma hierarquia tonal, uma temática bem reconhecível) como ordem fundamental, como referência absoluta, aqui se tenta *ir ao encontro* do absoluto (que entretanto se reconhece como indefinível) com a ajuda de meios de determinação, quer-se *dar corpo* ao silêncio. No fim das contas, como toda antítese, esta acaba por cometer um erro simétrico àquele da tese à qual se opõe.

A alternativa consistia em integrar, não mais a contragosto, mas de maneira consciente e voluntária, elementos de determinação. Em outras palavras, isso significava reter da idéia de assimetria menos o aspecto negativo (suscetível de conduzir a uma indiferença completa e portanto ao *contrário* mesmo de uma verdadeira assimetria) que a noção de *diferença*, de descontinuidade,

---

17 Note-se que, nesse contexto, Pousseur reporta-se a um *vazio estrutural*, e tal passagem não deve ser confundida com sua concepção acerca do potencial *estrutural do silêncio* na obra de Webern. (F.M.)

18 Tal como o próprio Pousseur fizera em sua obra eletrônica *Scambi*, realizada em 1957, a convite de Luciano Berio, no *Studio di Fonologia Musicale* da RAI de Milão, e toda baseada na manipulação de ruídos brancos. Sobre esta obra, Pousseur discorrerá a seguir. (F.M.)

19 Cf. a citação conclusiva de Paul Claudel em "Por uma Periodicidade Generalizada", através da qual Pousseur se refere a um "silêncio absoluto", segredo primordial de onde tudo emanaria. Pousseur reportar-se-á igualmente a Claudel logo adiante, no presente ensaio. (F.M.)

entre elementos que devem permanecer perfeitamente reconhecíveis. Para que isso seja possível é indispensável aplicar as forças *definidoras*, isto é, os meios de delimitação, de ordenação, enfim de simetria, por mais escondida que esta esteja, por mais que ela seja contrariada por fatores diferenciais. Exemplos desse caminho, embora ainda rudimentares, podem ser, aliás, encontrados nos trabalhos citados: Boulez utilizou apenas notas bem definidas; também aplicou de maneira eficaz métodos de agrupamento desses elementos pontuais com o auxílio de critérios de caracterização e homogeneização, como os já evocados critérios de dinâmica, de modos de ataque ou de densidade polifônica. Nos meus *Scambi*, os vários tipos de ruído são distribuídos de maneira diferenciada sobre proporções de tempo longas o bastante para que subsista um grau talvez suficiente de variação em *grande escala*. Analisando em detalhe, isso não é mais que certa proporção de *periodicidade*. Pois a variação de um aspecto dado só pode efetuar-se em duas direções complementares: a ida e a volta (o agudo e o grave, o lento e o rápido etc.), e é evidente que isso pode ser considerado um movimento *ondulatório*, ou seja, periódico, não importa qual seja o nível de variação que acompanha e caracteriza cada "onda": há pelo menos *alguma coisa* em comum que permite distinguir as ondas umas das outras e compará-las entre si.

Repentinamente, a utilização na obra tardia de Webern de simetrias aparentes (ainda que complexas e flexíveis) aparece sob nova luz: não se trata mais simplesmente de resíduos de um sistema clássico ultrapassado, mas de uma tentativa de controlar de maneira eficaz o dado de igualdade que sempre há em toda desigualdade.

Webern, aliás, também havia atravessado uma espécie de "crise de indeterminismo". Nas obras de seu "primeiro estilo", manifesta-se claramente uma tendência ao silêncio, à rarefação da elocução, à qual se ligam tanto a dominância das dinâmicas fracas quanto a extrema brevidade das peças. Suas *Peças para Violoncelo e Piano Op 11* representam certamente o ponto extremo dessa tendência. Porém, elas podem igualmente ser consideradas como uma obra-pivô, como o ponto de partida de uma coisa diferente e mais forte. Nelas, Webern começa a *fazer* o silêncio de maneira resoluta, sem esforçar-se em lhe dar corpo. Se ele denota sua confiança ao silêncio, é emitindo unidades bem definidas, claramente perceptíveis, que se estabelecem entre si relações recíprocas, as quais ao mesmo tempo se *limitam* e se *confirmam* mutuamente em suas especificidades.[20] Assim é que se estabelece entre elas um espaço disponível, um vazio no qual pode calmamente reinar sua plenitude.

---

20 Poder-se-ia citar aqui as belas definições da *Arte Poética* de Claudel (extraídas de Claudel, *Œuvres Poétiques*, Bibliothèque de la Pléiade, Gallimard, Paris), datadas de 1904, ou seja,

Exemplo 4

Simetria e assimetria, determinação e indeterminação, igualdade e desigualdade não são, pois, princípios simplesmente contraditórios que se excluem entre si de maneira absoluta, mas sim propriedades complementares, que se condicionam mutuamente e que precisam uma da outra. O excesso num sentido ou no outro conduz à mesma desordem patológica. Somente uma proporção correta, uma tensão equilibrada (que pode, aliás, se realizar de maneira infinitamente variada) engendra uma ordem livre, viva e significante, ao mesmo tempo multiplicidade e comunicação, individuação e reconhecimento.

Aquilo que poderíamos chamar de anarquismo moderno tem com certeza razão de se opor com extrema energia ao exclusivismo clássico, à hierarquia burguesa usurpadora: a exorbitante ênfase sobre o "eu" conduzia a uma *desordem* insuportável. Sabemos o quanto os conceitos de ordem e simetria objetiva contribuíram nesse contexto; sabemos também o quanto nossas relações sociais, assim como nossos sentimentos mais secretos, estão longe de expurgar essas influências. O "anarquismo" tem portanto ainda um grande e longo trabalho de "limpeza" a realizar, por exemplo nas linguagens (dentre as quais a música), e deve seguir sendo um componente importante de nossa atitude poética. Mas ele falharia, e *perderia seu objetivo*, se negasse a necessidade de toda ordem, de toda disciplina (ou seja, de toda *significação*). Mesmo as experiências de nossa tradição podem ser úteis, se as separarmos

---

do ano em que Webern começava a trabalhar com Schoenberg: "Cada nota da escala clama pelas outras e as pressupõe. Nenhuma pode pretender preencher sozinha o sentimento. Ela existe à condição de não ser o que as outras soam, mas também à condição, igualmente imperativa, de que as outras o soem em seu lugar." Ou ainda, fazendo falar um dos termos de um intervalo: "Esta coisa não é aquilo que constituo; ela não esgota o ser; por nenhuma outra razão que por meu próprio efeito, ela não integra a soma e eu me enriqueço acrescentando-me ao conjunto das coisas que ela não é; sou investido do direito de lhe negar a totalidade e nela encontro o ponto pelo qual esta me é recusada". (N. do A.)

de um contexto ideológico errôneo e as confrontarmos perpetuamente com um princípio complementar de abertura e de relatividade. Foi exatamente o que fez Webern em suas obras tardias. Sua maneira de utilizar o sistema serial e de desenvolver assim dialeticamente, superando-os sem por isso abandonar os métodos temáticos, permanece uma indicação preciosa do caminho a seguir.

Um exemplo pode convencer-nos ainda mais.

Exemplos 5 a 12

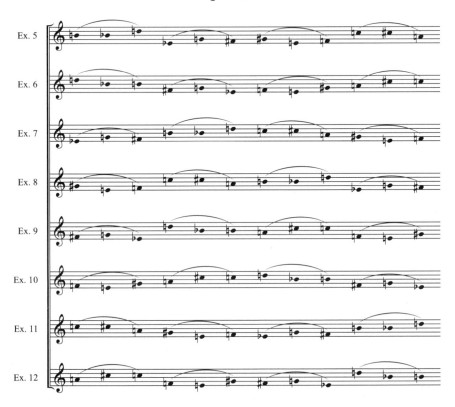

A série do *Konzert Op 24* não é constituída tão-somente das doze notas da gama cromática, mas sobretudo de quatro formas diferentes de uma mesma pequena figura de três sons: os movimentos original, retrógrado invertido, retrógrado simples e a simples inversão (Exemplo 5). Essa simetria interna permite dispor as correspondências "em direção ao exterior". Por exemplo, é possível encontrar uma transformação "ortodoxa" da série (trata-se de uma transposição do movimento retrógrado invertido), na qual os mesmos quatro grupos aparecem na mesma ordem: apenas seus sons constitutivos encontram-se na ordem inversa (Exemplo 6). Em outra forma (desta vez, em um movimento retrógrado transposto), a estrutura interna dos quatro grupos permanece inalterada: apenas seu ordenamento se transforma de uma maneira regular – eles são permutados dois a dois e temos agora b-a, d-c (Exemplo 7). Em outra forma ainda, são as semi-séries, inalteradas, que se permutam entre si: c-d, a-b (Exemplo 8). E se tomamos o movimento retrógrado de cada uma das formas já enunciadas, encontramos os exemplos de combinação dessas transformações parciais, primeiro dois a dois: permutação dos sons e permutação dos grupos (Exemplo 9); permutação dos sons e permutação das metades (Exemplo 10); permutações dos grupos e das metades (Exemplo 11). Paradoxalmente, é o movimento retrógrado da forma original que tem, desse ponto de vista, o parentesco mais longínquo com ela, pelo fato de que neste caso os três tipos de transformação encontram-se adicionados (Exemplo 12).

Desde que as alturas possam ser efetivamente comparadas quando da audição (o que Webern garante pela composição de outros aspectos, por exemplo dispondo momentaneamente as mesmas notas nos mesmos registros[21]), as correspondências (que não esgotam as extraordinárias virtualidades combinatórias dessa série) atraem para si toda a atenção. Ouvimos uma estrutura composta de quatro grupos bem definidos, dotados – sem que para tanto a coerência do conjunto seja posta em risco – de uma grande liberdade, uma estrutura na qual existe, portanto, uma verdadeira *mobilidade* (ver Exemplo 13).

Exemplo 13

---

21 Este recurso tipicamente weberniano, qual seja, o de "congelar" determinadas notas em certos registros, e que em muito auxilia a *apreensão figural* das constituições seriais, pode ser designado por *periodicidade de freqüências* (tal como o fiz em minha análise das *Sechs Bagatellen Op 9* – cf. Menezes, Flo. "Micro-macro-direcionalidade em *Webern* – Por uma Análise Direcional das *Sechs Bagatellen Op 9* de Anton Webern", *Cadernos de Estudo – Análise Musical, N 5*. São Paulo: Atravez, fev./ago. de 1992, p.21-54; e Menezes, Flo. *Música maximalista* – ensaios sobre a música radical e especulativa. São Paulo: Editora Unesp, 2006, p.135-189). (F.M.)

A série de doze sons – ou mais exatamente a série de intervalos específica assim definida – que subsiste inalterada através de todas essas transformações quase não é percebida como tal.[22] Ela não tem mais a rigidez temática que tinham ainda as séries de Schoenberg, mas assume a função mais secreta de, por um lado, garantir a homogeneidade harmônica (evitando qualquer relação ou agrupamento que pudesse colocar em risco o equilíbrio distributivo, exatamente contrário ao equilíbrio tonal pelo fato de que o peso especificamente harmônico é distribuído de maneira igual por todos os seus pontos), e, por outro lado, de manter as condições mesmas da mobilidade já definida.

Webern não nega, pois, a existência de um *ordenador*, nem de um *ordenado*; mas, comparada à ordem clássica, a relação entre eles parece exatamente *inversa*. Nesta, com efeito, o ordenador era também a coisa mais bem definida, passando ao primeiro plano e esforçando-se por *submeter* a si qualquer outra determinação, *excluída* a sua própria. Aqui, ao contrário, o ordenador se retira diante do ordenado e lhe concede uma autonomia que talvez seja o aspecto positivo de seu caráter transitório. Ele não é, portanto, de forma alguma indeterminado, mas na realidade indeterminável, e pela simples razão de que ele é demasiado rico e potente para poder ser esgotado por uma única definição, por uma única determinação. Ele é então verdadeiramente *sobredeterminado*[23] e reúne em si mesmo tanto as virtudes de uma simetria formadora quanto aquelas, libertadoras, que se atribui à assimetria. (Assim, o termo "forma original" só pode ser aplicado a uma série de Webern pela facilidade de sua demonstração; com efeito, nenhuma de suas apresentações possíveis pode pretender a um caráter mais original que as outras, e *a série* inclui, desde sua definição, o *grupo* de todas as suas metamorfoses.)[24]

---

22 Haverá interesse em submeter essa série ao mesmo tipo de análise feita da série das *Variationen für Orchester Op 31* de Schoenberg no texto "La Polyphonie en Question: à propos de Schoenberg, *Op 31*" (primeiro capítulo de Henri Pousseur, *Musique, Sémantique, Société*, op. cit., p.64). (N. do A.)
23 *Surdéterminé* no original francês. Pousseur reutilizará o conceito de *sobredeterminação* (*surdétermination*) no contexto das obras abertas realizadas pela geração pós-weberniana européia, em oposição à *indeterminação* total (*indeterminacy*) de tipo cageano. (F.M.)
24 De fato, a representação "atemporal" (*"hors temps"*) [ver observação crítica ao final desta nota de rodapé] mais simples dessa arquitetura de notas (que podemos explorar de oito maneiras diferentes) é um *cubo*:

Apoteose de Rameau

Basta ler nesta representação os oito caminhos possíveis para ver o quão isomórficos eles são. Pelo fato de serem engendrados por três variáveis, esses oito caminhos se dispõem, aliás, também em cubo:

As transformações de *mesmo sentido* são sempre idênticas (incluindo, por exemplo, as "diagonais absolutas", como 14-21, ou 17-18, que representam as reciprocidades retrógradas). E como há 48 "formas" ortodoxas da série (as quatro "operações fundamentais" e suas doze transposições), haverá portanto seis grupos desse tipo, seis "cubos", cada um compreendendo 8 formas em relação idêntica. Esses grupos são transposições uns dos outros: três deles estão em relação de Terça maior (formando então um grande "triângulo" – em cada um de seus ângulos está, evidentemente, um cubo). Trata-se das formas seriais nas quais as semi-séries, de estrutura escalar idêntica (alternância de Semitons e de Terças menores, ou seja, dois "acordes de Quinta aumentada" distantes entre si de um Semitom), são formadas das mesmas notas, ainda que os agrupamentos dos sons por três sejam diferentes (por exemplo: Mi bemol, Ré, Fá sustenido, Sol, Si, Si bemol; comparar com os exemplos acima). Os três cubos desse triângulo se opõem aos três outros por uma relação de Semitom (o que, observadas as transposições da Terça maior, inclui igualmente a Terça menor e a Quarta; quanto ao Trítono, ele já está presente *em* cada cubo, enquanto a Segunda maior, diferença do Trítono e da Terça maior, está presente no "triângulo"): aqui, os acordes de Quinta aumentada são pareados de outra maneira, da *única* outra maneira possível: Dó sustenido – Ré / Mi bemol – Mi em vez de Ré – Mi bemol / Mi – Fá (= Dó sustenido). Se quisermos exprimir tal mobilidade, verdadeiramente sobredeterminada (*surdéterminée*), dos doze sons e dos intervalos que os definem, temos aqui uma possibilidade:

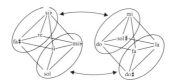

Claro está que os triângulos circundados (acordes de Quinta aumentada) podem intercambiar-se dois a dois (apenas uma representação em quatro dimensões permitiria evitar essa introdução do "tempo"). Aqui também basta seguir nesta (nestas duas) figura(s) as 48 formas possíveis, para dar-se conta da extraordinária densidade desse "espaço de transformação": todas as propriedades deste provêm evidentemente das propriedades da própria série, estando já compostas potencialmente nesta última. Vemos então que sua exposição linear, sua realização puramente sucessiva (certamente indispensável à sua compreensão), representa já uma *particularização* considerável com relação à sua "essência" mais compacta. (N. do A.) [Quando Pousseur refere-se, ao início desta nota de rodapé, a uma descrição *atemporal* (*hors-temps*), apropria-se da oposição entre estruturas "fora do tempo" (*hors-temps*), compreendidas no abstrato, e as estruturas "dentro do tempo" (*en-temps*), inseridas concretamente no tempo musical, tais como estas se apresentam na música de Iannis Xenakis. (F.M.)]

Henri Pousseur

Reconsiderada dessa perspectiva, a questão de certo caráter aleatório, tal como se manifesta nas "formas móveis" recentemente compostas, pode ser enunciada de uma maneira totalmente diferente. Aquilo que se realizava em Webern no nível da técnica de composição encontra-se agora desenvolvido no domínio da prática interpretativa. A obra escrita, último grau de abstração antes do ato musical concreto, não pode mais ser identificada a nenhuma de suas atualizações particulares; ela é o lugar intemporal[25] onde se encontra reunido certo número de possibilidades.

Se as peças desse tipo devem ser tão significativas quanto possível, se sua liberdade interna não deve mais conduzir à ausência de necessidade e à falta de conseqüência, seus verdadeiros elementos (que precisam naturalmente de certa taxa de indeterminação) devem igualmente denotar uma definição, uma caracterização, um *sentido* suficiente. Para isso pode auxiliar a "técnica de grupos", tal como ela se anuncia, embora ainda com prudência, nas *Structures* de Boulez. Ela tem a enorme vantagem de preservar os momentos *negativos* que se manifestaram na técnica serial primitiva, mas cuja necessidade está longe ainda de ser esgotada. Graças a ela, aprendemos a lhes permanecer fiéis e, no entanto, a delimitar cada vez melhor os "formantes"[26] da obra, a situá-los de maneira mais distintiva. Os principais marcos nesta via de aprendizagem são, além das obras posteriores de Boulez,[27] as grandes composições de

---

25 Pousseur dá prosseguimento, nesse contexto, à sua referência acerca das noções de estruturas *hors-temps* (atemporais, fora do tempo) e *en-temps* (temporais, dentro do tempo) de Xenakis, desenvolvendo a tese de que a obra escrita, essencialmente abstrata antes de sua concreção – que se dá por sua execução –, situa-se a meio caminho entre as estruturas puramente abstratas e a sua veiculação na obra musical. Para tanto, afirma assumir a obra escrita uma condição *intemporal.* (F.M.)

26 Pousseur reporta-se à noção metafórica de *formante,* já utilizada anteriormente ora por Boulez (em sua *Troisième Sonate* para piano, de 1956-57), ora por Stockhausen (tanto teoricamente, em seu texto "... wie die Zeit vergeht..." (1956 – cf. em inglês *Die Reihe 3 – Musical Crafts-manship.* Londres: Theodore Presser Co./Universal Edition, 1957, p.10-40), quanto com a composição de *Gruppen* (1955-1957) para três orquestras). (F.M.)

27 Como em *Le Marteau sans Maître,* obra que Boulez compôs pouco tempo depois das *Structures* para dois pianos, em 1953, e na qual – se os aspectos negativos próprios àquilo que chamei de "anarquismo musical" nela estão presentes em proporção considerável – se produz, contudo, o primeiro passo resoluto no sentido de uma "síntese" que promete algo totalmente contrário a um compromisso. Encontramos vestígios disso, por um lado, ao nível puramente técnico, no emprego de elementos rítmicos de periodicidade bastante simples (sempre por um tempo bem curto) ou, de maneira mais significativa porque mais elaborada, no emprego de uma figuração mais voluntária, mais claramente desenhada (embora comportando ainda suficiente "obscuridade"); e, por outro, também no nível mais "poético", quando Boulez não recua diante da possibilidade de reafinar parcialmente sua linguagem (ainda que em questões aparentemente secundárias como a *instrumentação*) a certas correntes expressivas decididamente tradicionais, pertencentes, em essência, a diferentes culturas não-européias. (N. do A.)

Stockhausen, tais como *Gesang der Jünglinge* e *Zeitmasze*, *Gruppen* e *Kontakte*, mas também os trabalhos de Berio e de alguns outros.

Certas coisas encontradas nessas obras aparecem como reprises (recuperações) de possibilidades momentaneamente excluídas do vocabulário musical, como os ritmos relativamente regulares, as sobreposições harmônicas bem definidas (para citar os aspectos simples, elementares). Com efeito, se tais possibilidades não são mais apresentadas como o "ordenador", mas como "coisas ordenadas entre outras" (o que exige evidentemente toda uma série de medidas de precaução, cuja invenção constitui precisamente um dos aspectos do novo *métier* musical), não há mais qualquer razão para continuar a excluí-las. Eu mesmo apostaria de bom grado que a próxima evolução irá numa tal direção, qual seja: a direção na qual todos os tipos de expressão musical conhecidos até hoje se tornarão novamente utilizáveis (juntamente com outros tipos totalmente desconhecidos e remetendo então com freqüência a outros domínios de nossa experiência auditiva).

A única condição que me parece indispensável respeitar é que nenhum desses elementos predomine sobre os outros e que continue a ser aplicado, no nível em que se articulam as relações momentaneamente significativas, o princípio weberniano da relatividade, daquilo que chamei anteriormente de *distribuição* ou "multipolaridade".[28] Convenientemente dispostos e "generalizados", agora de um modo totalmente diferente, os métodos seriais permanecem sem dúvida ainda os melhores meios para esses fins.

A seqüência natural mais provável e mais *justa* de tal ampliação seria o acesso da música nova a um público também mais vasto, seria a possibilidade de realizar, enfim, a importante mutação da sensibilidade coletiva que ela porta em germe. Parece-me inútil insistir sobre o fato de que um sistema como esse, uma vez realizado, não poderia pretender, mais que outro, à ausência completa de contradição, que ele não poderia ser considerado como um progresso *absoluto* com relação aos sistemas precedentes (no máximo revelar-se-iam progressos parciais, referentes a alguns aspectos, a algumas possibilidades particulares e relacionadas a tal ou tal momento particular da evolução da linguagem musical). Mas ao menos ele me parece capaz de realizar um equilíbrio relativo, uma relativa estabilidade estilística. Em razão, entre outras coisas, de suas virtudes "harmônicas" internas (virtudes estas em *dispor* reciprocamente

---

28 Nesse contexto, Pousseur investe o conceito de *multipolaridade*, derivado, em essência, de seu entendimento da poética weberniana, de um novo sentido, radicalmente "democrático": o de fazer coabitar, e de modo recorrente (periódico), linguagens musicais distintas em um mesmo contexto, numa espécie de "periodicidade generalizada", tal como preconizou a partir do término do presente ensaio, já em meio à composição de sua obra mestra, *Votre Faust* (1961-1968). (F.M.)

Henri Pousseur

um grande número de elementos considerados até então inconciliáveis), e em parte por causa mesmo dessas virtudes, ele responderia a toda uma série de necessidades diversas que se faz, hoje, muito urgente.[29]

Sem dúvida aprendemos de uma vez por todas que nossa ação não esgota jamais o mundo e seu fundamento; mas nem por isso estamos menos convencidos de que ela seja capaz, em seus melhores momentos, de *captá-los*, de receber sua mensagem, e essa realização remete antes de tudo aos poderes ordenadores, clarificadores, instauradores de relação, próprios à *forma*. Esta não é convocada a explicar o real em sua totalidade e de uma vez por todas, mas sim a tornar habitável o espaço mais vasto possível, isto é, aquele que nos é dado habitar. Por isso não é apenas o mundo "exterior" que precisamos mudar, mas também e quiçá sobretudo *nós mesmos*, nossa atitude, nossa "afinação"[30] (como a afinação de um violino, de um filtro, de uma antena). As medidas a tomar são ao mesmo tempo externas e internas, individuais e coletivas, são, sem dúvida, acima de tudo as disposições em nível *lingüístico*, no qual, como Michel Butor mostrou recentemente,[31] a música tem um importante papel a exercer. Mesmo reconhecendo nossa incapacidade de atingir o absoluto por nossos próprios meios, podemos ao menos sempre esperar *ser atingidos por ele* (cada momento de plenitude, cada *presente* não seria o *signo* disso?). Nosso movimento de abertura (cujas implicações técnicas precisas conhecemos melhor agora) é o vertente ativo dessa esperança.[32]

1963

---

29 Desde então, obras como *Hymnen* ou *Mantra* de Stockhausen, *Sinfonia* de Berio ou meus *Couleurs Croisées*, *Votre Faust* ou *Les Éphémérides d'Icare II* já foram muito mais longe nesse sentido. (N. do A. de 1971)

30 *Accord* no original francês. (F.M.)

31 Cf. Butor, Michel. *Répertoire II*, Paris: Éditions de Minuit, 1960, particularmente a parte intitulada "Les Œuvres d'Art Imaginaires chez Proust". (N. do A.)

32 *Espérance* no original francês. Pousseur poderia ter utilizado o vocábulo *espoir*, de uso mais corrente, mas ao usar a palavra *espérance*, faz referência, ainda que sutilmente oculta, ao *princípio esperança* do filósofo da utopia, Ernst Bloch, por quem foi fortemente influenciado. (Cf. Bloch, Ernst. *Das Prinzip Hoffnung*, 3v. Frankfurt a. M.: Suhrkamp Verlag, 1959). (F.M.)

4
Por uma periodicidade generalizada[1]

> ... A origem do movimento está nesse
> frêmito que toma a matéria ao contato de
> uma realidade diferente: o Espírito.
> (Paul Claudel: *Art Poétique*[2])

A música serial foi durante algum tempo considerada radicalmente assimétrica, integralmente não-periódica. Assim seu público a percebia, assim a imaginavam seus autores, que usavam de todos os recursos para obter o máximo de irregularidade. Aquilo que já se manifestara com uma decisão crescente, ainda que de maneira sempre parcial, na música, ou ainda em toda a arte moderna anterior, devia ser admitido a partir de então como princípio estrutural geral, válido de todos os pontos de vista, em todos os níveis de consideração. Por

---

1 Tradução de Mauricio Oliveira Santos de: "Pour une périodicité généralisée", Pousseur, H. *Fragments Théoriques I sur la Musique Expérimentale*, Études de Sociologie de la Musique. Bruxelas: Éditions de l'Institut de Sociologie, Université Libre de Bruxelles, 1970, p.241-90. Revisão de Flo Menezes.

2 Sobre a referência a esta obra de Paul Claudel, à qual Pousseur se remete em alguns trechos e na conclusão deste ensaio, veja a última nota de rodapé ao final deste texto. O início e o fim do presente ensaio serviram de material para a "Conferência" da personagem Henri no *Prologue sur le Théâtre* da ópera *Votre Faust* (1961-1968) de Pousseur. (F.M.)

exemplo, propunha-se associar à descontinuidade harmônica, tal qual fora pressentida por Schoenberg e encontrou sua primeira realização satisfatória em Webern, uma rítmica toda quebrada, cujos pontos de partida se encontrariam na música de compositores como Stravinsky, Bartók ou Messiaen, que invocavam de maneira mais ou menos direta Claude Debussy, rítmica esta cujo desenvolvimento se estava decidido a levar muito mais longe, graças à aplicação e transposição dos métodos da técnica serial aos dados desse componente musical. Até mesmo a "forma", concebida em seus diferentes níveis de eficácia, devia ser posta a serviço dessa flexibilidade e dessa imprevisibilidade. Disso já se encontravam alguns modelos em certas obras de Webern (assim como em Debussy), por exemplo, no Segundo Movimento do *Quarteto com Saxofone Op 22*. Mas as figuras e caracteres utilizados com esse fim deviam ainda ser dispostos com vistas a uma irreversibilidade fundamental do tempo, a uma permanente renovação; deviam ser privados de toda tendência à repetição.

Essa pesquisa não tinha nada de arbitrário. Se os compositores entregavam-se a ela tão apaixonadamente é porque sentiam sua profunda necessidade, é porque toda a história recente da música ocidental e toda a evolução dos conteúdos e significações musicais que então se produziam a ela os impeliam com toda urgência.

A música dos últimos séculos, que consideramos como nossa música clássica em sentido amplo, como nossa música tradicional, e que encontra no sistema da tonalidade sua expressão sintática mais equilibrada, é uma música na qual praticamente *tudo* se encontra construído e sustentado de maneira periódica. Basta recordar a simetria com que toda a estrutura rítmica é disposta nesse sistema, ou as regularidades intrínsecas da estrutura vibratória, responsável pelas alturas perceptíveis, sobre as quais se baseia sua harmonia. Num e noutro domínio, há, de fato, irregularidades, como as síncopas, as dissonâncias etc., mas se trata sempre de estados de tensão provisória, de crises que se desenvolvem momentaneamente, destinadas a ser resolvidas e cuja distensão resolutiva deve reforçar ainda mais a hegemonia fundamental da ordem periódica.

Pode-se facilmente mostrar que essa disposição estrutural bem definida é a expressão e a realização de uma ideologia igualmente bem definida, de uma estrutura social e de uma prática das relações humanas facilmente reconhecível. Para ser breve, podemos resumi-las num único vocábulo: "individualismo". A disposição simétrica, periódica, era, por excelência, auxiliar de uma concepção de mundo concêntrica, egocêntrica. Que as dificuldades experimentadas desde muito cedo pelo individualismo geral, e que conduziram à sua progressiva desagregação, tenham encontrado suas correspondências no domínio musical, que uma crise autodestrutiva se tenha desenvolvido na música como em todos os outros domínios parciais, parece ser evidente e não necessitar de maiores desenvolvimentos neste quadro limitado.

Devemos a Arnold Schoenberg uma das enunciações teóricas mais lúcidas sobre esse estado de crise, tendo contribuído de maneira essencial a orientar sua evolução ulterior (a princípio, agravamento da crise, mas ao mesmo tempo possibilidade virtual e princípio de uma cura). Essa enunciação teve lugar há cinqüenta anos já, sob a forma do princípio da não-repetição (do qual o princípio da não-oitavação é um caso particular, pois o arranjo oitavado dos registros pode ser definido com exatidão como uma periodicidade do espaço das alturas).

Disse no início que a geração de compositores que surgiu depois da última guerra mundial fez desse princípio sua palavra de ordem geral e absoluta. Ainda que de muitos pontos de vista se orientasse muito mais pelo exemplo de Webern que pelo de Schoenberg, essa geração considerou as numerosas simetrias, freqüentemente de natureza inédita, encontráveis na obra de Webern como aspectos a serem superados, e se propôs então como primeiro objetivo eliminar do modelo weberniano todo resíduo de periodicidade.

Entretanto, bem cedo surgiram dificuldades intransponíveis, que persistiram por todo o tempo em que se ateve a essa proposta sob sua forma lapidar, ou mesmo sumária. Com efeito, se se queria evitar toda identificação privilegiada entre certos momentos bem definidos do acontecimento musical (identificação essa que se apóia necessariamente sobre a repetição de certas propriedades características, independentemente do quão variadas pudessem ser, de outros pontos de vista, as estruturas que as portam), era indispensável impedir que se pudesse discernir, que se pudesse memorizar, as figuras sonoras,[3] era preciso excluir impiedosamente todo ponto reconhecível, todo contraste caracterizador, delimitador e definidor, era preciso engendrar um estado de contínua passagem, de contínua transformação, um contínuo desviar-se não passível de retenção. Paradoxalmente, a constatação de uma descontinuidade crescente e a tentativa de considerá-la fundamento da atividade artística dotava o projeto de uma continuidade fluida e indeterminada.[4]

---

3 Reportando-se às *figuras sonoras*, Pousseur alude, aqui, às constituições musicais claramente apreensíveis pela percepção mais imediata. Como se sabe, a música do serialismo integral prima por uma radical *afiguralidade*, e será no resgate da *figura* que grande parte das poéticas dos anos 1960 centrará questão (entre as quais a música do próprio Pousseur), tal como salientado pelo próprio autor em seu texto "A Questão da 'Ordem' na Música Nova". (F.M.)

4 Ou seja, aquilo que surgia como altamente determinado, porém essencialmente descontínuo e *afigural*, soava, na verdade, como fruto de uma arbitrariedade. Nesse sentido, pólos opostos como as obras mais casuísticas de Cage confundiam-se com obras totalmente predeterminadas como as de Boulez (comparem-se, por exemplo, *Music of Changes* de Cage com as *Structures* de Boulez, e mal sabemos qual dessas obras seria serial, e qual seria fruto de operações aleatórias). (F.M.)

Não é tão difícil de perceber o ponto de ancoragem poética desse paradoxo. Ele não corresponde exatamente ao atual estado predominante das relações humanas? A justaposição separada, não-relacional, dos indivíduos na nossa sociedade industrial não conduziria a um nivelamento estatístico desprovido de contornos? É, então, natural que os artistas criadores (não se trata somente de músicos, pode-se encontrar exemplos análogos nos domínios da pintura ou da literatura) tenham procurado transpor em suas obras essa contradição tão geralmente experimentada, tão profundamente vivida, ou tenham ao menos aceitado acolhê-la. Mas nesse caso seria muito mais fácil de desvendar as impossibilidades fundamentais, circunscrever sua origem, e seria assim mais provável que bem rápido se aproximasse uma solução (que poderia em seguida servir de modelo experimental para outros domínios).

A fluidez absoluta, liberada de toda localização diferenciadora, a fluidez realmente indeterminada e indiscernível, seria comparável ao puro nada. E se encontrássemos assim mesmo um mínimo de diferenciação, suficiente para que houvesse, por exemplo, um som, ou mesmo uma seqüência de sons distintos, essa indiferença correria o risco de se reproduzir, então, a um nível mais alto, sob a forma da monotonia e do tédio. Efetivamente, em toda arte dita "informal", compreendidos aí certos produtos da música serial ou pós-serial, assim como da música dita "aleatória", esse perigo de nivelamento está presente em grande medida, em razão da exploração perpétua, desnudada de economia, de toda a escala de variação disponível. Uma constante modificação estatística, logo insignificante, da distribuição dos elementos dessa escala contribui, ao conduzir a uma rápida e completa usura do potencial de renovação, a uma profunda incapacidade de diferenciação, de articulação e de informação em extensões de certa grandeza.

Os compositores que queriam continuar fazendo música, ou seja, fazer sentir o tempo no seu desdobramento e na sua duração, deviam então dobrar, modelar, diferenciar essa textura sonora em planos superiores. Mesmo que se esforçassem às vezes em fazê-lo de maneira bastante progressiva e pouco delimitada, isso não deixava de representar a retomada de elementos mais distintos e reconhecíveis, a reintrodução de certo grau de repetição, de certa periodicidade. Com efeito, tempo é sinônimo de movimento, mas o movimento só pode ser para nós, fundamentalmente, *alternado*. Evoluímos sempre num espaço *finito*; quando uma transformação se desenvolve num certo sentido, encontra cedo ou tarde um limite concreto, para ela intransponível. Por exemplo, não se pode produzir indefinidamente notas mais agudas ou de valores mais curtos, timbres mais claros ou ruídos menos possantes. Chega sempre um ponto em que a evolução pára por si mesma, deixa de ser eficaz para nossa percepção, e em que só se pode dar prosseguimento à

Apoteose de Rameau

transformação no sentido contrário, não importa se de maneira abrupta ou progressiva.

Ora, esse vaivém é a substância mesma de toda forma oscilatória, ondulatória, em outras palavras, de toda forma *periódica*. As ondas sucessivas podem ser, claro, muito diferentes umas das outras: uma pode se desenrolar muito lentamente, outra de maneira muito mais rápida, elas não devem necessariamente atingir os mesmos máximos nem os mesmos mínimos e pode ainda haver entre elas muitas outras diferenças. Mas isso não impede, de início, que haja aí algo em comum, mesmo que somente esse vaivém mesmo, o qual permite compará-las umas às outras, reconhecer e definir ainda melhor suas propriedades distintivas (e nosso aparelho perceptivo é particularmente sensível a essas *bases de comparação*). E, por outro lado, as próprias diferenças podem ser consideradas como transformações desse ou daquele aspecto das ondas sucessivas. Essa evolução de nível mais elevado é de novo orientada num certo sentido, ao qual a direção contrária sucederá cedo ou tarde; de maneira que se pode compreender e descrever todo o processo como um fenômeno ondulatório numa escala maior, para o qual as ondas subordinadas funcionam como módulos portadores, como unidades métricas repetitivas, cuja variação concerne apenas o plano estrutural superior.[5]

Citemos alguns exemplos baseados na experiência recente. Nas primeiras músicas seriais "generalizadas", freqüentemente houve um esforço para constituir sucessões de alturas o menos direcionais possível, pela boa razão de que a direcionalidade traz consigo muita determinação, muitas figuras notáveis, suscetíveis de polarizar a atenção. Preferia-se então as distribuições de alturas consteladas, espalhadas de alguma maneira pelo registro, tal qual parecem

---

5 Neste parágrafo vê-se a originalidade do empreendimento teórico (e prático) de Pousseur. Fortemente influenciado pela experiência da música eletrônica (na qual o compositor defrontava-se tanto com vibrações sonoras geradas pelos processos de síntese, quanto com formas de onda padronizadas pelos aparelhos eletrônicos – tais como as ondas senoidal, quadrada, dente-de-serra, triangular), Pousseur associa aos desenvolvimentos morfológicos da música a forma mesma desses fenômenos ondulatórios. Num certo sentido, estende a visão de Stockhausen – que afirmara, em 1961, que "as diferenças da percepção acústica são todas no fundo reconduzíveis a diferenças nas estruturas temporais das vibrações" (Stockhausen, "A Unidade do Tempo Musical". In: Menezes, Flo. (Org.). *Música eletroacústica* – história e estéticas. São Paulo: Edusp, 1996, p.142), à medida que, como veremos, procurará compreender os perfis melódicos a partir desses modelos ondulatórios. Trata-se de um dos aportes mais fundamentais à teoria da música nova desde o advento da música eletroacústica. Recentemente, Pousseur reexpôs sua concepção "ondular" como suporte de sua noção de *periodicidade generalizada* em seu texto *"Etudes Paraboliques* (1972) – Allgemeine Wellen-Intermodulation". In: Pousseur, H. *Parabeln und Spiralen – Zwei Hauptaspekte eines Lebenswerkes*, Komposition und Musikwissenschaft im Dialog II (1999), Signale aus Köln – Musik der Zeit, Münster:, Lit Verlag 2002, p.52-69. (F.M.)

já dominar as obras do último período de Webern.[6] Mas o que significa isso? Que se faz continuamente suceder intervalos ascendentes aos intervalos descendentes, e vice-versa, e que se cai finalmente num débito alternativo, quase periódico. Se nos esforçamos por quebrar a regularidade de sucessão mudando continuamente a duração ou a amplitude dos distintos momentos direcionais, só poderemos engendrar variações, ou seja, ondulações desse parâmetro a um plano mais elevado.

É certo que podemos conduzir esse espalhamento distributivo a tal ponto que o espírito tenha muita dificuldade de encontrar qualquer simetria, porém o resultado será nada mais nada menos que a monotonia à qual nos reportamos mais acima, ou seja, a totalidade dos elementos, e também as relações possíveis entre esses elementos, faz-se continuamente presente e *resumida* pela presença simultânea ou extremamente próxima de elementos e de relações muito estranhos entre si, pertencentes a extremidades opostas do espaço característico então disponível. As modificações de detalhe que continuam a sobrevir revelam-se incapazes de provocar uma modificação global, de colocar a massa total em movimento, e nos encontramos em presença de um estatismo de acaso, ao qual somente as dobras de todo o tecido serão capazes de conferir de novo certo interesse.

Pudemos experimentar um fenômeno parecido no domínio da técnica de grupos (precisamente concebida para obter variações estruturais superiores conservando e mesmo desenvolvendo o princípio serial de uma assimetria global).[7] Com efeito, se quer-se encadear, digamos, apenas três grupos distintos uns dos outros (o que é precisamente o sentido desse processo), há, *de um ponto de vista bem definido*, apenas duas possibilidades (ora, é somente

---

6 Entretanto, as aparentes dispersões que se encontram em Webern, das quais é feita, de certa maneira, toda a textura de suas últimas obras, distinguem-se daquelas de quase toda a música pós-weberniana pelo fato de que, nesta última, certos elementos poderiam freqüentemente ser omitidos ou acrescentados sem grande prejuízo ao conjunto, enquanto na obra weberniana, em virtude de sua taxa mais elevada de simetria (ainda que complexa e mais ou menos oculta), todos os pontos constitutivos são ao mesmo tempo muito mais necessários e suficientes. (N. do A.)

7 A *técnica de grupos* consistiu na segunda e última fase do serialismo integral, tendo seu emprego cristalizado sobretudo a partir de 1954. Ao contrário do *pontilhismo* que caracterizou o advento propriamente dito da série generalizada, no qual os valores seriais de todos (ou quase todos) os parâmetros (alturas, dinâmicas, modos de ataque etc.) sucediam-se ininterruptamente uns após ou outros, o compositor serial podia "congelar", com a técnica de grupos, determinados parâmetros durante certo tempo, enquanto os demais prosseguiam por suas alternâncias de valores pontuais. Desta feita, constituíram-se *regiões* mais facilmente detectáveis pela escuta, e iniciou-se, assim, uma reconsideração das *figuras* musicalmente mais apreensíveis no seio do próprio serialismo integral. (F.M.)

Apoteose de Rameau

levando em consideração variáveis bem definidas e multiplicando as definições paramétricas simples que se pode chegar a um controle efetivo): ou a transformação do primeiro ao segundo grupo e aquela do segundo ao terceiro ocorrem num mesmo sentido, e o resultado é um único movimento, ainda que escalonado, ao qual um movimento contrário corresponderá ulteriormente, e no qual o *segundo* grupo assume a função, ainda que não tão característica, de uma transição ou, melhor ainda, de um estado intermediário (no entanto, quanto mais pronunciada for a estrutura gradual, mais os *ângulos* ganham valor, e mais tal nivelamento é colocado em xeque); ou então a passagem do segundo ao terceiro grupo ocorre em sentido contrário ao que ocorreu do primeiro ao segundo. A estrutura ondulatória torna-se então bem mais aparente, e o terceiro grupo aproxima-se mais do primeiro que do segundo. Mesmo que ele não volte necessariamente ao mesmíssimo *ponto*, ele dá, ainda assim, a impressão de uma *repetição* mais ou menos textual ou variada (e a variação em si, como vimos, se refere de novo a um movimento superior, necessariamente periódico).

Poder-se-ia objetar que existe ao menos uma exceção a essa universalidade das formas oscilatórias, periódicas em sentido amplo: o processo de transformação simples, desenvolvendo-se numa só direção e sem percorrer o caminho de volta, como existe, por exemplo, em grandes formas bastante consolidadas, como a inchação[8] progressiva do *Bolero* de Ravel ou a equalização gradual[9] que se produz nos *Kontrapunkte* de Stockhausen.[10] Mas não devemos esquecer de início que os grandes processos direcionais não poderiam existir sem a estrutura alternativa complexa subordinada que, no fundo, os *sedimenta*. E, por outro, é igualmente possível interpretar tais casos extremos de direcionalidade ininterrupta e perfeitamente contínua segundo critérios periódicos: elas não se consumariam, a rigor, de um extremo a outro através de uma zona média, mediana, mediatriz? E em sendo ambos os extremos muito distintos um do outro, não teriam eles em comum ao menos o fato de serem *extremos* (o que justamente distingue *ambos* do caráter intermediário do estágio que os separa), ou seja, não se evidenciaria a impossibilidade em ir

---

8 *Gonflement* no original francês. (F.M.)

9 *Égalisation graduelle* no original francês. (F.M.)

10 Pousseur toma como exemplo duas obras essencialmente *direcionais*, mas que se desenvolvem justamente em sentido contrário: enquanto no *Bolero* (1928) de Ravel se tem um contínuo *adensamento* da textura orquestral, em *Kontrapunkte* (1952) de Stockhausen – uma das típicas realizações seriais calcadas na técnica de grupos, como evidencia seu próprio título: "*contra pontos*" – tem-se uma paulatina rarefação do conjunto instrumental que culmina num solo do piano. Em ambas as obras, contudo, os processos direcionais são inequívocos e se desenvolvem, a rigor, em uma única direção. (F.M.)

para além desta direção, e ao mesmo tempo a necessidade então de continuar em sentido inverso? Isso pode parecer um pouco forçado, mas, constatemos, trata-se de um caso-limite quase ideal, e extremamente raro.

Somos aqui obrigados a reconhecer, de uma vez por todas, o valor geral das formas evolutivas pulsadas, ondulatórias. Significaria isso então que a periodicidade de *tipo tradicional* é inevitável, natural, e que sua preservação faz-se indispensável? Não, a sintaxe clássica não é mais que um *exemplo de utilização* dos dados naturais; ela representa um caso, entre outros, de disposição de suas energias ao serviço de uma intenção estética e ideológica, aqui puramente *individualista*. Essa intenção evidenciou suficientemente suas lacunas; sob a forma exclusiva e superlativa, ela se revela desde então caduca. Ela devia ser então definitivamente superada, e as poéticas,[11] até então com freqüência bem empíricas, em direção a uma formulação musical mais assimétrica constituem incontestavelmente preciosas indicações quanto ao caminho a ser percorrido.

Mas é necessário, por ora, segui-las com novas maneiras de pensar, mais dialéticas. É preciso evitar a pura e simples antítese e reconhecer que a definição de uma assimetria verdadeira, de uma expressão musical mais rica e mais complexa, e que seja mais bem adaptada à realidade relativista e pluralista de hoje, exige imperiosamente a integração consciente de certas simetrias e periodicidades; que as entidades aparentemente contraditórias, em vez de serem simplesmente incompatíveis entre si e mutuamente exclusivas, são, a rigor, complementares e necessárias mesmo a suas definições recíprocas. Da mesma forma que o homem só pôde alçar vôo a partir do momento em que soube, de certa forma, explorar seu peso (ou as forças naturais ainda mais gerais que nele se manifestam) contra ele mesmo, e da mesma forma que Webern conseguiu constituir um tecido harmônico "balanceado", uma rede não-tonal[12] – equilibrando a força polarizadora de intervalos contraditórios –, devemos tampouco ignorar a existência de uma forma de "inércia" condicionada pela presença, em nossa percepção, de uma tendência universal à simplicidade, à regularidade, à simetria, não permitindo, porém, que tal tendência aja ao acaso, ou seja, submetendo-a a um controle o mais rigoroso possível que seja capaz de colocá-la de maneira eficaz ao serviço de nossas atuais intenções e necessidades poéticas.

---

11 *Démarches* no original francês. (F.M.)

12 Digno de nota, aqui, é a idéia de *rede* associada ao tecido harmônico, preocupação esta bastante presente no pensamento especulativo de Pousseur a partir do início dos anos 1960 e que desencadeara a invenção de suas *redes harmônicas* – cf. "Apoteose de Rameau". (F.M.)

Apoteose de Rameau

É nesse sentido que podem ser úteis certos conceitos oriundos de uma representação científica elementar, como, por exemplo, os instrumentos intelectuais da *teoria ondulatória* – eventualmente adaptados, simplificados, esquematizados – tal qual a conhecemos sobretudo a partir da acústica e da eletroacústica.

A seguir, tentaremos aplicar tais representações de base a diversos níveis de articulação das formas musicais. Deveremos escolher, em cada caso, uma escala bem definida que nos permita descrever os *envelopes* simplificados válidos a um determinado nível, enquanto todas as demais transformações, tanto de nível superior quanto, sobretudo, de nível inferior, ou seja, as transformações subordinadas, "portadoras" desse envelope, poderão ser ignoradas, integradas nesse envelope e por ele sintetizadas. Nossa percepção, nossa consciência concreta e nosso discernimento intuitivo das coisas não ocorrem de outra maneira, como bem o demonstrou a *Gestaltpsychologie*. Tal exame permitir-nos-á fazer uma série de constatações bastante instrutivas e progredir sensivelmente em nossa compreensão das realidades investigadas.

* * *

Uma onda, única e bem definida, delimitada em si mesma e tão-somente a suas propriedades específicas, pode ser considerada de diferentes pontos de vista, medida e descrita segundo ângulos distintos. Suas propriedades elementares mais importantes, que habitualmente nela reconhecemos, são:

- *comprimento* de onda, inversamente proporcional à sua freqüência, ou seja, ao número de suas aparições num dado intervalo de tempo;[13]
- a *amplitude* do campo específico que a variação percorre;
- a *forma* de onda, ou seja, a maneira detalhada segundo a qual o movimento passa de uma extremidade à outra e retorna; a velocidade relativa dos diferentes trechos de seu percurso; as eventuais irregularidades ou asperezas subordinadas da curva etc. Trata-se, em geral, de uma realidade já bem complexa, para cuja descrição e medida a análise matemática das ondas nos propõe diversos recursos auxiliares, tais como a série harmônica ou a Integral de Fourier;
- e, enfim, a *fase*, que não se manifesta, de início, na onda isolada em si, mas antes em sua relação com algum sistema de referência, como, por exemplo, um outro fenômeno ondulatório simultâneo: se os máximos e os mínimos de duas ondas independentes coincidem, temos uma *coincidência de fase*; se os máximos de uma coincidem com os mínimos da outra, e vice-versa, temos uma *oposição de fase*, e entre esses

---

13 Quanto maior a freqüência, menor o comprimento de onda, e vice-versa. (F.M.)

dois casos extremos podem existir, evidentemente, todos os possíveis graus de *defasagem*. Pode-se ainda interpretar esse fenômeno noutros termos, dizendo que a fase concerne ao comportamento em amplitude de cada ponto da curva, referente a este ou àquele momento preciso do *comprimento da onda*, o que permite então uma descrição exaustiva da *forma da onda*.

Para poder medir o *comprimento* de uma onda,[14] faz-se naturalmente indispensável saber onde ela começa e onde acaba, e isso nem sempre é simples. Se a onda se apresentar como uma transformação repentina, abrupta, como um salto de um estado a outro, e deste a um terceiro (que seja, eventualmente, de novo o primeiro) – o que é, por exemplo, o caso da maior parte dos movimentos melódicos elementares (de uma nota a outra) –, e se não houver glissando, não haverá evidentemente qualquer dificuldade. Uma vez começo e fim sendo definidos pelos movimentos de transformação, o comprimento de onda será igual à duração do fenômeno estacionário assim delimitado (ou à duração de dois fenômenos sucessivos de regime contrário).[15]

Mas se a transformação se fizer de maneira gradual – se vários movimentos melódicos elementares forem associados, por exemplo, a uma única direção superior, os pontos de início e fim serão localizados de maneira menos precisa. Nesse caso, novamente haverá duas possibilidades distintas. Ou uma mesma onda se repete várias vezes em seguida, de maneira regular, e uma *freqüência estacionária* do processo ondulatório se estabelece, podendo-se escolher qualquer ponto desse processo – e nesse caso o comprimento de onda será medido entre as aparições do mesmo ponto em duas ondas suces-

---

14 O que logo de início deve ser investigado num eixo de variação único e bem delimitado, caso se queira evitar, de imediato, grandes dificuldades de interpretação. (N. do A.)

15 Poder-se-ia mesmo analisar tal fenômeno de maneira que o grau de *inclinação* de uma transformação seja disposto em ordenada, perpendicular à abscissa do tempo, segundo uma escala cujos extremos constituiriam a horizontal e a vertical absolutas. Nesse espaço de referência, nossa estrutura melódica "em forma de escada" seria semelhante a uma seqüência de impulsos descontínuos na qual cada movimento ou cada mudança de altura equivaleria a uma onda *completa*:

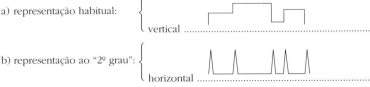

Quanto à direção, ascendente ou descendente, ela deveria ser representada em uma dimensão particular, ou seja, numa *terceira* dimensão perpendicular ao nosso plano de representação. (N. do A.)

sivas (tal como é freqüentemente o caso em toda nossa música tradicional até – e inclusive – Debussy, ao menos no que concerne aos pulsos elementares, e abstração feita às altas e baixas de "freqüência" que podem resultar, por exemplo, das mudanças progressivas de andamento); ou pode também ocorrer que as distintas ondas sucessivas não tenham o mesmo comprimento, e que elas se distingam umas das outras em muitos outros aspectos, como freqüentemente é o caso na música bem recente.

Nesse último caso, devemos extrair os pontos comuns mais marcantes para viabilizar uma medição. Mediremos então, por exemplo, o intervalo de tempo de um máximo ou de um mínimo a outro de tal ou tal ponto de vista (altura, intensidade, velocidade...), o que muitas vezes é possível de maneira relativamente unívoca (mas que nem por isso representa necessariamente o método mais correto). Apesar de tudo pode ocorrer que nos encontremos diante de problemas de interpretação. Por exemplo, se os máximos e os mínimos não se encontrarem na mesma posição numa onda e noutra, se, na realidade, se encontrarem em posições bastante diferentes, e se tal irregularidade for ainda mais acentuada por uma desigualdade dos intervalos de tempo, pode ocorrer que não saibamos se certa quebra da curva de transformação deva ser considerada como uma aspereza secundária e subordinada, ou, ao contrário, como verdadeiro limite temporal entre duas ondas distintas (Exemplo 1).

Exemplo 1

Num caso tão problemático como este, é preciso buscar uma apreciação extremamente concreta para conferir (para "sentir") que importância se deve atribuir ao referido fenômeno. A melhor ajuda teórica virá de uma consideração de todo o contexto no qual se situa o fenômeno ondulatório considerado; escolheremos então a subdivisão que resultar na mais simples estrutura do conjunto, quer se trate de uma regularidade de tipo estritamente periódico (Exemplo 2), quer se trate da transformação progressiva de certa regularidade (Exemplo 3).

Exemplo 2

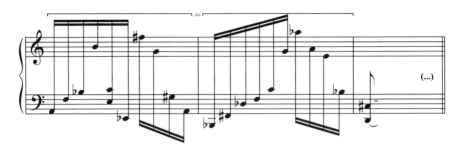

Exemplo 3

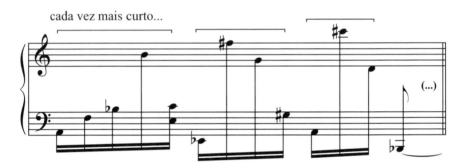

Com efeito, é assim que se comporta nossa percepção, que tentamos aqui esclarecer: ela tende à interpretação mais simples possível. E se, apesar de todos esses critérios de simplificação, persistir certa ambigüidade, o melhor será incorporá-la à própria análise, pois ela corresponderá então à realidade da percepção, e teremos, no interior de um fluxo ondulatório[16] aparentemente único, um contraponto mais ou menos complexo das possibilidades de interpretação.[17]

---

16 *Train d'onde* no original francês. (M.O.S.)
17 É preciso mencionar o fato de que normalmente os comprimentos de onda muito distintos não são relacionados a um mesmo nível estrutural, a não ser que as medidas de compensações venham de certo modo contrabalançar a diferença bastante pronunciada em relação a outro ponto de vista. Pode-se ver aí uma generalização da reconhecida eficácia da "proporção áurea". Esta pode, com efeito, ser interpretada como um equilíbrio ideal entre identidade e diferença, como um estado de autonomia (ou seja, também de equivalência ou de eqüipolência) máxima entre duas unidades: se estas forem mais parecidas, teríamos a impressão de uma pura e simples *repetição*, eventualmente um pouco "elástica", e as *duas* unidades seriam concebidas como subdivisões regulares de uma unidade ainda maior à qual elas incondicionalmente pertenciam; enquanto se elas forem mais distintas, o "menor" valor seria

Apoteose de Rameau

Para medir a *amplitude* de uma onda, devemos de início conhecer exatamente o campo no qual a transformação se produz (e para chegar a esse conhecimento, eventualmente analisá-lo). Critérios, parâmetros bastante diversos podem entrar em jogo. Consideremos a princípio as variações *unidimensionais*, cuja amplitude se define num espaço simples, linear, num plano caracterizado por um só eixo perpendicular ao tempo.

Encontramos um primeiro exemplo bastante simples na flutuação dinâmica, na qual a variação de pressão atmosférica (da qual depende a própria existência do som) varia progressivamente (e de maneira mais ou menos regular) em sua amplitude, de modo que daí resulta uma onda de nível mais alto na mesma dimensão.

Ou pode ser então que a freqüência da onda que varie, quer seja de maneira absolutamente progressiva – e teremos então um glissando percorrendo certo intervalo (certa diferença de freqüência), adquirindo por isso mesmo certa amplitude específica –, quer seja de maneira mais escalonada, por "graus" sucessivos, e poderemos então ter figuras de tipo escalar ou arpejado, que também percorrem um espaço com uma certa amplitude.[18]

Tais variações de freqüência, consideradas aqui no nível das ondas sonoras, ou tais fenômenos de aceleração, perceptíveis somente em termos de altura do som, podem igualmente manifestar-se no interior de um fenômeno rítmico propriamente dito, percebido como tal, seja de maneira súbita – e teremos então mudanças bruscas de andamento ou de estrutura métrica –, seja progressivamente, e teremos flutuações contínuas, *accelerando* e *ritardando*. As velocidades extremas atingidas por tais flutuações (para cima e para baixo) definem então a amplitude do campo de variação, ou seja, a amplitude da onda de velocidade ou de andamento.[19]

---

percebido como uma subdivisão virtual da maior (dentro da qual as outras permaneceriam subentendidas), e é de novo a impressão de uma repetição, de uma relação mecânica que teria aqui prevalência. Essa noção de "seção áurea", generalizada, pode se manifestar, segundo o contexto, de maneiras muito diversas. (N. do A.)

18 Pousseur aplica, neste parágrafo, a interpretação acerca da *amplitude* de uma forma de onda ao *deslocamento* efetuado por uma determinada figura melódica. Desta feita, ao transferir o conceito de *amplitude de onda* à própria *extensão* percorrida pelo desenho melódico, associa o âmbito de tal constituição melódico-intervalar a certa "amplitude". Ele usará o mesmo procedimento, nos parágrafos seguintes, para estender ainda mais a analogia entre as formas ondulatórias e os demais parâmetros da composição. (F.M.)

19 Neste parágrafo, Pousseur generaliza sua interpretação dos *fenômenos ondulatórios*, estendendo sua aplicação ao domínio *rítmico* (ou, em geral, ao domínio das *durações*), ainda que suas considerações centrem questão, no presente ensaio, sobretudo no domínio das freqüências (dos intervalos). Assim sendo, uma determinada alteração no andamento ou nos valores rítmicos de uma dada estrutura torna-se passível de ser igualmente interpretada a

Outra variação simples pode ser constatada no nível da *densidade*. Se, por exemplo, cinco instrumentos melódicos (que podemos então considerar componentes de densidade simples, sobretudo quando tocam de maneira ininterrupta e numa velocidade relativamente constante) começarem juntos e pararem de tocar um depois do outro, teremos uma transformação de densidade altamente direcional, uma onda de densidade que, passando subitamente do silêncio a seu máximo, baixa de novo progressivamente ao seu estado mínimo inicial, e sua amplitude será perfeitamente definida por seus dois estados extremos (a obra *Zeitmasze* de Stockhausen fornece diversos exemplos excelentes de tais variações, claramente reconhecíveis em suas formas de onda). Uma transformação progressiva do *timbre*, oscilando entre uma cor sonora clara e uma cor mais sombria, pode eventualmente ser considerada, ao menos em teoria, como variação de densidade, ou seja, do número de harmônicos presentes ou ausentes no espectro gerado por uma dada freqüência fundamental. Sabemos então que se trata, também aqui, de uma transformação progressiva da forma de onda e que a amplitude dessa transformação será, por exemplo, delimitada, por um lado, por uma forma extremamente suave, extremamente arredondada (no caso ideal, por uma forma senoidal), e, por outro lado, por um impulso[20] extremamente anguloso (Exemplo 4).

Exemplo 4

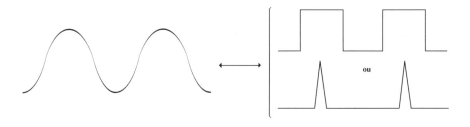

---

partir dos modelos ondulatórios (uma variação gradual de valores rítmicos por acréscimos de uma unidade mínima – por exemplo, de uma fusa –, seguida de uma diminuição igualmente gradual pela mesma unidade, corresponderia, pois – como logo veremos – a um fenômeno ondulatório essencialmente progressivo e gradual, tal como uma *forma de onda senoidal*). À *extensão* de tal transformação dos valores ou das durações – perfazendo o caminho da duração mais curta à mais longa, ou vice-versa – corresponde, assim, uma certa *amplitude*. (F.M.)

20 Ao utilizar-se do termo *impulsion*, Pousseur faz referência ao *impulso* eletrônico, sinal elétrico gerado pelos *geradores de impulso*: um estalido de curta duração e de espectro semelhante ao do ruído branco, a partir do qual boa parte dos procedimentos compositivos da música eletrônica se baseou nos anos 1950. (F.M.)

Apoteose de Rameau

Uma transformação do ataque dos sons (compreendido como uma totalidade complexa comportando os transitórios de início e de queda, a duração e os intervalos de aparição dos sons[21]) pode também ser interpretada como variação de forma: os sons *staccato* funcionam como impulsos que emergem, por um momento muito breve, do mínimo (o silêncio) ao máximo (o próprio som), enquanto os sons sustentados aparecem como formas muito mais suaves, podendo entretanto ser eventualmente definidas sobre o mesmo comprimento de onda, como nos casos precedentes. Mas todo esse processo pode ainda ser compreendido de maneira mais qualitativa, mais global, por exemplo, como transformação do grau de presença sonora, e tempos então, novamente, uma espécie de variação de densidade da textura acústica.

Poderíamos ainda considerar muitos outros exemplos distintos de processos elementares e suas amplitudes. Os tipos expostos deveriam bastar para ilustrar as possibilidades fundamentais.[22] Enquanto isso, podemos já enunciar uma importante constatação: *a relação entre comprimento de onda e amplitude* não é indiferente. Por exemplo, quando representamos graficamente uma onda, perguntamo-nos qual escala devemos escolher para o tempo e qual escala para a amplitude; perguntamo-nos sobretudo qual seria uma relação otimizada entre ambas essas escalas. Tal relação pode parecer bastante indiferente, ao menos dentro de certos limites, e segundo a escolha feita (pode-se facilmente experimentá-lo no osciloscópio) uma mesma onda poderá ser representada por um grafismo agudo, pontudo, ou por um grafismo muito mais plano ou arredondado.[23]

Entretanto, parece existir, ao menos para nossa percepção, uma relação que melhor corresponda à realidade fenomenológica dessa percepção, senão

---

21 Por *intervalos de aparição* dos sons Pousseur entende a *distância de ataques* entre cada som sucessivo em um dado contexto, consistindo este fenômeno um dos parâmetros que foram serializados pelo serialismo integral. (F.M.)

22 Ao tecer paralelos entre diversos aspectos constituintes da composição (alturas, durações, densidades, timbres, modos de ataque, distâncias entre ataques etc.) e as formas de onda, Pousseur deixa transparecer a influência – e diríamos mesmo a *persistência* – do pensamento *serial* em meio a suas especulações. Apesar de efetuar – e de modo bastante incisivo – um passo adiante se considerarmos a fase precedente do serialismo integral, no bojo do qual se sedimenta um significativo resgate das *figuras,* fazem-se evidentes as contribuições irreversíveis da experiência serial, trazendo à consciência do compositor uma responsabilidade *totalizante* diante de todos os aspectos da constituição sonora. Nesse sentido, ao mesmo tempo em que seu pensamento demonstra-se em débito com o pensamento serial, ele acaba alargando, de forma aguda, a consciência do próprio ato compositivo, chamando a atenção para a potencialidade *direcional* – e para a *simultaneidade* dessas direcionalidades! – dos parâmetros da composição. (F.M.)

23 *Mollement arrondi* no original francês. (F.M.)

de maneira absolutamente pontual, ao menos como zona de probabilidade. Para encontrá-la, partiremos de um processo de transformação particularmente equilibrado, no qual a relação entre comprimento e largura de onda seja particularmente harmônica, e que não aparente ser nem muito rápida (ou íngreme), nem muito lenta (ou plana). Para representar essa norma, escolheremos a forma mais "redonda" (ou "quadrada") possível, ou seja, aquela na qual o módulo de comprimento seja igual ao módulo de largura da onda (que é perpendicular ao primeiro). Todas as outras relações deixar-se-ão automaticamente deduzir desse modelo, e obteremos tipos, nos quais o comprimento de onda é "menor" que a amplitude, que evoluem no sentido das formas agudas, verticais, dos impulsos "em agulha" (Exemplo 5), e tipos contrários, em que é a amplitude que é menor que o comprimento, e que se aproximam de uma forma de onda plana e horizontal (Exemplo 6).

Exemplo 5

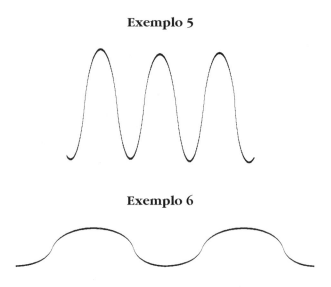

Exemplo 6

Se os processos "impulsivos" aparecerem isoladamente no silêncio ou, o que dá no mesmo, em outro nível, num estado estacionário à parte, eles serão evidentemente de uma extrema eficácia como marcas temporais precisas (enquanto seu "conteúdo", ou seja, o exato desdobramento de sua amplitude e de seu detalhe, quase não terá a possibilidade de se exprimir e de se fazer compreender). Se esses "impulsos" forem, ao contrário, muito próximos uns dos outros, haverá o perigo de que as extremidades expostas de ondas muito vizinhas venham de alguma maneira a se tocar, ou a se confundir, de modo que todas essas incidências verticais abruptas se anulem numa larga banda horizontal de nível superior. As ondas particulares terão então perdido sua personalidade e nos encontraremos de novo num estado estacionário mais ou menos estatístico (Exemplo 7), que só poderá ser valorizado como "matéria" de uma eventual formalização de nível mais alto. Os tipos de onda planos, por sua vez, são expostos ao perigo de não mais poderem ser medidos e localizados, de não mais poderem se distinguir como unidades e se decompor num certo número de "partes", reais ou fictícias, mais ou menos estranhas umas às outras.

Exemplo 7

Se quisermos então produzir uma onda eficaz em todos os seus aspectos, uma onda que institua uma *unidade*, será necessário preservar uma relação conveniente entre essas dimensões fundamentais, em outras palavras, fazer um uso econômico das unidades elementares que definem o espaço de variação. Muitas vezes parecerá útil usá-las em grupos, ou seja, reunindo-as segundo certas propriedades comuns. Obteremos assim partes de estrutura maiores, entre as quais existem suficientes limiares de distinção (ou seja, de segurança), adaptados à importância dos comprimentos, ou seja, das durações a serem ocupadas ou preenchidas.

Não é necessário, e seria mesmo perigoso – de novo por causa da usura rápida que disso resultaria num nível mais alto –, variar constante e completamente o material no sentido mais grosseiro, mais exterior. Existem modos de transformação e de diferença mais internos, interiorizados, mas que se revelam mesmo assim muito eficazes. Por exemplo, todas as relações de tipo especificamente *harmônico*.[24] Basta pensar no sistema dos modos litúrgicos,

---

24 Em meio à possível – e até mesmo desejável, desde que conscientemente elaborada e controlada – *simultaneidade* de procedimentos direcionais em vários níveis do material musical, Pousseur atenta para o risco de se perder o controle de tais elaborações que se dão em vários aspectos ao mesmo tempo – risco este bastante semelhante à crise aguda da primeira fase do serialismo integral (pontilhismo), na qual a mutação contínua de todos os parâmetros dificultava qualquer apreensão *figural* por parte da escuta –, enaltecendo, aqui, a *supremacia das relações harmônicas* perante os demais parâmetros da composição. (F.M.)

no qual todas as diferentes escalas podiam ser eventualmente construídas com as mesmas sete alturas. Somente a acentuação rítmica e melódica das notas já provocava uma modificação na sua hierarquia e uma mudança de modo. A renovação, nesse caso, quase não concerne ao material elementar em si, mas tão-somente às conexões que se estabelecem entre seus componentes. E pode até mesmo haver, sem mudar as conexões mesmas, uma renovação de sua valorização, que representa já uma interiorização de segundo grau ou de níveis ainda superiores.

Isso não significa que não existam aqui limites análogos àqueles que existem no interior do material elementar, que princípios similares de economia não devam habitar as estruturas. Não há, no entanto, diferença radical, essencial, entre o material e suas conexões: o próprio material consiste em conexões de nível inferior (por exemplo, a periodicidade da onda sonora), e as conexões propriamente ditas serão utilizadas como materiais para fins estruturais superiores.[25] Existem às vezes, por exemplo, ambigüidades notáveis no sistema modal, e prova disso é o fato de conhecermos um bom número de peças gregorianas nas quais é praticamente impossível indicar o "tom" de tal ou tal membro da frase. Isso significa que a amplitude da variação modal tem seus limites e que estes são, ao menos nesses casos, relativamente estreitos.

Na polifonia primitiva, reagiu-se contra esse nivelamento, e as funções foram ganhando precisão com um rigor crescente, recuperando a distinção das regiões "tonais" entre si por meio de novos artifícios, isto é, por um número mais ou menos elevado de notas distintas, obtidas pela alteração das notas "autênticas". Isso conduziu, como bem sabemos, à aparição da tonalidade propriamente dita, na qual as modulações harmônicas em direção às tonalidades mais ou menos distantes dão mostras da amplitude do novo espaço harmônico. Numa tonalidade enriquecida de uma abundante ornamentação cromática, pode ocorrer mais uma vez que o mesmo material elementar (por exemplo, os doze sons da gama cromática) mude a significação do conjunto apenas por conta das diferentes hierarquias que se instalam entre as unidades elementares (Exemplo 8).

---

25 Esta frase consiste numa das contribuições mais agudas de Pousseur no que concerne à compreensão da noção (adorniana) de *material musical*: ao afirmar que não há diferenças entre o material e suas conexões, Pousseur acaba por estender a noção mesma de *material* às próprias *conexões*. Assim sendo, é da ordem do material as suas próprias *disposições relativas* no corpo de uma obra. A noção de material deixa os limites de sua significação como *entidades significantes* para englobar os próprios *meios de agenciamento* dessas entidades. (F.M.)

Na música pós-romântica, expressionista e sobretudo na música atonal dodecafônica, encontramo-nos novamente frente a um nivelamento mais ou menos completo dessas diferenças estruturais superiores. Em Webern, e nas redes de intervalos compostas a partir de seu exemplo, encontramo-nos permanentemente diante da totalidade do material harmônico disponível, seja porque os intervalos fundamentais do tecido sonoro são os mais tensos, seja porque cada som ou grupo de dois sons (raramente mais que isso) é sempre acompanhado de sons harmonicamente opostos, de sons de certa maneira "complementares".[26] A partir daí o compositor se vê obrigado a procurar suas forças estruturais macroscópicas em outros domínios, e esforçar-se por obter o que chamamos de "interiorização", seja graças a parâmetros exteriores ao domínio das freqüências, seja, no interior deste, por outros meios, por exemplo, puramente "melódicos".

Exemplo 8

Comparar a variação de ordem e de agrupamento das mesmas "12 notas"!

É possível, por exemplo, apresentar o mesmo grupo de alturas seja em sentido ascendente, seja descendente, o que resulta em extremos de direcionalidade exatamente opostos: um tensiona (Exemplo 9a), outro distensiona (Exemplo 9b). Contudo, também é possível distribuí-las de maneira constelada, não-direcional (Exemplo 9c).

---

26 Cf. a esse respeito o texto de Pousseur, H. "O Cromatismo Orgânico de Anton Webern". (F.M.)

Exemplo 9

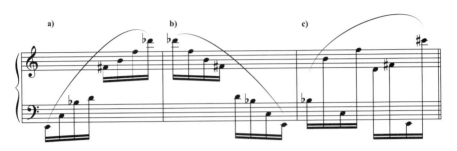

Este terceiro tipo, imóvel entre a propensão ao agudo e ao grave, pode ser considerado como intermediário, como meio termo situado sobre a reta que religa os extremos. Mas pode também, como não-direcional, opor-se aos dois outros como uma família dotada de certa homogeneidade; encontramo-nos então diante da necessidade de representá-los como um triângulo de possibilidades, ou seja, como uma figura em duas dimensões: de um lado, temos a variação entre o direcional e o não-direcional, de outro (perpendicularmente?), a variação entre a subida e a descida, uma variação que evidentemente só pode desenvolver-se onde haja um mínimo de direcionalidade e que tenha sua maior amplitude no ponto em que a própria direcionalidade atinja o seu máximo (Exemplo 10).

Exemplo 10

A direção será tão mais forte e unívoca quanto mais reduzida for a *dispersão* dos elementos nos diferentes trechos de movimento (Exemplo 11).

Exemplo 11

Os movimentos cuja dispersão seja a mais reduzida possível podem de novo ser mais ou menos privados de direcionalidade, e o caso extremo será, evidentemente, aquele que restabelece o estatismo puro e simples. Essas variantes não exprimem mais a totalidade do espaço, a amplitude total disponível, e isso acrescenta ainda ao menos uma dimensão suplementar ao conjunto de nossas variáveis e coordenadas eficazes (Exemplo 12).

Desta feita, fomos levados progressivamente ao domínio dos processos de transformação *em várias dimensões*, ou seja, a ondas cuja amplitude não se desenvolve mais somente ao longo de uma reta perpendicular ao tempo, mas num espaço vetorial mais complexo. No decurso de uma única e mesma onda, vários aspectos do som podem, com efeito, transformar-se: um *ritardando* poderá ser acompanhado de um movimento melódico ascendente, enquanto a dinâmica cresce e depois diminui. Ou então dois instrumentos tocando sozinhos notas breves, porém cada vez mais fortes, são bruscamente substituídos por um grupo de cinco instrumentos; a presença sonora condicionada pelo "modo de ataque" cresce ao máximo, mas a velocidade cai ao seu mínimo, e

Exemplo 12

ao final temos um acorde sustentado, atacado numa intensidade máxima, mas cuja dinâmica vai rapidamente decrescer, para em seguida crescer novamente de maneira muito progressiva.[27]

A ampliação do espaço de variação ou o aumento da amplitude pela introdução de novas variáveis efetivas é considerável. Não se trata com efeito de uma adição, mas sim de uma *multiplicação* das possibilidades. Se, por exemplo, pudermos opor sobre uma reta duas características extremamente diferentes num espaço de referência bidimensional – sobre uma escala "morfológica", digamos, o *staccato* e o *tenuto* –, sobre uma superfície obtida pela multiplicação de duas retas, de duas variáveis simples, disporemos então pelo menos de quatro extremos igualmente diferentes, *staccato pp*, *staccato ff*, *tenuto pp* e *tenuto ff*.

Num espaço tridimensional, teremos então oito "vértices", por exemplo, acordes *staccato pp*, depois *ff*, acordes *tenuto pp*, depois *ff*, notas isoladas *staccato*, *pp* depois *ff*, depois *tenuto*, *pp* depois *ff* (Exemplo 13). Em outras palavras, enquanto a definição de oito valores diferentes num espaço finito em uma dimensão, ou seja, sobre uma reta (sobre uma variável simples), pode apenas dar-nos intervalos tão grandes quanto ou (sobretudo) menores que a distância entre as duas extremidades dessa reta, num espaço tridimensional

---

27 Como ocorre, por exemplo, na obra *Zeitmasze* de Karlheinz Stockhausen, p.42 da partitura (UE 12697 LW), 2ª metade. (N. do A.)

somos capazes (e mesmo obrigados, se quisermos "exprimir" inteiramente esse espaço) de definir intervalos tão grandes quanto e mesmo alguns (a maioria deles) maiores que essa distância unidimensional extrema: pensemos nas diagonais que cruzam e resumem os "quadrados" ou as superfícies de que nosso espaço "cúbico" é composto (por exemplo, a oposição entre os acordes *staccato pp* e os acordes *tenuto ff*), ou ainda, considerando-se distâncias extremas, nas "diagonais absolutas" definidas pelos vértices radicalmente opostos desse cubo (por exemplo, os acordes *staccato pp* e as notas isoladas *tenuto ff*).

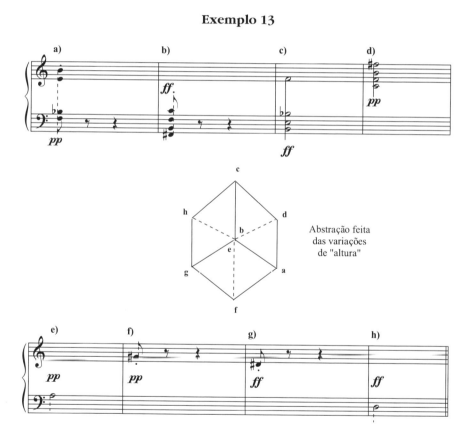

Exemplo 13

Abstração feita das variações de "altura"

Isso não significa que no interior desse espaço não devêssemos proceder novamente com uma economia proporcional à sua amplitude. Se expusermos continuamente todas as extremidades a todas as variáveis disponíveis, nossa escala de variação total será esgotada quase tão rapidamente quanto uma escala unidimensional. Será melhor imobilizar certas variáveis enquanto outras se transformam,[28] podendo-se, por exemplo, inverter em seguida a relação, variando aquelas que estavam imóveis e imobilizando as que tinham mudado. Poderíamos especular sobre a variação do *número* de variáveis postas em operação num momento dado, ou seja, do número de variáveis que se transformam e que restam imóveis. Ou então deixarmos operar as diferentes variáveis em distintos ritmos e velocidades: enquanto a altura passar progressivamente de um extremo a outro, por exemplo, do grave ao agudo, a intensidade poderá efetuar uma dupla transformação, como um movimento de ida e volta. E a velocidade, por sua vez, poderá levar para passar de muito rápida a muito lenta o mesmo tempo que a altura terá levado para passar de seu mínimo a seu máximo por quatro ou cinco vezes, em que a onda inicial de altura se repita, pois, certo número de vezes, de maneira literal ou aproximada. E está claro que a relação entre os movimentos dos diferentes parâmetros não deverá necessariamente ser tão simples, tão "inteira" e "racional" (poderíamos mesmo dizer: esta relação não necessita ser "harmônica").[29]

Isso nos leva à consideração de uma nova propriedade das ondas, qual seja, sua *fase*; podemos, com efeito, considerar esse comportamento diferenciado das diferentes variáveis no interior de um único e mesmo "fluxo ondulatório", seja de um ponto de vista "freqüencial" (ou seja, em relações de comprimentos de onda), seja do ponto de vista da fase: no momento em que a intensidade estiver no seu máximo, a velocidade terá atingido tal ou tal ponto possível de sua escala, de seu campo de amplitude, e a altura talvez esteja justamente no seu mínimo.

No interior do espaço tridimensional descrito há pouco, pudemos distinguir entre extremos relativos e absolutos, entre vértices absolutamente inferiores e superiores e vértices de alguma maneira "laterais". Se todas as variáveis estiverem simultaneamente nos seus mínimos ou máximos, se tivermos então uma coincidência de fase sem exceção, nos encontraremos em presença dos mínimos ou máximos globais e absolutos; mas se certas variáveis estiverem nos seus máximos enquanto outras estiverem nos seus mínimos, tratar-se-á

---

28 Pousseur retoma, nesse contexto, a estratégia – decorrente de uma consciência que tem por origem, em grande parte, a Teoria da Informação – que alimentou, anos atrás, a própria *técnica de grupos* no seio do serialismo integral: "congelar", por certo tempo, um determinado parâmetro para que os outros possam variar serialmente. (F.M.)

29 Neste parágrafo escancara-se a plena consciência de Pousseur acerca de um controle, diríamos, *multidirecional* do contexto da composição, no qual aos diversos parâmetros compositivos aplicam-se direcionalidades ou comportamentos direcionais distintos e simultâneos. Nesse sentido, sua poética afirma-se, ao mesmo tempo, inovadora e pós-serial. (F.M.)

tão-somente de extremidades relativas laterais, caracterizadas por diferentes oposições de fase entre seus componentes parciais (claro que nem sempre é fácil decidir de maneira unívoca qual extremidade deve ser considerada como máxima e qual outra como mínima, de modo que essa orientação das diversas variáveis seja considerada como *equivalente*; haverá mesmo casos em que a ambigüidade permanecerá sem solução, o agudo podendo ser considerado, por exemplo, máximo de certo ponto de vista (da rapidez), e o grave o sendo também a partir de outra percepção, como o da *superfície coberta*, da "espessura" da percepção, ou ainda da *duração da ressonância*, caso se trate de corpos sonoros com queda consideravelmente lenta, como ocorre com as cordas do piano).

Por exemplo, os extremos absolutos do cubo descrito acima, o qual deve então ser apoiado "sobre a ponta" para que se tenha melhor representação, são constituídos pelos acordes *tenuto ff* como máximo e pelas notas isoladas *staccato pp* como mínimo. Os outros seis pontos reconhecíveis (combinações de máximos e de mínimos) constituem pontos de mediação entre aqueles, ou seja, limites distanciados entre os quais existem ainda muitos outros pontos de transição, já que algumas das variáveis (ou mesmo nenhuma delas) podem não se encontrar nem no máximo, nem no mínimo, mas antes em algum ponto intermediário, mesmo que unicamente de seu ponto de vista unidimensional. A coisa que mais salta aos olhos é sem dúvida o fato de que a zona média, mediatriz, é muito mais ampla e variável que os extremos, pois estes se reduzem a um ponto bem preciso.

Enquanto no espaço de uma dimensão os valores intermediários (*mezzo-forte, moderato* etc.) representam muito freqüentemente algo bastante neutro e nivelado, pouco característico ou enérgico, em espaços de várias (ou mesmo em duas) dimensões, tem-se a possibilidade de desdobrar a zona média em uma efetiva riqueza de valores qualitativamente distintos.[30] E, por outro lado, o número de "grandezas (metafóricas) de intervalos" diferentes decresce, para um mesmo número de elementos, à medida que cresce o nú-

---

30 Pode-se aplicar aqui também a noção generalizada da "seção áurea", ou seja, da *compensação energética*. Já na sua forma textual, unidimensional, pode-se interpretá-la assim: uma vez que não se produz assimilação ou subordinação de uma das unidades à outra, a breve e a longa são, todas as duas, valorizadas de maneira positiva (uma como concentração, outra como extensão), e ambas se equilibram. Isto se faz naturalmente mais visível ainda num espaço bidimensional, e pode-se dizer, por exemplo, que uma onda *curta* deve ser maior se ela quiser rivalizar com uma onda (muito) mais longa, e que uma onda estreita deve ser mais longa se ela quiser ser colocada em pé de igualdade com uma mais extensa etc. (N. do A.)

mero de variáveis disponíveis. Por exemplo, num tetraedro considerado em seu aspecto puramente "topológico" – ou seja, sem levar em conta o comprimento métrico das suas diferentes arestas (nem de seus sentidos ascendente, descendente ou "plano") –, todos os vértices encontram-se em mesma relação, a uma mesma "distância qualitativa", uns dos outros, apresentando todos os graus de "parentesco" entre si.

Tal espaço é então por si só já muito pouco direcional; é multipolar,[31] e isso se manifesta, entre outras coisas, pelo fato de que é possível mover-se nele mais livremente, com muito menos precauções discriminantes. Como quatro pontos escolhidos sucessivamente sobre uma reta (por exemplo, quatro notas de altura diferente) e misturados ao acaso podem dar lugar a figuras muito diferentes quanto à sua direcionalidade (mesmo que se faça abstração quanto ao *sentido* dessa direcionalidade) ou a figuras que na sua maioria não estabelecem entre si relações simples (por exemplo, de inversão), todos os percursos que se podem fazer no interior de um tetraedro, de maneira que toquem cada ponto uma única vez, estão ligados entre si por uma relação de simples inversão ou "transposição".

O que demonstramos a propósito das seqüências "monódicas" (porém multidimensionais), ou seja, a relação de fase das diferentes variáveis, pode também ser ilustrado a partir de estruturas constituídas por diferentes camadas, em estruturas *polifônicas*, ainda que estas sejam unidimensionais. É assim que envelopes dinâmicos (*crescendos* e *diminuendos*) podem cruzar-se e se encontrar em estado de exata oposição de fase, um comportamento do qual encontramos numerosos exemplos na música nova, por exemplo, na música eletrônica. Ou então essa oposição de fase pode realizar-se no plano rítmico, como na forma simples de um contraponto "por síncopas", no qual os dois fluxos ondulatórios progridem por impulsos abruptos, em outras palavras, por passagens melódicas de nota a nota (Exemplo 14).

---

31 Nesse contexto, Pousseur associa diretamente a *ausência de direcionalidade* àquilo que designa por *multipolaridade* – conceito que aplicara amplamente em sua abordagem da obra de Webern (cf. "O Cromatismo Orgânico de Anton Webern", mas sobretudo "De Schoenberg a Webern: uma Mutação" e "A Questão da 'Ordem' na Música Nova"). O passo seguinte foi então procurar se apropriar das qualidades multipolares da experiência weberniana e resgatar (como ocorre com o presente ensaio) as potencialidades *direcionais* deste espaço, e na *simultaneidade de distintas direcionalidades*, aplicadas a distintos parâmetros da composição, vemos como a estratégia pousseuriana demonstrou-se fiel à herança serial sem deixar de inová-la e expandi-la: no emprego de direcionalidades distintas e simultâneas em aspectos diferenciados da composição vemos, efetivamente, uma expansão – *direcional* – do próprio conceito de multipolaridade. (F.M.)

Exemplo 14

No contraponto clássico, essa defasagem, característica de uma escritura polifônica, pode ser igualmente eficaz a um plano mais alto, por exemplo, quando as diferentes vozes se alternam nas suas fases de movimento e de imobilidade (Exemplo 15).

Exemplo 15

Se tivermos uma coincidência de fase rítmica (logo, uma "homofonia"), teremos comumente (em música tonal) uma oposição de fase na conduta melódica das diferentes vozes: é quase desnecessário recordar aqui a regra dos "movimentos contrários" (Exemplo 16).

Exemplo 16

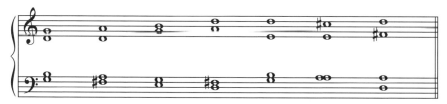

Uma completa coincidência de fase em polifonia seria encontrada quase que somente numa escritura de tipo "*organum*", totalmente rígida, da qual se encontra mais de um exemplo em Debussy. Estamos então em presença de um movimento único do fluxo sonoro (percebido quase sempre como uma melodia constituída de "misturas" ou de "falso bordão"), de uma direção *global* a mais forte possível, enquanto no caso precedente os movimentos das diferentes vozes se neutralizavam mutuamente e tínhamos um registro médio relativamente imóvel por toda a duração da estrutura. Entretanto, os diferentes componentes direcionais permaneciam distintos um do outro em decorrência da separação mantida entre seus próprios registros. Se houver cruzamentos de vozes, o nivelamento irá ainda mais longe; é o caso de certas fórmulas próprias dos madrigalistas italianos (Exemplo 17), em certos cânones em uníssono, como a Terceira das *Variações Goldberg* de Bach (relação entre as duas vozes superiores), ou em numerosos contrapontos webernianos (por exemplo, o Primeiro Movimento da *Symphonie Op 21*).[32]

Exemplo 17

Assim como a oposição de fase de duas ondas sonoras pode conduzir a um nivelamento, ou seja, a um silêncio total, assiste-se aqui a um nivelamento dos diferentes movimentos parciais (dos quais, no entanto, uma diferença de *timbre* poderá preservar a percepção de algum aspecto) e a uma imobilização do processo de conjunto,[33] o que terá por conseqüência uma baixa conside-

---

32 Nos parágrafos precedentes, Pousseur "concretiza" sua visão multidirecional com relação à própria análise de obras históricas, demonstrando que sua concepção acerca das propriedades direcionais na composição não se limitava à produção de novas obras, mas seria também aplicável às obras do passado. Esta "concepção ondular", transpondo a análise das formas de onda para os fenômenos da composição histórica, e que fora exposta durante os Cursos de Verão de Darmstadt (por exemplo, no ano de 1963), acabou influenciando sobremaneira o compositor Willy Corrêa de Oliveira (então aluno em Darmstadt naquele ano), e através dos ensinamentos de Willy nos Cursos de Composição da USP nos anos subseqüentes tal visão foi pouco a pouco introduzida no meio da música nova paulistana. (F.M.)

33 Do ponto de vista estritamente acústico, concernente à relação entre duas ondas senoidais de mesma freqüência e de mesma amplitude, a *oposição de fase* ocasiona, no nível da percepção sonora, uma total *anulação* do som. No nível das *figuras* musicais, no entanto, uma oposição de fase jamais acarretará uma ausência de som percebido, mas provocará, em contrapartida, uma *anulação da própria constituição ondular das figuras que se opõem*. A percepção tenderá, então, a "embaralhar" os distintos "desenhos de onda" dos perfis melódicos, confundindo-os. A isto se pode dar o nome (como o fizera Willy Corrêa de Oliveira por diversas ocasiões em seus cursos na USP após seu retorno de Darmstadt) de *difusão de fase*. (F.M.)

rável do potencial de variação (no nível considerado), uma homogeneização ou mesmo uma unificação, segundo a escala em que ela se aplica, segundo a relação que existe entre a amplitude do campo onde ela opera e a duração ou o comprimento do fenômeno que ela caracteriza. Defasagens menos radicais, e sobretudo defasagens variáveis, por exemplo, pelo fato de que os diferentes fluxos ondulatórios sobrepostos apresentam freqüências (estacionárias) diferentes umas das outras e de que a relação de fase transforma-se continuamente (de modo que possa voltar-se sobre si mesma depois de um certo tempo), podem ter conseqüências muito diversas para as formas de onda resultantes (Exemplo 18), assim como a forma das ondas sonoras pode ser analisada como uma certa soma teórica de componentes senoidais.

Exemplo 18

Pudemos já chegar a certo número de constatações ou reflexões úteis a propósito da *forma de onda* ao longo de todos os desenvolvimentos precedentes. Lembremos, em particular, a importante relação entre o comprimento e a largura de onda, que terá por conseqüência fenômenos mais agudos ou mais obtusos, como um primeiro aspecto das formas de onda. Mas toda uma série de outras características de detalhe, que não podem ser reduzidas a essa relação simples, vem acrescentar-se a isso. É nesse sentido que podemos falar de impulsos "em agulha", cuja duração real é muito mais curta que o tempo que separa um impulso do seguinte, e que consistem, pois, de uma longa parte "horizontal", imóvel, e de um muito breve ou muito rápido movimento de ir-e-vir no sentido da variação considerada (Exemplo 19).

Exemplo 19

Ou encontramos ainda ondas cuja transformação num sentido se opera o mais rápido possível, de maneira praticamente instantânea, e que permanecem um tempo no regime atingido, para em seguida recair, também muito bruscamente, no estado inicial (ou quase inicial) e aí permanecer de novo durante um tempo que seja mais ou menos igual ao semiperíodo contrário etc. ... É o que podemos chamar de onda retangular (Exemplo 20).

Exemplo 20

a) Melódico:

b) Rítmico:

Pode ocorrer também que o caráter brusco se realize apenas numa das direções da variação, enquanto o retorno apresenta-se do modo mais progressivo possível, ocupando então toda a duração entre dois "saltos" na mesma direção, o que podemos considerar como uma onda "em dente-de-serra" (Exemplo 21).

Exemplo 21

(melódico e rítmico)

Mas se as duas partes da transformação forem progressivas, se a subida ocorrer durante um tempo dado, eventualmente igual à queda, e essas duas partes forem separadas uma da outra por uma quebra marcada ou por um verdadeiro ângulo, teremos então uma onda "triangular" (Exemplo 22).

Exemplo 22

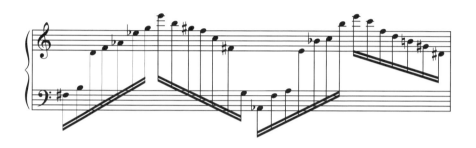

Pode ocorrer ainda que não somente a subida e a descida, mas também a passagem de uma à outra seja a mais progressiva possível, ou seja, que não haja então mais nenhuma quebra, resultando, ao contrário, uma curva que seja no todo a mais suave ou a mais contínua possível. Tem-se então a tão conhecida onda "senoidal", já freqüentemente mencionada (Exemplo 23).

Exemplo 23

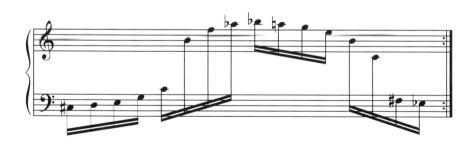

(Seria muito proveitoso imaginar exemplos em outros níveis, mais ou menos elevados, dessas possibilidades gerais, representadas aqui, por razões de facilidade, principalmente nos planos melódico e rítmico.)

Podem ainda existir muitas outras formas de onda, muitas vezes suscetíveis de serem descritas como combinações dos tipos simples até aqui mencionados, entre as quais estão as que nos remetem às arcadas romanas ou mouriscas, na posição normal ou invertidas (Exemplos 24 e 25) etc.

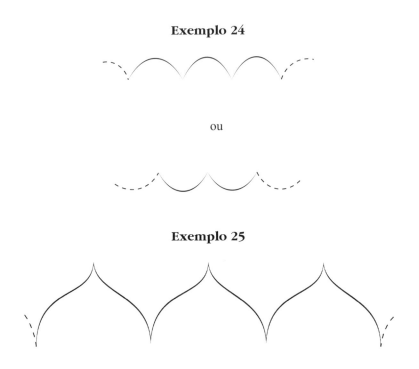

Exemplo 24

ou

Exemplo 25

Vê-se imediatamente a dificuldade que pode haver em se querer fazer todos esses tipos diferentes entrarem numa ordem simples, por exemplo, num arranjo escalar de uma dimensão, como pudemos fazer com as freqüências, amplitudes e fases (pelo menos quando consideradas num só aspecto de variação): em todos esses casos, a variação é definida por dois extremos, há freqüências altas e baixas, amplitudes grandes e pequenas, fases em relação de coincidência ou de oposição. Mas quais dessas formas de onda descritas devem ser consideradas como extremos, e como simplesmente dispor entre elas todas as outras? O problema aumentaria ainda mais se quiséssemos levar em conta a multidimensionalidade de uma onda e descrever sua forma como percurso no interior de um espaço vetorial complexo. Essa dificuldade pode ser contornada uma vez que se comece a analisar a forma de onda a partir de cada ponto de vista particular e que se proceda em seguida a uma operação sintética a mais esclarecedora possível (por exemplo, a princípio a comparação dos aspectos dois a dois etc.), o que permitiria trazer à luz as influências e interferências recíprocas, até se chegar à descrição mais completa possível do fenômeno global. Mas mesmo uma forma de onda unidimensional continua manifestando problemas.

Proporemos aqui fazer talvez apelo à *análise harmônica*, tal como a acústica matemática pratica no plano das ondas sonoras, e que permite restabelecer qualquer onda complexa por meio da soma de certo número de componentes simples senoidais, chamados também parciais ou harmônicos. Mesmo que isso não seja refutável quando se trata de casos em que a imagem ondulatória seja suficientemente bem descrita por sua subdivisão efetiva em menores formações ondulatórias subordinadas, o que é freqüentemente o caso na música clássica (divisão das medidas em um número "racional", isto é, muito simples, de batimentos, constituição dos ritmos pelas durações em relações recíprocas inteiras etc.) – mas logo adiante também proporemos para isso um método ainda mais sutil e apropriado –, é bem evidente que esse tipo de análise não consistirá em uma ajuda real quando se tratar de descrever as *curvas* variadas ou os "envelopes" no sentido próprio, em que é verdadeiramente o percurso qualitativo e não sua hipotética subdivisão que afeta nossa percepção e nossa consciência.

Qual informação útil nos traz (por exemplo, no nível das "ondas formais") a afirmação de que uma onda retangular é constituída da soma de todos os componentes harmônicos ímpares da freqüência fundamental, em relação precisa de amplitude e de fase? Percebemos uma onda única que adquire precisamente a forma característica do retângulo. À parte algumas importantes exceções, isso é, no mais, verdadeiro quanto às próprias ondas sonoras: não ouvimos uma adição de parciais, mas antes certa altura provida de uma cor, de um timbre, ele mesmo expressão *direta* da forma de onda.

Devemos então dedicar toda nossa atenção à curva em si, procurar para ela métodos adequados de descrição e de ordenação. Claro que podemos fazer uma diferenciação muito importante, determinante, entre transformações por continuidade ou por descontinuidade. Não se trata, evidentemente, de processos radicalmente diferentes; o salto descontínuo pode ser considerado como uma transformação contínua cuja duração seja a mais breve possível, praticamente igual a zero; e podemos então transformar gradualmente uma transformação contínua em uma transformação descontínua encurtando o tempo de passagem, de maneira que a subida torne-se cada vez mais íngreme (Exemplo 26). Teremos obtido assim justamente uma ordem regular, na qual as formas mais íngremes e as mais suaves constituem os extremos opostos. (Como já havíamos constatado, a continuidade extrema – a passagem de duração infinita – pode ser identificada ao silêncio, à imobilidade, à ausência de toda transformação, ou seja, a uma horizontal absoluta.)

Exemplo 26

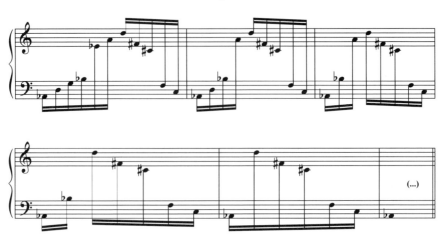

Porém, não controlamos ainda toda a forma de onda, mas no máximo uma porção virtual dela, ou mesmo um aspecto dessa porção. Uma onda inteira comporta ao menos dois momentos desse gênero, a subida e a queda. Podemos, então, começar medindo a proporção de duração entre essas duas partes e exprimi-la em uma fração proporcional. Assim, a onda em dente-de-serra será bem expressa pela proporção de 0 a 1 (a subida praticamente não emprega nenhum tempo, enquanto a descida utiliza tudo o que resta), ao mesmo tempo em que a onda triangular perfeitamente simétrica corresponderá à relação de 1/2 a 1/2 (subida e queda de comprimento igual), e poderemos continuar a transformação (progressiva) de uma na outra até chegar à dente-de-serra oposta, de 1 a 0. Mas nem todas as formas de onda se deixam descrever dessa maneira. Na onda retangular, por exemplo, nem a subida nem a queda duram algum tempo considerável e toda a duração disponível se distribui sobre as duas partes ou sobre os dois semiperíodos imóveis de regime oposto. A fração deveria então descrever a relação de duração entre essas duas porções imóveis e contrárias.

Para que se chegue a um denominador comum entre as duas famílias e todas as combinações que delas podem ser obtidas, devemos dividir a onda em quatro partes sucessivas, cuja relação de duração será definida como se segue: subida, período no máximo, queda, período no mínimo. A onda triangular será expressa aqui pela proporção quádrupla de 1/2 (para a subida) a 0 (para o máximo) a 1/2 (para a queda) a 0 (para o mínimo), enquanto a onda retangular será a expressão da fórmula contrária: 0-1/2-0-1/2. Obviamente, proporções mais complexas podem aparecer, por exemplo, a relação de 1 a

3 a 2 a 5 onze avos da duração total da onda. Se as quatro partes forem de comprimento igual, obteremos o envelope anguloso mais próximo possível, nessas condições de descrição, daquilo que chamamos de onda senoidal.

Se quisermos nos aproximar ainda mais dessa forma e de outras formas de onda realmente *curvas*, e isso desde o início, sem proceder a uma subdivisão mais fina, mais detalhada, da duração, poderemos, por exemplo, acrescentar um critério bipolar de "suavidade" ou de *curvatura* que aplicaremos aos *ângulos* definidos por duas partes de onda, e que poderemos, por exemplo, tornar pertinente para duas meias-partes sucessivas ao redor desse ângulo: um dos pólos será o extremo "arredondado", o outro a manutenção ou mesmo o reforço ou a intensidade do ângulo. Tendo em vista que o espaço de referência no qual se situam até o presente as formas de onda consideradas é quadridimensional ou pelo menos tridimensional,[34] ele será acrescido agora de uma ou várias dimensões suplementares, conforme os diferentes ângulos constitutivos forem tratados paralela ou independentemente.

Poderíamos também substituir as próprias retas, cuja sucessão constitui nosso envelope anguloso, por curvas mais ou menos acentuadas, e seria preciso então fazer intervir um catálogo de formas de curva, ele mesmo também disposto num espaço mais ou menos complexo. Por exemplo, uma disposição em duas dimensões poderia ser representada por um quadrado, cujos dois ângulos opostos seriam constituídos pela meia-senóide e pelo meio-arco mourisco (que nós poderíamos chamar de "anti-seno"), enquanto as duas outras consistiriam em uma meia-arcada romana (logo, um quarto de círculo) em pé ou invertida. Aí, também, nosso espaço de referência aumentaria muito em seu número de dimensões, mas sem dúvida não devemos recuar diante de uma disposição complexa se ela pode nos ajudar a clarificar a realidade, a ordenar todos os casos possíveis.[35]

---

34 A ordem tridimensional não é mais que um "corte" (em forma de tetraedro) de ordem quadridimensional, obtida em decorrência do fato de que as quatro variáveis se adicionam sempre em um mesmo total – o comprimento de onda – e que a quarta entre elas que nós tomaríamos em consideração é sempre deduzida automaticamente das três outras. (N. do A.)

35 Notemos de passagem que pequenas mudanças de orientação no interior de uma direção principal não-variada dão melhor conta de sua eficácia informativa se elas forem analisadas segundo o método preconizado em nota 15 deste texto:

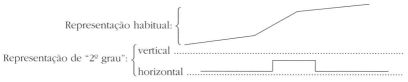

Isso significa que se tomou a direção principal como "eixo de percepção", ou seja, de maneira relativista, e se descreveram as modificações que se relacionam como diferentes determinantes.

Outra possibilidade consistiria em diferenciar ainda mais a subdivisão da duração da onda, procedendo a uma divisão proporcional mais refinada da amplitude do campo disponível para o desdobramento da onda, o que nos forneceria uma distinção mais fina que aquela, já utilizada, entre subida, máximo, queda e mínimo. Aproximar-nos-íamos assim dos tipos de análise praticados em matemática graças aos cálculos diferencial e integral. O perigo de uma ordenação menos imagética aumentaria com esse crescimento da abstração, isto é, à medida que a forma concreta fosse de alguma maneira reprimida por um esquadrinhamento arbitrário. Esse método se justifica, entretanto, sem restrições, se existir uma subdivisão objetiva, "proposta" pela onda mesma, ou seja, se a onda total for portada e expressa por certo número de eventos inferiores, subordinados, em que a transformação de um ponto de vista ou de outro constitua precisamente uma unidade ondulatória superior, qual seja, justamente aquela que estamos considerando.

Aqui, também, a teoria científica das ondulações põe à nossa disposição um conceito claro e praticável. É o conceito de *modulação*, que evidentemente não devemos confundir com a modulação harmônica de nossas teorias musicais, ou seja, com a transição de uma tonalidade a outra. Vamos agora considerar mais em detalhe esse aspecto das ondas, sendo assim levados a abandonar nossa proposta inicial de nos atermos momentaneamente às propriedades das ondas isoladas. Penetraremos num novo domínio, o domínio das relações entre diferentes *níveis* estruturais, entre diferentes *escalas* segundo as quais o dado ondulatório pode ser considerado. Isso nos conduzirá finalmente à possibilidade de submeter os menores e os maiores eventos constitutivos de uma obra musical, ou seja, tanto as vibrações sonoras quanto a "grande forma" na sua totalidade, a um *só* sistema de descrição perfeitamente orgânico.

* * *

Entre os exemplos de ondas abordados até aqui, havia já toda uma série de exemplos-tipo de modulações, em particular os primeiros, dados como ponto de partida fundamental de nossa demonstração. De fato, todos os exemplos

---

A imagem ondulatória "de 2º grau", assim obtida, pode ser ela mesma ainda analisada desta maneira, até que não subsista mais que uma seqüência rítmica de impulsos binários (vertical *ou* horizontal). Teoricamente, todas as curvas podem ser reduzidas dessa maneira, e o *número* de operações analíticas a praticar para atender o "último" estágio testemunhará sobre seu grau de "curvatura"; uma curva "redonda" (cuja direção se transforma então de maneira contínua e regular) transformar-se-á de início em uma reta oblíqua, antes de dar lugar a uma estrutura "em escada" (que descreve as modificações importantes de estado de curvatura) e finalmente em uma seqüência de impulsos binários. Para uma curva senoidal, as coisas serão ainda mais complexas etc. (N. do A.)

concretos abordados eram já de tipo "modulado" (ou modulatório), mesmo se não os havíamos chamado ou mostrado como tais: em todos os casos, a onda descrita era de alguma forma portada, "detectada" por eventos de nível inferior. A forma ondulatória melódica era formada pelas mais elementares e graduais transformações da vibração acústica, de modo que uma variação de densidade instrumental pressupunha que os instrumentos em questão executassem alguma coisa, isto é, transformações definidas, orientadas, portanto de algum modo ondulatórias e no mais das vezes já complexas, elas mesmas feitas da sobreposição de vários níveis etc. Por essa razão, o que vamos descrever agora terá também uma significação retrospectiva, que ajudará na compreensão do que já foi examinado, podendo ser aí aplicado de maneira fecunda.

No fundo, pode-se afirmar que efetivamente não existe nenhum fenômeno ondulatório, mesmo o mais elementar e microscópico, que não seja constituído da modulação de ondas ainda mais reduzidas, e que não existe nenhum fenômeno macroscópico que não seja membro mais ou menos orgânico de uma forma ainda mais elevada. Por exemplo, a própria onda sonora é uma transformação da pressão atmosférica; ela não poderia existir sem a pressão atmosférica, a qual é, como bem sabemos, composta de uma infinidade de movimentos moleculares (temos ciência da influência que o calor pode exercer sobre a emissão e a propagação do som), os quais são, por sua vez, condicionados por oscilações atômicas e infra-atômicas. Por outro lado, a execução de uma peça musical acontece numa certa hora do dia, o que, como sabemos, depende do movimento giratório dos grandes corpos celestes, mas tem também relação com o sono humano, com a exaustão e o despertar, e a partir daí com a totalidade dos circuitos biológicos. Ou, para citar aspectos ainda mais interiores, mais "espirituais" (e talvez por isso mesmo numa relação mais direta com a peça musical em si), ela ocupa certo lugar na vida musical dos indivíduos e das sociedades, que evoluem (como se demonstrou suficientemente, e, aliás, não poderia ser de outro modo) de maneira muitas vezes complexa, mas ainda assim oscilante entre certos pólos, às vezes muito distantes uns dos outros, bem difíceis de trazer à luz. Recordemos apenas as freqüentes tentativas, muitas vezes exageradamente esquemáticas e simplificadoras, de se interpretar a evolução artística como uma alternância entre classicismo e romantismo, harmonia e contraponto etc. Ou então pensemos no fato de que o valor e o sentido de uma geração são comumente mal apreciados pela geração seguinte e só serão de novo plenamente compreendidos por uma terceira!

Mas não nos percamos no infinito; atenhamo-nos, sem esquecer esse contexto superior e inferior (ou também os contextos paralelos), nos limites de uma investigação que nos seja eficaz por ser bem definida! Nossa natureza mesma nos resguarda, pois que nos dotou de limiares de percepção, pontos de vista particulares etc., sem os quais não é possível nenhuma sensibilidade (a qual exige seleção). Devemos novamente, pois, ocupar-nos dos tipos de modulação elementares e tratar de completar o que aprendemos a esse respeito ao longo dos desenvolvimentos precedentes.

A primeira forma modulatória que encontramos é a *modulação de amplitude*: vários eventos sucessivos de mesma natureza ou de natureza similar variam quanto à largura de seu movimento característico, quanto ao relevo de sua acentuação, de sua evidência em relação a um estado reinante, a um "fundo" de caráter médio. Essa variação também assume uma forma oscilatória, cujas ondas demonstram todas as propriedades estudadas, como comprimento, amplitude e "forma" de onda, e na qual cada evento pontual particular representa certa fase momentânea. Essa variação de amplitude pode ser subdividida em diversos componentes. Pode acontecer que apenas os níveis máximos expressos pelos eventos variem, enquanto o mínimo permaneça inalterado como um ponto de origem fixo (Exemplo 27).

Exemplo 27

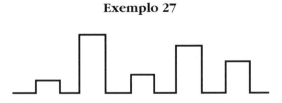

Ou então pode acontecer justamente o contrário: o máximo permanece constante, como um limite intransponível fixo, e é o mínimo que se distancia ou se aproxima mais ou menos dele, dependendo do caso. Por exemplo, imaginemos um quarteto de cordas no qual os momentos em que todos os músicos tocam são regularmente interrompidos por momentos em que tocam sucessivamente apenas um, depois dois, depois nenhum, depois três músicos (Exemplo 28).

Exemplo 28

Se as duas extremidades se transformam simultaneamente e de maneira simétrica, ou seja, se o máximo se eleva exatamente nos momentos e à medida que o mínimo se abaixa (oposição de fase), temos uma modulação de amplitude no sentido estrito, na qual a média não se transforma, permanece exatamente imóvel, identificando-se assim ao próprio eixo do tempo (Exemplo 29).

Exemplo 29

Outra coisa acontece se os dois extremos não se comportarem de maneira oposta e simétrica. Ou seja, se os movimentos deles forem paralelos, a média se deslocará da mesma maneira, no mesmo ritmo e à mesma medida (Exemplo 30).

Exemplo 30

Aplicadas a ondas sonoras, essas duas diferentes modulações dão também resultados auditivos muito diferentes. No último exemplo, a alta freqüência portadora seria acompanhada de um som mais grave, presente como componente senoidal autônomo, como se tivéssemos misturado duas senóides de freqüências diferentes. Quanto à modulação do primeiro exemplo, ela também aparece como som grave perceptível (ainda que a custo de uma ligeira distorção, que atenua o caráter simétrico e o *nivelamento* que resultaria de uma oposição de fase rigorosa), mas não se trata de um som senoidal: ele se deve tão-somente à variação de amplitude do formante mais agudo e apresenta assim uma cor sonora bastante distinta, um timbre comparável ao de instrumentos como o fagote ou o oboé, ou ainda a uma onda retangular grave de que se teriam filtrado apenas os parciais agudos. Enfim, se os dois movimentos extremos não forem nem simplesmente simétricos, nem simplesmente paralelos, mas estabelecerem uma relação mais complexa (elas podem variar tanto em amplitude quanto em freqüência, assim como na forma de sua variação), é evidente que os resultados serão igualmente mais complexos. Podemos considerar separadamente os movimentos dos dois extremos e sua relação de fase, ou então nos prenderemos essencialmente à variação da média e à variação da distância entre os dois extremos: uma das considerações resultará necessariamente da outra e notaremos que no que concerne aos dois últimos aspectos citados (média e amplitude), eles estabelecem uma relação de certo modo inversa – quanto mais a amplitude muda, menos é possível variar a média, e vice-versa.

Podemos imediatamente acrescentar duas importantes constatações:

- Primeiro, a forma das ondas moduladas poderá ser descrita ou "desenhada" de maneira tão mais fina, tão mais detalhada, quanto maior for a diferença entre seu próprio comprimento e o comprimento dos eventos portadores subordinados, quanto menores estes forem em proporção a ela (mas, evidentemente, a própria capacidade destes eventos de variar em tal ou tal amplitude, e assim de exprimir esta ou aquela modulação, pode freqüentemente depender de seu próprio comprimento, de modo que se eles têm um limite deste ponto de vista, eles tampouco poderão ser demasiado pequenos).
- Em segundo lugar, a modulação de amplitude reduzida a si mesma se esgota muito rápido em sua capacidade de variação, ela não é capaz de se prestar por muito tempo à articulação de vários níveis imediatamente sobrepostos. Com efeito, se nos encontramos em face de um certo campo de possibilidades de variação numa dimensão dada, por exemplo, toda a escala de alturas audíveis, podemos articular uma primeira "camada" de transformações: estas, para serem efetivas, devem ter uma certa amplitude. Quanto mais elas forem amplas, e quanto mais reduzido for o espaço de sua variação ulterior, justamente para que seja eficaz, mais essa variação deverá ser proporcionalmente relevante. Mesmo se as transformações da primeira camada forem mantidas nos limites mais econômicos possíveis, a fim de se preservarem as possibilidades ulteriores, é bom saber que acima de um número de níveis de modulação sobrepostos (número este que dificilmente poderá ser muito elevado), atingiremos praticamente o limite absoluto do espaço disponível dessa variável particular, e modulações de nível ainda mais

elevado tornar-se-ão cada vez mais obtusas, sempre menos eficazes. Claro que podemos encarar essa dificuldade recorrendo a "interiorizações", como aquelas de que falamos acima. Mas aí também, como dissemos, existem limites análogos, ainda que mais distensos: cada campo de variação particular possui sua própria finitude.

Entre os meios de se enriquecer a modulação de amplitude, há um primeiro, muito simples e já bastante eficaz. Em vez de modular imediatamente a amplitude da onda modulada num segundo nível, podemos, repetindo-a, variar seu comprimento e produzir assim, no interior do fluxo ondulatório, uma *modulação de freqüência*, que já teria sido possível observar no nível inferior entre os eventos da primeira camada (Exemplo 31).

Exemplo 31

O comprimento das ondas, que, como sabemos, deve estabelecer com a largura uma relação, pode também variar, sem perder sua eficácia, numa medida considerável. Podemos ainda tratar sua variação de maneira modulatória, por exemplo, pelo fato de, depois de um encurtamento progressivo, procedermos a um alongamento, gradual ou brusco, e assim por diante. Essa onda superior pode, caso se repita, ser novamente modulada em sua amplitude, se o primeiro encurtamento não ir tão longe quanto o segundo, mas este, entretanto, ir mais longe que o terceiro etc. Por essa combinação das modulações de amplitude e de freqüência, seja no mesmo nível (logo, em certa relação de fase), seja em níveis diferentes, cada vez mais elevados (logo, muito mais numa relação "harmônica"), obtemos um espaço de variação já bem mais extenso. Sabemos, com efeito, que se trata a cada vez de uma *multiplicação* das possibilidades.[36]

---

36 Multiplicação esta que, como bem apontou Pousseur nas considerações anteriores, deve ser de maneira consciente empregada pelo compositor, o qual, eventualmente, preferirá sacrificar a modulação em um ou mais aspectos constituintes da textura sonora para que a percepção não se defronte com um número excessivo de informações. (F.M.)

A modulação de freqüência pode estabelecer com a freqüência portadora[37] relações de grandeza variáveis. As ondas portadoras e as ondas portadas podem ter comprimentos de ondas (isto é, freqüências) tão diferentes que os dois níveis permaneçam perfeitamente distintos e funcionem numa separação cuja eficácia seja completamente perceptível, sem qualquer interferência. Como no caso da amplitude, temos então a possibilidade de perceber a transformação subordinada em cada detalhe de seu percurso (além disso, também aqui é necessário que a diferença não seja grande demais, a tal ponto que a modulação torne-se impossível). Ou então o comprimento da onda portada pode reduzir-se até se aproximar do comprimento (de alguns dos comprimentos) da onda portadora. Se a relação permanecer relativamente constante, obteremos um ritmo complexo periódico, tal qual já descrito mais acima (Exemplo 32), eventualmente percebido como composto de várias seqüências de pulsos[38] simples sobrepostas, da mesma forma que uma vibração acústica complexa pode em certos casos ser percebida por nosso ouvido como adição de duas (ou várias) freqüências simples, como "intervalo simultâneo" ou mesmo como "acorde" (Exemplo 33).

Exemplo 32

(4 breves acelerações (a), portadas por 2 acelerações de nível mais alto (b), que definem por si um *ralentando* no nível mais elevado (c))

---

37 Utilizando-se, ainda que transposto aqui aos fenômenos harmônico-melódicos, do termo *modulação de freqüência*, Pousseur faz uso igualmente dos termos que a caracterizam: na modulação de freqüência, tem-se uma *onda portadora* que é modulada por uma segunda onda, chamada de *onda modulante*. Como quer que seja, Pousseur prefere falar, nesse contexto, de *onda portadora* (*onde porteuse*) e de *onda portada* (*onde portée*). (F.M.)

38 Aqui, no contexto rítmico, preferimos traduzir *impulsion* não por *impulso*, mas por *pulso*. (F.M.)

Exemplo 33

(Temos aqui uma *mistura*, ao passo que o caso precedente nos propunha uma verdadeira *modulação*.)

Mas se (no domínio das ondas sonoras) duas freqüências se aproximam demais uma da outra, o resultado é percebido como um único som modulado em freqüência (aqui, em altura) e em amplitude (aqui, em intensidade), em outras palavras, como um som dotado de *vibrato*, ou *batimento*. Se houver mais de dois, um número bastante grande de componentes misturados, cujas freqüências sejam muito próximas entre si, ouviremos uma modulação de amplitude e de freqüência bem mais irregular no seu ritmo, aproximando-se, quanto à altura, de uma fina banda de ruído filtrado ou "ruído colorido".[39] O mesmo ocorre com as modulações de freqüência no nível (superior) do ritmo propriamente dito: elas dão lugar a ritmos irregulares, dos quais somos cada vez menos capazes, à medida que crescem em complexidade, de distinguir os componentes simples, os distintos níveis teóricos de modulação.

Percebemos então um fenômeno estático, uma *banda* de freqüências, que pode ser definida por sua freqüência média, por sua velocidade dominante, e, por sua amplitude, isto é, nesse caso pela extensão de sua dispersão, pela separação existente entre os comprimentos de ondas mais breves e mais longos, que aparecem durante o movimento ondulatório (além disso, podem ainda existir outras características, como a forma de distribuição dos elementos dispersos, curvas gaussianas etc.). Isso significa então que essa pretendida

---

[39] Por *ruído colorido* entende-se uma faixa filtrada do *ruído branco*, o qual, por sua vez, contém todas as freqüências audíveis. Pousseur alude ao fato de que, com a aspereza crescente e decorrente da interferência mútua entre diversas freqüências aproximadas, tem-se a percepção de uma espécie de ruído bastante semelhante a um ruído colorido. (F.M.)

não-periodicidade, produzida por uma elevação extrema da complexidade da periodicidade e pela inversão desta em seu contrário, pode também ser percebida graças a instrumentos próprios a uma determinação simples e periódica, seja no plano de nossa percepção mais ou menos automática, seja no nível de uma análise que se esforce em se aproximar dessa percepção qualitativa. Conceitos negativos como "aperiódico" parecem então incapazes de constituir a base de uma descrição diferencial e esclarecedora.

Consideradas por essa luz simplificadora, as "bandas de ruído" estatísticas, que podem também existir em níveis mais elevados que o do ritmo elementar (e das quais já descobrimos a relação com o silêncio e a imobilidade), podem de novo servir como *material* de formações mais elevadas. Quanto mais sua amplitude ou seu campo de dispersão for relevante, tanto mais os intervalos entre elas deverão ser grosseiros para que a variação seja perceptível, logo, eficaz. Isso significa que devemos novamente introduzir um limiar, uma separação proporcionada entre os diferentes níveis estruturais.

Se dois planos ondulatórios forem muito distantes entre si, por exemplo, no que concerne à sua freqüência média, eles serão relativamente insensíveis um com relação ao outro quanto à fase, ou seja, as formas ondulatórias de um nível não serão afetadas pelas formas do outro. Mas se eles se aproximarem entre si, eles se influenciarão reciprocamente, ou melhor, se perturbarão mutuamente: as formas do nível inferior poderão, por exemplo, ser aniquiladas pela modulação que sofrem no nível superior; as formas do nível superior só poderão ser expressas pelas variações do nível inferior de maneira imperfeita, incompleta, sob a forma de uma curva angulosa, aproximando-se de maneira melhor ou pior, na melhor das condições, de sua forma ideal. Passa-se então de uma verdadeira hierarquia de níveis subordinados entre si a uma interferência polifônica de componentes estruturais de mesmo nível ou de níveis bastante próximos.

Essa passagem gradual de um estado de relação a outro pode ser valorizada no sentido da produção de complexidades multivalentes,[40] até atingir o domínio dos fenômenos estatísticos, sendo que o caminho entre ambos os estados é progressivo (os biólogos e cibernéticos sabem bem que esses estados mais ou menos indeterminados podem cumprir uma função muito importante por permitir, entre outras coisas, a aparição de direções imprevistas, de seleções novas, de determinações inesperadas e bem-vindas). Ou

---

40 Bem notamos aqui, portanto já em plena década de 1960 (como herança, aliás, do próprio pensamento serial da década de 1950), o elogio à *complexidade*, bem mais tarde tão reafirmada por poéticas musicais pós-seriais (pensemos, por exemplo, na Nova Complexidade de Brian Ferneyhough). (F.M.)

então podemos utilizar tais estágios de uma maneira totalmente direcional, para conduzir a atenção de um domínio de variação a um outro e dar assim a impressão ilusória de um movimento contínuo e permanente em *uma única* direção. Citemos certas improvisações hindus do tipo "raga", em que uma aceleração ininterrupta domina quase toda a duração, mesmo que bastante longa, da execução; mencionemos também o caso de uma seqüência de impulsos tão rápida que estes passam a ser percebidos como um som contínuo, e que seja em seguida bastante desacelerada (por meios eletroacústicos), fazendo-a *glissar* de tal modo ao grave que seus impulsos sucessivos se destaquem pouco a pouco uns dos outros, tornando-se perceptíveis, de início, como uma modulação dinâmica bastante rápida (trêmulo), depois como impulsos cada vez mais isolados, até formarem uma estrutura rítmica autônoma cujos sons sejam constituídos de vibrações ainda mais rápidas, as quais antes contribuíam apenas à cor, ao timbre (ou seja, aos componentes espectrais mais elevados, subordinados à fundamental) do som inicial. (Este exemplo encontra-se em *Kontakte* de Stockhausen.[41])

Além da modulação de amplitude e da modulação de freqüência, existe ainda uma transformação mais ou menos contínua das *formas* de onda, que podemos considerar como modulação (complexa) *de fase*. Trata-se aqui, com efeito, da posição de cada ponto da curva, de cada fase do período, que muda de uma onda à outra em relação ao comprimento. Para controlar este fenômeno, isto é, para ao mesmo tempo poder produzi-lo, devemos apelar a todos os diferentes métodos, mais ou menos complexos, de que dispomos para a descrição da forma de onda. Será, por exemplo, a proporção da duração entre duas partes da onda, uma ascendente, outra descendente, que (como num exemplo já citado) variará de tal ou tal maneira (com tal ou tal velocidade, em tal ou tal amplitude e segundo tal ou tal curva própria).

Podemos também levar em conta uma divisão do período em quatro partes (subida, máximo, queda, mínimo) e teremos então que descrever separadamente o comportamento ou a modulação de cada uma dessas variáveis particulares, a fim de poder em seguida integrar sua relação em uma "polifonia de fases". Se quisermos ser mais precisos, teremos que empreender uma análise de fase ainda mais fina. Com este fim, podemos, segundo o caso, definir uma divisão fixa do tempo, válida para todas as ondas (divisão absoluta ou relativa, variando com o comprimento da onda), e medir em seguida o lugar

---

41 Pousseur refere-se aqui ao conhecido trecho de *Kontakte* (1959-1960) de Stockhausen no qual se tem a demonstração prática de sua Teoria da Unidade do Tempo Musical, a partir de 17'05" da partitura (Stockhausen Verlag, Werk Nr. 12 ½, p.19), e reproduzida em seu famoso artigo sobre sua teoria – cf. Stockhausen, "A Unidade do Tempo Musical". In: Menezes, Flo. (Org.). op. cit., p.147. (F.M.)

de cada ponto temporal no eixo de amplitude, a princípio em uma onda específica dada, depois em sua variação de uma onda a outra (Exemplo 34); ou então é o campo de amplitude que dividiremos de maneira regular, para ver em seguida segundo qual ritmo os diferentes graus se sucedem e a qual variação tal ritmo é submetido (Exemplo 35).

Exemplo 34

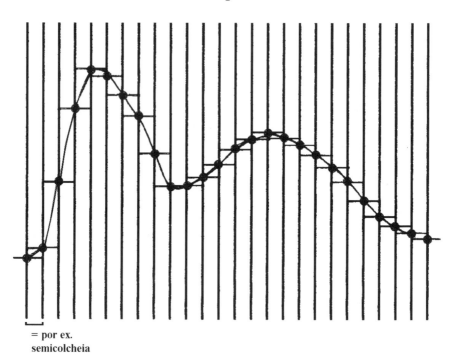

= por ex. semicolcheia

Exemplo 35

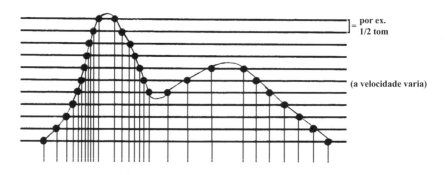

= por ex. 1/2 tom

(a velocidade varia)

Cada onda é assim de algum modo sobreposta à seguinte para que possam ser comparadas, bem como os diferentes versos de um poema são escritos uns sob os outros. A linha complexa que se encontra desse modo constituída perpendicularmente ao eixo das ondas isoladas pode igualmente ser comparada com outras unidades de mesmo nível (por exemplo, num poema, as estrofes; ou num livro, as páginas). Os diferentes *níveis* encontram-se então considerados como *dimensões* diferentes, como *eixos* diferentes de um espaço agora mais complexo, e vemos então o quanto a aplicação da hierarquia de níveis mais fechada (mas também mais clara) possível "redobra" de certo modo o tempo sobre si mesmo, fazendo dele um tipo de nó orgânico de altíssima densidade de comunicação interna.

Vemos também o quanto a composição serial, compreendida num sentido suficientemente amplo, se identifica efetivamente com esse procedimento: os famosos "quadrados seriais" introduzidos por Boulez há cerca de vinte anos,[42] e outros métodos mais complexos deduzidos consecutivamente a este primeiro exemplo, já o demonstravam. As séries não são nada mais que fórmulas, meios de combinação, descontínuos, e graças a isso (os únicos) acessíveis a nossa manipulação, para investigar a continuidade das formações ondulatórias. Conseqüentemente, a generalização do sistema serial levada a cabo pela música pós-weberniana parece-me ser então a medida legítima e necessária para que se possa descobrir ou trazer à luz uma realidade musical mais rica e multidimensional.[43] Para tanto, ela deve apenas emancipar-se (deve continuar a emancipar-se) resolutamente de alguns *a priori* limitativos e paralisantes.

* * *

Consideradas em sua complexidade integral, as ondas, mesmo unidimensionais, são constituídas da interação de toda uma série de modulações simultâneas. O comprimento, a amplitude e a forma das ondas de uma única seqüência aparentemente "monódica" não devem necessariamente comportar-se de maneira paralela, e essas modulações independentes são ainda em si moduladas, cada qual em seu comprimento, sua amplitude e sua forma etc., o que dá lugar a uma polifonia de nível superior, a polifonias eventuais de níveis sempre mais elevados. Se uma dessas variáveis permanecer imóvel

---

42 Pousseur exagera aqui nos anos de distância em relação à primeira exposição de Boulez acerca de seu *quadrado serial* e refere-se, mais precisamente, ao artigo de Boulez intitulado "Éventuellement…", de 1952 – cf. em português Boulez, Pierre. "Eventualmente…". Boulez, P. *Apontamentos de aprendiz*. São Paulo: Perspectiva, 1995, p.137-68, mais precisamente p.143 e 147. (F.M.)

43 Importante passagem, tais palavras enaltecem o valor da experiência serial ainda em plena década de 1960, em que pesem todas as suas "revisões", ampliações, derivações. (F.M.)

num ou noutro nível, teremos um certo grau de repetição (textual), ou mesmo uma *base de comparação* bastante desejável.[44] Caso se trate de uma freqüência que se manifesta no nível rítmico, estaremos diante de um andamento regular ou, em outras palavras, daquilo que em geral chamamos de periodicidade, *no sentido mais estrito*, ou seja, a repetição absoluta de um único e mesmo comprimento de onda.

Vemos que se trata apenas de uma possibilidade entre muitas outras, e que podem existir muitos outros tipos de "constantes". Citemos, por exemplo, o princípio weberniano de uma perpétua complementaridade harmônica (pela mais cuidadosa onipresença do cromatismo), ou ainda a "largura de banda" estacionária de um "campo de velocidade", expresso talvez de maneira estatística, mas trabalhando justamente por isso (como foi muitas vezes o caso nas primeiras obras seriais) com um máximo de probabilidade.

Isso evidencia a função unificadora, ou melhor, niveladora, produtora de homogeneidade e "constitutiva de material" dos princípios aleatórios. Entre estes e a periodicidade mecânica rígida (em outras palavras, entre uma "entropia" caótica e pretensamente carregada de informação e uma "inteligibilidade" banal, pretensamente pouco entrópica), existe apenas uma diferença (gradual) de *largura de campo*: no primeiro caso, há uma acumulação não coordenada de um grande número de elementos distintos (cada um destes sendo, aliás, bem definido, correspondendo a uma ordem própria); no segundo caso, há uma repetição não-variada de um único e mesmo elemento, sendo que a única coordenação reside precisamente nessa ausência de variação e se mostra incapaz de produzir significação num nível mais alto. Como ainda veremos, as individualidades orgânicas, as unidades reais e carregadas de sentido (por exemplo, as grandes obras tanto da música clássica quanto da música moderna) opõem-se (cada qual à sua maneira) *globalmente* a essas duas entidades (disposição lógica triangular) e *transcendem* assim sua oposição mútua (ultrapassam-na ainda conservando algo disso, que se encontra transfigurado por essa operação).

Quando tal "padrão" se fixa para a duração inteira de um trecho – o que pode ser o caso, por exemplo (salvo por algumas divergências momentâneas), da métrica de um concerto de Bach –, pode-se interpretá-lo dizendo que um estado bem definido se destaca freqüentemente das relações temporais estatísticas da vida corrente (por exemplo, os ruídos da sala ou dos aplausos), e que

---

44 Mais uma vez Pousseur realça o valor do "congelamento" de ao menos algum aspecto constituinte da trama sonora para que a percepção da complexidade seja estabelecida de modo eficaz, apoiando-se em "âncoras" ou, como ele próprio afirma neste contexto, "bases de comparação" (tal como ocorrera já com a *técnica de grupos* do serialismo integral). (F.M.)

Apoteose de Rameau

esse estado permanece imutável para a duração de toda a peça, conferindo a esta um *eixo* perfeitamente *horizontal* e balizado, sobre o qual as outras transformações podem inscrever-se e comparar-se. Os diferentes movimentos sucessivos e eventuais representarão, então, uma grande e bem simples modulação retangular, que conferirá à obra inteira uma extrema clareza de articulação.

Isso que já pôde demonstrar-se bastante rico e múltiplo, bem variado em seus níveis e estratificações – mesmo que de um único ponto de vista (por exemplo, a altura do som) –, crescerá ainda consideravelmente em complexidade se considerarmos todos os parâmetros disponíveis (e efetivamente aplicados) e sua reciprocidade (o que explica a densidade praticamente inesgotável que a obra composta oferece à percepção imediata[45]). Poderíamos sofrer a tentação, com o intuito de ver mais claramente tais fenômenos, de reduzir a complexidade do espaço paramétrico fazendo sua análise por um único denominador comum puramente métrico. Por exemplo, todo o devir sonoro é composto de (é portado por) transformações vibratórias da pressão atmosférica. A freqüência, a amplitude e a forma dessas vibrações possuem certa variabilidade, e poderíamos contentar-nos em descrever a variação, eventualmente complexa, modulada em toda uma série de níveis hierarquizados, dessas três variáveis elementares, sem levar em consideração outros parâmetros qualitativos tais como a altura, o timbre (como dados fenomenológicos), os valores harmônicos ou estilísticos e todas as outras propriedades mais ou menos "impressionistas" que afetam o material em sua percepção global.

Poderíamos ir até mais longe ainda e remeter tudo à variação (por mais microscópica que ela seja) da amplitude em relação ao tempo. Mas nossa consciência opõe-se a essa simplificação, aliás, ilusória: com efeito, não percebemos as vibrações atmosféricas, mas sim os eventos sonoros, dotados de uma certa cor, eventualmente (caso se trate de sons propriamente ditos) de uma certa altura, também de uma certa intensidade, e ainda de toda uma série de outras propriedades mais "interiores", condicionadas por todo o contexto natural e cultural, físico e psíquico. Essa valorização qualitativa, como já pudemos provar, depende diretamente das simplicidades, das regularidades, das periodicidades efetivamente presentes na textura sonora.[46] Certamente

---

45 Falando de uma *densidade praticamente inesgotável* da obra musical, Pousseur reafirma, na verdade, o verdadeiro sentido da chamada *obra aberta*, tal como concebida inicialmente (pelo menos no plano teórico) por Umberto Eco em 1957 (cf. Eco, U. *Obra aberta*. São Paulo: Perspectiva, 1976), no bojo da qual Pousseur mesmo realizara algumas das obras musicais mais significativas e experimentais. (F.M.)

46 Ou seja, a complexidade, *conditio sine qua non* do objeto estético de interesse, alia-se estrategicamente a certa simplicidade (ela mesma talvez sem interesse em si) para que constitua um fenômeno praticamente inesgotável à percepção. (F.M.)

nossa educação não é estranha à sua aparição efetiva, à sua natureza particular. Porém, não há aí qualquer contradição; uma coisa não exclui a outra, ao contrário, elas se implicam reciprocamente; não pode haver cultura sem uma base *realista*.[47]

São, com efeito, as linhas de força presentes na matéria que permitem o estabelecimento de um nível estrutural como dimensão pertinente. Nossa consciência está constantemente à procura de semelhantes princípios de ordem, permitindo-lhe remeter a si mesmo o desenrolar linear do tempo, dobrá-lo, atá-lo, colocá-lo no estado de comunicação mais rico, no estado de troca mais intensa, de *simultaneidade* mais radical possível. É bem sabido que se está aqui defronte de um critério concernente ao grau de evolução, às capacidades diferenciadas dos *organismos vivos*; as circunvoluções são muito mais complexas num cérebro humano que numa minhoca.

Trata-se, aliás, de uma questão bastante geral, manifestando a lógica existente menos particularizada. Os teóricos da *Gestalt* já o demonstraram bem, insistindo no fato de que se observamos o desenho "em perspectiva" de um cubo – e salvo por muito raras e particulares (muito simétricas) exceções –, não vemos uma figura complicada em duas dimensões, mas sim a figura tridimensional, muito mais simples, do cubo. Isso prova que simples e complexo, rico e ordenado não são propriedades opostas, excludentes, mas na realidade complementares e mutuamente indispensáveis, confirmando-se entre si: sem riqueza, não há ordem reconhecível, mas sem coordenação, não há riqueza verdadeira. Só a cooperação desses dois critérios, arbitrariamente separados e opostos entre si por nosso pensamento dualista, só a força da presença criadora, organizadora, hierarquizante, composta de sua tensão indivisível, pode engendrar *individualidades* verdadeiras, ou seja, de uma única vez unificadas e livres, duráveis e móveis, sólidas e abertas, resistentes e adaptáveis.

Já aprendemos bastante, ao longo de nossos desenvolvimentos, sobre as condições objetivas da unidade. Recordemos ainda uma vez, brevemente, a relação ideal entre comprimento e largura de onda, ou a melhor proporção entre a grandeza específica de um elemento e a do intervalo que o distingue de seu meio, logo, a adequação recíproca dos diferentes níveis de modulação. Somente quando essas condições são observadas (segundo uma gama de possibilidades de realização muito extensa), encontramo-nos em presença de uma estrutura suficientemente unificada para que suas partes sejam postas

---

47 Pousseur refere-se aqui, ainda que de forma bastante indireta, ao texto de Michel Butor, "La Musique, Art Réaliste" (Butor, *Répertoire (I)*, Paris: Editions de Minuit, 1960, p.27-41), que o motivou a entrar em contato, ao início da década de 1960, com o escritor francês, resultando daí uma parceria criativa das mais intensas e duradouras de que se tem notícia, e a qual se estende até sua morte em 2009. (F.M.)

em relação eficaz e mantenham sua identidade, apesar de uma certa variação. Podemos, então, subscrevê-las sem reserva às constatações da Teoria da Forma, que distingue entre formas fortes e fracas (em graus diversos), entre a reunião relativamente frouxa de partes fortemente organizadas e a organização em uma potente unidade de elementos menos autônomos. É nesse plano que funcionam igualmente os diferentes graus de "dividualidade" ou de "individualidade" mencionados por Paul Klee (*Das bildnerische Denken*). Os critérios trazidos à luz ao longo de nosso estudo parecem-me ter evidenciado suficientemente esse importante campo de realidade.

Claudel resume maravilhosamente essas visões quando escreve em seu *Art Poétique*: "O ato criador essencial é a emissão de uma onda. A onda, esquematicamente, pode ser definida como um movimento que, partindo de um centro, ganha todos os pontos de uma área circunscrita pelo limite que traça ao cessar... . O efeito da onda é uma informação ou extensão de uma certa forma à área que ela determina. *Toda forma é uma variação do círculo.* Entendo por forma não apenas o traçado de uma figura, mas, em virtude do fechamento que ela estabelece, a constituição de um meio, que obedece em todas suas partes o ritmo que o compõe". Grifei a frase que me parece definir a coisa mais essencial nesse contexto.[48] É preciso, no entanto, levar em consideração a palavra "variação", assim como a palavra "círculo", pois o próprio Claudel escreve um pouco acima:

> A metáfora, iambo fundamental ou relação de uma grave e uma aguda, não se lança apenas nas páginas de nossos livros: ela é a arte autônoma empregada por tudo o que nasce.

Com isso, ele queria definir como fundamental, na individualidade que se produz de certa maneira a si mesma, tanto aquilo que unifica e reúne quanto aquilo que diferencia, articula, produz tensão. Esse tipo original bipolar pode, então, ser comparado à *direção* simples discutida no início desta exposição: é a mediação, à qual se opõem globalmente os dois termos contrários; é o intervalo que eles definem (ou que os define?); é o vazio, o silêncio circunscrito, o centro calado, o coração inexprimível de todo círculo, não importa quão variado ele seja.

---

48 A frase de Claudel, realçada por Pousseur, pode se remeter, no contexto da vanguarda musical pós-weberniana da qual o autor fez parte como um dos principais protagonistas, tanto à força da *matriz serial* (no caso do serialismo integral), quanto à redutibilidade de todas as pesquisas iniciais da música eletrônica ao *som senoidal* (que nada mais é que uma representação, no tempo, do próprio círculo – ou seja, do seno projetado num tempo regular –, e que, em certo sentido, "substituiu" a *série* como elemento de base e onipresente de todas as constituições sonoras). (F.M.)

Gostaria ainda de chamar a atenção para uma propriedade fundamental das unidades orgânicas, qual seja: sua *estabilidade*. Esta é garantida pela perpétua retomada de uma mesma imagem estrutural característica, que só se modifica no interior de um campo limitado e, ele mesmo, também típico. Podemos distinguir dois "momentos" dessa formação ondulatória estacionária: por um lado, a unidade de onda definidora, que exprime o essencial ao longo de uma única de suas exposições e que é, então, do ponto de vista do impulso produtor, o elemento realmente criador; e, por outro lado, a repetição (eventualmente abstraída das variações subordinadas), que é apenas um elemento conservador, um elemento, aparentemente improdutivo, de manutenção e de inércia, sem o qual, no entanto, a unidade característica teria grande dificuldade em se fazer perceber e permaneceria, em conseqüência, como uma aparição totalmente fugidia (disso, a música serial primitiva, com sua perpétua renovação – a mais integral possível, no nível inferior –, nos deu vários exemplos notáveis).

Mas a estabilidade obtida e mantida por uma repetição mais ou menos textual tampouco é incorruptível. Bem ao contrário, o poder de informação do elemento repetido rapidamente se esgota, o fenômeno simplesmente sustentado se resolve de maneira bem rápida em um comprimento divisível, desprovido de unidade necessária, e aí meios de variação superior devem necessariamente ser postos em jogo para que possa utilizar-se desse "dividual" como material de uma estruturação mais elevada e lhe conferir então uma "dignidade" orgânica. Porém, justamente por conta disso, a estabilidade buscada é de novo posta em questão, os elementos subordinados perdem sua particularidade em benefício de um novo processo de transformação que, se repetido, será finalmente atingido pela mesma divisibilidade, pelo mesmo caráter fugidio.[49] Esse processo, problemático e contraditório, pode ser ilustra-

---

49 Tal fugacidade e tal divisibilidade, que bem se compreenda, não se manifestam da mesma maneira aos diferentes níveis. O que, por sua brevidade, dá lugar a uma impossibilidade absoluta de percepção compreensiva (por exemplo, uma única onda sonora, teoricamente não repetida), adquire num plano mais alto, por exemplo no nível das "figuras sonoras", o andamento (*allure*) de uma coisa difícil de perceber e sobretudo de memorizar. A um nível ainda mais alto, por exemplo, na escala das peças musicais inteiras, uma nova mutação intervém, e a consciência, capaz de captar a unidade da "forma", se apercebe também de seu pouco de permanência, reagindo a isso de uma ou de outra maneira. Passamos, então, de um domínio de necessidade puramente psicológica ao domínio da psicologia da percepção, e daí a um plano fenômeno-lógico-poético, metafísico-afetivo.

Podemos ainda nos perguntar se não existe, entre fugacidade e divisibilidade, um "meio-termo ideal", um ponto de equilíbrio, uma "seção áurea" da repetição, em que a redundância seja suficientemente grande para permitir uma inteligência clara, mas suficientemente baixa para que não resulte em uma perda de necessidade e de coerência. Já as medidas de segurança

Apoteose de Rameau

do pertinentemente em toda a história das "grandes formas" de nossa música clássica; descobrimos suas conseqüências para além das obras em si, até o nível mesmo da prática musical, em que a contradição foi suportada, por um lado, pela repetição perpétua de algumas peças muito populares, e, por outro, pela evolução sempre acelerada dos meios de expressão subjetivos.

É que a música é incapaz de produzir algo de materialmente sólido, de engendrar objetos duráveis. Seu material, o som, é também bastante fugidio, sombra de certo modo de outras realidades mais resistentes (por exemplo, os corpos vibrantes das fontes sonoras), e incapaz de subsistir sem o seu suporte. Parece então lógico que os conjuntos mais relevantes, compostos de uma matéria tão efêmera, sejam entregues à transitividade. Porém, refletindo sobre isso, tudo no mundo, ainda que numa medida menos extrema, é perecível, e entre as diferentes realidades há apenas uma diferença de grau. Mesmo as coisas mais sólidas e duráveis são, como sabemos, compostas de tempo, de movimento e de transformação de elementos subordinados. Elas são, portanto, submetidas ao tempo e à sua mutabilidade fundamental. Somente para um observador que sintetize e integre sua globalidade, ou ainda para um observador incapaz de perceber processos demasiadamente lentos, portanto a partir de níveis de observação diferentes daqueles em que ocorrem seus movimentos específicos, é que as coisas parecem conservar sua identidade imutável.

Isso não significa, entretanto, como às vezes se pretende, que a música nos fale apenas do tempo; penso que ela nos fala igualmente, e de uma maneira particularmente eloqüente, do modo como o tempo se transforma (ainda que momentaneamente) em espaço, em extensão totalizável, perceptível e

---

empíricas tomadas pela teoria escolástica do ponto de vista das repetições figurais (proibidas para além de certa quantidade) dão uma indicação nesse sentido, e um exame apropriado da produção tradicional deveria nos ensinar bastante sobre esse tema. Parece, entretanto, indiscutível que o valor a ser encontrado aqui não depende somente do contexto *interno* (uma vez que uma seqüência repetitiva se encontra "individualizada", seja de outro ponto de vista, seja em um outro nível que aquele em que a repetição se produz, de maneira que todas as unidades subordinadas sejam dotadas de uma função *insubstituível*, não-permutável), mas também das influências *externas* que ela pode, por exemplo, variar consideravelmente com o grau de preparação cultural (geral ou especial) do "preceptor", passando, pois, por uma verdadeira evolução *histórica*, individual ou coletiva.

Finalmente, podemos ainda nos perguntar se existe talvez uma "seção áurea" da parecença, em que estaríamos em presença do melhor equilíbrio entre a impressão de uma reaparição dele (mais ou menos "variado") e aquela de uma justaposição de coisas distintas (mas mais ou menos aparentadas). Aqui, também, toda uma série de fatores complexos, qualitativos e contextuais, deve ser levada em consideração, e talvez não seja possível esgotar a sua descrição. (N. do A.)

memorizável. Mesmo que os fatos temporais, *momentâneos*, que trazem ao nosso campo de percepção os signos unificados desapareçam tão rápido quanto surgiram, os signos em si parecem ser estranhamente independentes do tempo, e não sofrem uma transitividade real, fundamental. Salvo no caso de uma baixa em nossa atenção, claro, mas esta parece ter uma função precisa em nossa consciência, uma função "respiratória"; o que uma vez foi experimentado[50] pode sempre ser retomado! Claudel, que escreve: "A vibração é o movimento prisioneiro da forma", e: "O desenvolvimento é a forma inscrita na duração", completa e precisa resolutamente essas afirmações com as seguintes palavras:

> Tais formas têm por si mesmas um valor permanente, absoluto, obrigatório, exigência mecânica e necessidade de representação. São realmente corpos e todas as coisas tomam corpo nelas.

Nosso verdadeiro campo de ação é então um mundo de *imagens* que se sobrepõem umas às outras, reagem umas em relação às outras, associam-se em arquiteturas maiores, um mundo de imagens capazes de recuperar o tempo e suas passagens em benefício de uma atualidade unificada e unificante. Esse mundo está sempre aberto, mesmo que o campo das possibilidades materiais que o porta seja finito.[51] Segundo nossa atenção, nossa disposição afetiva e nossa cultura, novas conexões, unidades e significações podem sempre se estabelecer no interior de uma rede elementar,[52] isso em virtude das reflexões que se instituem entre ela e seu meio.

O mundo com o qual nos defrontamos não está, com efeito, em nossa possessão ou poder; ele é uma unidade que nos ultrapassa infinitamente e que se manifesta a nós porque as coisas, apesar de sua multiplicidade e de sua divisibilidade, transmitem o reflexo deste próprio mundo, e porque, talvez antes de tudo, nossa consciência em si mostre-se capaz de *reconhecer*, de estabelecer, por uma ação adaptada, relações eficazes entre essas coisas.[53]

---

50 *Éprouvé* no original francês. (F.M.)

51 Remetemo-nos, mais uma vez, à significação originária das *formas abertas* (às quais já nos referimos em nota anterior). (F.M.)

52 Saliente-se aqui, mais uma vez, a idéia de *rede*, tão fundamental para o pensamento pousseuriano. (F.M.)

53 Tais pensamentos remetem-nos à fenomenologia de Edmundo Husserl, quando este se reporta à inclusão intencional do mundo na consciência. Assim é que Lyotard assevera, com muita pertinência: "É porque a inclusão é intencional que é possível fundar o transcendente *no* imanente sem o degradar" (Lyotard, J.-F. *La Phénoménologie*. Que Sais-Je. Paris: PUF, 1954, p.30). (F.M.)

Se a incompletude se manifesta a nós na forma do tempo, podemos agora enfatizar o seu aspecto criador, capaz de valorizar o passado por sua ação no futuro. Ouçamos, nessa perspectiva, uma vez mais Claudel:

> É necessário que todas as coisas sejam para que elas não sejam mais, para que elas dêem lugar ao ulterior que elas evocam. O passado é um encantamento das coisas por vir, sua necessária diferença geradora, a soma sempre crescente das condições do futuro. Ele determina o *sentido* e, sob esta luz, não cessa de existir, não mais que as primeiras palavras da frase quando o olho atinge as últimas.

Este reconhecimento da função original e essencial do imaginário não deve nos induzir a uma ênfase absoluta e exclusiva no irracional, no inefável, esquecendo as virtudes da análise. Como esses desenvolvimentos talvez tenham mostrado, somente a análise nos torna capazes de ter uma visão clara das coisas, de destacar sua figura da rede demasiado densa da realidade atual. Ela está, aliás, sempre em atividade, ainda que totalmente inconsciente, na nossa percepção distintiva, e não deve apenas desenvolver-se de maneira unilateral e auto-suficiente.

Aprendemos que é impossível analisar e descrever o real de maneira exaustiva: poder-se-ia sempre dividir um pouco mais, sempre acumular novas possibilidades. Mesmo que o mundo deva ser finito (o que talvez seja evidenciado pelo caráter finito de cada domínio particular, que é, aliás, condicionado por sua subordinação a um contexto maior, e permanece aberto, nessa perspectiva, a transformações reais, mas freqüentemente muito lentas: os dados naturais, físicos e biológicos, transformam-se ainda muito mais lentamente que os dados psicológicos e sobretudo culturais), para nós, na nossa escala, ele permaneceria praticamente ilimitado. Uma medida que pretendesse escavar até as "menores partículas" ou inflar-se até o nível do edifício total permaneceria ilusória e só poderia perder-se no infinito, no indiscernível, num verdadeiro nada.

Uma análise realista, ao contrário, terá sempre presente na consciência a síntese necessária a cada um de seus momentos, indispensável a cada uma de suas operações, não importa quão parcial ela seja. Em vez de se perder cada vez mais em considerações quantitativas desenfreadas e desnudadas de intencionalidade, ela valorará, um em relação ao outro, os diferentes níveis estruturais (cuja percepção primária exige precisamente a operacionalização de uma *visão* intuitiva, qualitativa), e examinará os modos de sua reciprocidade. Uma forma específica, individualizada, será certamente reconhecida como condicionada pelas necessidades evolutivas do conjunto superior do qual ela é parte, como composta pela ação de seus próprios elementos subordinados, mas isso significa também que ela mesma é "responsável" por seus elementos assim como pelo conjunto no qual ela se integra, que ela pode de certo modo ser tomada como sua representante, como o signo que os integra ou resume. Portanto, ela não é apenas orientada logicamente de maneira centrífuga, em direção aos níveis que a circundam; estes também são orientados em sua direção, formam ao redor dela um espaço concêntrico, fechado, definidor.

A análise que preconizamos baseia-se, então, nas *figuras*, destacando-se de seu fundo, e constituídas pela articulação totalizante e funcional de suas partes;[54] ela se mostra capaz, por isso mesmo, de reconstruir o essencial das imagens percebidas, de início, intuitivamente. Somente nessa condição, tais fórmulas poderão ser utilizadas validamente em um plano superior. E como partimos sempre de um dado ou de algo preexistente em algum nível, não importa quão inferior ele seja, o fato de partirmos às vezes diretamente, em níveis superiores, do já constituído, daquilo que percebemos concreta e globalmente (seja o timbre instrumental ou o "realismo" de certos ruídos, seja mesmo a atmosfera própria de certas citações estilísticas ou qualquer outra complexidade apreendida globalmente e tratada como material[55]), não constitui de modo algum um exemplo de irracionalidade repreensível. Nesses casos, a análise, sob sua forma especificamente separadora, contribuirá ulteriormente como controle ou para fins de uma elaboração continuada.

* * *

Parece possível propor, agora, como desenvolvimento lógico do pensamento serial, um método "periódico" generalizado, capaz de dar a tudo, desde o mais simples até o mais complexo, do conhecido ao desconhecido, do muito novo ao muito velho (e, por exemplo, também às formulações teó-

---

54 *Figuralidade* e *funcionalidade* são conceitos, aqui, de suma importância, em torno dos quais a poética pousseuriana essencialmente se articula. (F.M.)

55 Entrevê-se, aqui, uma das preocupações mais centrais da poética musical de Pousseur, que se cristalizava como um de seus traços pertinentes justamente na época da redação do presente ensaio: o uso constante de citações, literais ou estilísticas, promovendo os mosaicos extraídos do passado musical à qualidade de material a ser reincorporado pela rede constituinte de uma nova composição, e estendendo radicalmente, assim, sua própria noção de *periodicidade generalizada* à própria história da música. O parágrafo seguinte é, nesse sentido, revelador de seu manifesto nesse sentido. (F.M.)

ricas anteriores), um denominador comum muito próximo à realidade, pelo fato de corresponder ao mesmo tempo às propriedades sintéticas, concretas e qualitativas do objeto e às exigências racionais de nosso espírito, um método capaz de abrir a todos os domínios as vias de um funcionamento coordenado, de uma cooperação fecunda. Isso me parece extremamente útil, porque justamente necessitamos, para realizar as intenções formais e expressivas muito vastas desenvolvidas pela música serial, encontrar os meios de reintegrar tanto quanto possível o simples e o definido, de colocá-los, por intermédio de uma *economia* geral, a serviço de um projeto de variação, diferenciação e multiplicação extremas.

Com efeito, um fenômeno bem definido, manifestando-se no interior de um campo de possibilidades relativamente restrito, é sensível a modificações muito pequenas; no seu âmbito, tais modificações são perfeitamente utilizáveis; enquanto um material complicado, extenso, que põe em jogo de maneira pouco direcional muitos elementos diferenciados, necessita de saltos bem mais consideráveis para exprimir uma variação perceptível, prestando-se então apenas à constituição de figuras superiores menos complexas. Grandes formas altamente organizadas só podem desenvolver-se a partir de elementos suficientemente restritos e seletivos, e isso se repete de um nível de estrutura a outro.

Por tal razão, só é possível construir uma forma harmônica ramificada em grande escala, por exemplo, se as unidades harmônicas subordinadas forem suficientemente distintas entre si, logo se forem (ao menos algumas entre elas e necessariamente todas em relação umas com as outras) suficientemente definidas, unilaterais e *simples*. Campos harmônicos de tipo weberniano e sobretudo pós-weberniano, ou seja, em cujas menores porções a totalidade do espaço harmônico disponível seja como que resumida, simbolizada, só têm uma eficácia em curto prazo, uma utilidade subordinada. Empregados de maneira exclusiva, são incapazes de engendrar funções (ou seja, tensões, elas mesmas devidas às diferenças) potentes num nível mais alto.

O fato de que tais campos nos tenham sido necessários e ainda o sejam para que, por um lado, experimentemos no nível inferior a eventualidade de uma harmonia não-concêntrica e multipolar, e, por outro, nos permitam negar no âmbito harmônico sua dominação absoluta, manifestando as capacidades formais de outros parâmetros e a existência possível de um espaço pluralista, consideravelmente expandido pela multiplicação de variáveis efetivas, é agora aceito como uma evidência histórica. Podemos demonstrá-lo pelo uso cada vez mais coerente e significativo que hoje se faz dos *ruídos*, os quais são completamente incapazes, por si mesmos, de constituir uma relação de tipo harmônico, ou seja, uma proporção exata de freqüências, mas que, por isso mesmo, trouxeram à luz a realidade emancipada de outras dimensões sonoras, como a dimensão do timbre puro, da "cor" auditiva em sentido amplo, de todos os caracteres mais "materiais" do tecido musical, assim como ainda as variações de densidade e de fluxo, ou as possibilidades de evocação realista, figurativa e representativa, e todos os poderes lingüísticos que aí se encontram incorporados.

Mas talvez tenhamos agora adquirido uma maestria já suficiente sobre esses novos domínios para poder almejar sua confrontação dialética com as tão importantes, quase indispensáveis energias da harmonia propriamente dita, ou ainda com as de uma métrica de certo modo igualmente "harmônica", de um ritmo em que sejam utilizados de maneira mais ou menos abundante fenômenos de periodicidade relativamente simples.[56] É certamente preciso começar por *descongelar* essas capacidades, sobre as quais pesa ainda o anátema das exclusões atonais e seriais, mas podemos estar seguros de que disso resultará, para ambas as esferas de atuação, uma eficácia estrutural e expressiva consideravelmente engrandecida. Será o caso, me parece, de uma verdadeira "interiorização", à medida que a multiplicação dos pontos de vista de comparação trará consigo um enriquecimento *semântico* de relevo, uma proporção que a tomada em consideração dos parâmetros históricos e geográficos, literários e pictóricos, além de muitos outros, expandirá ao extremo o campo das significações desvendadas pela música; penso que dificilmente

---

56 Isto posto, pode-se considerar unidade de informação elementar não somente a passagem de uma estreita determinação a uma outra de mesmo grau, mas também (o que poderá, aliás, também ser interpretado *desta* maneira) entre uma coisa determinada e uma coisa menos determinada (esta última podendo ser considerada oposta ao princípio mesmo da determinação, e, então, por isso mesmo dotada de uma determinação própria de um grau superior): por exemplo, a aparição de um som senoidal no interior de um sopro de "ruído branco" retém a atenção tanto quanto um sopro sobre um som senoidal – ou uma onda senoidal sobre outra. Isso nos conduz de novo a uma disposição lógica das possibilidades, fundamentalmente trivalente: (N. do A.)

Determinação A (diferente ou exclusiva de B); Determinação B (diferente ou exclusiva de A); Indeterminação (ou indiferença) $\overline{AB}$

Apoteose de Rameau

se possa superestimar esse enriquecimento, sobretudo tendo em vista certa secura expressiva muito freqüentemente glorificada no decurso de um passado recente.

Para concluir, parece-me então que caso se delineie a eventualidade de um sistema (atualmente) "tão geral quanto possível", capaz de interpretar, de integrar e de coordenar todos os sistemas musicais conhecidos, isso não é, no fundo, nada mais que o cumprimento das mais profundas intenções da música serial.[57] Isso deveria permitir-lhe desenvolver seu projeto de uma arquitetura multipolar e pluralista sobre a base mais extensa possível. E é aí que me parece colocar-se a única, mas peremptória e ainda difícil, condição para qualquer retomada de elementos anteriormente excluídos da área de ação e de extensão do sistema serial: que esses elementos (e com eles a consciência subjetiva que os porta, que os emite e que neles se reflete) sejam depurados de uma vez por todas de sua pretensão à exclusividade, à hegemonia, e que, sem perder suas preciosas propriedades individuais (ao contrário, intensificando-as pela sua exposição recíproca e por toda sorte de trocas e espelhamentos), eles reencontrem os caminhos de uma livre e móvel ordenação no seio da múltipla totalidade.

Com esse fim, é preciso buscar e promover, para as grandes unidades musicais, para as práticas musicais de grande envergadura, ao mesmo tempo coerentes e transbordantes de eventos, formas simultaneamente abertas e fechadas, esféricas e dispersas, ou seja, que tenham ao máximo as propriedades positivas dessas noções sem experimentar suas limitações empobrecedoras, as formas mais *orgânicas* possíveis, de uma maneira que seja *proporcional à sua extensão cronológica*, de tal modo que essas formas sejam expressas a esse nível supremo, numa unidade suscetível tão-somente de tornar essa expressão eficaz, uma multiplicidade, uma mobilidade e um não-acabamento fundamentais, por meio dos quais nos seja oferecida a possibilidade de nos aproximar, de adivinhar e de entrever a figura inefável do Universo, dela alimentando-nos e nela inspirando-nos para a edificação e a harmonização de nossa própria vida em comum.

Sabemos bem, por ora, qual disciplina de trabalho supõe tal projeto, qual rigor crescente na definição dos diferentes níveis subordinados, até o patamar inferior dos materiais elementares. Porém, nenhuma disciplina será

---

57 Salientando o valor da herança serial, Pousseur inscreve sua busca na perspectiva de edificação de um novo "sistema" de composição, capaz de uma integração radicalmente pluralista dos diversos aspectos aqui abordados. Por tal "sistema" entende-se, a rigor, o que designa por *periodicidade generalizada*. (F.M.)

Henri Pousseur

tão rigorosa se ela se mostrar capaz de produzir uma música adaptada ao nosso tempo, uma música voltada às suas necessidades e que permita (que contribua para isso) enunciar distintamente sua proposição no concerto das eras. Pois, como escreve Paul Claudel, "O tempo... é *o Convite a morrer*, a toda frase a se decompor no acordo explicativo e total, a consumir a palavra de adoração ao ouvido do *Sigè*, o Abismo".[58]

1965

---

58 Em correspondência pessoal de 20 de agosto de 2005, Pousseur me esclarece sobre o sentido desta citação conclusiva: "A citação de Paul Claudel é extraída de seu *Art Poétique*, um livro fundamental, ao menos no que se refere às suas duas primeiras partes, 'Connaissance du Temps' e 'Traité de la Co-naissance du Monde et de Soi-même'...". No texto de Pousseur, temos a conclusão do livro de Claudel, e a citação insere-se em um contexto mais longo, que Pousseur reproduz e que mantemos, por se tratar de um trecho literário, no original francês: "Il ne me reste à tirer sous ces lignes aucune barre: que ce discours débouche dans le silence et le blanc! Où seule ne peut se dissoudre cette dernière question: Mais, enfin, le sens, ce *sens* de la vie que nous appelons le temps, quel donc est-il? Tout mouvement, nous l'avons dit, est *d*'un point, et non *vers* un point. C'est de lui que part le vestige. C'est à lui que s'attache toute vie déroulée par le temps, c'est la corde sur laquelle l'archet commence et achève sa course. Le temps est le moyen offert à tout ce qui sera d'être afin de n'être plus. Il est l'*Invitation à mourir*, à toute phrase à se décomposer dans l'accord explicatif et total, de consommer la parole d'adoration à l'oreille de *Sigè*, l'Abîme. – Kouliang, 12 août 1903". Claudel reporta-se à origem do mundo e exalta, nesse contexto, o papel do *silêncio* ("que este discurso desemboque no silêncio e no branco!"). Significativo é também, no contexto do ensaio de Pousseur, o fato de afirmar que "todo movimento... *resume-se* a um ponto (*est d'un point*), e não *se direciona* a um ponto (*et non* vers *un point*)", afirmando a seguir que é desse ponto que "parte o vestígio" e que "o tempo é o meio oferecido a tudo aquilo que será a fim de não mais ser". É como se a origem de toda *direcionalidade*, tão almejada pelas investidas especulativas de Pousseur a partir das formas de onda, partisse de uma fase primordial constituída por pontos (a herança pontilhista weberniana?!). Mas Pousseur está longe de abolir o sentido mesmo extramusical de sua referência, e enaltece em outra mensagem de 23 de agosto de 2005: "O 'ponto' de Claudel, extraído de seu pano de fundo teológico, poderia ser o *big bang*. Mas sou da opinião que se trata também de um mito, significante como todos os mitos e portanto incompleto. Sua idéia de associar os múltiplos 'pontos' webernianos apontaria, pois, para uma diversificação da origem que me parece refletir nosso desconhecimento (*in-connaissance*) e portanto meu agnosticismo". Em outra correspondência de um dia depois (24 de agosto), Pousseur transcreve uma mensagem que recebera de Michel Butor, na qual o escritor francês elucida o sentido de *Sigè*: "Trata-se da palavra grega que quer dizer *silêncio* e também, naturalmente, *segredo*". E Pousseur conclui: "Eis aí uma explicação que me satisfaz e que, de alguma maneira, não obscurece completamente a ressonância do Extremo Oriente, em particular taoísta, que me é tão familiar desde minha juventude", lembrando-me que Claudel teria sido diplomata na China e no Japão. (F.M.)

Apoteose de Rameau
ensaio sobre a questão harmônica[1]

A Pierre Boulez

Reconhecimento

Entre as conseqüências funestas de uma redução (mesmo que momentânea) das variáveis musicais às quatro dimensões tidas como elementares (altura, intensidade, timbre e duração), tem-se uma confusão que já há tempos importuna a teoria da música serial: trata-se do nivelamento abusivo das diversas propriedades de que é testemunha a percepção das freqüências, da neutralização das diversas interpretações fenomenológicas e das valorizações estruturais que essa percepção pode suscitar, ou ainda da ignorância

---

1 Tradução de Flo Menezes e Maurício Oliveira Santos de: "L'Apothéose de Rameau – Essai sur la Question Harmonique". In: *Musiques Nouvelles XXI, fasc. 2-4 de la Revue d'Esthétique*, Paris: Éditions Klincksieck, 1968, p.105-72. O título deste ensaio de Pousseur reporta-se a duas obras de música de câmara da tradição francesa, ambas de 1725 e do mesmo compositor, François Couperin: *Le Parnasse ou l'Apothéose de Corelli* e *Apothéose de Lully*. Do ponto de vista da composição musical propriamente dita, dois são os exemplos práticos na obra de Pousseur que fazem, por sua vez, referência explícita a este seu texto: de um lado, o trabalho de composição coletiva dirigido e encabeçado por Pousseur em homenagem a Igor Stravinsky no ano de sua morte (1971), intitulado *Stravinsky au futur ou l'Apothéose d'Orphée*; de outro, a composição para orquestra de câmara intitulada *La Seconde Apothéose de Rameau*, de 1981. (F.M.)

Henri Pousseur

deliberada com relação à sua diversidade e da sua classificação prematura como um único "parâmetro das alturas", o qual não hesitamos mesmo em chamar, por vezes, de "parâmetro harmônico". Por certo que, nos melhores dos casos, foi-se obrigado a reconhecer a complexidade desta dimensão, a multiplicidade de armadilhas que reserva quando de uma exploração imprudente. Mas freqüentemente chega-se apenas a conclusões pragmáticas, a proibições, tabus, receitas e outras regras sem fundamento teórico geral, sem um horizonte estrutural positivo.

O "congelamento" das propriedades harmônicas ligadas de alguma forma à gramática tonal (seja o das propriedades bem mais recentes, que são provenientes de uma ampliação, distorção ou de qualquer outra elaboração tardia desta gramática – das quais encontramos exemplos em um bom número de compositores da primeira metade deste século, particularmente em Stravinsky e Bartók; ou ainda o das propriedades bem mais antigas, que não são redutíveis à tonalidade, mas que permitiram a aparição e contribuíram para a eclosão progressiva, em seu seio, dos tipos de articulação clássicos), o congelamento, conseqüentemente, quase que da totalidade das funções harmônicas conhecidas e talvez mesmo possíveis (congelamento do qual procuramos, aliás, demonstrar suas origens e justificações históricas) havia evidentemente gerado um estado particularmente homogêneo da matéria freqüencial, um arranjo do "espaço" auditivo que parecia justificar uma concepção deveras linear, uma representação unidimensional.[2]

Entretanto, essa homogeneidade, quando de sua realização efetiva – e quando não é redutível, mais ou menos cegamente, a uma afirmação teórica *a priori* –, é o resultado de toda uma série de medidas de precaução, destinadas a impedir que emergissem determinadas propriedades harmônicas. Essa sua realização nos obriga, entretanto, a termos em conta, de modo mais ou menos consciente, de uma maneira mais ou menos explícita, a existência virtual dessas propriedades (da mesma forma que o espaço cubista "chapado"

---

2 O autor faz aqui, ainda que de modo indireto, uma primeira crítica à geração dita pós-weberniana (da qual ele mesmo fizera parte) com relação à compreensão da obra de Webern, pois se, de um lado, essa homogeneidade harmônica é herança direta da homogeneidade tão presente na obra weberniana – a qual é, aliás, realçada pelo próprio Pousseur nos textos "O Cromatismo Orgânico de Anton Webern" e "De Schoenberg a Webern: uma Mutação", respectivamente –, de outro, ela adquire, em meio às regras proibitivas do serialismo integral, um caráter unidimensional e linear, no mínimo restritivo, em oposição à "tridimensionalidade" (que Pousseur define como *multipolaridade*) presente no universo harmônico de Webern. Deve-se observar, no entanto, que foi justamente da homogeneidade estilística da harmonia, típica da obra weberniana, que as condições mais propícias para uma "unidimensionalização" da harmonia puderam se estabelecer, apontando-nos uma contradição fundamental na obra do mestre vienense. (F.M.)

– ou quase – deve permanentemente pôr obstáculos às tendências que a visão tem de enxergar em profundidade).

A conseqüência mais evidente dessa paralisia parcialmente voluntária é a distância extraordinária – ou ainda o grau excepcionalmente fraco de comunicação que podemos então aí constatar, no que concerne à variação musicalmente capital das freqüências – entre o nível das intenções construtivas e o dos resultados perceptivos. O trabalho estrutural, do qual as técnicas seriais tradicionais (permutações etc.) nos dão o exemplo mais notório, produz-se sobre um plano extremamente abstrato, em que se estabelecem relações a um coeficiente de intelectualidade muito elevado, ao mesmo tempo em que o resultado perceptivo se situa, ao contrário, no plano mais concreto possível, no qual as alturas quase nada mais são que um aspecto entre muitos do *timbre*, da materialidade mais imediata do som. A ligação entre esses planos é deliberadamente privada de sólidos suportes intermediários, que uma reflexão tanto realista quanto lógica poderia, contudo, proporcionar.

Procurarei demonstrar e esclarecer esta situação da maneira mais exaustiva possível. Tendo me tornado, pelas necessidades imperiosas de um trabalho quotidiano e prolongado, cada vez mais consciente das dificuldades e contradições que lhes são inerentes, ao mesmo tempo em que preocupado com estas de maneira sempre mais aguda, fui levado a examinar seus dados mais de perto, no esforço de encontrar uma primeira resposta, mesmo que ainda analítica, descritiva, antes de ser prática e produtiva (ainda que, como veremos, estes dois aspectos tenham se desenvolvido, na realidade, de maneira consideravelmente paralela).

* * *

Se fizermos o exame da conhecida realidade histórica ao mesmo tempo que geográfica (e é preciso que se diga que há aqui uma enorme investigação a prosseguir, e teremos que nos contentar por ora com apenas algumas observações bem esparsas que, entretanto, nos parecem já bastante demonstrativas), assim como a análise das reações individuais mais objetivas e examinadas da forma mais científica possível (o que certamente não suprime nem as propriedades *cultivadas*, nem o "interesse" sensível das faculdades individuais examinadas), constataremos que a percepção das freqüências e das diferenças de freqüência pode dar lugar a vários tipos de valorização significativa, de funcionalização em certo sentido pré-musical, sobre os quais construções musicais poderão edificar-se.[3] Na prática, esses diferentes tipos são freqüen-

---

3 Uma dessas "valorizações" ou "funcionalizações" possíveis é, sem dúvida, aquilo que Edmond Costère designara por *cardinalidade* dos intervalos, ou seja, seu potencial atrativo, o qual

temente bem imbricados, e é raro, ou até mesmo impossível, podermos isolar um deles de maneira absoluta no plano das operações concretas. Mas no nível de uma experiência generalizante e de uma reflexão teórica sobre ela, tal distinção parece ser não apenas possível, mas também das mais úteis, e talvez seja mesmo inteiramente indispensável, na presente situação, esforçarmo-nos para daí tirar o ensinamento mais circunstanciado possível.

Como conseqüência de várias tentativas de sistematização, fui levado a distinguir e definir quatro níveis principais desta atividade (bastante automática) de valorização pré-musical das freqüências. Vamos denominá-los de "colorístico", "melódico", "harmônico" e "combinatório", respectivamente, e examinemos cada um desses níveis de mais perto. Constataremos então que eles se repartem segundo uma progressão que vai do mais concreto ao mais abstrato (e nos será também possível, no mais, explicitar essas noções e o uso que delas fazemos à luz de nossas análises particulares).

a) Função "colorística"

Escutemos sons de freqüências distintas e tomemos desde o início certo número de medidas destinadas a evitar valorizações, sejam de natureza acidental (poderíamos escolher, para começar, sons "senoidais", por exemplo, totalmente desprovidos de *harmônicos* que complicariam a definição tanto métrica quanto fenomenológica, tanto quantitativa quanto qualitativa, e sobretudo a relação entre estes dois aspectos), sejam "do segundo grau" (deveríamos então procurar evitar o quanto possível relações intervalares privilegiadas – mesmo que por razões culturais –, e como corremos sempre o risco de evitar um tipo de privilégio para cair noutro, ser-nos-ia talvez ainda preferível que escolhêssemos algumas "bandas" de ruído, suficientemente estreitas para que a definição estatística de freqüência média seja satisfatória e suficientemente extensas para que qualquer proporção harmônica, demasiadamente insistente, venha ser perturbada).

Com efeito, o ideal será então o acúmulo das experiências de tipos diferentes, sons senoidais, bandas de ruído e mesmo sons mais ricos de todas as espécies, procurando deduzir daí observações constantes e generalizáveis. Aliás, a experiência corrente, que não deve ser por nós demasiadamente desprezada, já nos oferece um domínio fortemente pré-organizado.

---

nos permite avaliá-los sob o prisma das *polarizações*. (Cf. a esse respeito Menezes, Flo. *Apoteose de Schoenberg* – tratado sobre as entidades harmônicas, 2.ed. (revista e ampliada). São Paulo: Ateliê Editorial, 2002, p.101-11; e Ramires, M. *A teoria de Costère* – uma perspectiva em análise musical. São Paulo: Embraform Formulários, 2001.) (F.M.)

A variação qualitativa da qual traçamos um paralelo de modo mais imediato (e também automático) com as variações de freqüência constitui a impressão de uma variação de *luminosidade*. Fala-se também de *cor*, e a palavra alemã *Klangfarbe*,[4] por exemplo, se adapta muito bem a este contexto. Não me parece, contudo, que possa haver aqui uma intenção de ligação precisa com a escala cromática, por exemplo, de um arco-íris; ao que tudo indica, associamos quase sempre as freqüências elevadas às noções de claridade, de luminosidade, relacionando as freqüências baixas com o domínio da escuridão, do obscuro.

Não enumerarei aqui mais que uma pequena parte das inúmeras metáforas lingüísticas que atestam a generalidade dessa experiência (o "clarim"[5], os baixos "profundos" etc.); seria evidentemente mais interessante procurar sua confirmação (ou informação?) nas mais diversas línguas e poéticas da humanidade. Constatemos, na espera, um conjunto de fatos bem simples: as freqüências elevadas são sistemas vibratórios *rápidos* (mesmo que de modo relativo, ou seja, em relação às freqüências audíveis baixas); elas são produzidas por corpos relativamente *pequenos* e *leves* (ou ainda por corpos mais *tensos*, mas, a uma tensão igual, será sempre o corpo mais leve que vibrará mais depressa, e existe, no mais, toda uma série de ligações objetivas, mensuráveis, entre as noções de tensão, de resistência, de inércia e de peso).

A "associação" que aqui está em questão (e que não precisa ser tomada num sentido muito limitado como o que se dá a este termo em psicologia experimental clássica) pertence portanto a um domínio muito geral de experiência, em que se torna difícil distinguirmos o físico do psicológico, o natural do cultural, o material do espiritual, e em que energia, rapidez, leveza, vivacidade, brilho, luz, sonoridade cortante, agudeza pertencem a um único pólo, enquanto se opõe a isto o conjunto das noções e experiências de inércia, lentidão, peso, obscuridade, opacidade, gravidade etc. Isso não impede, é bom que se diga, que na complexidade do real noções contrárias possam por vezes estar estreitamente associadas, e que possa haver, como se sabe, objetos ao mesmo tempo pequenos e pesados, ou elocuções simultaneamente rápidas e sombrias.

Mas trata-se então de uma divergência, ou ainda de uma tensão entre diferentes níveis ou entre diversos aspectos de um mesmo fenômeno, sempre entendida e expressa como tal, como uma relativa anomalia, como um evento relativamente pouco provável. Ora, o que procuramos aqui é definir as noções e propriedades mais elementares possíveis, porque é delas que

---

4   *Klangfarbe*, substantivo feminino que significa literalmente a "cor do som", é a palavra alemã para *timbre*. (F.M.)

5   Tem-se, em português, a mesma figura de linguagem que em francês: clarim = trompete, com associação à palavra claro; "*clairon*" = clarim, "*clair*" = claro, respectivamente. (F.M.)

temos necessidade. A partir de então ser-nos-á bem mais fácil considerar fenômenos complexos, assim como compreender por que, por exemplo, uma nota grave e possante do fagote parece um som escuro ao mesmo tempo em que brilhante, resplandecente: e, de fato, não seria o som fundamental grave desse instrumento literalmente "portador" de uma banda de harmônicos bastante intensos e de freqüência muito mais elevada? E a forma da onda sonora, traduzível em oscilograma, não se revela ao mesmo tempo extensa (como a de uma senóide grave) e angulosa (como a dos sons senoidais agudos)?

A noção de cor se enriquecerá ainda de outras propriedades, por exemplo, quando se tratar de uma onda fortemente periódica (de um "som") ou, ao contrário, de um processo vibratório mais irregular (de um "ruído"), ou quando houver entre os diferentes parciais de um som complexo tal ou tal proporção de freqüência, esta ou aquela relação harmônica. E isso ilustra bem a afirmação de que as diferentes categorias não são completamente separáveis, pois, para avançarmos ainda mais na análise dessa categoria, seríamos obrigados a recorrer aos outros planos, os quais ainda não examinamos.

Observemos, antes de concluir este tópico, que nesta categoria "colorística", ou de "luminosidade", um valor fenomenológico único (um certo grau de claridade) está ligado obrigatoriamente a certa grandeza objetiva (a determinada freqüência). Uma margem de interpretação é certamente possível, como na visão da luz, por causa do contexto: da mesma forma que um tom de cinza pode ser interpretado como claro ou escuro, ou até mesmo como branco ou como preto, segundo os elementos de sua proximidade, uma determinada freqüência poderá também sofrer variações, até bem importantes, do grau de claridade que lhe é atribuído, por causa da proximidade com tal ou tal freqüência, com um conjunto de freqüências, mais graves ou mais agudas. Mas não se trata ainda de transponibilidade, de abstração de princípio, e não nos será possível, por exemplo, apresentar na sucessão imediata diferentes valores objetivos, freqüências distintas, pretendendo realizar o *mesmo* valor fenomenológico de várias maneiras. Estamos, pois, em presença de uma ligação de termo a termo, de uma correspondência local, ou, como diríamos, "absoluta" do subjetivo ao objetivo, ou seja – como já dissemos anteriormente –, do termo mais concreto de nossa escala de propriedades perceptivas.

b) Função "melódica"

Liberemos antes de tudo esta categoria – assim como, aliás, a categoria "harmônica" – das noções de sucessividade e de simultaneidade: os valores harmônicos se manifestam constantemente nas estruturas sucessivas, por exemplo, nas formas "monódicas", da mesma forma e também exemplificando que o valor melódico intervém, como ainda veremos, na avaliação das funções

Apoteose de Rameau

constitutivas de um acorde.[6] Esta segunda propriedade é deduzida diretamente da primeira. É ao mesmo conjunto de associações elementares (nutrido tanto pela *experiência instrumental* quanto pela prática *fonética*: voz "de peito" ou "de cabeça" etc.) que recorreremos para ilustrá-la e explicá-la; mas nos interessaremos agora menos pelas impressões de luz do que por aquelas, não menos gerais (e que lhes são associadas da maneira já mencionada), de *peso* e conseqüentemente de *altura* propriamente dita.[7] É aqui que se constitui o espaço fictício no qual as escalas musicais permitem que nos movamos, onde podemos ascender, descer, efetuar passos de diversas grandezas, medir entre pontos diferentes *distâncias* de variações consideráveis.[8] Trata-se, pois, bem menos de uma percepção de valor *local* do que de uma percepção de *relação* e eventualmente até mesmo de movimento, de passagem de um ponto a outro, com as impressões de um maior ou menor dispêndio de energia que aí são conduzidas, com as noções de tensão ou de repouso que acompanham eventualmente (no caso de as condições permanecerem as mesmas) os deslocamentos ascendentes ou descendentes, respectivamente.

Este nível manifesta já em si mesmo uma real transponibilidade e conseqüentemente maior generalidade: podemos reencontrar (abstração feita de toda ilusão ou de toda adaptação provenientes das influências contextuais) o mesmo valor melódico – por exemplo, o termo superior de tal ou tal distância – em diferentes registros, em distintas zonas de altura, pelo simples fato de que somos capazes de *identificar* essa distância em cada um desses registros *distintos*. (Insistimos no fato de que há, novamente aqui, uma imbricação bem estreita de propriedades distintas – neste caso, das propriedades melódicas e harmônicas. A percepção proporcional das relações de freqüência, que logo

---

6 Nota-se aqui a emancipação definitiva do conceito de *harmonia* com relação à sua concepção mais acadêmica, na qual se entende por harmonia apenas as relações verticais entre distintas notas musicais. Já desde a abordagem da tridimensionalidade da harmonia weberniana feita por Pousseur, percebe-se claramente sua oposição a esta concepção linear e limitada do fenômeno harmônico. (F.M.)

7 Pousseur refere-se, aqui, à noção acústica de *peso*, que diz respeito à localização de uma determinada nota no registro das alturas, ou seja, nas distintas Oitavas. A esta noção contrapõe-se a de *croma*, que se reporta à distinção propriamente dita *entre* as notas dentro de uma Oitava (o *Dó* é diferente do *Dó sustenido*, este do *Ré* etc.). (F.M.)

8 Ao falar de "espaço fictício", Pousseur toca na essência da melodia: efetivamente, o fator melódico concerne diretamente à *espacialidade* dos intervalos – entendida por *espacialidade*, neste contexto, não a espacialidade sonora, tal como esta participa, como um de seus parâmetros mais fundamentais, da música eletroacústica, mas antes a *distância espacial* entre as notas, ou o *espaço* entre os intervalos. É nesse sentido que bem define Adorno a essência melódica, quando afirma: "A verdadeira qualidade de uma melodia é sempre medida segundo o grau em que consiga transpor no tempo a relação, por assim dizer, 'espacial' dos intervalos" (Adorno, T. W. *Filosofia da nova música*. São Paulo: Perspectiva, 1974, p.64). (F.M.)

mais explicaremos, contribui substancialmente para o reconhecimento dos "mesmos" intervalos, das mesmas "qualidades" de intervalos, realizados em diferentes regiões freqüenciais e meios "colorísticos". Privada dessa percepção tipicamente harmônica, a comparação de distâncias provenientes de diferentes registros torna-se já bem mais difícil.)

Isto dito, um valor melódico determinado pode, entretanto, ser assumido por um grande número de freqüências distintas (mesmo que percebidas como tais), e, inversamente, uma determinada freqüência pode suportar toda uma série (linear, unidimensional) de valorizações melódicas: ela pode tornar-se sucessivamente tal ou tal termo de uma ou outra "distância" identificável. Efetuamos, portanto, um primeiro e importante passo no sentido da abstração e da generalidade.

Esforçar-nos-emos, contudo, para definir ainda melhor esta categoria, procurando distingui-la sobretudo da que se segue, afirmando que aqui – à medida que se trata *somente de distância* (e já que fazemos abstração voluntária, de modo mais ou menos arbitrário e portanto bem provisório, das outras propriedades ligadas às diferenças de altura) – os intervalos que denominamos respectivamente de Oitava e de Nona menor são extremamente próximos um do outro, enquanto uma Nona menor e um Semitom são, ao contrário, bem diferentes. Uma experiência relativamente pura desses valores isolados pode, aliás, ser feita se utilizarmos apenas bandas de ruído, como preconizado mais acima, de sorte que a percepção harmônica, que exige a recepção de alturas relativamente exatas – ou seja, de freqüências periódicas e de suas proporções –, seja momentaneamente neutralizada[9] e que subsista apenas a impressão de distância fictícia[10] pela qual nos interessamos no momento.

---

9   Ainda que a percepção *harmônica* seja neutralizada quando da utilização de ruídos, como proposto aqui por Pousseur, subsiste, como o próprio autor reconhece, uma qualidade "melódico-intervalar" na relação *entre* os distintos ruídos, mais graves ou mais agudos. Ao que se refere, nesse contexto, é, pois, aquilo que Pierre Schaeffer designou por *massa*: a capacidade de se "localizar" os sons (de altura definida e de altura indefinida, como os sons complexos e os ruídos) no âmbito geral das alturas sonoras – cf. Schaeffer, Pierre. *Traité des Objets Musicaux – Essai Interdisciplines.* Paris: Éditions du Seuil, 1966, p.432. É a *massa* dos objetos sonoros, na acepção schaefferiana, que permite, pois, estabelecermos relações "melódicas" entre os sons mesmo em se tratando de ruídos. (F.M.)

10   Ao fazer uso da expressão "distância fictícia", referindo-se à trajetória móvel percorrida pelas distintas notas no decorrer de um determinado contexto musical, Pousseur nos sugere a idéia de um *perfil melódico* (mas que pode, no mais, tornar-se relativamente independente do fator melódico em sentido estrito, transmitindo-nos a idéia de um perfil formal, dinâmico, contextual dos fenômenos sonoros, notadamente das freqüências de uma dada estrutura). É exatamente este nível da escuta – qual seja, o nível concernente à percepção dos *perfis* – que possibilita, na realidade, a percepção mais clara das estruturas harmônicas transformadas quando da utilização dos procedimentos harmônicos propostos por Pousseur neste artigo (como por exemplo os "ciclos" e suas permutações, e as "redes harmônicas" e suas projeções). (F.M.)

Apoteose de Rameau

Aliás, numa textura atonal densa, como a de certas obras orquestrais antigas de Berg ou de Schoenberg, em que os valores harmônicos são neutralizados de uma maneira bem acentuada, a percepção de puras distâncias (percorridas), colorida pelo meio harmônico bem particular, bem homogêneo na dissonância, na qual elas são efetuadas, adquire uma importância igualmente primordial. Tal meio demonstrou-se, no mais, bastante propício à eclosão da *Sprechstimme*,[11] fenômeno puramente melódico, no qual nenhuma comparação harmônica se faz presente.

c) Função "harmônica"

Tudo o que já dissemos anteriormente a este respeito nos permite deduzir o que entendemos por esta função. Precisemos que ela nos parece diretamente ligada à natureza *numérica, quantitativa*, e por conseqüência virtualmente *proporcional* dos sons propriamente ditos (ou seja, dos sistemas vibratórios altamente periódicos), assim como à capacidade notável que nosso ouvido tem de perceber tais propriedades. Não nos cabe aqui analisar todos os aspectos científicos, psicofisiológicos, por exemplo, concernentes a essa percepção, ou de nos interrogarmos como um modo de percepção que apresenta seus resultados à consciência de uma forma essencialmente qualitativa (e de certa forma espacializada) pode ao mesmo tempo preservar e valorizar os aspectos numéricos e proporcionais de seus objetos microtemporais, nem o que ocorre para que certas irregularidades aparentes desse mecanismo não alterem sensivelmente essa valorização.

Em todo caso, parece-me que o fato de certas pessoas porem em xeque a natureza fundamentalmente *pitagórica* (aqui entendida no mais amplo sentido) da percepção harmônica nos revela um ceticismo deveras... sofisticado.[12] Não consideremos somente nosso sistema tonal, cujas articulações são, entretanto, fruto de um lento e paciente desenvolvimento, de uma elaboração particularmente demonstrativa (ainda que muito especial e de modo algum obrigatória) do dado natural e virtual (ou seja, também de uma parte

---

11 O autor refere-se aqui ao *Sprechgesang* (canto falado), sedimentado por Arnold Schoenberg, no qual as freqüências são demarcadas apenas de modo aproximativo e no qual o contorno ou perfil melódico ganha importância incontestável por causa dessa inexatidão da notação (ao contrário, portanto, do canto "normal"). (F.M.)

12 É de importância fundamental percebermos que o fato de a harmonia estar incondicionalmente ligada à percepção freqüencial e, portanto, aos fenômenos *periódicos*, não quer dizer necessariamente que o ruído (fenômeno notadamente aperiódico, mas que pode ser, por sua propriedade de *massa*, associado a certa altura mais ou menos precisa, e que pode, por isso, estabelecer relações de tipo harmônico com outros sons) não possa se inserir num contexto harmônico, digamos, "de segundo grau" e ser percebido, por isso, harmonicamente. (F.M.)

da experiência cultural anterior). Uma boa parte dos outros sistemas musicais, talvez mesmo todos os sistemas musicais da humanidade, considera certos intervalos, primeiramente a Oitava, depois as Quintas, por vezes as Terças etc. (cujo substrato numérico é constituído pelas proporções mais simples, mais fáceis de serem percebidas, pelas proporções cujas taxas de coincidência são em todo caso as mais elevadas) como intervalos de algum modo privilegiados (a ligação do ouvido ao aparelho fonador certamente desempenhou aqui um papel muito importante).

A qualificação lingüística e axiológica poderá naturalmente diferir bastante segundo o contexto geral no qual tais fatos se dão; mas o contexto em si mesmo nada mais é, ao menos em alguns de seus aspectos, que uma combinação e conjugação de valores primários análogos. Ora, o fato de que pareça existir, apesar da grande variedade das elaborações culturais superiores, certa unanimidade da percepção elementar (manifesta, por exemplo, na abundância do pentatonismo nas culturas musicais suficientemente pouco primitivas para que os sistemas primários de alturas sejam elaborados), não seria uma demonstração suficiente de que em todas as aproximações, todas as deformações, eventualmente expressivas, e outras inexatidões, tem-se sempre a percepção dessas proporções de freqüência?

E mesmo a proibição dirigida primeiramente contra a Oitava, depois, em menor medida, contra todas as consonâncias, contra todos os intervalos "de forte poder direcional" pelas teorias atonal e serial, não seria em si mesma um reconhecimento, no final das contas bastante explícito, desse poder elementar?[13] Da mesma forma, no domínio óptico, uma figura grosseiramente desenhada continua nos fornecendo a imagem ou a *essência* do quadrado, e essa essência, graças à potência e à pregnância que lhe confere sua marcante simplicidade (cujos traços podemos encontrar tanto na natureza quanto na cultura, tanto no domínio físico quanto no psicológico), tende a ser reco-

---

13 Esta crítica de Pousseur, dirigida à concepção do serialismo integral, expõe-nos pela primeira vez de modo claro a polêmica em torno da utilização dos intervalos consonantes, notadamente da Oitava, em meio à harmonia contemporânea, ainda que tal consciência tenha sido esboçada em textos anteriores de Pousseur. Faz-se aqui presente uma das distinções mais marcantes do pensamento de Pousseur com relação aos demais compositores defensores da estética serialista integral da geração pós-weberniana, principalmente com relação a Pierre Boulez (a quem Pousseur dedica sintomaticamente este texto) que, mesmo em meio à elaboração da técnica de multiplicações de acordes nos anos 1950 (uma das primeiras tentativas de "reforma" do sistema serial, como um "reconhecimento" de sua falência harmônica – apenas admitida expressamente, contudo, num texto recente: "Le Système et l'Idée". In: *Harmoniques 1*. Paris: IRCAM, dez. de 1986, p.62-104), ainda mantivera como princípio a proibição do intervalo de Oitava. (F.M.)

Apoteose de Rameau

nhecida, mesmo entre as figuras mais diversas, contanto que a inexatidão dessas formas não seja tal que permita que outras "formas fortes", com uma probabilidade então ainda maior, venham a contrariá-la.[14]

E se por vezes parece-nos possível mostrar historicamente que a explicação teórica de certas formas de relações precedeu seus usos estruturais, precedendo também *a fortiori*, portanto, a percepção e a valorização sensivelmente significativas dessas relações, não seria isto uma prova da fecundidade prospectiva das hipóteses teóricas, fato que não poderia deixar de nos alegrar? Assim como em qualquer outro domínio da prática concreta, não seria pelo fato de que tais hipóteses correspondiam bem às realidades potenciais que elas puderam então conduzir, mesmo que por meio de um lento trabalho de aprendizagem, o desenvolvimento de formas altamente eficazes (desconsiderando-se aqui a ideologia à qual tais formas serviram)? Poderia uma cultura se desenvolver se não dispusesse de um terreno propício, das sementes e de outros produtos naturais que lhe são necessários, e, enfim, de uma técnica perfeitamente adaptada a esses elementos? Certamente que a forma a ser assumida por esta cultura não é apenas ditada por suas condições de eclosão, mas a gratuidade dessa eclosão se situa de fato no interior de um campo de possibilidades, de um espaço combinatório definido, delimitado por essas condições (que serão, por sua vez, modificadas por tal eclosão).

Quanto às aproximações, notemos que elas não ocorrem somente no nível psicológico, que elas não são somente fonte de ilusões e de outros erros subjetivos. Elas parecem-me, ao contrário, ser a ilustração suplementar da adaptação extraordinariamente sutil de nosso aparelho perceptivo à realidade exterior, à qual, aliás, ele pertence. Quando constatamos, por exemplo, que nosso ouvido aceita certas margens de aproximação na identificação dos intervalos (margens que se reduzem sensivelmente quanto maior a simplicidade das proporções a eles subjacentes), é preciso que constatemos também que ele nada mais faz que propor a clivagem a mais adequada possível da realidade e de seus níveis de significação.

Se, por exemplo, observarmos no osciloscópio o comportamento de uma Oitava aproximada (ou seja, uma Oitava cuja aproximação, a fim de que possa permanecer aceitável para o ouvido, não ultrapasse cerca de 1%), constataremos que uma relação figural relativamente estável se instala efetivamente entre os dois sistemas periódicos, correspondendo à proporção do simples ao dobro, mas que, por outro lado, a relação de fase das ondas sonoras sofre uma trans-

---

14 Pousseur faz aqui um jogo de palavras em francês, que se perde em português, entre *carré* (quadrado) e *contrecarrer* (contrariar). (M.O.S.)

formação, relativamente lenta ou, ainda melhor, suficientemente lenta para, contudo, não afetar a significação principal do fenômeno. É necessário aqui, portanto, que lidemos com uma noção de "limites de eficácia" significativa, que parece se manifestar constantemente na natureza menos humanamente cultivada. Tomemos como exemplo tão-somente o fato muito simples de que uma corda que soa por simpatia, respondendo às leis universais da mecânica, não ressoa simplesmente a sua freqüência própria, ou ainda os seus harmônicos exatos, mas também, segundo uma curva de intensidade decrescente de modo mais ou menos rápido, as freqüências melodicamente vizinhas.

Este fenômeno, que afeta todos os sistemas de filtros, de antenas etc., e que neles pode demonstrar graus de seletividade bem distintos – cujas equivalências psicológicas poderão ser então de ordem cultural –, deve encontrar numerosas correspondências, eventualmente bem mais complexas, em todos os domínios da realidade. Isso constitui uma evidência, entre outras, da existência de estruturas reais, e as estruturas da consciência teórica, que lhes tomam emprestadas suas ferramentas, nada mais fazem do que tentar encontrar, aí, a verdade.

Na nossa categoria "harmônica", sobre a qual poderemos ainda nos deter em seguida, constatando e explorando a sua complexidade, não são mais os critérios de *distância* em um espaço de alturas fictícias, pois, que desempenham o papel primordial, mas sim as noções de parentesco, de subordinação, de polaridade, de atração e repulsão, e de todas as outras espécies de relações entre os fenômenos sonoros, cujas denominações podem variar muito, mas que se baseiam essencialmente nas propriedades proporcionais dos intervalos e grupos de intervalos.[15] Essas propriedades, tão complexas, tão ricamente diferenciadas e organizadas quanto aquelas, exatamente paralelas, da *escala de números inteiros*, manifestam-se, no nível qualitativo, por meio de toda uma paleta metafórica de cores, de sabores ou ainda de perfumes altamente elaborados.

Um modo de orientação bem cômodo, sem dúvida indispensável, e que parece corresponder bem à realidade deste espaço denso é o da classificação em *famílias*. Se considerarmos a Oitava, assim como o faz boa parte dos siste-

---

15 Nesta frase Pousseur resume de forma extraordinária a distinção essencial entre o dado *melódico* e o dado *harmônico*. Ao final deste parágrafo, tal distinção acarretará, como veremos, uma reavaliação da própria noção de *peso*: aplicada às notas consideradas pelo prisma da melodia e dos perfis (tal como o faz a acústica), a noção aplica-se rigorosamente à localização de cada nota no registro das alturas; mas aplicada ao contexto harmônico, a noção adquire uma acepção bem distinta, qual seja: a de *polaridade*, centro de gravidade harmônico, e mesmo tom principal. (F.M.)

Apoteose de Rameau

mas musicais (e em particular, há muito tempo, o nosso[16]), como um agente de *identificação privilegiado* entre freqüências diferentes (as famosas proibições de que tratamos acima são um bom exemplo disso, pois é precisamente de identificação distintiva que uma teoria serial concebida unilateralmente parecia querer deliberadamente se privar), todos os intervalos que se aparentam uns aos outros por uma simples variação de Oitava ("desdobramento" por um lado, "inversão" por outro) pertencem então a uma mesma família. Conseqüentemente, o Semitom e a Nona menor, assim como a Sétima maior e todos os desdobramentos (transposições à Oitava) destes dois últimos intervalos são modos distintos de aparição de um único e mesmo intervalo-tipo, formando assim uma só família, na qual as diferenças são sobretudo de ordem melódica (grandeza dos intervalos, situação respectiva, mais aguda ou mais grave, das diferentes funções constitutivas da relação intervalar).

Por outro lado, a Oitava e a Sétima maior, correspondendo a graus de complexidade proporcional já bem diferentes, são, apesar de sua proximidade melódica, harmonicamente bem dessemelhantes, bem distanciadas uma da outra. A escala dos harmônicos naturais, ou seja, a série aditiva de números inteiros desempenha aqui um papel de discriminação muito importante. A fundamental e as Oitavas da fundamental de tal série (ou seja, a unidade, o número dois e as potências deste último) ou de qualquer intervalo que daí possa ser extraído serão dotadas, pois, de uma polaridade particularmente forte. Uma primeira hierarquia de importância estrutural, de "peso" harmônico, totalmente distinto do peso melódico, parece poder então se estabelecer paralelamente ao grau de proximidade harmônica das freqüências nessa família fundamental.

Um caso bem conhecido mostrar-nos-á do que se trata aqui: enquanto a Quinta é reputada pela sua polaridade inequívoca que fez com que fosse considerada como um dos intervalos a só serem praticados com muita prudência na harmonia – ou anti-harmonia – de tipo serial, a Quarta, inversão da Quinta, manifesta em si, ao contrário, uma grande ambigüidade. Apesar de sua simplicidade proporcional (3:4), reluta-se em enquadrá-la entre as verdadeiras consonâncias (as quais de fato devem, para que sejam consideradas como tais, acumular toda uma série de propriedades marcantes), e várias críticas teceram seus argumentos a partir das variações de sua valorização significativa para então caminharem em direção a uma teoria na qual a semântica harmônica seja então vista como fenômeno puramente cultural.

Como logo veremos, tal conclusão é um tanto precipitada! Na Quinta, com efeito, existe uma *convergência* de duas polaridades: a harmônica e

---

16 Pousseur refere-se ao sistema temperado ocidental. (F.M.)

a melódica. Esta última, que diz respeito naturalmente à nota mais grave, coincide aqui com a primeira, reservada à Oitava da fundamental, ou seja, ao número 2, ao termo inferior dessa proporção 2:3. Existe portanto confirmação, afirmação reforçada da polaridade melódico-harmônica, e somente forças contextuais ainda mais potentes poderão a ela se opor. Na Quarta, ao contrário, há divergência, invalidação de uma polaridade por outra. A polarização[17] *melódica* afeta sempre e obrigatoriamente a nota mais grave, mas esta não é a Oitava da fundamental, sendo, pois, sobre a nota superior que se estabelece o privilégio *harmônico*. Donde a relativa instabilidade, ou em todo caso a incerteza polar deste intervalo, ilustrada tão bem pelas funções do acorde de "Quarta e Sexta" da música tonal (com sua tendência a ser interpretado como um acorde com inversão,[18] o que se torna imperativa por todo o contexto).

Daí também o uso abundante das Quartas numa harmonia de tipo weberniano, na qual se fazem particularmente presentes, como ainda veremos, os princípios de bipolaridade e de multipolaridade, ou ainda de onipolaridade harmônica,[19] princípios que se realizam sobretudo graças à abundância de um certo cromatismo, apresentado principalmente sob a forma de grandes intervalos do tipo da Sétima maior, mas que podem também encontrar em intervalos como a Quarta (ou a Terça menor, ou ainda, até certo ponto, as Sextas) preciosos auxílios. Por certo que o contexto, se é preciso dizê-lo aqui ainda uma vez, pode deformar consideravelmente o *sentido* de um intervalo como a Quarta. Inserida numa Quinta, percebida como "retardo" da Terça, ela adquire um valor verdadeiramente dissonante. E, por outro lado, vemos diferentes tipos de peças musicais terminarem sobre seu termo *inferior* (harmonicamente subordinado ao superior), seja pelo fato de que, como em certas monodias populares eslavas, a estrutura total do modo assegure a polaridade, harmônica mesmo, desta nota, seja pelo fato de que, como em certas peças gregorianas ou em certas polifonias modais da Renascença, a música não

---

17 Para traduzir o conceito de *polarité*, usado por Pousseur, optamos, na maioria das vezes, por *polarização*, mais comum entre nós que *polaridade*, quando o assunto versa sobre a harmonia. O termo reporta-se ao potencial centralizador (ou ainda polarizador, atrativo) de determinada nota em determinado contexto, tendo sido sistematicamente estudado por Edmond Costère (que prefere falar, aliás, em *cardinalidade* em vez de *polarização*), ao qual já nos reportamos. (F.M.)

18 Mais precisamente como um acorde de segunda inversão. (F.M.)

19 Pousseur acresce aqui à sua terminologia, além dos já conhecidos termos *bipolaridade* e *multipolaridade* (utilizados pelo autor desde seus textos "O Cromatismo Orgânico de Anton Webern" e "De Schoenberg a Webern: uma Mutação"), o termo *onipolaridade*, talvez ainda mais significativo do que entenda pela harmonia weberniana. (F.M.)

parece se concluir de uma maneira tão definitiva ou afirmativa (como no caso de uma cadência tonal), mostrando-nos que a poética dessa época parece ser compatível com o princípio de certa *tensão permanente*.

A taxa de abstração e de transponibilidade cresceu aqui novamente numa proporção notória (sobretudo se chegarmos a conceber essa categoria da maneira mais pura possível, libertando-a ao máximo de todas as implicações melódicas, se nos contentarmos, pois, em enunciar os *nomes* das notas, com abstração feita de seu "registro"). Podemos então não somente realizar cada intervalo em todos os registros possíveis, como também observar, além dessa transposição de primeiro grau, que cada intervalo-tipo (por exemplo, Dó-Sol) pode sofrer toda uma série de variações, subordinadas à sua identidade, do tipo da aumentação (via transposições à Oitava) e da inversão. (Esta última operação certamente introduz, no interior da família, uma subdivisão tanto mais importante quanto mais se tratar de um intervalo mais polarizado, mais sensível à sua disposição melódica; é o caso da Quinta, por exemplo, enquanto, no outro extremo, o Trítono ou até mesmo o Semitom são praticamente indiferentes à inversão, ao menos do ponto de vista harmônico: salvo no caso de artifícios contextuais, não há quase diferença de polaridade entre uma Sétima maior e uma Nona menor.)

Em outras palavras, cada função harmônica assimilável a uma nota (por exemplo, a função "fundamental da Quinta" – e de todos os seus derivados – ou "termo superior da Terça maior" – e de todos seus derivados) pode ser realizada não apenas por um grande número de freqüências, ordenáveis numa escala melódica linear, mas também por um outro eixo de variação, de certo modo perpendicular ao primeiro, no qual se tem a aplicação possível de diferentes variantes do intervalo-tipo. Por certo que podemos considerar tal variação como puramente melódica, no sentido acima definido, mas ela age de forma tão marcante sobre as funções harmônicas propriamente ditas (sobretudo no que se refira à operação de inversão), que é praticamente impossível dela fazermos completa abstração.

Por fim, é preciso reconhecer que a utilização da Oitava como agente de identificação e critério de agrupamento, apesar de sua alta freqüência cultural e de sua probabilidade natural tão elevada, não constitui provavelmente a única forma de organização possível, pois outros tipos de organização ou até mesmo pré-organização do domínio harmônico, também bem eficazes, são possíveis, e estão talvez potencialmente presentes na estrutura mesma do material acústico. Talvez possamos mesmo descobrir já certos exemplos de tais alternativas em nossa música ou sobretudo na de outras civilizações. (A harmonia weberniana, por exemplo, neutralizando completamente as propriedades oitavantes, faz que surjam outras virtualidades relacionais – e portanto expressivas, significativas – que sem tal neutralização teriam permanecido ocultas.) Até o presente, no entanto, este terreno é para nós de longe o mais familiar; parece-nos bem interessante que daí partamos para então chegarmos, em seguida, a explorar eventualmente, graças às generalizações cujas modalidades ainda teremos a oportunidade de expor, outros terrenos, e para termos a oportunidade de descobrir outras formas de organização igualmente eficazes (e que – é preciso que se diga aqui com veemência – jamais serão arbitrárias).

Apesar de sua crescente generalidade, esta categoria é ainda fortemente marcada pelos sabores concretos que ela engendra. Antes que nos lancemos a uma análise bem mais detalhada de algumas de suas virtualidades atuais, análise que é o objeto principal deste artigo, é preciso que nos detenhamos ainda sobre uma quarta categoria, particularmente abstrata, da percepção e da valorização das freqüências.

d) Função "combinatória"

Esta denominação foi emprestada de um uso já corrente que qualifica de "combinatório" um conjunto de operações, mais freqüentemente de tipo serial, em que o ouvido parece desempenhar um papel subordinado, em que são as relações intelectuais, as articulações lógicas, perceptíveis sobretudo mediante leitura ou análise, que adquirem uma maior importância, em que as estruturas não podem, de toda forma, ser inteiramente explicitadas com a ajuda dos critérios das três primeiras categorias examinadas, sobretudo das duas últimas entre elas, que são as categorias mais "relacionais".

Podemos encontrar um primeiro exemplo, mesmo que ainda atenuado, no sistema dodecafônico clássico. Sabe-se que ele admite a identidade estrutural ou ao menos o parentesco privilegiado entre figuras diferentemente dispostas no registro, ou seja, entre formas nas quais os intervalos sofrem, de maneira independente uns com relação aos outros, toda espécie de transformação, como inversão, aumentações etc., com a condição de que se trate sempre da mesma série de intervalos-tipo. Entretanto, ainda que já não se trate de evidente relação "melódica" – à medida que as diferentes articulações desta categoria "combinatória" podem se apresentar como bastante dessemelhantes –, nem por isso se trata, aqui, necessariamente de relações *harmônicas*, no sentido que acabamos de explicar.[20]

---

20 Cf. a este respeito Menezes, Flo. *Apoteose de Schoenberg* – tratado sobre as entidades harmônicas, op. cit., capítulo intitulado "Dodecafonismo: Sistema Harmônico?", p.207-67. (F.M.)

Apoteose de Rameau

Além do fato, não sem importância, de a dimensão harmônica ser aqui freqüentemente congelada, fortemente neutralizada, e de uma diferenciação das funções harmônicas tornar-se por isso problemática, o sistema dodecafônico não rejeita e não distingue, em princípio, as diferentes interpretações *enarmônicas* de um mesmo intervalo-tipo. Uma vez que, segundo as variações do contexto (ou de sua própria constituição rítmica, fraseológica, polifônica etc.), uma mesma articulação elementar, uma mesma parte constitutiva da série (ou seja, do princípio organizador) pode ser interpretada, por exemplo, ora como Terça maior, ora como Quarta diminuta – ou seja, como fatos harmônicos extremamente dessemelhantes, bem pouco assimiláveis ou mesmo de pouca relação entre si (a menos que em virtude da abundância de tais ambigüidades e da forte neutralização daí resultante, e da qual já falamos mais acima, se instale – como é o caso, freqüentemente – uma incerteza harmônica fundamental) –, vemos que se trata indubitavelmente de uma relação ainda mais abstrata, na qual o que intervém é sobretudo a percepção e a valorização intelectuais. Estas não estão evidentemente ausentes nos casos precedentes, mas lá elas estão aliadas de maneira mais ou menos estreita aos dados, mesmo que estruturais, de uma percepção mais imediata, mais automática e inconsciente (que a inteligência não pode modificar radicalmente de modo arbitrário), enquanto tal percepção intelectual tende aqui, como ainda veremos, a se tornar cada vez mais autônoma.

Por certo que as pessoas que possuem um ouvido musical absolutamente bem seguro encontram-se aqui numa situação privilegiada (e é de se notar que exatamente entre elas é que se encontram os que fazem o uso musical mais legítimo dessa possibilidade de organização). Reconhecendo a altura das notas sem o auxílio de nenhum ponto de comparação, podendo identificá-las sem dificuldades em meio aos mais complicados, densos e perturbadores contextos (com relação à percepção harmônica, por exemplo), essas pessoas têm em seguida a possibilidade de reconhecer entre as distintas notas, apesar de todas as variações que estas podem sofrer, as relações constitutivas de uma dada estrutura. Vemos bem que intervém neste caso uma operação cerebral que não é indispensável nos casos precedentes, e que é difícil de dizer se ela inibe o regozijo concreto das relações (de seu "sabor") ou se esse prazer pode de alguma forma se reconstituir "após" a identificação separada dos termos.

Como quer que seja, o exemplo que por ora discutimos constitui apenas um caso, relativamente atenuado, de abstração combinatória. Esta pode ir bem mais longe. Observemos ainda dois exemplos, existentes seja na música escrita, seja, a título de projeto, nas proposições teóricas de certos autores.

Exemplo 1

Transformação de uma série A por uma série B, em que a mesma substituição nota por nota que se efetua de A a B é seguidamente reproduzida de B a C, de C a D, etc. Ou seja: se na série A tem-se Fá sustenido e no mesmo lugar correspondente tem-se Ré bemol na série B, no mesmo lugar em que tiver Fá sustenido na série B haverá de se substituir essa nota por Ré bemol (Dó sustenido) na série C, e no mesmo lugar em que houver o Fá sustenido na série C deverá haver Ré bemol (Dó sustenido) na série D, e assim por diante. (Os colchetes indicam agrupamentos harmônicos, bem distintos, que são provenientes dessa operação.)

Existem, em técnica serial evoluída, métodos de permutação das notas de uma série que não preservam (mesmo que na transposição, na inversão, no movimento retrógrado ou ainda na translação recíproca de grupos constitutivos) a ordem dos intervalos-tipo desta série (Exemplo 1). Como poderemos ainda observar por meio de alguns exemplos ulteriores, em que determinadas precauções foram, contudo, tomadas, e que por isso adquirem, deste ponto de vista, propriedades inteiramente positivas, o potencial harmônico desta série pode ser então alterado de modo ainda bem mais profundo do que no caso precedente (no do sistema dodecafônico clássico), podendo tornar-se até mesmo irreconhecível, seja em seu detalhe, seja na natureza mesma de seu conjunto.

Se esse método pode evidentemente se demonstrar eficaz no sentido de se engendrar uma grande *diversidade* de figuras e de caracteres, é preciso que se reconheça que a *lógica* que presidiu tal operação atua quase que exclusivamente no nível da inteligência reflexiva, que ela não é praticamente perceptível pela sensibilidade imediata; trata-se, talvez, da primeira vez que uma organização musical, mesmo dentre as mais carregadas de conceitualismo, parece querer (ou ao menos poder) se privar inteiramente desse caráter tipo de sensibilidade. (O resultado perceptivo poderá ser, contudo, atraente e isso não por acaso: o compositor poderá ter acrescido à sua estrutura serial inicial, a seu princípio gerador primeiro, determinadas medidas empíricas destinadas a assegurar a eficácia sensível e, por fim, o valor musical integral de seu produto. Mas se deve reconhecer aqui a *distância* considerável, a baixa taxa de relação entre os dois níveis dos quais falamos no início.)

O caso seguinte é talvez ainda mais flagrante: propõe-se reduzir, por exemplo, à metade, não os intervalos melódicos (do que poderíamos encontrar alguns precedentes eficazes, notadamente em Bartók), mas sim os intervalos-tipo, os intervalos abstratos de uma série, que sabemos poder em seguida serem submetidos a toda espécie de transformações de registro, não somente global, mas também relativo (o que alterará profundamente o aspecto melódico das figuras); propõe-se, por exemplo, transformar os Semitons em Quartos-de-tom, e, por conseqüência, as Terças maiores em Tons-inteiros, as Oitavas em Trítonos etc. O potencial harmônico da série vai então sofrer um novo tipo de modificação, que não é simplesmente regular, que pode demonstrar-se bem diferente, por vezes mesmo contraditória, com relação aos diferentes intervalos da série.

No caso acima exposto, nota-se que enquanto quase todos os intervalos vêem sua complexidade proporcional e funcional aumentar, ainda que em medidas variáveis, o Trítono, uma vez transformado em Terça menor, sofre uma *diminuição* de complexidade. A relação entre figuras derivadas das duas formas da série (a forma original, por Semitons, e a forma transformada, por Quartos-de-tom) – a menos que ela se apóie sobre similaridades *melódicas* – será, portanto, particularmente indireta e distanciada da sensibilidade concreta.

O número de funções que uma determinada freqüência pode aqui assumir se multiplicou ainda mais, já que não importa qual intervalo concreto pode assumir as funções combinatórias de não importa qual outro intervalo, e atingimos com isso a outra extremidade, a extremidade mais geral e abstrata de nossa escala de propriedades. É de se notar que ela vai ao encontro da extremidade oposta (à extremidade concreta, portanto) ao menos em um aspecto: enquanto as duas categorias centrais se ocupam essencialmente de fenômenos relativos, compreendendo os sons sempre em sua relatividade com respeito aos demais, assim como nas suas funções (e também na sua expressividade) daí resultantes, as duas categorias extremas parecem se basear antes de tudo sobre valores *isolados*, a partir dos quais, naturalmente, relações poderão em seguida ser elaboradas. De um lado trata-se, entretanto, dos valores os mais puramente *sensoriais*, de outro dos mais puramente *conceituais*. (Ver o quadro a seguir.)

Henri Pousseur

Essa similaridade na disparidade talvez possa explicar o fato de que certa produção pós-weberniana (da qual reconheço ter participado eu mesmo, mas com a qual – também devo dizer aqui – bem cedo, e de forma cada vez mais acentuada, tive reservas no que diga respeito à harmonia) tenha podido passar de uma à outra dessas categorias extremas, da combinatória à colorística, saltando de alguma forma por sobre as demais, mais particularmente por sobre a categoria harmônica, que ela tomara a máxima precaução de congelar, de amordaçar cuidadosamente.

* * *

Seria necessário, a fim de completar nossa exposição, analisar aqui os diferentes usos feitos de tais propriedades no decurso da história, em particular estudar o sentido de sua utilização na linguagem tonal, as metamorfoses desta utilização nas músicas dos períodos romântico e pós-romântico, e o que disso resultou nas diferentes pesquisas musicais modernas, em particular em Webern – o qual nos seria útil confrontar com seus contemporâneos. Procurei contribuir pessoalmente ao estudo dessas questões em toda uma série de ensaios que vêm sendo publicados há mais de dez anos.[21] Contentar-me-ei, portanto, para ser breve, em me reportar a tais textos e em passar diretamente aos problemas tal como, a meu ver, eles colocam-se em todo o calor de sua atualidade, e da mesma forma como, em todo caso, eu os tenho encarado já há alguns anos.

* * *

---

21 Para uma análise crítica das funções tonais, cf. entre outros textos: "La Nuova Sensibilità Musicale". In: *Incontri Musicali II*. Milão, 1958, p.3-37; e menos sistematicamente: "Outline of a Method". In: *Die Reihe III – Musical Craftsmanship*, Bryn Mawr (Pennsylvania): Theodore Presser Co./Universal Edition, 1957, p.44-88 (ou, em publicação mais recente: "Ébauche d'une Méthode", in: Pousseur, *Écrits Théoriques 1954-1967*, Sprimont [Bélgica]: Pierre Mardaga Éditeur, 2004, p.197-259). Para uma análise da harmonia weberniana, cf. os mesmos artigos e os dois primeiros textos traduzidos neste volume. Com relação a uma exposição de problemas recentes, considerados em sua generalidade: "Pour une Periodicité Généralisée"; e "La Question de l'Ordre' en Musique Nouvelle", ambos traduzidos no presente volume. (N. do A. e de F.M.)

Técnica I: *Votre Faust*

Posicionando-se de maneira radicalmente antitética com relação à tradição tonal, ainda incapaz de superar as alternativas dualistas que a excessiva proximidade a esta tradição lhe colocava, a música serial não se contentou, num primeiro momento, em negar – isto é, em congelar – somente as funções harmônicas. Em todos os níveis, planos e dimensões, havia o esforço de se realizar a mais radical assimetria, ou seja, a não-identidade, a mais radical indiferenciação (e claro que vários aspectos de detalhe contradiziam essa intenção de conjunto mais ou menos explicitamente reconhecida). Alguns dos produtos dessa pesquisa extrema – que tem necessariamente como uma de suas conclusões a apologia *exclusiva* do aleatório, do informal, do ruído e de todas as outras formas de indeterminação – são incontestavelmente belos em sua tentativa de certo modo desesperada de realizar, de exprimir (ou seja, de dar uma forma a) aquilo que se recusa por definição. Por outro lado, situados entre a paralisia de grande parte das potencialidades tradicionais de articulação musical e o desejo ou a vontade de produzir e de comunicar alguma coisa sensata, algo além da pura negação (existiria isso no fundo?), fomos obrigados a desenvolver outros valores formadores *positivos*, a pôr em evidência categorias de organização às quais não tínhamos até então prestado muita atenção.

Contudo, logo nos demos conta de que, justamente ao avançar com esses novos critérios formais o mais longe possível no sentido da eficácia, eram os próprios princípios, em sua intransigência antagonista, que seríamos obrigados a revisar. As formas tradicionais haviam dado uma realização particular a certas possibilidades gerais, mas não era necessário, ou sequer possível, rejeitar essas possibilidades com aquelas formas tradicionais, com uma prática em que essas formas estejam excluídas: os novos princípios formais de fato representavam outros casos possíveis dessas categorias gerais. Evoluíamos, então, na direção de um nível superior de *síntese*, ou seja, na direção de um nível em que se poderia finalmente recuperar certas formas tradicionais, consideradas a partir de então como casos muito particulares, cuja probabilidade seja extremamente limitada.

Essa evolução teve início com grande precaução, e, se podemos reconhecer seus primeiros sintomas já no início da chamada "técnica de grupos" (a partir de *Le Marteau sans Maître* de Boulez, por exemplo), se encontramos manifestações já mais estabelecidas nas obras do final da década de 1950, como em *Gruppen* de Stockhausen ou em *Circles* de Berio, fica bastante evidente que é sobre o plano *harmônico* que se demonstrava a maior precaução. Com efeito, tendo em vista o alto grau de elaboração e a extrema hegemonia que essa dimensão exerce na música tonal, assim como a considerável carga cultural que pesa sobre a percepção harmônica aos ouvidos ocidentais, é neste plano que parecem existir os maiores perigos de uma evolução puramente reacionária, de um retrocesso que evidentemente não podemos admitir. Tendo partido à procura de "formantes" cada vez mais eficazes e caracteres crescentemente bem definidos (a fim de poder realizar, *em grande escala*, a multiplicidade, a *pluralidade* de princípio que parece continuar sendo o cerne da estética necessária na atualidade), e tendo me encontrado diante dos problemas apresentados por formas cada vez mais complexas (entre as quais as formas móveis) – as quais exigem materiais de sensibilidade cada vez mais acurada, materiais estes que não necessitassem continuamente, como os materiais seriais primitivos, de grandes modificações de conjunto, mas que em vez disso reagissem ao máximo (na percepção) às mais reduzidas variações possíveis –, considerei que seria necessário, por volta de 1960, encarar essa questão, mesmo correndo certos riscos, mais ou menos reais, mais ou menos graves (admito que senti um "frio na barriga" durante algum tempo, até o momento em que as primeiras estruturas musicais bem-sucedidas pareceram provar que eu não estava totalmente errado).

A consciência teórica dessas necessidades, aliás, vinha acompanhada de outras premências, de desejos bem menos racionais (mas que não eram evidentemente desvinculados da reflexão teórica), que se tornavam imperativos. Por exemplo, eu não conseguia me convencer de que havia perdido definitivamente a "profundidade" (a um só tempo exterior, mais espacial, e interior, mais psicológica) que apenas as funções harmônicas – sejam elas tonais (ou pós-tonais) ou modais, ocidentais ou extra-européias, conhecidas ou somente pressentidas – me pareciam poder oferecer, e que eu via como uma das mais preciosas riquezas, um dos valores centrais de toda música, suscetível de qualificá-la em sua especificidade irredutível (a qual não deve necessariamente impedi-la de estabelecer uma relação de maior continuidade com a realidade extramusical do que a que estabelece nossa música clássica, ela própria, aliás, bem menos "alheia" a isso do que normalmente se acredita).

Quando ouvia uma *Sinfonia* de Monteverdi ou um *Lied* de Schumann, uma *Raga* hindu ou uma obra sinfônica de Debussy, não podia deixar de pensar, com certa nostalgia, que nos privávamos voluntariamente de algo insubstituível, e que eu faria indubitavelmente melhor se deixasse de me privar disso. Por fim (e esta terceira razão foi na realidade uma conseqüência das precedentes), eu havia empreendido juntamente com Michel Butor a composição de uma vasta obra para teatro, e a forma que esse trabalho tomava (em grande parte por causa da orientação que Butor lhe tinha dado – conhecemos

Apoteose de Rameau

suas idéias sobre o assunto por seu artigo "La Musique, Art Réaliste"[22] –, mas se eu lhe havia proposto a colaboração é porque de certa maneira desejava esse tipo de orientação com todas as minhas forças) me guiava então vivamente nesse sentido.

Eu estava, por exemplo, fascinado pelo uso que Michel Butor havia feito das citações literárias em suas obras anteriores; isso coincidia de maneira mais ou menos consciente com uma velha obsessão minha: freqüentemente pensei que só estaria satisfeito com minha linguagem musical no dia em que me sentisse capaz de nela inserir elementos antigos de uma maneira tão orgânica quanto um J.-S. Bach ao integrar o coral protestante – e, por meio dele, ecos de certa maneira reconhecíveis da modalidade gregoriana – em sua textura polifônica tipicamente tonal, mas eu ainda não tinha imaginado, evidentemente, como poderia, um dia, chegar a realizar isso.

A maneira como se desenvolvia o argumento de *Votre Faust* (um jovem compositor contemporâneo, Henri [Fausto], chamado a compor uma ópera para seu mefistofélico diretor de teatro) e o fato de que Michel Butor (entre outras razões porque eu assim o desejava) havia feito um abundante e belíssimo uso de citações literárias levavam-me a vislumbrar a integração paralela de citações musicais. Os primeiros projetos nesse sentido (referidos na versão provisória do libreto, tal como publicado pela N.R.F. em 1962) foram ainda bastante tímidos. Posteriormente, posso dizer que o monstro cresceu muito além do meu controle, e, agora que a obra está acabada, devo reconhecer que *Votre Faust* é praticamente feita *só de citações*, mais ou menos extensas (de um intervalo isolado de uma de minhas próprias obras precedentes até toda uma cena de ópera clássica), mais ou menos deformadas ou desenvolvidas e conseqüentemente mais ou menos reconhecíveis; muito freqüentemente, uma nota ou um grupo de notas concentra *várias* citações sobrepostas, entrecruzadas, sendo então tais notas de certa maneira "sobredeterminadas",[23] desse ponto de vista, por todo um sistema referencial bastante intrincado.

Eu jamais poderia admitir a introdução de citações em minha composição unicamente como *corpos estranhos* (ainda que a forma de "colagem" possa intervir como um caso entre muitos outros). Tratava-se, então, de modificar minha própria linguagem harmônica até o ponto em que as citações pudessem encontrar o seu lugar como que *naturalmente*. A ocasião era perfeita, aliás, para se aproveitar desse problema específico e das indicações que ele já me

---

22 Cf. Michel Butor, "La Musique, Art Réaliste". In: Butor, *Répertoire (I)*. Paris: Editions de Minuit, 1960, p.27-41. Trata-se do texto que motivara Pousseur a procurar Butor para propor-lhe uma parceria criativa ao início dos anos 1960, e que se estendeu até sua morte em 2009. (F.M.)

23 *"Surdéterminées"* no original francês. Pousseur refere-se a um termo por ele criado – sobre-determinação (*surdétermination*) – com o qual procurava diferenciar as poéticas européias da "obra aberta" das operações ao acaso de índole cageana. (F.M.)

trouxera e abordar a questão geral que mencionei. Eu podia, por exemplo, começar formulando-a da seguinte maneira: como conseguir fazer "rimar" numa mesma composição uma citação de Gluck ou Monteverdi com uma de Webern (dois domínios gramaticais que me pareciam até então exatamente opostos e praticamente incompatíveis), como conseguir "conjugá-los", encontrar-lhes funções comuns, e, para começar, estabelecer entre eles uma série de tipos intermediários suscetíveis de convencer o ouvido musical de que pertenceriam a um mesmo domínio mais geral?

Uma primeira possibilidade consistia em tomar um exemplo da própria história e buscar na evolução que conduziu, com a lógica gradual que conhecemos, a tonalidade à atonalidade (sobretudo na música vienense) os primeiros elementos de uma "escala gramatical", de um espaço harmônico integral. De fato, o "fundo" (a parte do piano) do espetáculo de marionetes da cena E2, retomado em *Miroir de Votre Faust* com o título de *La Chevauchée Fantastique*, dá uma amostra de grande continuidade, articulada de maneira bem pouco sensível, dessa possibilidade de passagem. Mas isso não poderia ser suficiente, pois dispúnhamos nesse caso apenas de um eixo parcial de um conjunto muito mais vasto.

A análise da própria história, de Gesualdo a Debussy, de Mussorgsky a Messiaen, fornecia já exemplos que se situavam fora da escala descrita, e se tentássemos organizá-los de maneira sistemática, encontrar-nos-íamos diante de um tabuleiro de xadrez muito mais complexo, no qual um grande número de casas (imagináveis pela combinação de propriedades isoladas, tomadas de diferentes casos históricos) permaneceriam vazias e não teriam sido efetivamente realizadas. Era preciso então encontrar um sistema de organização a um só tempo vasto e coerente o bastante para que nele todos os casos históricos encontrassem um lugar, e de forma que, finalmente, parecessem ter sido tais casos engendrados justamente por esse sistema.

Variáveis exteriores à harmonia podiam desempenhar um papel apreciável. Por certo que as notas de um coral de Bach, dispostas no registro de uma maneira bem mais desigual e dispersa, produziriam já um tipo de música bem difícil de ser classificada nas categorias conhecidas, situando-se entre o tonal e o atonal, entre o antigo e o moderno. Mas era preciso que a variação existisse no nível harmônico em si, e foi, portanto, nesse sentido que, desde o início, dirigi mais sistematicamente meus esforços.

a) Tabelas de intervalos

Uma primeira chave parecia encontrar-se no seguinte fato: eu estava persuadido desde muito tempo (e essa convicção se confirmou através de certas afirmações do próprio Webern) de que a harmonia weberniana – cujo princípio distributivo, centrífugo, multipolar ou onipolar se opunha precisamente ao princípio monocêntrico, logo subjetivista, da harmonia tonal – utilizava de toda forma, para dar corpo a esse princípio, as mesmas propriedades harmônicas elementares, o mesmo potencial polarizador dos intervalos. Mas enquanto na harmonia tonal as polarizações eram dispostas convergentemente, de modo que afirmavam com força um único centro de referência (corroborado também por todos os outros aspectos da articulação musical), na harmonia weberniana produzia-se justamente o contrário: os intervalos se contradiziam, neutralizavam-se uns aos outros, e disso resultara um novo tipo de equilíbrio, em que cada ponto sonoro adquiria a mesma importância, o mesmo "peso de densidade",[24] ou seja, neste caso, harmônico (ou mesmo harmônico-melódico). Tratava-se então de encontrar uma ligação gradual, um campo intermediário entre esses dois modos de exploração extremamente diferentes do mesmo material, e é evidente que o exemplo de certas pesquisas da música moderna pré-weberniana, tais como a politonalidade, a harmonia debussiana ou stravinskiana (ou outra), emancipadas de uma ligação estilística demasiado precisa, generalizadas tão-somente ao nível harmônico, podia fornecer já uma importante ajuda.

Parecia-me que seria necessário começar pelo trabalho de classificar, da maneira mais lógica e funcional, todas as formações harmônicas, a começar, por exemplo, por todos os acordes possíveis. Imaginei, logo no início, um método para medir a polaridade de cada som num dado contexto harmônico.[25] A complexidade e relativa imprecisão desse método levaram-me a abandoná-lo, mas talvez não seja de todo inútil expor rapidamente suas modalidades, pois talvez se possa um dia aperfeiçoá-lo e encontrar para ele uma real utilidade. De qualquer maneira, a exposição do percurso exploratório ajudará a compreender melhor o que virá em seguida.

1) Admitindo-se *a priori* a Oitava como "agente de identificação", todas as notas a distância de Oitava receberão o mesmo índice 1. A Quinta (o intervalo-tipo de Quinta mesmo relativo, suscetível de todas as variações de registro) será cifrada 1:2; a Terça maior 1:3; a Terça menor, conseqüentemente, 3:2; etc. O ponto de partida é então uma cifragem aritmética cada vez mais elevada para os novos sons que vão aparecendo na escala dos harmônicos. Mas, como certas freqüências são múltiplas das outras, a cifragem desses sons deverá indicar essa relação. Por exemplo, o harmônico 9 (a Segunda maior

---

24 *Poids "densitaire"* no original francês. (F.M.)

25 Constata-se que a pesquisa de Pousseur, que se mostra muito convergente com as de Edmond Costère (às quais já nos referimos), desenvolveu-se de forma totalmente independente do teórico francês. Num certo sentido, a intuição paralela de ambos apenas reforça esse "dado natural" em que consiste o que poderíamos designar por *fenômeno da polarização harmônica*. (F.M.)

da fundamental) levará o índice 4, 2 x 2, Quinta da Quinta. Uma vez que os sons realmente novos são aqueles cuja freqüência está em relação de número *primo* com a fundamental, teremos que lhes reservar uma cifragem de mesma natureza, e se tratará então finalmente de desdobrar, da primeira série, uma série de números primos, deslocada uma posição acima:

Escala dos harmônicos:

1	2	3	4	5	6	7	8	9	10	11	12	13	14	15	16

Por exemplo:

Ré	Ré	Lá	Ré	Fá#	Lá	Dó-	Ré	Mi	Fá#	Sol#	Lá	Sib+	Dó-	Dó#	Ré
1	2	3	4	5	6	7	8	9	10	11	12	13	14	15	16

Cifragem:

1	1	2	1	3	2	5	1	4	3	7	2	11	5	6	1

Os intervalos cuja natureza harmônica é unívoca (essencialmente as consonâncias, citadas há pouco) encontram assim uma cifragem que descreve bastante bem sua realidade hierarquizante, seu caráter polarizador, de modo que a cifra mais baixa sempre indica a nota harmonicamente mais importante: não há dúvida de que os dois termos de uma Oitava (1:1) têm um mesmo valor harmônico (abstração feita a toda diferença de peso melódico!), que na Quinta (1:2) o termo superior já é bem mais fortemente subordinado, mas que o termo superior da Terça maior (1:3) tem ainda maior dificuldade de se emancipar da hegemonia de sua fundamental (em música tonal, é bem mais difícil modular à Terça que à Quinta – de um modo maior a um modo maior –, considerando que essa modulação dá a impressão de uma mudança bem mais forte de regime).

Entretanto, quando se trata de cifrar intervalos "dissonantes", cuja interpretação proporcional pode se fazer de várias maneiras, por exemplo, em virtude do contexto, a coisa se complica. Será preciso, por exemplo, fazer a *média* de todas as interpretações possíveis? Nesse caso, a Segunda maior, que pode corresponder igualmente às proporções 8:9 e 9:10 (assim como à cifragem 1:4 ou 4:3), teria finalmente de ser cifrada 5:7 ou 2.5:3.5 (o que talvez corresponda bastante bem à sua realidade harmônica interna, emancipada de toda influência contextual)? Temos então que nos questionar se, nos casos em que o contexto indica precisamente de *qual* Segunda maior se trata (I-II ou II-III do modo maior, por exemplo), não seria melhor adaptar a cifragem a essa indicação?

Vejamos como a cifragem pode ser utilizada para calcular a distribuição harmônica em um conjunto. Indicamos a seguir a cifragem que acreditamos dever ser atribuída a cada um dos intervalos da escala diatônica (tomamos então em consideração apenas as proporções, utilizando os números primos 2, 3 e 5):

Apoteose de Rameau

Nomes dos intervalos:	Oitava	Quinta	Terça maior	Terça menor
Proporções de freqüência:	$\dfrac{2\ 3}{1\ 2}$	$\left(\dfrac{33}{ou\ 4,1}\right)$	$\dfrac{5}{4}\left(\dfrac{5\ 5}{2,8}\right)$	$\dfrac{6}{5}\left(\dfrac{3\ 12}{5,\ 5}\right)$
Cifragem:	$\dfrac{1\ 2}{1\ 1}$		$\dfrac{3}{1}$	$\dfrac{2}{3}$

Nomes dos intervalos:	Tom-inteiro		Semitom			Trítono			
Proporções de freqüência:	$\dfrac{8}{8}\left(\dfrac{9}{4}\right)$ ou	$\dfrac{10}{9}\left(\dfrac{5}{9}\right)$	$\dfrac{16}{15}$	$\dfrac{25}{24}$ ou	$\dfrac{27}{25}$	$\dfrac{45}{32}$	$\dfrac{64}{64}$ ou	$\dfrac{25}{25}$ ou	$\dfrac{36}{36}$
Cifragem:	$\dfrac{4}{1}$	$\dfrac{3}{4}$	$\dfrac{1}{6}$	$\dfrac{9}{2}$	$\dfrac{8}{9}$	$\dfrac{12}{1}$	$\dfrac{1}{12}$	$\dfrac{9}{4}$	$\dfrac{4}{9}$
	3,5		6			6,5			
	2,5		5,6			6,5			

Tomemos, por exemplo, o seguinte acorde, do grave ao agudo: Dó, Mi, Si bemol, Mi bemol. Aplicamos a cifragem adequada a cada um dos intervalos constitutivos, inicialmente entre notas "vizinhas", depois entre termos mais distantes (seria preciso, talvez, dar mais ou menos importância ou reconhecer mais ou menos influência segundo o grau de proximidade?):

Mi bemol:		1		5,6	2	||	8,6
Si bemol:	6,5	2	2,5			||	11
Mi:	3	6,5			6	||	15,5
Dó:	1		3,5		3	||	7,5

Se somarmos a seguir os diferentes valores parciais de um mesmo termo (resultando na última coluna), encontraremos (dividindo-se ou não pelo número de intervalos considerados, a proporção não muda) uma tradução interessante, senão fiel, da distribuição do peso harmônico sobre os diferentes pontos do "campo", e teremos uma certa estimativa das influências contextuais totais (mas *ainda não dispostas no registro!*). Se quiséssemos a seguir medir o grau de interferência dos pesos harmônicos e melódicos, deveria ser suficiente multiplicar cada um desses números pelo número correspondente à simples proporção freqüencial à qual corresponde, por sua vez, esse conjunto de intervalos. Qual seja:

$$
\begin{array}{rclr}
8,6 & \times & 48 = & 412,8 \\
11 & \times & 36 = & 396 \\
15,5 & \times & 25 = & 387,5 \\
7,5 & \times & 20 = & 150
\end{array}
$$

Talvez tenhamos aí uma tradução não de todo ruim da "polarização" total do fenômeno: distribuição bastante igual sobre as três notas superiores (que têm entretanto cada uma seu valor harmônico próprio), predominância incontestável, mas não excessivamente pronunciada, da nota mais grave.

Isto posto, não ocultarei a imprecisão, talvez mesmo a arbitrariedade, que entra ao menos numa parte dessas operações. Se acrescentarmos a considerável complicação que traria consigo a introdução (todavia necessária para interpretar uma estrutura moderna razoavelmente complexa) dos harmônicos superiores, 7, 11 etc., compreenderemos a razão pela qual não prossegui nesse caminho por muito tempo. Pergunto-me entretanto se não há aí alguma coisa que ainda se possa aproveitar...

2) Na etapa seguinte tentei encontrar um método menos indireto, em que os resultados da experiência prática dos intervalos fossem aproveitados de maneira mais imediata, a fim de estabelecer uma classificação dos acordes, começando pelos acordes de *três* sons. Era preciso logo de início classificar os intervalos ou "acordes"[26] de dois sons a partir dos quais os de três sons se constituem. Após algumas tentativas, optei por uma fórmula bastante simples de compromisso entre a escala de harmônicos, pesada demais para se manejar quando se adentra o domínio dos intervalos complexos, e a organização "pitagórica" pelo ciclo de Quintas, que tem, como sabemos, a desvantagem de situar a Terça maior numa posição excessivamente distante. Na ordem adotada (Exemplo 2), a Terça maior e a Segunda maior foram *intervertidas,*[27] o que restabeleceu entre elas uma hierarquia mais adequada.

Exemplo 2

---

26 Pousseur fala aqui, em uso livre, de *accords de deux sons*. Optamos por "acordes" entre aspas, na medida em que duas notas constituem apenas um *intervalo*, sendo que um *acorde* em sentido estrito necessita de no mínimo *três* notas. (F.M.)

27 Pousseur faz menção indireta, aqui, à técnica das *interversões* (*interversions*) de Olivier Messiaen, que pode ser entendida como *permutação* de notas no interior de um mesmo acorde. A palavra *intervertidas*, portanto, é sinônimo de *permutadas*. (F.M.)

Temos então, à direita, os intervalos maiores, "sustenidos", que, tendendo "no sentido da Dominante", afirmam a polaridade da nota mais grave (demonos conta então da distinção melódica que opera a inversão), afirmação esta que, entretanto, decresce à medida que nos distanciamos do centro, à medida que cresce o grau de dissonância. À esquerda, ao contrário, estão dispostos, simetricamente, os intervalos menores, "bemolizados", que tendem "à direção da região de Subdominante", e infirmam por isso a polaridade do som grave (afirmando a polaridade, harmônica, do som agudo), todavia também de maneira decrescente, de modo que os intervalos mais dissonantes sejam os menos polarizados, os mais ambíguos ou incertos em sua orientação harmônica interna. Pode-se tanto *fechar* o ciclo por enarmonia, identificando Fá sustenido e Sol bemol etc., quanto prosseguir no desenvolvimento expansivo dos intervalos e considerar em sua especificidade os intervalos "alterados" da teoria tonal, precisando bem que a *probabilidade* de que uma relação de freqüência seja interpretada dessa maneira é decrescente: isso só será possível se a interpretação geral do contexto ganhar sensivelmente em simplicidade e lógica. Poderá surgir certa hesitação quanto à ordem exata em que se deve dispor esses intervalos alterados, hesitação esta que talvez possamos eludir uma vez que reconheçamos que a distância hierárquica entre os intervalos não é sempre a mesma e que os intervalos alterados talvez sejam muito próximos uns dos outros no grau de dissonância, de complexidade etc.

A partir desse ordenamento fundamental, podemos agora elaborar um quadro contendo *todos* os acordes de três sons (estes podem ainda mudar de Oitava, à condição de não mudar sua ordem do grave ao agudo; logo, a indiferença refere-se à oitavação, não à inversão!), com propriedades discriminatórias já bastante notáveis. Trata-se à primeira vista de um quadro de duas dimensões, no qual (uma vez que a nota inferior seja sempre fixada sobre uma única e mesma nota, o que significa que esse quadro pode e deve, para ser exaustivo, ser ainda transposto em cada um dos doze graus da gama cromática) a nota superior dos acordes varia na dimensão vertical conforme o princípio acima, e permanece então constante por toda uma linha, enquanto a nota central varia segundo a mesma ordem na dimensão horizontal (e permanece fixa por toda uma coluna): Exemplo 3.

Podemos facilmente constatar que os quadrantes "nordeste" e "sudoeste" desse quadro fornecem um ordenamento já bastante satisfatório. As famílias de acordes com propriedades harmônicas efetivamente homogêneas distribuem-se, então, por verdadeiros círculos concêntricos em torno da Oitava dobrada (ou da fundamental dobrada) central: primeiro os acordes em que só aparecem intervalos consonantes (Oitavas, Quintas e Terças); depois os acordes em que a única dissonância admitida é a Segunda maior (ou suas derivações melódicas); em seguida os acordes em que aparecem Semitons e

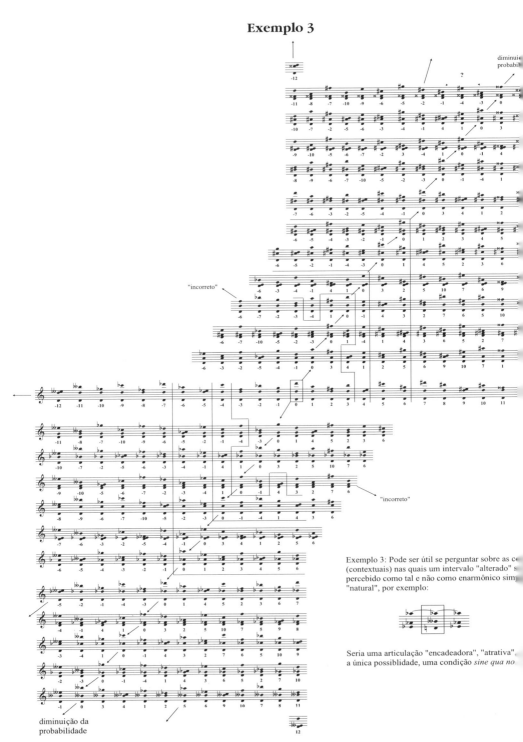

Exemplo 3: Pode ser útil se perguntar sobre as c(
(contextuais) nas quais um intervalo "alterado" s
percebido como tal e não como enarmônico sim
"natural", por exemplo:

Seria uma articulação "encadeadora", "atrativa",
a única possiblidade, uma condição *sine qua no*

Apoteose de Rameau

até mesmo Trítonos, mas que ainda podem ser interpretados em termos diatônicos; enfim os acordes cromáticos e os alterados, em relação aos quais se observa uma queda de probabilidade pelo fato de se tratar de enarmonias de outros acordes mais simples, que vão se tornando cada vez mais simples.

Em contrapartida, os quadrantes noroeste e sudeste apresentam um problema. Mesmo a pequena parte que desenvolvemos até agora já é totalmente irregular: os acordes dissonantes de Quinta e Quarta, por exemplo, aparecem "antes" de acordes extremamente consonantes, como os acordes "perfeitos". Porém, se pensarmos bem, a explicação para isso é bastante simples. O que varia na dimensão vertical é o *intervalo* entre as notas das duas *extremidades* do acorde e, na dimensão horizontal, o intervalo entre as duas notas *inferiores*; mas há um terceiro intervalo que não é levado em conta nessa classificação, aquele entre as duas notas *superiores*. Nos dois quartos corretos, uma vez que metade do princípio organizador (por exemplo, a direita) é "conjugada", ou "multiplicada", por si mesma, a evolução do terceiro intervalo é uma função direta, paralela (ou quase) às funções dos dois outros. Nem mesmo a pequena irregularidade, introduzida no princípio pelo intercâmbio da Segunda e da Terça maiores, chega a perturbar seriamente esse ordenamento satisfatório. Temos então, a nordeste, o quadrante mais "sustenido" possível, em oposição ao quadrante sudoeste que é o mais "bemolizado", o mais contraditório possível com relação à polaridade do som grave.

Se, por outro lado, os dois outros quadrantes são incorretos, é precisamente porque neles se dá a conjugação das meias-metades opostas, a combinação dos intervalos à esquerda (bemolizados) com os intervalos à direita (sustenidos). Isso, no entanto, não impossibilita completamente um ordenamento satisfatório. Para tanto, temos que introduzir em nosso quadro um terceiro eixo, perpendicular ao plano da representação, sobre o qual nossos acordes se distribuirão de acordo com a natureza do intervalo superior, que até então não havia sido levado em consideração. (A posição dos acordes nesse eixo foi representada por cifras, positivas ou negativas, conforme estejam situados respectivamente à frente ou atrás do plano central, o plano das Oitavas, ou seja, conforme o intervalo superior se situe na parte direita ou esquerda do "princípio organizador". Será interessante observar como se comportam, deste ponto de vista, os eixos centrais vertical, horizontal e diagonal NE-SO de nosso quadro.)

Dispondo agora de um espaço tridimensional, de um *cubo* em que estão distribuídos, de maneira bastante descontínua, nossos acordes, podemos nos deslocar tendo-o como referência. Se o considerarmos de lado (esquerdo ou direito) ou segundo o eixo alto–baixo, ou seja, se dermos ao "3º" intervalo a oportunidade de se exprimir (com um dos outros dois) *no plano*, descobriremos então um ordenamento satisfatório de todos os acordes ainda não-classificados de nossos dois quadrantes incorretos (Exemplo 4).

201

Henri Pousseur

Exemplo 4

Dispomos agora de um ordenamento exaustivo dos acordes de três sons. Pode-se prever que um ordenamento similar dos acordes de quatro sons (ou mais) seria tão mais complicado quanto maior fosse o número de intervalos constitutivos, em conformidade com o triângulo de Pascal (seis para um acorde de quatro notas, dez para um acorde de cinco etc.). Um método prático pode consistir em analisar o conteúdo desses acordes *em acordes de três sons* (abc, abd, acd, bcd) e fazer de alguma forma a média ou a síntese das propriedades harmônicas assim reconhecidas.

b) Ciclos

Apesar de sua exaustividade – ou talvez justamente por causa dela –, esse quadro me parecia ainda muito pesado de manipular, bem pouco apto (para mim naquele momento) ao engendramento de materiais composicionais. Havia a necessidade de se encontrar algo mais reduzido e por isso mais prático, sobretudo algo mais "ativo", menos indiferente a uma seleção musicalmente expressiva. A idéia de um método que permitisse transformar pouco a pouco (e de maneira regrada) Webern em Monteverdi, ou o inverso, continuava a me perseguir (e, certamente, a elaboração de meu quadro já tinha permitido que eu me aproximasse de sua realização).

1) Um artigo do teórico americano O'Connell, publicado em *Die Reihe 8*,[28] embora desenvolvendo suas idéias num sentido diferente do meu – pois permanecia num nível de consideração puramente combinatório –, ajudou-me a elaborar um primeiro mecanismo operatório.

Exemplo 5

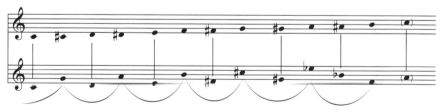

Duas "escalas" constituem o Exemplo 5: a gama cromática e o ciclo de Quintas, ou seja, dois fenômenos que, por caminhos muito dessemelhantes, com auxílio de módulos elementares harmonicamente contraditórios (Quinta: consonante; Semitom: dissonante), produzem um material total idêntico, ao menos no nível abstrato, combinatório (no plano harmônico, um Mi, engen-

---

28 Cf. O'Connell, Walter. "Der Ton-Raum". In: *Die Reihe VIII – Rückblicke*, Wien: Universal Edition, 1962, p.35-61. (F.M.)

drado a partir do Dó por um seqüência de Semitons, não é o mesmo, não tem as mesmas propriedades que aquele produzido por uma seqüência de Quintas, ainda que certos artifícios articulatórios – de disposição no registro etc. – possam acentuar ou pôr em evidência a sua similaridade).

Se compararmos essas duas séries, veremos que todas as suas notas ímpares são idênticas. Em outras palavras, as séries são constituídas de duas gamas de Tons-inteiros inseridas uma na outra, sendo que a segunda (a das notas pares) está, em um dos casos, transposta um Trítono acima da do outro.[29] Poderíamos tê-la transposto de início a *um* Tom, depois a *dois*, e teríamos obtido dois tipos intermediários (Exemplo 6a), em que tanto o Semitom quanto a Quinta (ou Quarta) alternariam com a *Terça menor* (intervalo intermediário, consonante, mas ao mesmo tempo pouco polarizado), e em que o material engendrado seria sempre o total cromático, em virtude do caráter cíclico da gama por Tons-inteiros. Se continuarmos a transposição de uma das gamas por Tons-inteiros *sobre si mesma*, acabaremos por reencontrar esses dois tipos, depois do ciclo de Quintas, transpostos e apresentados na ordem inversa, antes que reapareça a gama cromática, o que fecha o sistema cíclico em seis transformações (Exemplo 6b).

Exemplo 6a

Exemplo 6b

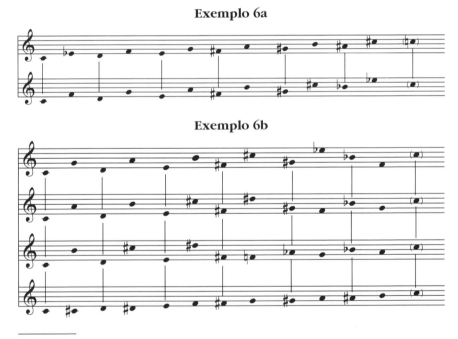

---

29 Exatamente o mesmo exemplo é também utilizado por Eimert em seu estudo sobre a estatística do método serial dodecafônico – cf. Eimert, Herbert. *Qué es la Música Dodecafônica?* Buenos Aires: Ediciones Nueva Visión, 1973, p.43. (F.M.)

Se aplicarmos esse sistema não às séries harmonicamente híbridas de Schoenberg (como faz O'Connell, que aliás considera apenas os casos extremos: cromático e por Quintas), mas a séries harmonicamente típicas, por exemplo, com forte coeficiente cromático, como as de Webern, aparecerá uma transformação harmônica notável (Exemplo 7a), em que um dado tipo de acorde sempre se transforma da mesma maneira (Exemplo 7b), e em que certos princípios estruturais da série inicial – simetrias etc. – são rigorosamente preservados.

Exemplo 7a

Exemplo 7b

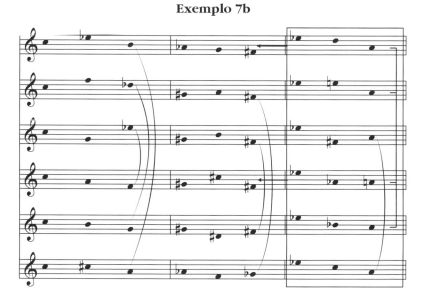

Dispomos então de um eixo de variação harmônica gradual que vai – no que se refere à *estrutura dos grupos*, dos trechos de série – do cromático ao diatônico, passando por uma zona intermediária bastante stravinskiana, caracterizada até certo ponto pela noção de *maior-menor* (como mostra um novo exame de nossas escalas: Exemplo 8), mas em que o *total* permanece sempre cromático.[30]

Exemplo 8

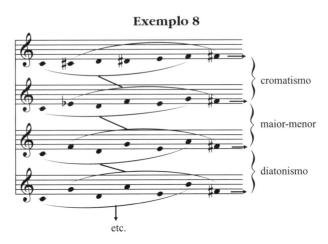

Em outras palavras, em um dos casos observa-se uma *adequação* harmônica mútua dos dois níveis (o da série total e o de seus trechos), enquanto no outro há um *antagonismo* entre eles, ou seja, algo bastante comparável à noção generalizada de "politonalidade". Novamente, tratar-se-ia tão-só de um caso intermediário, e deveríamos (para corresponder ao compromisso de uma "restrição" harmônica em grande escala) ser capazes de ir, ainda que por outro caminho, até um ponto em que houvesse uma nova adequação, desta vez *diatônica*, entre os dois níveis da série. Em vez de cindi-la em duas escalas de Tons-inteiros, agora distinguiremos nela dois hexacordes diatônicos, dois semiciclos de Quintas (temos aqui a possibilidade de escolher entre seis pontos de "corte"), e faremos deslocar um deles não mais sobre si mesmo, pois que não é fechado, mas sobre a totalidade do ciclo. Isso significa que os dois hexacordes irão pouco a pouco se sobrepor, e que haverá um desaparecimento progressivo de certas notas do total cromático e dobramento de certas outras (Exemplo 9). (O ciclo completo compreende agora doze transformações e pode ser efetuado de duas maneiras: da já descrita ou de outra cujo início é mostrado no Exemplo 10.)

---

30 Essa técnica de Pousseur, inventada a partir de suas especulações que tiveram por base a leitura motivadora do texto mencionado de O'Connell, pode ser designada por *permutação serial cíclica* – cf. a esse respeito Menezes, Flo. *Apoteose de Schoenberg*, op. cit., p.304-16. (F.M.)

Exemplo 9

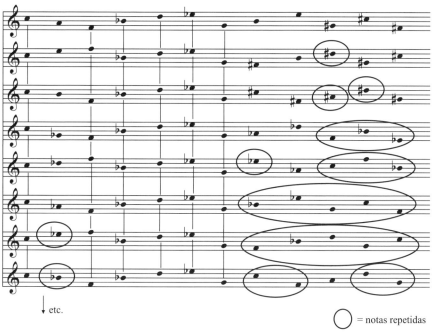

↓ etc.

◯ = notas repetidas

Exemplo 10

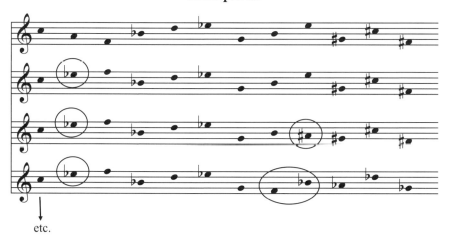

↓ etc.

Os três extremos obtidos até aqui podem, aliás, se organizar melhor em triângulo que em escala linear, o que elucidará melhor a *unidade* do sistema, uma vez que há um critério comum próprio a cada par de termos, tanto a AC quanto aos outros dois, pois que se pode passar de um a outro sem passar pelo terceiro, embora este outro também possa, nos três casos, ser considerado um caso intermediário dos dois primeiros:

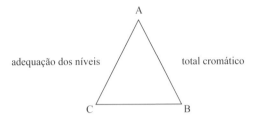

Poderíamos ainda acrescentar muitas variantes a esse método, como produzir, por exemplo, a partir de uma série de início totalmente cromática (sendo evidentemente as operações inversas sempre possíveis), um tipo de série em que os grupos "por Tons-inteiros" sejam prevalecentes (Exemplo 11).

Exemplo 11

À primeira vista, esse método permanece tributário de uma técnica serial primitiva, motívica ou pontilhista, mas os artifícios de desenvolvimento, como as técnicas de *multiplicação* imaginadas e expostas por Pierre Boulez,[31] permitem já tirar dela aplicações bem interessantes. A propósito, gostaria de formular uma crítica a certos aspectos do método de multiplicação preconizado por Boulez. Segundo ele (e mesmo se não utilizarmos grupos previamente dispostos no registro, suscetíveis a produzir Oitavas, perante às quais ainda se demonstra certa alergia), seria preciso eliminar as notas repetidas, conservando apenas *um* exemplar de cada grau cromático produzido pela multiplicação.

Ora, isso apresenta uma dupla desvantagem. Quanto mais relevante for a multiplicação, e quanto mais nos aproximarmos de um total cromático indiferenciado, mais deixaríamos escapar ao mesmo tempo as propriedades distintivas dos grupos, tanto multiplicados quanto multiplicadores. Enquanto o

---

31 Cf. a respeito das *multiplicações*: Pierre Boulez, "Eventualmente...". In: Boulez, P. *Apontamentos de aprendiz*. São Paulo: Perspectiva, 1995, p.137-68; Boulez, P. *A música hoje*. São Paulo: Perspectiva, 1972 (em especial p.38, 78-9); e Menezes, Flo. Op. cit., p.410-5.

respeito às dobras de notas obtidas (mesmo à Oitava, se praticarmos a técnica com intervalos dispostos no registro; mas seria preciso ainda, evidentemente, que o sistema harmônico reservasse *a priori* uma possibilidade de aparição legítima e funcional desse intervalo) fornece uma multiplicidade caracterológica[32] das mais preciosas, cuja lógica de engendramento e parentesco é perfeitamente perceptível ao ouvido.[33] Encontramos, aliás, belos exemplos de fenômenos análogos (notas mais ou menos repetidas, ainda que, claro, sempre no Uníssono) em certas obras de Boulez, como no Segundo Livro das *Structures* para dois pianos, ou a primeira versão, para piano *solo*, de *Don* de *Pli selon Pli*. Examinemos agora uma generalização de todo esse método ainda mais bem adaptado à *técnica de grupos*.

2) Tomemos dois ciclos de Quintas (poderíamos também escolher outras escalas, por exemplo, as gamas cromáticas, como fiz há muito tempo nos meus *Exercícios para Piano* – ver *Die Reihe 3*[34] –, mas aqui é o caso de aplicar os elementos harmonicamente mais eficazes) e os organizemos de alguma forma segundo uma disposição concêntrica (trata-se de uma generalização do método precedente "por hexacordes diatônicos"). Podemos "girar" um deles em relação ao outro (Exemplo 12), e assim obteremos entre eles *aproximações* de natureza harmônica diferenciada.

Exemplo 12

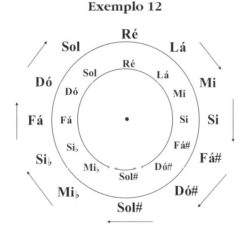

---

[32] *Caractérielle* no original francês. (F.M.)

[33] A eliminação das notas repetidas em meio ao processo das multiplicações de Boulez faz que seu entendimento, baseado nos textos de seu próprio inventor, seja fortemente prejudicado. Mas a crítica de Pousseur vai noutro sentido, qual seja: a de que, com a eliminação das Oitavas, parte da percepção dos agregados harmônicos originários em meio aos resultados das multiplicações se vê comprometida. (F.M.)

[34] Cf. Pousseur, H. "Outline of a Method". In: *Die Reihe III*, op. cit. (F.M.)

Henri Pousseur

Há doze graus nesse deslocamento, mas de novo uma simetria se manifesta e faz que existam de fato seis graus harmônicos distintos (Exemplo 13), indo do mais diatônico (em que há uma proximidade máxima das notas repetidas e um aparecimento o mais tardio possível do cromatismo), ao mais cromático, mais "weberniano" (em que as repetições de notas é que se produzem o mais tardiamente possível).

Exemplo 13

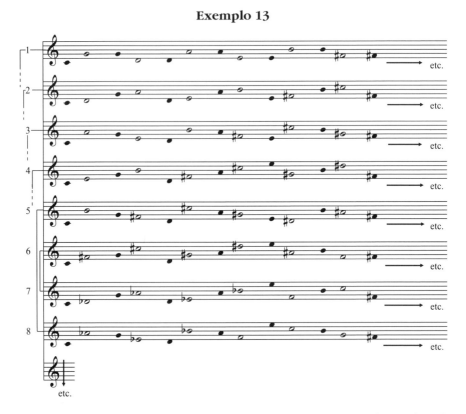

Se considerarmos apenas os grupos pequenos, por exemplo, os de *três* sons, haverá, em virtude da situação incorreta da Terça maior no ciclo de Quintas, correções a se efetuar nessa escala, e uma ordem como a do Exemplo 14a talvez seja mais satisfatória (ver relação com o *quadro* exposto no capítulo precedente). Se em vez disso considerarmos os acordes de *quatro* sons, veremos que se produz uma espécie de "entelhamento"[35] entre tipos vizinhos, o que ilustra a um só tempo a complexidade e a utilidade relacional desse sistema (Exemplo 14b).

---

35 *"Tuilage"* no original francês. (F.M.)

Exemplo 14a

Exemplo 14b

Podemos utilizá-lo para engendrar "grupos" de potencial harmônico distinto. Tomemos, por exemplo, uma série de intervalos, que será considerada como *geradora* de grupos. Vamos desenvolver, no interior de cada intervalo (como eu havia feito com a gama cromática em meu *Quintette à la Mémoire de Webern* – ver *Die Reihe III*), as notas "contidas" nesse intervalo em tal ou tal tipo particular do sistema (a ordem de utilização dos tipos pode ser determinada por uma série mais ou menos direcional). Obteremos uma seqüência de grupos logicamente – e também sensivelmente – religados entre si, mas cuja evolução harmônica será ao mesmo tempo eficaz, perceptível e perfeitamente controlada (Exemplo 15).

Exemplo 15

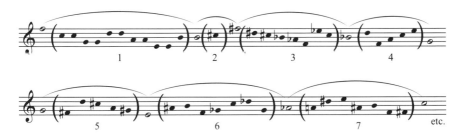

Em todo caso, essa estrutura harmônica ainda é determinada apenas em um nível potencial e bastante abstrato. As notas do grupo podem e devem agora ser ordenadas no tempo e no registro (o que estabelece um elo no sentido de uma composição de todos os outros aspectos: ritmo, polifonia etc.). Caso não se esteja satisfeito com uma manipulação empírica dessa possibilidade, pode-se novamente aplicar um método de trabalho sistemático, estabelecendo então uma escala de critérios diferenciais (por exemplo: consonante–indiferente–dissonante) para cada um desses aspectos, horizontal e vertical (mas ainda é possível precisar os critérios e distinguir: disposição "pesada"[36] ou "leve" dos intervalos, por exemplo, Quintas e Quartas, aproximação ou afastamento das consonâncias ou dissonâncias etc.), e distribuir de novo esses critérios, organizados em escala multidimensional como mostra o Exemplo 16, em conformidade com alguma estrutura eficaz tanto formal quanto expressivamente.

Exemplo 16

		Distribuição horizontal		
		consonante	neutro	dissonante
Ditribuição vertical	consonante	1 1	1 2	1 3
	neutro	2 1	2 2	2 3
	dissonante	3 1	3 2	3 3

O *Prologue dans le Ciel* de *Votre Faust* (primeira peça composta, em março de 1963, nesta nova perspectiva harmônica), assim como meu *Apostrophe* para piano (composto na primavera de 1964),[37] foram ambos organizados dessa maneira, o primeiro a partir de nove séries diferentes (a de meus *Chants Sacrés*; outra, bem parecida, extraída de *Zeitmasze* de Stockhausen; a série do Primeiro Livro das *Structures* de Boulez; a da *Segunda Cantata Op 31* de Webern; seguida de três transformações do tipo exposto anteriormente conduzindo até o caso mais diatônico; depois uma série do *Canticum Sacrum* de Stravinsky; e, enfim, a série – de novo bastante parecida com a primeira – do *Trio de Cordas Op 45* de Schoenberg: toda uma hierarquia "celeste", portanto, enquanto a figura do avô Debussy se perfila por detrás do resultado musical total, em particular no momento mais diatônico, e enquanto o pequeno demônio porteiro prepara sorrateiramente a entrada – ou reentrada – no Paraíso de um ancestral ainda mais longínquo, que este, aliás, reivindi-

---

36 *"Pesante"* no original francês. (F.M.)

37 Em 1966, Pousseur completa a composição de *Apostrophe* com *Six Réflexions*, igualmente para piano solo. Recentemente, uma detalhada análise sobre *Apostrophe et Six Réflexions*, intitulada "La Combinatoire au Service de l'Intention Musicale", foi publicada em Pousseur, H. *Écrits Théoriques 1954-1967*. Op. cit., p.295-318. (F.M.)

Apoteose de Rameau

cava para si), séries provenientes de obras ou de autores destinados a fazer sentir ainda mais sua influência na continuação de *Votre Faust*, e encadeadas sempre por uma "nota-pivô", o que dá um total exato de (9 x 12) – 8 = 100 notas geradoras, que ocupam na textura polifônica um lugar privilegiado por conta de suas durações bem mais sustentadas.

3) Na segunda parte de *Votre Faust*, o pianista, que entre outras coisas é o duplo musical do ator que representa Henri (ambos usam o mesmo figurino), dispõe, além de seu material usual, de um caderno de páginas móveis, *Le Tarot d'Henri*, composto no outono de 1964 como uma síntese de toda a experiência harmônica já acumulada nas cenas de *Votre Faust*. Em certos momentos, deve tocar breves fragmentos escolhidos por ele de forma mais ou menos livre, e cujas funções são variáveis: "réplicas" no diálogo falado, pontuação no momento de certas escolhas, etc. Essa peça só deve ser tocada integralmente em concerto, como primeiro movimento do *Miroir de Votre Faust*.

Cada uma dessas oito páginas duplas (com janelas, que vão estabelecer uma comunicação profundamente "diacrônica" entre o conteúdo das diferentes páginas[38]) deveria ser caracterizada por um tipo harmônico particular. Parti de quatro tipos claramente distintos, dos quais o Exemplo 17a (com a forma de modelos hexacórdicos, evidentemente suscetíveis de transposições etc.) mostra a disposição mais lógica: um tipo diatônico opondo-se a um tipo cromático e, entre esses dois extremos, dois tipos intermediários, mas que são também, até certo ponto, opostos um ao outro: a gama de Tons-inteiros e o que poderíamos chamar de "modo de Liszt" (sobre o qual se baseia a citação de *Eine Faust-Symphonie* de Liszt utilizada na *Chevauchée Fantastique*;[39] aliás me surpreende que Olivier Messiaen não lhe faça menção na sua teoria dos *modos de transposições limitadas*[40]), duas escalas que podem ser obtidas pela imbricação de dois acordes de Quinta aumentada, a distância seja de Tom,

---

38   Trata-se de uma das mais típicas composições musicais dentro do que se pode designar por "obra aberta": a partitura (UE 14254) contém páginas soltas com "janelas" demarcadas que devem ser cortadas pelo intérprete. A ordem das páginas varia de acordo com as intenções do intérprete, e de acordo com a disposição escolhida, indicações de tempo e dinâmica acima das janelas interferem na forma como o intérprete deve tocar o conteúdo, de outra página, que aparece no interior das janelas cortadas. (F.M.)

39   Primeira peça de *Miroir de Votre Faust*. (F.M.)

40   Pousseur retomará em detalhes essa questão em torno do que designou por *modo de Liszt* em seu texto sobre *Agon* de Stravinsky – cf. Pousseur, H. "Stravinsky segundo Webern segundo Stravinsky", neste volume (e no original em *Musique en Jeu Nr. 4 – Première Partie*. Paris: Éditions du Seuil, 1971, p.31). A respeito dos *modos de transposições limitadas* de Messiaen, cf. Menezes, Flo. Op. cit., p.349-53. (F.M.)

seja de Semitom.

Exemplo 17a

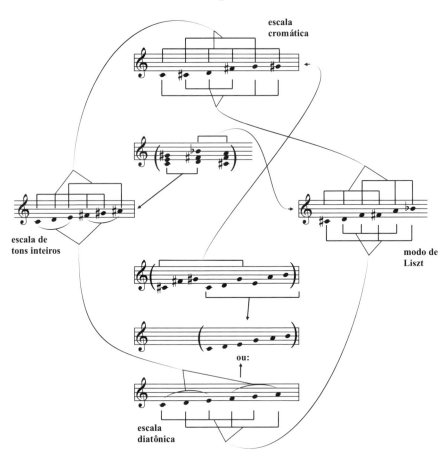

Cada um desses quatro tipos fundamentais poderá produzir dois subtipos, por conta da aplicação de um critério de "abertura" ou de "fechamento" no engendramento. Chamaremos de tipo "fechado" o modo de engendramento que, mesmo se as estruturas musicais elementares (os terços de linha) devam comportar bem mais do que seis notas (o que constitui a maioria dos casos), produza apenas as notas do hexacorde modelo, transposto de tal ou tal maneira, e em que haja então um máximo de notas repetidas, eventualmente à Oitava (Exemplo 17b).

Exemplo 17b

No tipo aberto, ao contrário, novas notas aparecem no decorrer do engendramento, mas com uma "velocidade" variável segundo os quatro casos; no tipo cromático, basta haver doze notas na estrutura para que elas sejam todas diferentes e constituam o total cromático (Exemplo 17c), ao passo que no tipo diatônico esse total só aparece ao se completar um conjunto de vinte e quatro notas, havendo, apesar da "abertura", um grau mais elevado de repetição (Exemplo 17d).

Exemplo 17c

Exemplo 17d

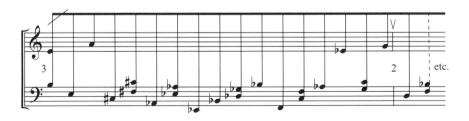

Quanto ao tipo "por Tons-inteiros" e o "por Segundas e Terças menores" (em que facilmente se distingue a potencialidade "maior–menor"), seu caráter *intermediário* se exprime, aqui também, pelo fato de que será preciso um conjunto de dezoito notas para se chegar a expor o total cromático. Ainda assim – como nos dois casos precedentes, continuando a expressar tanto quanto possível seus intervalos específicos que esses dois tipos se completarão cromaticamente –, essa complementaridade traz à tona uma aproximação entre eles: aos seus dois acordes constitutivos de Quinta aumentada logo virá se acrescentar um terceiro, o que nivelará completamente sua diferença, ao menos escalar, e assimilará ambos ao *modo III* de Messiaen.

Enfim, cada um dos nove grupos escritos efetivamente (além das nove janelas-módulo: terços de linha) sobre uma página dupla dada (a qual é também caracterizada por certo registro prevalecente) se distinguirá de todos os outros por uma aplicação particular dos critérios (dissonante–consonante) de distribuição relativa nos registros, de agrupamentos sucessivos etc.

A conseqüência disso é a aparição de tipos relativamente dissonantes nas páginas diatônicas (Exemplo 17e) e relativamente consonantes nos outros tipos (por exemplo, é bem evidente que o "modo de Liszt" pode dar lugar tanto a uma estrutura de "acordes perfeitos" – Exemplo 17f –, a relações – é verdade – bem pouco tonais, das quais podemos, por exemplo, encontrar precedentes em Scriabin, quanto a uma estrutura em acordes "webernianos" – Exemplo 17g –, sendo que a série de propriedades notáveis do *Konzert Op 24* de Webern é, aliás, baseada numa divisão do total cromático em dois hexacordes complementares dessa espécie), ou seja, tem-se como conseqüência o estabelecimento de um *continuum* de tipos harmônico-melódicos de estrutura bem finamente "folheada".

Graças às constantes comunicações e comparações possibilitadas pelas janelas e pelas indicações combinatórias ligadas a elas, percebe-se, quando da execução, o desdobramento de um espaço musical bastante homogêneo, apesar de sua grande diversidade harmônica, um espaço no qual os tipos extremamente consonantes ou dissonantes, diatônicos ou cromáticos, *soam* verdadeiramente como casos particulares de uma possibilidade geral, de uma qualidade musical com implicações sintáticas novas (ainda que, *a posteriori*, muito da música moderna "pré-weberniana" pareça bem ter fornecido a premonição mais ou menos consciente desse fenômeno). Poderíamos descrevê-la dizendo que mesmo os casos mais consonantes são, em certa medida, relativizados pela percepção, por causa das influências contextuais de uma virtualidade subjacente de dissonância, e vice-versa.

Exemplo 17e

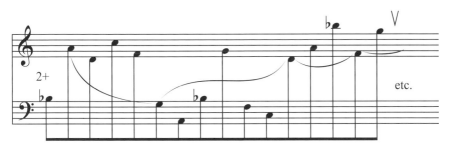

Exemplo 17f

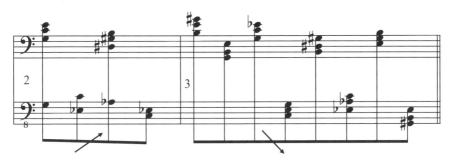

Exemplo 17g

A unidade dessa peça também é obtida em virtude de que, como no *Prologue dans le Ciel*, o modo das articulações polifônica e morfológica das estruturas continua sendo, apesar da variação harmônica, perceptivelmente de tipo "weberniano" ou "constelado".[41] Nos *Souvenirs d'une Marionnete* (a

---

41 Nesse sentido, pode-se afirmar que a música de Pousseur continuava a se filiar ao pós-webernianismo, "dilatando", entretanto, o estilo pontilhista weberniano em células harmônicas díspares, heterogêneas, ainda que cintilantes e integradas por sua coerente sistematização harmônica. (F.M.)

Terceira Peça de *Miroir de Votre Faust*), ao contrário, um passo além foi dado na generalização. Realiza-se um espaço sintético de nível superior pelo fato de que o espaço do *Tarô* é então confrontado a um espaço onde vigoram outras regras de articulação, uma vez que agora, nas janelas do *Tarô*, aparecem os fragmentos de *La Chevauchée Fantastique*, citações verdadeiras ou simuladas de música romântica (de Beethoven a Schoenberg), em que tipos harmônicos análogos (gamas diatônicas, modo de Liszt, gama por Tons-inteiros, gama cromática) são postos a serviço de tipos polifônicos bem mais contínuos, encadeados e atrativos. Os recortes, desmembramentos e outras amputações que as janelas e suas prescrições combinatórias efetuam sobre essas citações ou pastiches provocam certo rompimento de sua forte coerência, o que lhes permitirá, permanecendo todavia mais ou menos identificáveis e preservando as vantagens dessa identificação possível, conjugar-se de maneira mais fácil e orgânica com os materiais do *Tarô*.

Encontramo-nos então diante de uma organização bastante completa do espaço harmônico-melódico, ao menos tal como este é explorado em *Votre Faust* (com certas limitações de densidade). Isso não esgota, entretanto, o campo dos materiais musicais de que se faz uso nessa obra. Não estão aí incluídos, por exemplo, todo o domínio dos "ruídos" e de outros "sons complexos" que não são diretamente suscetíveis de uma organização lógica de tipo harmônico.

Em *Votre Faust*, e de acordo com as sugestões do libreto, o domínio dos ruídos foi elaborado sobretudo com vistas a suas propriedades ilustrativas, para construir elementos característicos do cenário no qual a ação se desenrola. Um primeiro esquema que me ajudou a colocar este conjunto de sons em relação com o conjunto harmônico (pois não poderia tratar-se, também neste caso, de uma simples justaposição ou sobreposição mecânica, sem ligações intrínsecas) consistiu em considerar a música weberniana e pós-weberniana como uma espécie de nó central, a partir do qual se pode evoluir de maneira contínua, tanto no sentido dos fenômenos mais harmônicos (e de uma semântica cultural, estilística), quanto no sentido dos fenômenos mais ruidosos, mais estatísticos (e de uma semântica "cotidiana" ou "natural"), admitindo-se entretanto que as ligações entre essas duas zonas podem se estabelecer sem passar por este nó, pelo fato, por exemplo, de que certos ruídos (cantos de pássaro, pregões de feira) têm um conteúdo relativamente harmônico e de que materiais provenientes da zona estilística tenham servido à sua elaboração (o que é válido, de alguma maneira, para a totalidade dos ruídos utilizados, mesmo os da fita magnética).

Gostaria ainda de propor um esquema de organização mais satisfatório para esse campo material total, considerado agora unicamente em seu nível acústico, infra-semântico. Indiquei anteriormente uma organização triangular das diferentes possibilidades harmônicas de princípio, que é, com alguma variação, o seguinte:

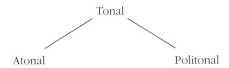

(Cada uma dessas noções sendo considerada "entre aspas")

Se prolongarmos o eixo tonal–atonal, chegaremos eventualmente (por exemplo, por acumulação) ao domínio do *ruído*. Isso sugere a construção de um triângulo de maiores dimensões, em que este constitua apenas o vértice superior, estritamente "harmônico", em que reina absoluto o *som* de altura claramente reconhecível. Qual seria o terceiro vértice desse supertriângulo no prolongamento do eixo "politonal"? Penso que seria a região dos *sons complexos*, cuja estrutura é ainda relativamente harmônica, mas em que essa propriedade é utilizada *em bloco*, como um fenômeno colorístico, que o ouvido não se esforça em analisar por suas propriedades funcionais internas. Dessa zona de "cores harmônicas" (cuja influência nos reenvia à própria zona harmônica, algo de que o *Tarot d'Henri* parece-me fornecer uma boa demonstração, pois que suas estruturas, sempre harmonicamente analisáveis – mesmo pelo ouvido –, são de toda forma fortemente carregadas de impressões "colorístico-globais") a história já nos forneceu toda sorte de exemplos, mais ou menos pronunciados, desde certos madrigalistas italianos até Claude Debussy (cujo tratamento em paralelo dos acordes, perfeitos ou não, dá uma boa ilustração dessa valoração "colorística", "desfuncionalizada", das harmonias), e encontramos ainda outras manifestações, em geral mais opacas, em certos materiais da música eletrônica, obtidos por acumulação mais ou menos densa dos sons elementares de altura precisa, senoidais ou outros.

Técnica II: *Couleurs Croisées*

A composição de *Votre Faust* permitiu-me ainda examinar (e utilizar) muitos outros casos particulares e aspectos secundários (às vezes tratados de maneira claramente mais empírica, por exemplo, quando da utilização e elaboração de citações de envergadura bastante grande), mas creio ter apresentado aqui os elementos mais importantes, e os mais sistemáticos, mais suscetíveis de serem transmitidos metodicamente, dessa pesquisa. Uma atenção sobre os diferentes casos expostos terá revelado, mesmo entre as técnicas mais distintas, toda sorte de pontos comuns e o esboço de uma eventual síntese de toda essa experiência ainda esparsa. Foi à realização dessa síntese, da qual *Miroir de Votre Faust* forneceu um tira-gosto intuitivo, que me ative depois de terminada *Votre Faust*. *Couleurs Croisées* para grande orquestra, a mim encomendadas pela *Koussevitzky-Foundation in the Library of Congress* de Washington e que acabo de concluir (outono de 1967), permitiram-me chegar a uma primeira representação prática, bastante exaustiva, dos resultados atuais de minha prospecção.

a) Redes harmônicas[42]

Ainda bem no início do processo de composição de *Votre Faust*, eu havia descoberto uma possibilidade de organização discriminatória dos sons, intervalos, acordes, que era a um só tempo um melhoramento do grande quadro descrito no capítulo "Tabelas de Intervalos" e, de certa maneira, uma síntese generalizadora de todos os métodos operacionais descritos em "Ciclos".

Exemplo 18a

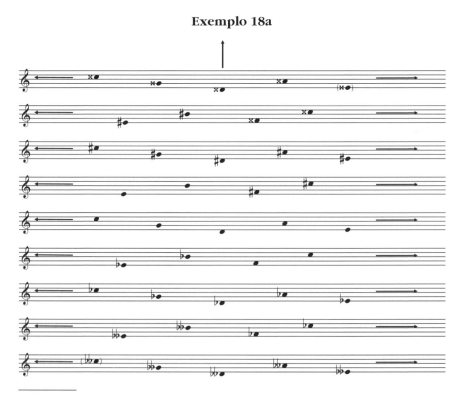

---

42 Tomamos a liberdade aqui, visando à clareza do texto, de adjetivar esta subdivisão do ensaio de Pousseur, que escreve, no original, simplesmente *réseaux* (*redes*). Sobre uma explicação sucinta e objetiva da técnica das *redes harmônicas*, ver Menezes, Flo. Op. cit., p.415-21. (F.M.)

1) Sua forma, em certo sentido a mais universal, a mais "naturalmente" satisfatória, consiste em uma rede da qual consideraremos inicialmente a versão bidimensional. Ela se comporta em relação ao ciclo de Quintas como as teorias de Zarlino com relação às de Pitágoras: a Quinta é o elo elementar de uma de suas coordenadas, à qual a Terça maior acrescenta um eixo perpendicular, a menos que o disponhamos, como o faço, "a 60º", de maneira a fazer aparecer diretamente um terceiro eixo, igualmente "consonante", das Terças *menores* (Exemplo 18a). Esse novo "princípio organizador" mostra-se então ao mesmo tempo mais complexo que o do quadro de há pouco, uma vez que é desde o início bidimensional, mas também mais simples por não comportar nenhuma irregularidade comparável à inversão das posições da Segunda e da Terça, que era tão-somente um ajuste necessário para que fosse possível resumir essa bidimensionalidade, de fato fundamental, sobre um eixo simplesmente linear.

Se aceitarmos a enarmonia do Lá, vigésimo-sétimo harmônico de Dó (Quinta de II grau ou do harmônico 9) e do Lá harmônico de sua Subdominante ($^2/_3$ x 5 = 3 $^1/_3$ x 8 – tripla oitavação – = 26 $^2/_3$), o que não é, ao menos do ponto de vista funcional, necessariamente evidente, trata-se de fato de um ciclo de Quintas disposto em *espiral ascendente* (ver flechas de ligação no Exemplo 18a); e se aceitarmos a enarmonia cromática dos sustenidos e bemóis (o que é, desse ponto de vista, ainda menos legítimo), essa espiral se fecharia sobre si mesma como um anel e as 12 notas às quais se reduziria então essa rede de base se inscreveriam sobre um *toro* topológico, a respeito do qual seria necessário precisar que sua circunferência exterior não é funcionalmente mais "longa" que a interior (o toro obtido pela deformação de um cilindro de borracha daria a melhor idéia dessa realidade).

Distinguiremos melhor a função discriminatória dessa rede (considerada de novo na sua forma plana, ou seja, mais "expansiva") se a cada uma de suas notas acrescentarmos uma nota (inferior) fixa, por exemplo, um Ré (a nota mais *central* em relação à simetria de sustenidos e bemóis) (Exemplo 18b), o que acarretará então uma hierarquia de *intervalos* (que nos obriga de novo, para esgotar a totalidade dos intervalos possíveis – mesmo fazendo-se abstração dos *desdobramentos*, aos quais esse sistema permanece indiferente, ainda que considere as *inversões* –, a nos lembrarmos de que esse quadro pode ser *transposto* sobre cada um dos graus da gama cromática, ou mesmo, se recusarmos as enarmonias, sobre cada uma das notas de sua própria primeira versão).

Exemplo 18b

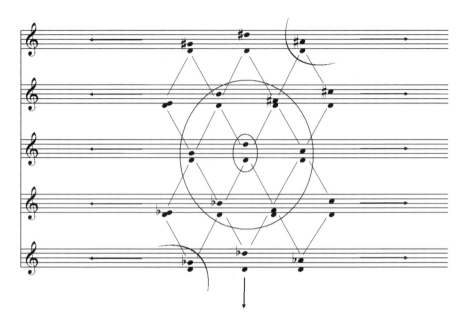

Uma ordem de todos os acordes de três sons, ainda mais lógica que a de nosso primeiro quadro, mas também "dimensionalmente" bem mais complexa, pode ser obtida pelo método seguinte: fixando não mais uma única nota, mas todo um *intervalo* (cada um dos intervalos produzidos por nosso quadro podendo ser submetido a essa operação, e os grupos de acordes, os quadros distintos que dela resultarão, devendo ser dispostos um em relação ao outro de acordo com a ordem fundamental bidimensional), e variando a terceira nota em relação a essas notas fixas de acordo com os dois eixos iniciais: o das Quintas e o das Terças maiores (Exemplo 18c).

Observamos que a simetria interna desses quadros parciais se desloca paralelamente à variação de seu intervalo fixo. Ela fornece, entretanto, uma representação bastante instrutiva da hierarquia harmônica existente entre os acordes de cada um desses quadros ou de cada uma dessas "classes" (se bem que tal representação não seja ainda exaustiva: as propriedades das diferentes classes se diferenciam de uma maneira ainda mais ramificada, em razão das "tentações" que provavelmente experimenta o ouvido, em certos casos complexos, em aproveitar em sua interpretação outros harmônicos além do 2º, do 3º e do 5º – e suas devidas potências –, que são os únicos levados em conta nesse quadro: por exemplo, o 7º, o 11º, o 13º, ainda perfeitamente distintos do que poderia ser considerados como suas enarmonias em nosso sistema).

Exemplo 18c

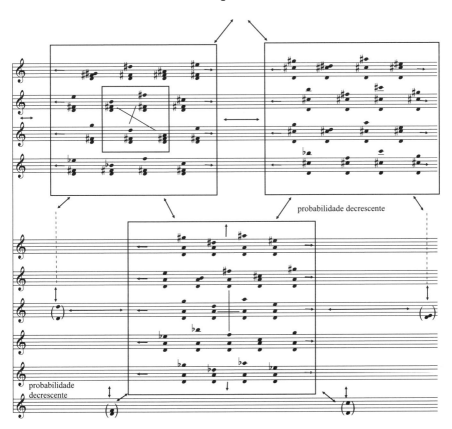

Vemos que há, de um quadro parcial ou de uma classe a outra, acordes comuns, ou em todo caso bastante aparentados, por exemplo, por simples inversão. De forma ainda mais geral, existem relações *de mesmo tipo* entre os acordes dos diferentes quadros, ou seja, do mesmo grau de importância que aquelas que regem suas relações interiores. Por exemplo, se dois acordes de um mesmo quadro se distinguem um do outro pela variação da nota superior, dois acordes pertencentes a dois quadros distintos (baseados, entretanto, sobre a mesma nota inferior) poderão se distinguir apenas pela nota central, permanecendo sua nota superior a mesma (ou então as duas notas superiores variam, só que paralelamente, de maneira que o *intervalo* superior permaneça o mesmo); e, por outro, certos acordes podem ser muito próximos um do outro pela similaridade das duas notas superiores, enquanto a variação da nota inferior fará que eles pertençam a um *conjunto de quadros*

distinto, obtido por *transposição* de todo o sistema gerador exposto. Tudo isso ilustra a complexidade combinatória dessa rede (na qual, entretanto, é bom lembrar, são considerados apenas os harmônicos 2, 3 e 5 e suas respectivas potências). Uma disposição em conformidade, *em todos os níveis*, ao nosso princípio bidimensional de base seria a mais suscetível de colocar uma boa ordem a essa profusão de relações. O fato de se tratar de uma disposição a mais – eventualmente a *muito* mais – do que três dimensões torna sua representação (logo, sua utilização) difícil.

Eis aqui um primeiro meio de se contornar a dificuldade: assim como os pontos de um espaço tridimensional podem ser cindidos em *planos* sobrepostos, analisados em grupos bidimensionais de *múltiplas maneiras*, ainda que pelo menos (se se trata de uma distribuição ortogonal) segundo os três eixos principais desse espaço (Exemplo 19), todo espaço multidimensional pode também ser analisado em subespaços de grau inferior, segundo um número de eixos distintos exatamente igual ao número de suas dimensões. (Esse número não aumentará se quisermos analisá-lo em espaços inferiores por mais de um grau; por exemplo, nosso cubo é analisável em somente três grupos de quatro retas paralelas; trata-se somente do agrupamento destas duas a duas, da divisão dos grupos em subgrupos, que se poderá efetuar de duas maneiras, de acordo com a complexidade combinatória do plano ou do espaço bidimensional em si.)

Desta feita, poderemos representar a totalidade dos acordes de três sons (quer dizer, agrupá-los em quadros e conjuntos de quadros) segundo pelo menos seis eixos diferentes. Com efeito, uma nota (por exemplo, a nota superior) varia no interior de cada quadro parcial ou de cada classe de acordes; uma outra (por exemplo, a nota central) varia de um quadro a outro, de uma classe a outra; enquanto a última (nesse caso, a inferior) permanece fixa e varia apenas na *transposição* de todo o sistema. Ora, para os acordes de três notas, há seis ordens diferentes segundo as quais essas três notas podem servir para definir a relação hierárquica dos três níveis de consideração (a,b,c; a,c,b; b,a,c; b,c,a; c,a,b; c,b,a). Poderemos então, por exemplo, dispor em um quadro os acordes cujas duas notas superiores permanecem fixas enquanto a nota inferior varia (conforme o princípio bidimensional); poderemos em seguida agrupar vários quadros em um "conjunto de quadros", por exemplo, em razão da similaridade da nota superior (e da variação, de um quadro a outro, da nota central); essa nota superior seria então reservada à "transposição de todo o sistema". Não é de modo algum falacioso examinar separadamente cada uma dessas possibilidades: elas revelam a multiplicidade das relações ou dos *grupos* de relações que existe no interior do conjunto de todos os acordes de três sons possíveis.

Exemplo 19

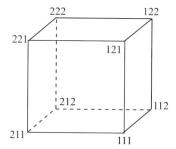

Sua divisão em duas zonas planas opostas:

221 —— 121   e   222 —— 122
 | | | |
211 ⎯ 111   212   ⎯ 112

ou

221 —— 222   e   121 —— 122
 | | | |
211 ⎯ 212   111   ⎯ 112

ou

221 —— 222   e   211 —— 212
 | | | |
121 ⎯ 122   111   ⎯ 112

O "folheamento" poderia ser mais elevado se considerássemos também pontos intermediários sobre as retas:

111 —— 112 —— 113 —— 114
 | | | |
121 ⎯ 122 ⎯ 123 — 124
 | | | |
131 ⎯ 132 ⎯ 133 ⎯ 134
 | | | |
141 ⎯ 142 ⎯ 143 ⎯ 144

etc.

Pode-se, por exemplo, deduzir disso algum tipo de técnica contrapontística generalizada, em que cada movimento de cada "voz" consista de fato em um deslocamento, regrado, sobre este ou aquele eixo de consideração, em que os movimentos simultâneos de várias vozes consistam em deslocamentos "oblíquos", entre os quais os movimentos paralelos de algumas e sobretudo de todas as vozes ocupa um lugar privilegiado.[43] Existem ainda, no interior desse

---

[43] Através dessa catalogação exaustiva de acordes tão distintos, inseridos numa rede pela qual suas notas respectivas teciam paralelos, entrelaçando-se de modo *transformacional* de acorde a acorde, Pousseur chegava, então, à enunciação de um "sistema harmônico" no seio do qual seria possível, a rigor, "transitar" de uma harmonia monteverdiana a outra weberniana, como era de seu desejo ao início da composição de *Votre Faust*. Por isso fala, nesse contexto, de uma "técnica contrapontística generalizada". (F.M.)

espaço em seis dimensões, outros eixos de simetria, algo como "diagonais", caracterizadas, por exemplo, seja pela conservação total dos intervalos, seja pela aparição repetida das *três mesmas notas*, mas colocadas numa ordem distinta de disposição relativa no registro: inferior–central–superior.

A consideração de acordes (ou outros fenômenos harmônicos) de mais de três sons aumentaria, numa medida ainda um pouco vertiginosa para nós, a complexidade do espaço combinatório no qual se organizam as relações entre esses acordes. Isso não deve, claro, nos desencorajar, mas sim incitar-nos à modéstia, lembrando-nos de que estamos apenas no começo e ainda temos uma enormidade por aprender a respeito das novas virtualidades harmônicas, resultantes das crises e emancipações pelas quais passamos. Pois essa complexidade combinatória não está de modo algum superestimada, exagerada – aliás, bem ao contrário –, com relação à complexidade fenomenológica, mesmo que potencial, de que o material dá mostras convincentes. E se a afirmação (já antiga) de Olivier Messiaen segundo a qual nada mais pode ser encontrado no plano harmônico, porque teríamos "atingido um teto", e se essa afirmação talvez seja verdadeira no que concerne à *acumulação*, ela certamente não o é, longe disso, no que concerne à *compreensão*. Em outras palavras, se aprendemos a aceitar praticamente tudo que se pode produzir (e a valorizá-lo provisoriamente como fenômeno de cor mais ou menos opaca), estamos bem longe de aprender o que virtualmente isso *significa*, tudo o que sintaticamente pode ser *feito* com isso; nesse plano somos ainda extremamente míopes e desajeitados (mas as obras de Olivier Messiaen, e seus escritos teóricos, guardam um ensinamento, de certo parcial, mas extremamente *indicativo*, do qual nossa prática, justamente por isso, poderá ainda por muito tempo nutrir-se com muito proveito).

2) A rede que acabamos de estudar era baseada numa disposição bidimensional, ou seja, ainda relativamente abstrata, das notas. Claro que, ao desenvolvê-la em acordes de dois ou três sons, já levamos em conta a ordem "vertical" da disposição relativa das notas no registro, ou seja, não ficamos indiferentes às *inversões* dos intervalos e acordes, e assim introduzimos certa discriminação melódica (a que afeta mais estreitamente as estruturas harmônicas). Mas, à parte isso, a Oitava praticamente ainda não havia sido considerada, os simples desdobramentos dos intervalos e acordes não eram distinguidos uns dos outros. Ora, é certo que a Oitava é um fenômeno capital (a desconfiança a seu respeito paradoxalmente o comprova), e é *associando o seu tratamento ao dos outros intervalos* que teremos maior chance de integrá-la organicamente. Por exemplo, os intervalos fundamentais do espaço acústico e auditivo não somente na sua exploração pela tonalidade, mas também no

Apoteose de Rameau

seu potencial natural mais provável (a tonalidade não seria, desse ponto de vista, uma valoração das "inclinações" mais "fortes"?), não são apenas a Quinta e a Terça maior, mas também e primeiramente a Oitava, e de minha parte estou convencido de que o acorde fundamental da tonalidade não é um acorde perfeito de *três* notas – por exemplo, Dó-Mi-Sol, na proporção 4:5:6 –, mas na realidade o de *quatro* notas, incluindo a Oitava da fundamental, na proporção 4:5:6:8[44], o qual tem, aliás, a curiosa propriedade de se deixar exprimir da seguinte maneira:

8:			2^3
6:		2x3	
5:	2+3		
4:	2+2	2x2	2^2

Podemos agora retomar a idéia de uma rede geradora de todas as notas, mas cuja exaustividade será a partir de então completamente satisfatória, tanto do ponto de vista melódico quanto harmônico. Ela deverá comportar *três* eixos principais, que serão respectivamente regidos pela *Oitava*, pela *Quinta* e pela *Terça maior*, sendo que estes dois últimos intervalos serão agora tomados em sua realidade não somente harmônica (sendo então admitida igualmente sua inversão), mas também melódica, o que significa que cada um desses eixos será igualmente orientado no espaço das freqüências absolutas, ou seja, do grave ao agudo. Uma vez que a "rapidez" de suas ascensões é diferente (de acordo com a diferença de grandeza do intervalo), poderemos localizar o mais rápido deles, o eixo das Oitavas, verticalmente, (o que exprimirá bem sua função identificadora, mesmo que simplesmente provável), enquanto os dois outros (que, vistos "em plano", ou seja, reduzindo a um *ponto* a dimensão das Oitavas e retornando à nossa representação bidimensional anterior, se situarão de certa maneira em ângulo reto um em relação ao outro) terão ângulos de ascensão exatamente proporcionais a suas grandezas, ou seja, definidos por suas notas sucessivas na escala melódica das alturas (Exemplo 20).

---

44 Esta passagem é das mais fundamentais para a justa compreensão do pensamento pousseuriano: o arquétipo tonal, segundo sua visão, não consiste na mera tríade perfeita (maior), mas antes na tríade *com o dobramento de Oitava da fundamental* (Dó-Mi-Sol-Dó). Desse modo, institui-se a presença tanto da Oitava quanto da Quarta (entre Sol e Dó) e da Sexta menor (entre Mi e Dó) no âmago mesmo da entidade tonal, tendo-se, a partir da fundamental, três intervalos de referência: Terça maior, Quinta e Oitava. É a partir dessa concepção que Pousseur chega, então, às redes harmônicas *tridimensionais*. (F.M.)

A "escala dos harmônicos" constitui nessa rede uma espécie de feixe convergente (dirigido para baixo) sobre a fundamental.

Exemplo 20a

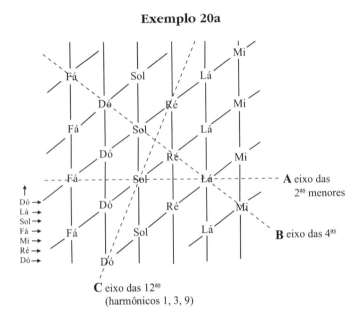

a) Plano das Oitavas e das Quintas

Exemplo 20b

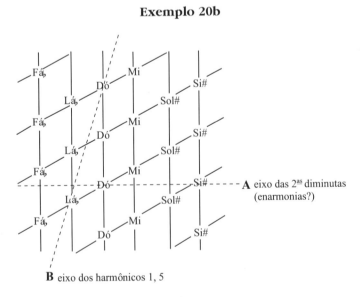

b) Plano das Oitavas e Terças maiores

Exemplo 20c

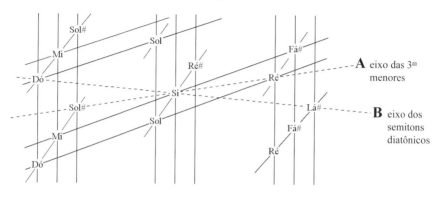

A eixo das 3ᵃˢ menores

B eixo dos semitons diatônicos

c) "Perspectiva" tridimensional

Poderemos recortar nessa rede tridimensional (que me parece fornecer uma representação bem interessante dos parentescos – mesmo distantes – "tonais" entre as notas) toda sorte de planos "oblíquos", como um plano que tenha por eixos principais uma cadeia de Terças menores e uma cadeia de Sétimas maiores (Exemplo 21).

Exemplo 21

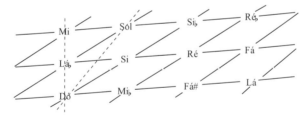

"Recorte" de uma rede de Terças menores (ou Segundas aumentadas) e Sétimas maiores (ou Oitavas diminutas) num plano de Sextas menores e Décimas segundas (enarmonias aceitas), as quais podem ser consideradas, respectivamente, como "diagonais" nos planos Oitava–Terça e Oitava–Quinta.

De fato, qualquer intervalo poderá então aparecer, pareado (na função "dimensional") com qualquer outro intervalo. A exploração mais fácil do *total* das redes bidimensionais dessa espécie talvez seja a exploração "melódica", ou seja, aquela que consiste em deformar progressivamente, por exemplo, por Semitons, os intervalos constitutivos dessas redes. O ordenamento das redes, ou seja, a sucessão na qual elas serão dispostas (e cuja ordem bidimensional pode ser invertida, por exemplo: a1, a2, b1, b2 ou a1, b1, a2, b2),

Henri Pousseur

não terá evidentemente nenhuma pertinência "harmônica", no sentido estrito que atribuímos a esta palavra (Exemplo 22). Mas, além do fato de que esse ordenamento está em estreita relação com certos fenômenos acústicos como a *Ringmodulation*[45] (na qual o melódico e o harmônico – ou, como se queira, o contínuo e o descontínuo – são tão estreitamente imbricados), tudo o que já aprendemos sobre as estruturas harmônicas deveria nos permitir introduzir nessa ordem (aliás, perfectível!) todas as discriminações necessárias. O exemplo prático que logo mais descreveremos nos dará uma ilustração cujo aspecto empírico, pelo menos, demonstra-se já bastante satisfatório.

Exemplo 22

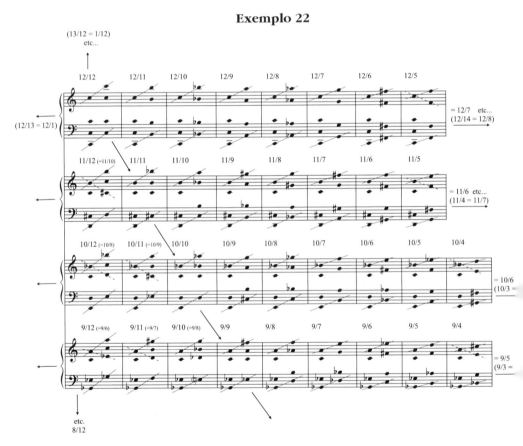

(É recomendável continuar este quadro e examinar todas as suas simetrias, periodicidades etc.)
NB: as redes consideradas iguais não o serão em relação às projeções; estas se comportarão como inversões, rotações etc. Ver Exemplo 23.

---
45 Modulação em anel, em alemão no texto original. (F.M.)

b) Projeções

Enquanto no trabalho teórico realizado a propósito de *Votre Faust* o nível analítico e o teórico assim como o nível descritivo e o composicional continuavam, em geral, claramente separados, vemos que agora se esboça uma reaproximação desses níveis à medida que os métodos práticos descritos anteriormente (movimentos recíprocos de ciclos de Quintas, de Tons-inteiros, de Semitons etc.) aparecem agora como casos especiais dessa exploração de uma rede (provisoriamente) "mais universal". O que examinaremos, para terminar os métodos de composição (mais ou menos elementares) estudados visando à composição de *Couleurs Croisées* ou no âmago mesmo desta obra, provará que essa reaproximação deveria, bem como é possível ser realizada, uma vez que se tratará sempre de explorações ou aplicações sistemáticas dessa rede e de suas derivadas mais regulares.

1) Uma primeira possibilidade se manifesta no quadro das redes bidimensionais que acabaram de ser descritas. Ela consistirá em considerar uma estrutura, definida em tal ou tal rede (que convenha particularmente bem à sua natureza), como uma *matriz* generalizável (pode-se, por exemplo, utilizar todas as figuras geométricas imagináveis, cujo grau de simplicidade corresponderá *diretamente* a certas propriedades sonoras perceptíveis), da qual deduziremos apenas a estrutura abstrata, ou seja, o conjunto de definições de *posição na rede*. Essa matriz poderá ser em seguida *transposta* em qualquer outra rede, o que significa escolher nesta as notas correspondentes ao mesmo conjunto de posições[46] (Exemplo 23).

Haverá, de toda forma, um parentesco de tipo melódico entre as distintas "projeções" de uma mesma matriz[47]. Quanto às relações ou às "afinidades"

---

46 Ou seja, projetam-se as notas de uma dada estrutura harmônica nesta matriz (rede) e localizam-se uma a uma todas essas notas em meio à rede harmônica, de forma que cada nota possuirá uma determinada *posição* na rede. Alterando-se a rede na qual tal projeção foi realizada, e respeitando-se *as mesmas posições* encontradas, ter-se-á uma alteração harmônica da estrutura de partida. (F.M.)

47 O que em geral se mantém como equivalente nas distintas projeções que se faz de uma estrutura harmônica original em redes distintas é precisamente a *identidade dos perfis* entre as figuras resultantes. Nesse sentido, Pousseur fala, então, de "parentesco melódico", "temático" ou "figural". A partir da consciência, por parte do compositor, da relevância dos perfis para a percepção das identidades entre as figuras resultantes tem-se, em meio à música contemporânea, o que podemos designar por *composição de perfis*, para a qual a técnica das redes harmônicas de Pousseur contribuiu enormemente. (F.M.)

Exemplo 23

Figura "abstrata" (matriz) e suas projeções em diferentes redes

harmônicas (múltiplas) que existem entre elas, estas são distribuídas no sistema total das redes de maneira certamente descontínua, mas que corresponde às escalas harmônicas já estudadas (ou a outras de mesmo tipo): ressonância natural, ciclo de Quintas, simetrias por inversão etc. Dispomos então, desde já, de um meio de diferenciação e parentesco "temático", figural, extremamente sutil, a partir do qual controlamos rigorosamente toda sorte de propriedades efetivamente musicais (ou, em todo caso, imediatamente "pré-musicais"): por exemplo, ao lado das propriedades já mencionadas, o fato de que certas redes são "defectivas" e utilizam apenas uma parte do potencial de engendramento da rede total (se os dois intervalos de definição forem o Trítono e a Terça maior, por exemplo, não sairemos de um universo "por Tons-inteiros": este, aliás, se reproduz periodicamente, cada vez que se encontram dois intervalos que comportem um número par de Semitons).

A partir desses exemplos, ainda relativamente simples, porém bastante regulares, poderíamos estender o sistema praticamente ao infinito, introduzindo nele toda sorte de complexidades suplementares. Por exemplo, poderíamos utilizar para um dos eixos uma alternância regular de dois intervalos (Exemplo 24), o que, entretanto, pode ser analisado como a exploração "em escada" de uma rede tridimensional do mesmo tipo das que ainda examinaremos.

Exemplo 24

Eixos de 2 intervalos alternados e mudanças de sentido sobre os eixos.

Ou então (e isso que acabamos de descrever seria então um caso particularmente simples dessa possibilidade mais geral), poderemos utilizar como coordenadas *progressões* de intervalos de grandeza crescente ou decrescente, e essa progressividade poderia ou cobrir toda a extensão da rede, ou retornar periodicamente sobre si mesma, súbita ou progressivamente, em "dente-de-serra" ou em "onda triangular"[48] (Exemplo 25).

Exemplo 25

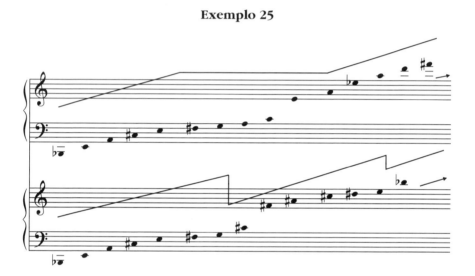

Reconhecemos aqui uma variante dos "espaços", curvos, focalizados, simétricos ou não, *propostos* por Pierre Boulez em *Penser la Musique Aujourd'hui*;[49] mas também estamos agora em condições de constatar que a maneira como Boulez os definiu na verdade nos oferece a seu respeito (ao menos de maneira explícita) apenas um controle "melódico" ou "combinatório", e que sintomaticamente se silenciou sobra a dimensão "harmônica".[50] Ora, se não

---

48 Pousseur retoma, aqui, a analogia entre estruturas intervalares e formas de onda, tal como fizera, três anos antes, em seu texto "Por uma periodicidade generalizada". (F.M.)
49 Cf. Boulez, P. *A música hoje*. São Paulo: Perspectiva, 1972. (F.M.)
50 Reportando-se à dedicatória do presente ensaio, Pousseur inicia, aqui, acirrada polêmica com Boulez em torno da questão harmônica, criticando no mestre francês, de seu ponto de vista, a pouca importância que Boulez conferia a este aspecto crucial da composição. A polêmica teria como (con)seqüência mais direta o início do ensaio de Pousseur sobre Stravinsky ("Stravinsky segundo Webern segundo Stravinsky"), escrito em tom rigorosamente

Apoteose de Rameau

tomarmos as devidas precauções, a dimensão harmônica corre forte risco de se manifestar na mais desagradável forma clandestina, disseminando em tais espaços, aparentemente tão lógicos em suas definições, toda sorte de irregularidades fenomenológicas imprevisíveis, imprevistas, irredutíveis.

De fato, é praticamente impossível impedir que progressões de grandeza de intervalo, definidas de uma maneira estritamente melódica, não produzam todo tipo de *variações* do potencial harmônico, numa alternância irregular de todos os tipos de graus de consonância ou de polaridade (ainda que simplesmente *aproximados*: o ouvido está à espreita das "inclinações"![51]), os quais, uma vez manifestados, poderemos no máximo nos esforçar por "engessar" empiricamente (as únicas exceções a esta afirmação são precisamente a escala dos harmônicos naturais e as formas secundárias que dela podem ser deduzidas: harmônicos ímpares, escala sub-harmônica etc., formas utilizadas por Stockhausen, entre outras obras, em *Gesang der Jünglinge* – ver *Die Reihe 1*[52]).

Uma tomada em consideração funcional[53] da dimensão propriamente harmônica (e uma aceitação *a priori* de sua variação possível, o que inclui quase obrigatoriamente os casos mais simples) deveria nos permitir, entretanto, encontrar pontos de vista em que o controle multidimensional seja efetivo, e isto mesmo em relação a casos bastante complexos. O estudo das séries progressivas *por sua taxa de dissonância* (que deverão ser estudadas não somente ao primeiro grau, entre termos vizinhos, mas também a todos os graus de "mediação": Exemplo 26a) e o estudo de sua interferência com relação às séries propriamente melódicas são as vias obrigatórias da conquista progressiva desses pontos estratégicos da composição atual.

---

crítico em relação a Boulez, e a partir da publicação desses textos a relação entre ambos sofrera um abalo considerável, resultando daí um distanciamento irreversível. Em mensagem a mim enviada recentemente, Pousseur relatara que apenas agora, em 2005, por ocasião dos 80 anos de Boulez, ambos se reaproximaram amistosamente: "Você sabe que festejei seus 80 anos com ele (juntamente com muitas outras pessoas), e Boulez estava bastante apaziguado (*tout à fait pacifié*); é preciso dizer que eu havia lhe enviado de presente um dossiê contendo inclusive 2 minutos de música para quarteto intitulada 'Piccolo Ricercare sopra TU ES PETRUS'..." (e-mail de 4 de agosto de 2005). (F.M)

51 *"Pentes"* no original francês. Pousseur refere-se, aqui, à tendência resolutiva de intervalos polarizadores ou centros de gravidade harmônicos, pelos quais a escuta, de alguma forma, procura em meio a qualquer contexto intervalar. (F.M.)

52 Cf. Stockhausen, K. "Actualia". In: *Die Reihe I – Electronic Music*, Bryn Mawr (Pennsylvania): Theodore Presser Co./Universal Edition, 1955, p.45-51. (F.M.)

53 Saliente-se nesse contexto a consciência de Pousseur acerca de uma nova *funcionalidade* harmônica. (F.M.)

Henri Pousseur

Exemplo 26a

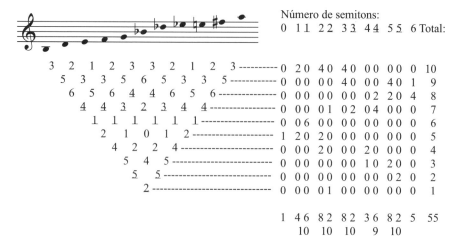

Análise dos intervalos de uma série de notas

Inicialmente entre notas vizinhas, depois (linhas inferiores) entre as notas cada vez mais distantes umas das outras (aqui, no tempo e no registro). Intervalos abstratos, não dispostos no registro (salvo os casos sublinhados), são indicados, por razões de simplicidade simbólica, em números (mínimos) de Semitons (lembremo-nos da realidade harmônica desses intervalos-tipo). O quadro à direita constitui a síntese estatística: vemos assim quais intervalos predominam em cada nível de virtualização. Pode-se analisar dessa maneira qualquer formação harmônico-melódica (ver "Tabelas de Intervalos", 1). A soma inferior indica os números em presença absoluta. Neste caso, tem-se uma distribuição bem homogênea, salvo para os Uníssonos (Oitavas), reduzidos a um único exemplo. Numa série dodecafônica não haveria nenhum Uníssono, e cada um dos intervalos da Segunda menor à Quarta estaria presente doze vezes, os Trítonos seis vezes, totalizando assim sessenta e seis intervalos, porém distribuídos de maneira extremamente variável segundo a natureza da série (analisar as diferentes séries obtidas em "Ciclos")].

Vemos aqui as modificações sistemáticas ocasionadas por inversão, por troca de notas, no quadro total (Exemplo 26b):

Exemplo 26b

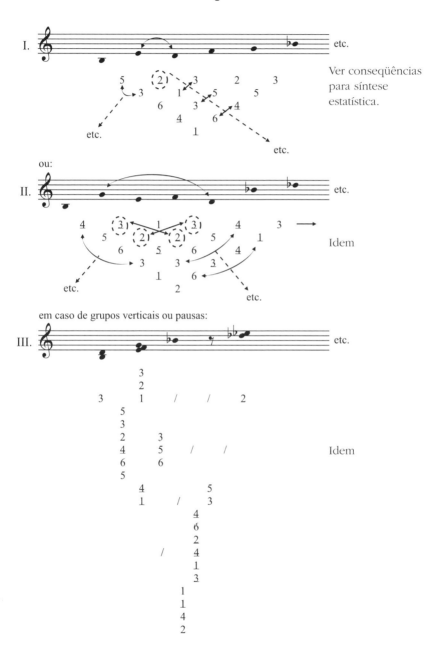

2) Em *Couleurs Croisées*, finalmente, decidi utilizar uma matriz *única*, qual seja: o canto integracionista negro *We Shall Overcome*, bem conhecido sobretudo nos Estados Unidos, mas também em outros países, considerado em sua harmonização mais simples possível (aliás, totalmente paralela), que fornece a definição mais evidente das funções harmônicas e permite sua transposição bastante clara e reconhecível nas redes mais distorcidas (Exemplo 27).

Exemplo 27

Uma vez que essas funções harmônicas são mais exatamente definidas na rede tridimensional "universal" exposta há pouco (cujos eixos são a Oitava, a Quinta e a Terça maior), será então nas variantes dessa rede, obtidas pela prospecção "oblíqua", sem eixo, de seu espaço, ou pela deformação gradual de seus eixos (o que ao final dá no mesmo), que deverão se efetuar nossas projeções. A seguir, para começar, alguns tipos de redes deformadas, levadas a uma representação bidimensional em razão de que, de acordo com a estrutura tonal do modelo, o eixo da "Terça" (ou do intervalo que eventualmente assuma o seu lugar) não se desenvolve para além de um elo único, e pode ser simplesmente inserido no interior dos elos do eixo das Oitavas: Exemplo 28.

Exemplo 28

A seguir, as projeções da primeira frase do modelo nessas redes: Exemplo 29.

Exemplo 29

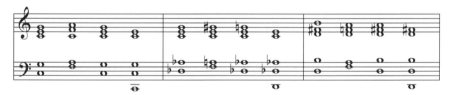

Projeção de uma matriz harmônica nas seis redes do Exemplo 28.

Não aproveitei essa primeira possibilidade, bastante simples e automática, porque se produziam, apor causa da mudança de proporção da grandeza dos intervalos, deformações melódicas que eu queria reservar a um controle posterior, exposto a seguir. Eu esperava poder *desligar* os dois aspectos e aplicar tanto quanto possível qualquer "harmonização" a qualquer forma melódica, ainda que numa anamorfose voluntária (ou ao menos na variante mais próxima possível de seus dados melódicos).

Eu podia, para começar, aplicar a rede harmônica[54] somente às estruturas "verticais" e conservar a melodia original (ou então deformá-la por outro método) para a organização "horizontal". Acordes provenientes da rede escolhida (cuja densidade pode variar da maneira que se queira) são então aplicados sobre as notas da melodia, que pode ser considerada como parte superior, inferior, interior ou mesmo variar sua posição sob esse ponto de vista. A única função da rede que continua a influenciar a dimensão horizontal é a aplicação, sobre a melodia, das inversões, das posições dos acordes, conforme a aplicação feita no modelo, o que evitará *a priori* movimentos paralelos prolongados (Exemplo 30).

Exemplo 30

O que é próprio desse procedimento é que ele aproxima "acordes" que, na rede, são mais ou menos distanciados uns dos outros (enquanto, no modelo, trata-se sempre de grupos de notas bem vizinhos, aparentados por uma ou mesmo duas notas comuns, dentre as quais, em todo caso, a Quinta ou a fundamental). Quando a textura era relativamente "homofônica", compreendendo no máximo ligeiros desencontros "de fase"[55] entre as partes (compa-

---

54 Curiosamente, é somente neste parágrafo que Pousseur usa claramente, pela primeira vez, a designação *rede harmônica* (*réseau harmonique*). (F.M.)

55 Pousseur vale-se novamente, aqui, de suas analogias às formas de onda e aos fenômenos ondulatórios (nesse contexto, em relação à *fase* das ondas), tais como expostas em "Por uma periodicidade generalizada". (F.M.)

Apoteose de Rameau

ráveis a um contraponto "por síncopas" um pouco estendido), efetivamente o utilizei. Mas quando devia se tratar de uma textura fortemente polifônica, na qual várias camadas, de evolução rítmica bem diferenciada (e que teriam já certa densidade harmônica), deveriam se sobrepor bem livremente, esse procedimento não se mostrava conveniente, pois eu arriscava obter acumulações indesejáveis, estatísticas, mal controladas, e que teriam completamente obscurecido as cores harmônicas[56] características. Ele tampouco convinha quando essas "camadas", sobretudo isoladas, sem sobreposição polifônica, eram delgadas demais, não comportando notas suficientes para exprimir o caráter da rede harmônica. Fazia-se necessário então introduzir ainda um meio de simplificação, ou de definição, mais forte. Foi novamente por analogia à estrutura do modelo de base – e do espaço musical (tonal) no qual este se definiu – que procedi.

A gama diatônica pode ser deduzida (e este é o modo mais lógico de engendrá-la) de três acordes perfeitos (com suas Oitavas) situados a distância de Quinta um do outro (Subdominante, Tônica, Dominante).[57] Se tomarmos três acordes correspondentes da rede na qual estivermos trabalhando (ou seja, três cadeias de "Oitavas" nas quais se inserem uma "Terça" e uma "Quinta" – metafóricas – por Oitava), acordes situados um em relação ao outro na distância definida pelo intervalo que tenha assumido o lugar da Quinta, obteremos uma estrutura análoga àquela do espaço diatônico, estrutura esta equivalente por algumas de suas propriedades (complexas: inicialmente combinatórias, mas em seguida também harmônico-melódicas: relações privilegiadas por notas comuns, ou seja, por Uníssonos; disposição análoga, a partir de seus pontos "focais", de intervalos por certo diferentes etc.).

Podemos, por exemplo, deduzir daí uma escala, uma gama com suas "oitavações" deformadas, que eventualmente cubra a totalidade dos registros úteis. No interior de uma de suas pseudo-Oitavas, não haverá nunca mais do que sete graus (o que, em última instância, justifica bastante bem a conservação dos nomes dos intervalos!), podendo até mesmo haver menos graus se os acordes constitutivos tiverem mais notas comuns que os acordes da cadência tonal; porém, de uma "Oitava" a outra poderá haver (entre "graus" diferentes), ao contrário, mais ou menos Oitavas reais, ou relações cromáticas etc. No interior dessa gama, os graus (se considerarmos sua proveniência por acorde) não estarão necessariamente na mesma ordem ascendente que

---

56 Pousseur insiste na noção de "cores harmônicas", totalmente condizente com o título de sua obra: *Cores Cruzadas*. Nesse sentido, preserva uma aliança entre a dimensão *harmônica* propriamente dita e a *colorística* (tímbrica), tal como a expôs no início do presente ensaio. (F.M.)

57 Tal como o expusera Schoenberg em sua *Harmonielehre* – cf. Schoenberg, A. *Harmonia*. São Paulo: Editora Unesp, 2001, p.63. (F.M.)

na gama diatônica (por exemplo, a Subdominante não será necessariamente grau conjunto superior da "Terça" da "Tônica"). O que não impede que possamos comparar uma à outra e "cotejar" uma *pela* outra de uma maneira simplesmente paralela, estabelecendo uma relação de equivalência de termo a termo (Exemplo 31a).

Poderemos então, por exemplo, reproduzir qualquer forma melódica diatônica com o auxílio de graus equivalentes de qualquer outra escala (Exemplo 31b), a menos que prefiramos escolher simplesmente, na nova escala, as notas que sejam realmente as mais próximas possíveis da melodia original (e esta é a aproximação que eu buscava): Exemplo 31c. Será fácil aplicar em seguida, a cada uma dessas notas, o acorde (ou, como se queira, um dos acordes) que lhe(s) corresponda(m) na rede (no grupo de três acordes) da qual essa escala foi deduzida (Exemplo 31d), o que resulta numa nova variação funcional em relação ao modelo, por conta da mencionada interversão [permutação] dos graus funcionais numa "gama". Note-se ainda a estrutura melódica – deformada, claro, mas cujo semiparalelismo é reconhecível – das "vozes secundárias". As explorações "por movimento contrário" são, claro, igualmente possíveis, e delas foram feitos, aliás, usos distintos.

Exemplo 31a

Exemplo 31b

Exemplo 31c

Exemplo 31d

3) Como disse, eu desejava poder também utilizar deformações melódicas, por vezes muito mais significativas que as que resultam inevitavelmente do próprio trabalho harmônico. O método finalmente escolhido consistiu em *acrescentar* a todos os intervalos da melodia um número igual de Semitons (de 1 a 8), fazendo-se entretanto tal adição de maneira por vezes distinta para os intervalos melódicos ascendentes ou descendentes, o que dará aos resultados um movimento geral ascendente ou descendente e mais ou menos rápido segundo a diferença entre os valores acrescentados em um ou em outro sentido (Exemplo 32a). Para que as articulações melódicas permanecessem fielmente preservadas nessa anamorfose, seria necessário ainda acrescentar uma cláusula especial: os intervalos do modelo que fossem maiores que a Segunda maior e que se encontrassem "analisados", ou seja, cujo conteúdo em Segundas (diatônicas) fosse articulado (freqüentemente em movimento contrário) a um outro momento da melodia ou da mesma frase melódica, seriam aumentados por um número de Semitons igual ao número-tipo multiplicado pelo número de Segundas, maiores ou menores, que compreendia o intervalo *diatônico* original.

Exemplo 32a

Exemplo 32b

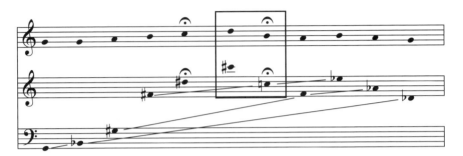

Assim – como bem o prova o Exemplo 32b –, as correspondências em longo prazo seriam preservadas; em contrapartida, seria inútil aplicar essa cláusula quando os "grandes" intervalos não fossem analisados, como no caso da Terça menor descendente que encerra a primeira frase.

Podemos agrupar essas deformações melódicas por propriedades comuns – digamos, todas as deformações ascendentes (intervalos ascendentes sempre mais fortemente aumentados que os intervalos descendentes) ou todas as deformações simétricas (mesmo aumento nos dois sentidos); podemos ainda organizá-los, no interior de sua classe, segundo propriedades direcionais, com, por exemplo, um aumento cada vez maior; ou então, em mais detalhe: intervalos descendentes não mudados, intervalos ascendentes crescentemente maiores; depois, estando estes fixados em sua forma mais ampliada, com aumento progressivo dos intervalos descendentes, etc. Dispomos assim de um meio já bastante efetivo de organização das propriedades melódicas do material (no sentido agora tradicional da palavra "melódico", ou seja, sucessivo). Como, em virtude dos métodos descritos acima, a aplicação das propriedades harmônicas a essas formas melódicas é fortemente independente, pode-se tirar proveito de um "contraponto" tão sutil, complexo e eficaz quanto desejarmos entre esses dois critérios.

Eu tinha necessidade de uma estrutura harmônica bem perceptível e desejava um movimento geral que partisse, no início, de uma espécie de explosão cromática bem "expressionista" (grandes intervalos etc.) e que fosse até uma possibilidade final de apaziguamento relativamente diatônico (embora permanecendo interrogativo, hipotético), passando por todos os entrecruzamentos conflituosos possíveis e imagináveis (nos quais a melodia se tornaria cada vez mais claramente reconhecível, ainda que segundo caminhos igualmente muito sinuosos, e nos quais se tornaria perceptível, mesmo que *a posteriori*, a própria relação de *engendramento* que a religa às formas mais deformadas, mais distorcidas, menos reconhecíveis). Para chegar a reagrupar de uma maneira funcional, conforme essa representação, a enorme quantidade de redes possíveis – com todas as simetrias, todas as correspondências, todos os ecos que existem no interior desse sistema de sistemas –, adotei um princípio novo bastante simples, mas fortemente discriminatório.

Cada uma das seis seções principais (e que são mais ou menos imbricadas) da obra (a qual dura ao todo em torno de meia hora) seria caracterizada por campos harmônicos, por redes das quais dois intervalos-módulos seriam fixos, enquanto apenas o terceiro variaria, para distinguir ainda as "subseções" entre si, de uma maneira facilmente controlável (sendo que a extensão dessas subseções podia também variar consideravelmente). Os dois intervalos fixos não seriam sempre os mesmos: nas primeira e quarta seções, a "Oitava" e a "Terça" seriam fixas (de uma forma mais ou menos alterada), e a "Quinta" variaria; na segunda e na sexta, a "Terça" é que variaria; na terceira e na quinta, seria a vez da própria "Oitava". Estes são os seis "princípios" dessas redes, expressos da maneira mais concisa possível: Exemplo 33.

Exemplo 33

Cada um desses seis grupos de redes representa evidentemente uma gama de variação cujas posição e amplitude harmônica são bem diferentes: o primeiro quase não pode evadir-se do cromatismo mais dissonante, enquanto, no segundo, o intervalo cromático (Nona menor) encontra-se "mediado" por outros dois intervalos, os quais podem, em certos casos, dispor-se em acordes perfeitos (invertidos) ou mesmo em acordes de Quinta e Oitava. No terceiro, domina uma situação "por Tons-inteiros", seja de maneira totalmente pura, seja "cromatizada", conforme a natureza da "Oitava". O quarto apresenta algum parentesco com o segundo, mas num grau de diatonismo já bem mais afirmado. O quinto é o único conforme o original no que se refere aos dois intervalos inferiores (o "acorde perfeito" de três notas): sua Oitava varia, o que colocará esses acordes bem consonantes em contextos fortemente variados, e a disposição diatônica primitiva aparecerá sempre que esse intervalo *não* for alterado, possibilidade esta que se produz efetivamente em três breves ocasiões, em alternância com outras redes mais "curvas" (aqui, com efeito, impõe-se uma noção de curvatura *harmônica*, se quisermos considerar metaforicamente a Oitava como o fenômeno mais "reto", mais "euclidiano", do espaço harmônico; já propus essa interpretação alguns anos atrás, a propósito das cadeias de Sétimas maiores, próprias, por exemplo, do espaço weberniano). Quanto ao sexto tipo, ele contém um potencial em certa medida ainda mais consonante, mais diatônico, que se atualizará sobretudo quando a "Terça" tomar a forma de uma *Quinta*.

Ainda que esse sistema tenha comportado um bom número de proprie-dades experimentais e tenha sido organizado de forma a explorar, mesmo um pouco às cegas, regiões ainda mal conhecidas (menos pelo material que por suas relações e funções potenciais), com o intuito de ver (ou ouvir) em seguida "no que isso daria", observamos que ele já permitiu, combinado com toda a experiência harmônica acumulada anteriormente, uma *previsão* e, conseqüentemente, uma *decisão* incontestavelmente eficaz no que concerne a um conjunto de funções harmônicas bem extenso. Trata-se de um exemplo suplementar da interferência dialética entre um trabalho combinatório, entre um método "serial" no sentido mais geral da palavra, e um conhecimento empírico das propriedades vivas do material.

Esse conhecimento só poderá desenvolver-se bem gradualmente, à me-dida que se desenvolva a exploração sistemática do labirinto combinatório, e podemos esperar que ele venha a engendrar pouco a pouco um sistema de composição tão organicamente eficaz, tão *direto* quanto possível. Séculos passados e distintos de nossa história fornecem-nos exemplos eloqüentes desse processo, e não precisamos, evidentemente, esperar que isso se repita de uma maneira mais ou menos textual.

Técnica III: *Eventualmente...*[58]

Sendo o prognóstico (baseado sobre a observação da realidade passada, tanto de suas lacunas como de suas possibilidades – ou seja, também sobre a consideração das necessidades presentes) aparentemente uma das operações mais fecundas quando se parte à descoberta (mesmo que se chegue finalmente às Antilhas, em vez das esperadas Índias), resta-nos seguir algumas linhas pontilhadas que partem das aquisições já descritas e que se distanciam no sentido de uma exploração futura. A primeira dessas pistas concerne uma extensão possível do espaço harmônico no sentido dos intervalos não-tempe-rados, ou melhor, dos intervalos que não se reduzam à descrição "zarliniana" da harmonia. Explico-me.

a) Temperamentos

Christian Huyghens, o matemático e astrônomo holandês do século XVII, havia já proposto uma fórmula de temperamento mais complexa que a dos

---

58 Pousseur parafraseia, neste subtítulo, o famoso artigo de Boulez com o mesmo nome – cf. Boulez, P. "Éventuellement...". In: Boulez, P. *Relevés d'Apprenti*. Paris: Éditions du Seuil, 1966, p.147-82; e em tradução brasileira: Boulez, P. *Apontamentos de aprendiz*. São Paulo: Perspectiva, 1995, p.137-68. (F.M.)

Apoteose de Rameau

doze Semitons, que não foi utilizada em seu tempo por sua difícil aplicação aos instrumentos de teclado, então em plena expansão, mas que certamente apresenta interesse (ainda que simplesmente teórico) para que seja reconsiderada na atualidade. Trata-se, como se sabe,[59] de uma divisão da Oitava em trinta e um microintervalos iguais, obtidos a partir da terceira série de Fibonacci:[60] 2/5/7/12/19/31..., da qual vemos que ao menos três de seus números inferiores representam já o número de graus de importantes escalas musicais: 5, 7 e 12. Essa "gama", na qual o Tom-inteiro comporta cinco microintervalos (que Huyghens chamava de "diesis", mas que eu proponho, para evitar qualquer confusão,[61] chamar aqui de "microns"), e o Semitom *diatônico*, 3 (o que resulta em: (5 x 5 =) 25 + (2 x 3 =) 6 = 31, deixando ao Semitom *cromático* apenas dois mícrons),[62] tem propriedades realmente notáveis, que eu gostaria ainda rapidamente de expor aqui:

1) Ela pode ser desenvolvida pelo ciclo de Quintas (de preferência em sua disposição "em espiral", que põe igualmente as Terças em jogo): ver Exemplo 18. Utilizam-se então as sete notas "naturais", não alteradas, as catorze notas com alterações simples (sustenido ou bemol) e as dez notas com alterações dobradas (dobrado sustenido ou dobrado bemol), fechando assim o ciclo. Mi dobrado sustenido é então identificado não a Fá sustenido (ou Sol bemol), como em nosso sistema de doze Semitons, mas na verdade a Sol dobrado bemol; e Dó dobrado bemol, não a Si bemol (ou Lá sustenido), mas a Lá dobrado sustenido; o intervalo entre essas duas notas (no sistema de 12 Semitons, um Trítono) é aqui considerado como a trigésima primeira Quinta do ciclo, que o fecha sobre si mesmo (da mesma maneira, nas escalas com menores quantidades de notas havia assim um intervalo de "afivelamento": Terça maior na pentatônica, Trítono na heptatônica, Quinta "do lobo"[63] na cromática natural, cuja inexatidão é em seguida distribuída por todas as Quintas do sistema temperado dodecafônico, sendo que uma operação similar é

---

59 Ver *Die Reihe 8*, o artigo do Professor Fokker (N.A.) – cf. Fokker, Adriaan D. "Wozu und warum? – Fragen zur neuen Musik". In: *Die Reihe VIII – Rückblicke*. Universal Edition, 1962, p.62-72. (F.M.)

60 A série de Fibonacci é aquela na qual um número é a soma dos dois anteriores, propriedade que, na seqüência ilustrada por Pousseur, pode ser verificada a partir do algarismo 7. (F.M.)

61 Pousseur quer evitar, aqui, a confusão entre *diesis* e a palavra francesa *dièses* (sustenidos). (F.M.)

62 Sobre a diferença entre os Semitons *diatônico* e *cromático*, oriundos da *escala pitagórica*, ver Menezes, Flo. *A acústica musical em palavras e sons*. São Paulo: Ateliê Editorial, 2004, p.236-43. (F.M.)

63 Cf. a propósito da Quinta do lobo, Ver Menezes, Flo. *A acústica musical em palavras e sons*. São Paulo: Ateliê Editorial, 2004, p.251. (F.M.)

ainda possível com um ciclo de dezenove Quintas, como se pode observar em nossa escala mais extensa).

Com efeito, o dobrado sustenido, igual a dois Semitons cromáticos, comporta apenas quatro mícrons, e a nota duplamente sustenida situa-se um mícron abaixo de sua enarmonia "natural" no sistema de doze Semitons (por exemplo: Dó dobrado sustenido – Ré), assim como a nota sustenida está um mícron abaixo da nota bemol correspondente (por exemplo: Dó sustenido – Ré bemol). Podemos então descrever essa escala da maneira apresentada no Exemplo 34a, o que se justifica, sobretudo se engendrarmos e a explorarmos de uma maneira *tonal*, não importa quão complexa ela seja, e se levarmos em consideração os intervalos "alterados" que uma interpretação como essa torna possível. Esses intervalos alterados são doravante distintos, do ponto de vista físico, freqüencial, dos intervalos naturais que lhes serviam até aqui de enarmonias (ver quadro abaixo).

Exemplo 34

2) Mas se quisermos utilizar esse sistema de maneira micromelódica, é evidente que esse perpétuo ziguezague de denominação será extremamente atravancador. Proponho então para este caso a notação do Exemplo 34b, bastante lógica, estando claro que poderemos, conforme o caso, utilizar todas as enarmonias que desejarmos, se delas tivermos necessidade (Exemplo 34c).

3) À parte essas propriedades, tanto as tonais complexas (ou seja, utilizando os primeiros harmônicos, somente até o quinto), quanto as micromelódicas (em que a interpretação proporcional seja mais ou menos obscurecida), esse sistema tem ainda uma terceira propriedade igualmente notável e útil, particularmente preciosa mesmo, e em nossa situação decisivamente prospectiva: ela permite realizar, numa aproximação bastante satisfatória, os intervalos que

utilizam os harmônicos superiores, como os de número 7, 11, 13 etc. (digamos ainda que se a Quinta é aqui apenas ligeiramente menos precisa do que no sistema de doze Semitons – mas assim mesmo bastante aceitável –, a Terça maior, lá particularmente maltratada, é aqui *muito mais precisa*). O quadro abaixo mostra que esses intervalos "não-temperados" são então enarmônicos de nossos intervalos *alterados* (Exemplo 35).

Exemplo 35

Número de "Mícrons"	Proporção	Intervalo "natural"	Intervalo "alterado"
1	35/36 – 44/45	Mícrom	Segunda diminuta
2	21/22 – 24/25	Segunda submenor	Uníssono aumentado
3	± 15/16	Segunda menor	/
4	± 12/13	Segunda neutra	(Terça mais que diminuta)
5	8/9 – 9/10	Segunda maior	/
6	7/8 – 13/15	Segunda sobremaior	Terça diminuta
7	± 6/7	Terça submenor	Segunda aumentada
8	5/6	Terça menor	/
9	9/11 – 13/16	Terça neutra	(Segunda mais que aumentada, Quarta mais que diminuta)
10	4/5	Terça maior	/
11	7/9 – 11/14	Terça sobremaior	Quarta diminuta
12	± 10/13	Quarta menor?	Terça aumentada
13	3/4	Quarta justa	/
14	11/15, 8/11, 13/18	Quarta maior?	(Terça mais que aumentada, Quinta mais que diminuta)
15	5/7, 18/25, 32/45	Trítono?	Quarta aumentada
16	7/10, 25/36, 45/64	Trítono?	Quinta diminuta
17	15/22, 11/16, 9/13	Quinta menor?	(Sexta mais que diminuta, Quarta mais que aumentada)
18	2/3	Quinta justa	/
19	± 13/20	Quinta maior?	Sexta diminuta
20	9/14 – 7/11	Sexta submenor	Quinta aumentada
21	5/8	Sexta menor	/
22	11/18 – 8/13	Sexta neutra	(Sétima mais que diminuta, Quinta mais que aumentada)
23	3/5	Sexta maior	/
24	± 7/12	Sexta sobremaior	Sétima diminuta
25	4/7 – 15/26	Sétima submenor	Sexta aumentada
26	9/16 – 5/9	Sétima menor	/
27	± 13/24	Sétima neutra	(Sexta mais que aumentada)
28	± 8/15	Sétima maior	/
29	11/21 – 25/48	Sétima sobremaior	Oitava diminuta
30	18/35, ...	?	Sétima aumentada
31	1/2	Oitava justa	/

4) Graças à introdução desses intervalos, talvez se torne possível o estudo de uma lógica harmônica totalmente nova, em todo caso consideravelmente estendida em relação às precedentes, sobre as quais não se deixou de dizer que elas já continham algumas premonições bem discretas, como no uso sobretudo "colorístico" (Debussy) dos acordes de Sétima "de Dominante" etc.

Dada a estrutura de engendramento desse sistema estendido, essa lógica poderia tirar proveito de tudo o que já existe nos sistemas precedentes, e tudo o que estudamos ao longo deste artigo poderia sem dificuldade ser nele realizado, prosseguindo seu desenvolvimento e o generalizado de uma maneira extremamente coerente. Uma das características mais novas resultaria do fato de que, sendo 31 um número primo, nenhum dos ciclos possíveis com *um único* intervalo-módulo seria "defectivo". Por exemplo, a "gama por Tons-inteiros" não retornaria ao seu ponto de partida sem antes ter engendrado a totalidade do material, ou seja, as trinta e uma notas diferentes. Poderíamos então "transpor" as estruturas de uma rede em outra tendo ao menos a certeza de que não haveria mais Uníssonos ou mais Oitavas que no modelo (porém – que fique claro –, no que se refere aos outros intervalos, haveria transformações harmônicas sobre as quais ainda temos muito a aprender).

Como tirar proveito prático dessa possibilidade? Dada a extrema coerência lógica do sistema, dado seu grau mínimo de distanciamento[64] com relação ao que já conhecemos, os instrumentos que dispõem do *continuum* das freqüências (cordas, voz etc.) poderiam tentar apropriar-se das técnicas necessárias. O uso de intervalos simples, consonantes e estáveis como pontos de comparação (de maneira análoga, ainda que mais ramificada, à praticada na música hindu) é provavelmente um dos caminhos a seguir. Por um lado, os instrumentos de metal, baseados na utilização dos harmônicos naturais, inclusive o sétimo, o décimo primeiro etc., podem dar uma contribuição particularmente útil (que Vinko Globokar começou, aliás, a explorar de maneira notável e que parece claramente já ter dado alguns resultados positivos – por exemplo, em sua obra *Fluide*; Pierre Bartholomée procurou de maneira ao mesmo tempo empírica e demonstrativa, por sua vez, resolver possibilidades de temperamento complexo, chegando até a divisão da Oitava em oitenta e quatro partes).

Afinando o ouvido ao contato com essas possibilidades, as madeiras, que dispõem de vários meios de adaptação – digitação, sopro, mudanças de fatura –,

---

64 *Dépaysement* no original francês. (M.O.S.)

Apoteose de Rameau

poderiam ser as próximas, e não dissemos que não seria possível encontrar meios de aproveitar até mesmo os instrumentos de teclado (como se trata aqui, na mesma medida que no temperamento por doze sons, de produzir escalas temperadas *absolutamente* exatas, métodos por "enarmonias aproximadas" são sem dúvida um meio provisoriamente possível que demandaria simplesmente certas precauções de escritura; é um pouco a relação existente entre o cravo e os arcos no *Tombeau de Marin Marais* de Bartholomée). Os instrumentos eletrônicos teriam naturalmente o maior poder de adaptação, e é evidente que o uso simultâneo de fitas magnéticas (em que se poderia ajustar as freqüências, seja segundo essa escala temperada, seja até mesmo segundo as relações *justas* cujos intervalos não fazem mais que fornecer a aproximação) assumiria as mais constantes funções pedagógicas (sendo que essa pedagogia poderá, ou mesmo deverá, de preferência, incluir-se nas próprias obras musicais).

b) Períodos

Outro aspecto, sobre o qual me demorarei ainda menos, é a aplicação de um pensamento análogo a este aqui desenvolvido a outros níveis que não o harmônico. Tratei em detalhe dessa possibilidade de uma "periodicidade generalizada" num longo artigo ainda não publicado integralmente (mas que precisa sê-lo), salvo sob a forma de emissões radiofônicas (*Nachtprogramm* da WDR, 1964-1965), assim como em conferências em Darmstadt ou outros lugares (o início e o fim desse artigo tendo sido publicados em *Preuves*, número 178, dezembro 1965[65]).

Insistirei agora simplesmente na possibilidade (necessidade?) de se considerar o *ritmo* segundo métodos análogos. Isso não significa que devamos necessariamente seguir ao pé da letra o isomorfismo, para mim mecânico demais, desenvolvido por Karlheinz Stockhausen em uma parte de seu grande artigo "... wie die Zeit vergeht..." ("... como passa o tempo..."[66]). Restrição feita às especificações a considerar em cada domínio da percepção (não dispomos, por exemplo, de um órgão comparável a este extraordinário *ouvido* para perceber as relações de velocidade e sobretudo de duração), temos aí, entretanto, um exemplo notável a seguir (como em *Gruppen*, no

---

65 Pousseur refere-se a "Por uma periodicidade generalizada". (F.M.)

66 Cf. Stockhausen, K. "... how time passes...". In: *Die Reihe III – Musical Craftsmanship*, Bryn Mawr (Pennsylvania): Theodore Presser Co./Universal Edition, 1957, p.10-40. (F.M.)

final de *Zeitmasze,* em *Kontakte,* todas de Stockhausen etc.) e uma direção de pesquisa a desenvolver obstinadamente.

Devo eu ainda confessar aqui o quanto me satisfaz o surgimento de uma obra como *Hymnen* de Stockhausen, que confirma com um brilho todo particular algumas das teses sustentadas ao longo destas páginas. Manifesta-se aí (além do perturbador poder emocional de uma recuperação, num meio totalmente novo, no espaço mais *aberto* possível, das aparentemente mais banais funções harmônico-melódicas) a vontade ou a necessidade de reintegrar os poderes de identificação *figural*[67], em outras palavras, ressuscitar uma versão nova, transcendida, generalizada, do *tematismo,* das formas "periódicas" a este ligadas e de tudo que a experiência da retórica tradicional (transmitida sobretudo por meio de lições como as do último Webern, do Stravinsky de *Agon,*[68] e talvez ainda de todo Schoenberg e todo Berg) pode nos ensinar a seu respeito (o que expliquei sobre as *Couleurs Croisées* talvez forneça um outro exemplo, assim como com relação à atualidade *semântica,* demonstrada também em *Hymnen,* de uma técnica dessa espécie).

Envio

Por que, desde já, "Apoteose de Rameau" (que poderia ser um dia uma peça musical)?[69] Porque você,[70] caro Pierre Boulez, um dia afirmou, a um jornalista que o entrevistava, que a "era de Rameau", pela qual você entende, creio, a intenção de fundar as estruturas musicais sobre dados orgânicos preeexistentes, estava terminada.

Eu lhe pergunto, ao contrário, se para evitar o perigo de *hipnose* ao mesmo tempo em que outro, igualmente fatal, de *esquecer* um precioso ensinamento, não deveríamos em vez disso,

---

67 Saliente-se, aqui, a insistência de Pousseur, em eco a seus próprios textos anteriores (particularmente "A questão da 'Ordem' na música nova" e "Por uma periodicidade generalizada"), em se reconsiderar a percepção das *figuras* como uma das estratégias mais fundamentais da música contemporânea para seu entendimento. (F.M.)

68 Será precisamente sobre a análise de *Agon* de Stravinsky que Pousseur centrará questão em "Stravinsky segundo Webern segundo Stravinsky". (F.M.)

69 De fato, um pouco mais tarde Pousseur comporia *La Seconde Apothéose de Rameau* (1981), para 21 instrumentos, uma de suas principais obras. (F.M.)

70 Optamos por um tratamento mais informal, ainda que, no original, Pousseur tenha tratado Pierre Boulez por *vous.* (F.M.)

Apoteose de Rameau

como você propunha já há muito tempo "quanto a Webern",
e como proponho aqui "quanto a Rameau",
contentar-nos
de "esquartejar seu rosto"?[71]

1968

---

71 Toda esta passagem final, e em especial esta última frase – *"écarteler son visage"* –, refere-se
a um importante comentário de Boulez sobre Webern, expresso em diversas ocasiões –
primeiramente em "Moment de Jean-Sébastien Bach", de 1951: "Webern não era previsível;
para se poder viver de maneira útil depois dele, não se vai continuá-lo, vai-se esquartejá-lo"
(Boulez, P. *Relevés d'Apprenti*, Paris: Éditions du Seuil, 1966, p.25; em português: *Apontamentos de aprendiz*. São Paulo: Perspectiva, 1995, p.30); depois, em "Incipit", publicado em
francês originalmente como "Hommage à Webern" em *Domaine Musical No 1* (Paris, 1954,
p.125): "Doravante esquartejaremos seu rosto, já que não é preciso que nos abandonemos à
hipnose" (Boulez, P. *Relevés d'Apprenti*, p.274; e *Apontamentos de aprendiz*, op. cit., p.248
– em tradução distinta da nossa); este último texto, que segundo Jean-Jacques Nattiez teria
sido publicado pela primeira vez em inglês já em 1952, reaparece em tradução alemã na
importante *Die Reihe* sobre Webern ("sein Antlitz zu vierteilen". In: Boulez, P. "Für Anton
Webern", *Die Reihe 2 – Anton Webern*, Viena: Universal Edition, 1955, p.46). Com tal asserção,
Boulez manifestara-se no sentido de eleger Webern como ponto de referência da vanguarda
da época, mas de tal forma que seu rosto pudesse ser "esquartejado", ou seja, fazendo-o de
maneira especulativa e inovadora. Permito-me, aqui, a inserção de uma explanação pessoal
conclusiva: por todo seu contexto conclusivo e referencial neste texto capital de Pousseur, e
por conter, no mais, a palavra *visage*, utilizada como título da monumental obra eletroacústica
de Luciano Berio (*Visage*, de 1961) sobre a qual escrevia meu doutorado sob orientação de
Pousseur em Liège, Bélgica, a frase motivara-me a intitular minha obra para piano e sons
eletroacústicos, escrita em 1988 para os 60 anos de Pousseur em 1989, *Profils Écartelés* (ou
seja, *Perfis Esquartejados*). Nessa minha homenagem, que culmina com um acorde de Berio
(de *Coro*), relevo a importância dos *perfis* melódicos, tão caros a Pousseur, pela utilização de
duas técnicas harmônicas próprias – *módulos cíclicos* e *projeções proporcionais* –, conjugadas
com as *redes harmônicas* de Pousseur e com as *multiplicações* de Boulez. Na segunda metade
de *Profils Écartelés*, a forma molda-se tendo por base a forma-pronúncia (forma musical que
inventei baseada na estrutura fonológica de algum vocábulo) da palavra *solidarité* (solidariedade), em clara referência a esta palavra-chave na obra eletroacústica *Trois Visages de Liège*
(1961) de Pousseur ao mesmo tempo em que ao movimento ainda politicamente relevante,
àquela época, do *Solidariedade* na Polônia (de esperanças trotskistas, ainda que seu desenvolvimento não tenha, infelizmente, se dado finalmente na direção de uma revolução política
no seio do socialismo, preservando-o e revigorando-o democraticamente, como o queriam as
tendências mais à esquerda daquele movimento). Mas o uso dessa palavra pretendia também
significar certa "solidariedade" entre essas técnicas harmônicas e, ao menos musicalmente,
entre o legado desses mestres, uma vez que, a partir da publicação desse texto de Pousseur,
suas relações com Boulez, como já se afirmou, se estremeceram de modo notório até muito
recentemente. Segundo me relatara o próprio Pousseur, em recente e-mail de 4 de agosto
de 2005 (como já mencionado), só quando da comemoração dos oitenta anos de Boulez
neste ano é que ambos se reaproximaram cordialmente. (F.M.)

6
Stravinsky segundo Webern segundo Stravinsky[1]

Posso esperar que você esteja totalmente
refeito? É bom que sim, porque a música
precisa muito de você.
(Debussy a Stravinsky, 18 de julho de 1913)

I

Que seja do meu conhecimento, apenas coisas muito sumárias, muito parciais, até mesmo muito negativas, foram ditas, até hoje, sobre a *harmonia* de Igor Stravinsky. Mesmo Pierre Boulez, em seu "Stravinsky permanece" (sem dúvida alguma um dos textos mais pertinentes sobre a *Sagração* e seu autor, ao menos sobre diversos aspectos fragmentários, ritmo, desenvolvimento melódico – sobretudo na primeira *Introdução* – etc.), não faz mais que reduzir a incontestável originalidade dessa harmonia a noções tradicionais, se não a categorias acadêmicas, o que evidentemente só pode falsificar sua riqueza e novidade.[2]

---

1 Tradução de Maurício Oliveira de Santos: "Stravinsky selon Webern selon Stravinsky". *Musique en Jeu Nr. 4* (p.21-47) e 5 (p.107-26), Paris: Éditions du Seuil, 1971. Revisão de Flo Menezes.

2 Pousseur abre clara polêmica, no início deste ensaio, com Pierre Boulez acerca do papel da *harmonia* em Stravinsky, criticando o compositor francês por sua visão "limitada" a respeito

Ele havia expressado diversas vezes suas impressões sobre o assunto. Já em 1949, falara (em "Trajetórias: Ravel, Stravinsky, Schoenberg") de "soluções provisórias", em que falta "a constituição coerente de uma linguagem", de soluções "que se tornarão cada vez mais esquemáticas, arbitrárias, estereotipadas, até deixarem completamente de ser soluções, para serem tão-somente *tiques*", e mesmo (citando "o emprego automático da Terça maior-menor, das Oitavas diminutas ou aumentadas, dos baixos deslocados") de um "regime... da nota evitada, da má disposição, da cadência defeituosa" (p.249[3]). E em 1951 (em "Momento de Johann Sebastian Bach"[4]) foi quase ainda mais severo ao afirmar que "a falência de Stravinsky reside na inconseqüência – ou seja, inconsistência – de seu vocabulário", "e que tendo esgotado um certo número de expedientes destinados a compensar o desmoronamento tonal, ele se teria encontrado *bastante desprovido de recursos*, sem que a sintaxe sobreviesse" (p.12).

Naquele mesmo ano, Boulez concluía o texto sobre a *Sagração*, a ser publicado apenas em 1953, em que tomava uma posição menos meramente destrutiva. Ele reconhece neste texto, por exemplo (como fará ainda em 1957 – em "Tendências da música recente", p.224), a utilidade, para se "tentar uma experiência rítmica... muito mais aguda", de materiais "simples e facilmente maleáveis" (p.78). Vai ainda mais longe; as necessidades de sua análise rítmica e formal o levaram a *descrever* com grande precisão toda uma série de estruturas de altura. Saúda de passagem algumas delas por sua "sensibilidade cromática" (p.90 e 93). Mas na maior parte do tempo, ele *reduz* tanto quanto possível aquilo que relaciona a "complexidades transplantadas em uma organização antiga", o que não deixa de qualificar então como "timidez ou derrota", comparado às "experiências feitas em Viena na mesma época" (p.77).

Trata-se apenas de "poderosas atrações em torno de certos pólos, estes sendo os mais clássicos que há, a saber, a Tônica, a Dominante, a Subdominante"; ou ainda "*appoggiaturas* não resolvidas", "acordes de passagem" (mais adiante – p.102 – falará até de "bordadura sobre acorde-bordadura"), "sobreposição de várias modalidades sobre uma mesma nota atrativa" e "dis-

---

do potencial *prospectivo* do compositor russo. Tal crítica lhe custara o rompimento das relações com Boulez e, em decorrência disso, certo isolamento, ao menos no que tange ao meio musical contemporâneo francês. As intenções de Pousseur nesse sentido já se faziam evidentes a partir do próprio título do ensaio, pois ao se utilizar do termo francês *selon*, Pousseur fazia clara referência à obra capital de Boulez *Pli selon Pli* (1957-1962). (F.M.)

3 A paginação refere-se à coletânea: Boulez, P. *Relevés d'Apprenti*. Paris: Éditions du Seuil, 1966. (N. do A.) Há uma versão em português desse livro: Boulez, P. *Apontamentos de aprendiz*, São Paulo: Perspectiva, 1995. (F.M.)

4 Trata-se do texto em que, pela primeira vez, Boulez fala, contra toda hipnose anticriativa, em se "esquartejar o rosto" de Webern, frase à qual Pousseur faz referência ao final de "Apoteose de Rameau" – cf. a última nota de rodapé daquele texto. (F.M.)

posição dos diferentes tipos de acorde em planificações compartimentadas" (ainda p.77); estes últimos pontos (como proporemos ainda) já não são tão negligenciáveis, mas não mereceram, entretanto, ser considerados por nosso analista nem "sintaxe", nem "constituição coerente de uma linguagem". Boulez constata ainda o caráter "bem primitivamente diatônico" dos "grandes temas da obra" (aliás, não apenas para condená-lo, pois ele defende – p.141 – seu valor melódico original, e vincula ao arcaísmo pré-tonal e ao antiwagneria-nismo de seu autor sua capacidade de experimentação rítmica), insistindo sobre o fato de que alguns desses temas são até mesmo baseados "em modos *defectivos* de cinco sons"! (Curiosa noção privativa – sou eu que sublinho –, remetendo de maneira obrigatória ao heptatonismo – ou será ao dodecafo-nismo? –, como uma necessidade absoluta, a venerável e tão universal, tão fundamental, organização *pentatônica*[5]!).

Ele menciona ainda "um jogo muito freqüente com o maior-menor" (mos-trando apenas desprezo pelo "paralelismo em Terças ou em Sextas do qual ora a nota inferior, ora a nota superior, é aumentada em um Semitom"), assim como a oposição, em toda a partitura, entre "certo diatonismo horizontal e um cromatismo vertical, sem excluir a disposição contrária": tudo isso parece não merecer a qualificação de originalidade, nem, sobretudo, a de legitimidade. A propósito da "polimodalidade" da *Dança da Terra*, ou da "ambigüidade", que, na *Introdução* da Segunda Parte, separa das "notas atrativas" as outras notas, "que assumem assim um caráter de alteração e de passagem" (trata-se, suponho, dessa extraordinária sobreposição de uma harmonia imóvel de Ré menor e de uma alternância de acordes de Dó sustenido e Ré sustenido, igualmente menores; voltaremos a isso no Exemplo 65), ele reconhecerá ainda que "não poderíamos estar mais longe da gratuidade politonal" e que "muito felizmente a *Sagração* se abstém desses absurdos" (p.140); isso, no entanto, não motiva qualquer outra menção além da de "ensaios contrapontísticos... extremamente frágeis" e mesmo de "uma grande baixa de nível" (em relação a quê? A pintura de Paul Klee, que Boulez tanto aprecia, não representa "uma grande baixa de nível" do ponto de vista da pintura "em alto-relevo" ainda praticada nas academias?).

Fica bastante claro que temos aí apenas um *a priori* negativo, recusa irracional de considerar válido aquilo que não está conforme os critérios de validade que se admite para si mesmo como indiscutíveis. Há ainda em Boulez, ao menos nessa época, dificuldade em perceber as aquisições stravinskianas em sua *especificidade*, logo, em perceber sua extrema utilidade *prospectiva*.

---

5   Brailoiov, Constantin. *La Métabole Pentatonique – Mélange d'Histoire et d'Esthétique*, v.I, Paris, 1954. (N. do A.)

Por um lado, faz-se referência a uma linguagem tonal definida em termos escolares (e da qual não foram analisadas em profundidade as articulações e *seu sentido poético*, ou seja, em seu sentido igualmente psicossociocultural). Por outro, dispõe-se de um método serial pós-dodecafônico cuja aplicação (ainda que generalizada, concernindo principalmente ao ritmo e aos outros parâmetros inusitados) é ainda largamente tributária, sobretudo no nível harmônico, dos éditos (isto é, dos anátemas) da escola vienense, transmitidos por René Leibowitz (mesmo que haja oposição ou reparação de certas injustiças, não podemos deixar de nos impressionar pelo tom e conteúdo muito similar das invectivas[6]).

Encurralado entre essas duas possibilidades consideradas inconciliáveis (o reconhecimento de Debussy situando-o como alguém que se coloca num nível diferente da grande forma, mesmo que seu desenvolvimento harmônico pareça ainda poder ser concebido em termos bastante tradicionais, o que permitirá tanto valorizá-lo quanto relativizar o seu alcance), Boulez carece evidentemente ainda de meios conceituais, de ferramentas teóricas que lhe permitam descrever menos arbitrariamente, de definir de maneira *adequada* as estruturas harmônicas stravinskianas, e descobrir nelas então a coerência e a originalidade sintáticas extremamente *agudas*, extremamente *atuais* em seu poder construtivo.

Será preciso esperar a superação das exclusões próprias ao atonalismo vienense, ou a superação de uma definição demasiado simplesmente antitética e oposicionista da nova ordem sonora; será preciso esperar a pesquisa (senão a descoberta mesmo) de um sistema harmônico muito mais geral, que permita integrar a harmonia cromática dos vienenses assim como as diversas harmonias mais consonantes de nossa história,[7] passando por todas as tentativas da música moderna pré-serial e abrindo as vias tanto à integração das harmonias extra-européias quanto à atualização (o que se recobre parcialmente) de possibilidades harmônicas novas por seu próprio material (escalas não-temperadas, relações de "harmônicos" comportando fatores primários superiores a cinco microintervalos: todas as coisas cuja prospecção parece-me exigir imperiosamente o concurso das *consonâncias simples*); será necessário esperar essa etapa sintética, atualmente iniciada por toda uma série de compositores[8] e,

---

6 É sabido o quão Boulez distanciara-se da postura de René Leibowitz, por ele tido como acadêmico. Ao comparar Boulez com Leibowitz, Pousseur escancara o caráter pouco amistoso de suas críticas. (F.M.)

7 Pousseur refere-se a suas próprias pesquisas harmônicas, tais como expostas em detalhe em "Apoteose de Rameau". (F.M.)

8 Cf. Deliège, Célestin. L'Invention Musicale Aujourd'hui, *Synthèses*, n. 276, Bruxelas, junho de 1969. (N. do A.)

Apoteose de Rameau

de forma mais geral, de músicos (pois sabemos a importância tomada pela experimentação de novas práticas musicais, como a improvisação coletiva[9]), para compreender o caráter extraordinariamente *premonitório* de *toda* a obra de Stravinsky, a situação excepcionalmente *avançada* de suas pesquisas, mesmo que elas se efetuem sobre materiais "históricos" e sobre sua distorção ou desvio (quando é que *não* é esse o caso?). Só assim estaremos então em condições de receber as inumeráveis e insubstituíveis lições que essa obra continua a reservar *para nós hoje.*

Sei bem que Boulez tem tendência, infelizmente ainda hoje, a qualificar tudo isso de "mentalidade de antiquário",[10] mas eu gostaria então de lhe colocar – de lhe opor – uma questão: já em "Trajetórias" (precedendo a confissão seguinte: "Damos conta do aspecto material de uma partitura, mas somos impotentes diante da poética da qual ela é a chave", e seguindo uma declaração de preferência a favor de *Boris* contra *Tristão*), ele expunha este paradoxo (sou eu que pontuo): "Comparado a Schoenberg, Stravinsky, ainda que se servindo de um vocabulário sem qualquer utilidade (!), de uma morfologia desnudada de toda conseqüência (!), de uma sintaxe praticamente nula (!), realiza, parece-nos, uma poética de uma beleza tocante (!!)" (p.251); e prosseguia falando de uma "sensibilidade *ainda desconhecida*" (grifos meus), que se exprimia entre outras coisas pela "concisão elíptica" das formas, comparável somente à de certas obras, sobretudo antigas, de Webern.

Mas, diga-nos, Pierre Boulez: seria realmente possível uma separação tão cabal de forma e conteúdo? Uma novidade e uma beleza tão fascinantes poderiam repousar sobre uma tão radical *inconsistência* de escritura? Não será de se temer que a "inutilidade", a "inconseqüência" e a "nulidade" apontadas no vocabulário, morfologia e sintaxe de Stravinsky (distinções metafóricas que talvez fosse útil definir) se apliquem, finalmente, à *descrição* e mesmo à *apreciação* que lhes damos? Como explicar então que Stravinsky tenha um belo dia podido assimilar de maneira tão feliz e absorver de maneira tão útil, no arsenal de seus auxiliares de escritura (preservando ainda tantas outras de suas qualidades anteriores, *mesmo harmônicas*), métodos recolhidos precisamente em regiões sintáticas que se lhe opunham, das quais ele era declarado excluído?

---

9 Pousseur refere-se à impressionante experiência, contemporânea deste ensaio (ambos de 1971), liderada por ele, Pierre Bartholomée e Philippe Boesmans, conjuntamente com o *Ensemble Musiques Nouvelles* da Bélgica, que resultara na composição coletiva em homenagem a Stravinsky logo após sua morte, intitulada *Stravinsky au Futur ou l'Apothéose d'Orphée* (LP Harmonia Mundi 2021554). Trata-se de uma das mais belas obras do repertório contemporâneo. (F.M.)

10 VH101, n.4, Paris, inverno de 1970/1971, p.7. (N. do A.)

Será somente, como você escreve vitoriosamente a propósito "de uma conjunção" (p.276), porque, depois de ter "refletido", ele se "inflectiu"? Não seria também e principalmente porque um extraordinário parentesco se lhe revelava (sem o qual não vemos como seria possível essa "geodesia prática", da qual você declara um pouco adiante que os dois músicos constituiriam, em sua opinião, as referências), porque sua própria linguagem (perdoe-me, tentarei provar que ele tinha uma) continha, *em seu centro mesmo*, em seu *princípio mais fundamental* (também me encarregarei defini-lo, pois uma não existe sem o outro), potencialidades de acolhimento e de desenvolvimento fecundadas e exaltadas pelo encontro com a obra do músico vienense? Este último não lhe teria permitido descobrir e manifestar a natureza mais geral de suas próprias descobertas, e os frutos desse encontro não jogariam uma viva luz retrospectiva sobre a totalidade de seu percurso, sobre os vestígios materiais por ele deixados e sobre o *sentido* de conjunto que esses vestígios finalmente descrevem? Permitindo-lhe explorar todas as suas possibilidades, o autor de *Das Augenlicht Op 26* não teria em certa medida mostrado o *caminho das pedras* e oferecido o meio de desenvolver, estender e generalizar uma pesquisa que ele mesmo, depois de um período de indispensável ascese, tinha desejado e mesmo começado a ampliar?

Treva de polêmicas! Só argumentos sólidos, esteados em provas concretas, podem almejar algum valor persuasivo. Então, ao trabalho! Proponho submeter a harmonia de Stravinsky, isto é, o tratamento (tanto horizontal como vertical[11]) por ele conferido aos intervalos e grupos de intervalos, a um exame ao menos tão cuidadoso quanto aquele a que são submetidos, em "Stravinsky permanece", os fenômenos rítmicos. Debrucemo-nos, de início e principalmente, sobre *Agon*, obra-dobradiça na qual Stravinsky toma e dá a medida tanto de seu passado quanto de seu porvir,[12] e que evidencia ainda, apesar das setenta e cinco primaveras de seu autor, uma tão brilhante, tão exuberante juventude, e a mais deslumbrante (e *sensível*) inteligência.

---

11 Saliente-se, aqui, a concepção pousseuriana no tocante à *harmonia*: relação entre notas tanto em sua disposição seqüencial quanto em sua sincronicidade. Lembremo-nos de que, ao falar da *função melódica* em "Apoteose de Rameau", Pousseur adverte: "Liberemos antes de tudo esta categoria – assim como, aliás, a categoria 'harmônica' – das noções de sucessividade e de simultaneidade: os valores harmônicos se manifestam constantemente nas estruturas sucessivas, por exemplo, nas formas 'monódicas', da mesma forma que o valor melódico intervém, como ainda veremos, na avaliação das funções constitutivas de um acorde, por exemplo". Este sentido amplo da noção de harmonia será retomado no tópico VIII. (F.M.)

12 De fato, *Agon* (1953-1957) realiza a transição entre a fase neoclássica e a última, serial, do mestre russo, da mesma forma como *Symphonies d'Instruments à Vent* (1920) realiza a ponte entre o período russo e o neoclassicismo stravinskiano. (F.M.)

II

Esta partitura,[13] que em diversos momentos se aproxima mais ou menos do "domínio weberniano", comporta uma parte que é quase um pastiche[14] o mais literal possível desse domínio: trata-se do *Pas-de-Deux*, que começa na p.65 da partitura e continua – por diferentes "desvios" estilísticos – até a p.74. Ele leva os *Four Duos* e os *Four Trios*, encadeados de maneira maravilhosa, à bem diversa "Coda" geral; esta é por sua vez uma reprise do *Pas-de-Quatre*, que servira como verdadeira *abertura* da obra.

Se observarmos esse conjunto um pouco mais de perto, seremos surpreendidos pela presença permanente, em todo caso desde o compasso 417, de uma figura tipicamente weberniana, de um grupo de intervalos que pode se apresentar em todo tipo de disposição (por exemplo, em disposições no registro *menos* webernianas), mas sempre mostrando uma evidente familiaridade. É sobre esse grupo (apresentado da maneira mais fechada, logo, mais reconhecível, mas também em diversas inversões e transposições) que se baseia a passagem "feminina" da p.70 (Exemplo 1), mas é já ele, em disposição mais aberta, que encontramos desde o compasso 417 (Exemplo 2), sendo efetivamente ele que rege todas essas treze páginas, em toda sorte de combinações que deveremos ainda examinar em detalhe.

Exemplo 1

---

13 Boosey and Hawkes, Londres, n. 18336. (N. do A.)

14 Ainda que seja pertinente, em algumas circunstâncias, falar efetivamente de *pastiche* (e isso sem qualquer tom pejorativo) com relação à música de Stravinsky (termo ao qual Pousseur recorrerá ainda uma vez ao longo deste ensaio), é de se lembrar, contudo, que o próprio Stravinsky manifestara, numa carta aberta a Serge Diaghilev de 10 de outubro de 1921 (publicada em *The Times* oito dias depois) sobre *A Bela Adormecida* de Tchaikovsky, suas reservas a esse propósito, quando afirma: "[Tchaikovsky] recriou o caráter do período [de Luís XIV] através de sua linguagem musical, preferindo um anacronismo involuntário, porém vivo, a um *pastiche* [*pasticcio*, em italiano no original] consciente e laborioso: uma virtude que pertence apenas aos grandes criadores" (Stravinsky apud White, Eric Walter. *Stravinsky – The Composer and His Works*. London/Boston: Faber and Faber, 1979, p.574). (F.M.)

Exemplo 2

Antes de fazê-lo, recordemos que esse mesmo grupo de intervalos desempenha um papel importante na constituição da série das *Variações para Orquestra Op 30* de Webern. Para poder conduzir nossa investigação da maneira mais pertinente possível, será útil examinar inicialmente essa série em si, tanto na sua estrutura interna quanto em certos empregos que ela permite e que dela foram feitos (Exemplo 3).

Exemplo 3

Notamos desde logo que ela é extremamente próxima da gama cromática pura e simples: basta inverter a ordem temporal de dois grupos de três sons – 3-4-5 e 8-9-10 – para que esta seja reconstituída. No entanto, essa simples "torção" já introduz na escala propriedades notáveis. Mencionemos de início o fato bem conhecido de que, estando os dois grupos invertidos situados a igual distância do centro, a forma do conjunto é perfeitamente simétrica, pois a segunda metade da série é o *retrógrado invertido* da primeira e o movimento retrógrado da série *inteira* é constituído pela mesma seqüência de intervalos de sua inversão. Tal simetria vai ainda mais longe: as sete primeiras (logo também as sete últimas) notas apresentam propriedades similares às da série: são constituídas pelo agrupamento, graças a uma nota comum (pivô), de duas formas diferentes de nosso grupo característico de quatro sons, assim presente quatro vezes (se encavalando) na série.

Isso significa também que as sete últimas notas são uma transposição pura e simples (à *Quarta*) das sete primeiras, sendo que os dois grupos têm duas notas em comum, pois as duas últimas de uma são as duas primeiras da outra. Prosseguindo, as duas últimas *desta* (e portanto da série) poderiam outra vez abrir um novo grupo de sete notas (que poderíamos interpretar como as sete últimas de uma forma serial iniciada na sexta nota da forma precedente) e poderíamos continuar esse encadeamento *ad infinitum*. Ela só retornará a seu ponto de partida depois de ter percorrido, Quarta por Quarta, as doze transposições da figura inicial dupla de sete sons.

Webern serve-se sistematicamente, em pelo menos uma de suas *Variações*, dessa possibilidade de geração circular. Mas mesmo nesse caso, seu tratamento se caracteriza ainda, de maneira quase exclusiva, por uma divisão da série em três trechos de quatro notas (Exemplo 4).

Exemplo 4

Em razão da estrutura simétrica da série, dois desses trechos, os dois extremos, são isomorfos, um sendo exatamente a inversão retrogradada do outro. Notamos em seguida que eles mesmos gozam de uma simetria interna, que são constituídos de dois microtrechos simétricos: Semitom ascendente, depois descendente (ou o inverso), a distância global de Terça menor. Conseqüentemente, basta inverter a ordem interna desses dois Semitons para que se obtenha a inversão retrogradada de um trecho dado (Exemplo 5a), ou seja, uma transposição do trecho simétrico de quatro notas; mas também, ao contrário, basta inverter a ordem global *sem alterar* sua ordem interna para que se obtenha a inversão (Exemplo 5b), resultando a conjugação das duas operações, evidentemente, no simples movimento retrógrado (Exemplo 5c).

Exemplo 5

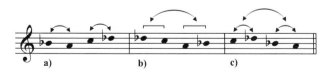

Em outras palavras ainda, se não levarmos em conta a ordem interna dos trechos (por exemplo, se os utilizarmos, como faz Webern em outra das *Variações*, na forma de *acordes* de quatro notas), o terceiro será uma simples transposição do primeiro, dessa vez à Quinta (ou à Quarta contrária àquela mencionada há pouco), e sua utilização como "acordes-pivô" permitirá um outro engendramento circular igualmente baseado no ciclo de Quintas.

O trecho central é diferente: trata-se sem tirar nem pôr de um *acorde perfeito maior-menor*, figura pela qual o último Webern mostra uma grande predileção (ela está presente, por exemplo, sob uma disposição cronológica ligeiramente diferente, na série da *Segunda Cantata Op 31*: Exemplo 6).[15]

---

15 O arquétipo maior-menor não será uma figura de especial importância apenas em Webern, mas, como bem demonstrará Pousseur, no próprio Stravinsky, e isso desde seu período russo. É curioso, aqui, pontuarmos a "distorção" de índole tipicamente stravinskiana que sofre essa entidade harmônica. Eric Walter White menciona uma curiosa passagem relatada por Ernest Ansermet, na qual este discutia com Ravel e Stravinsky, por volta de 1913 ou 1914, sobre a então recente idéia de Schoenberg de se usar o acorde maior-menor. Ravel teria dito: "Mas este acorde é perfeitamente utilizável, desde que a Terça menor seja disposta acima da Terça maior" (portanto como Décima menor sobreposta a Terça maior, o que nada mais constitui que a *blue note* do jazz), ao que Stravinsky retrucara: "Mas se este arranjo é possível, não vejo porque o outro também não o seja: e se o quero, posso!" (Ravel e Stravinsky apud White, Eric Walter. Op. cit., p.556-7). Com efeito, um exemplo típico dessa inversão da Terça maior e menor no registro é o início das *Symphonies d'Instruments à Vent*, quando o Si bemol grave, Terça menor de Sol menor, "choca" com a Terça maior Si natural disposta duas Oitavas acima:

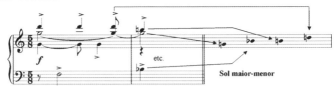

Esse jogo de perspectiva "cubista" permanece como traço característico de toda a obra de Stravinsky, perpetuando-se também em sua fase "madura". Assim é que, em seu encontro com o legado weberniano, Stravinsky realiza, sintomaticamente, a mesma operação de "deformação" de registro da entidade mais típica de Webern (que denominei de *arquétipo weberniano de primeiro-tipo* – cf. Menezes, Flo. *Apoteose de Schoenberg* – tratado sobre as entidades harmônicas, 2.ed. (revista e ampliada), São Paulo: Ateliê Editorial, 2002, p.113-27), constituída por Quarta + Trítono (ou sua inversão), justamente ao início de *Agon*:

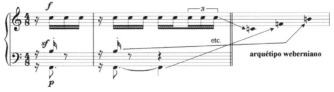

Ou seja, em ambas as obras-pivô dos grandes períodos criativos de Stravinsky – tanto em *Synphonies...* quanto em *Agon* –, o compositor russo faz uso do mesmo recurso "cubista" de perspectiva, alterando no registro entidades arquetípicas cruciais e que correspondem, de certo modo, a dois períodos harmônicos característicos: no primeiro caso, opera com a entidade tonal maior-menor; no segundo, com a entidade weberniana. (F.M.)

Exemplo 6

Ela contém, aliás, não somente dois acordes perfeitos simétricos, um maior e outro menor (tendo a Quinta em comum), mas também duas dessas figuras em que as Terças maiores e menores são de sentido *contrário*, engendrando então, ao "adicionar-se", um Semitom (em vez da Quinta) evidentemente comum a nossas duas figuras. Essa figura de três sons teve a preferência de Webern por *toda* sua obra; encontramo-la já como tema de um quarteto de cordas bem antigo, publicado postumamente, assim como, por exemplo, da primeira peça do Op 5; a série do Op 31 contém cinco exemplares dela, e a do Op 30, quatro (como aliás a do Op 24, que examinaremos ainda – Exemplo 22 –, na qual elas correspondem à divisão da série em quatro trechos de três notas).

Por causa dos sistemas de engendramento circulares já mencionados, Webern poderá então dispor de seqüências de acordes maiores-menores *a distância de Quinta ou de Quarta*; isso será particularmente notável no primeiro sistema, pois, por causa da interpenetração das formas seriais, que terão até sete notas em comum ("pivôs"), tais acordes serão separados uns dos outros por apenas *uma* nota, claro que a mais alheia possível: por exemplo, Dó entre Fá sustenido e Si maior-menor, Fá entre Si e Mi maior-menor[16] etc. (Exemplo 7).

Exemplo 7

Está claro que essa possibilidade, cuidadosamente explorada, participa de uma intenção deliberada de utilizar as propriedades "naturais" dos intervalos, de reintegrar tanto quanto possível suas potencialidades *consonantes*. Evi-

---

16 Neste ensaio, a discriminação exata das notas no registro durante o texto não é tão imperativa, posto que estão, em geral, sistematizadas de maneira clara nos Exemplos fornecidos pelo próprio Pousseur. (F.M.)

dentemente não se trata de criar pólos de peso (em que energia harmônica e energia "melódica" – ligada à disposição no registro – convirjam[17]), o princípio do *"alles schwebt"*,[18] daquilo que pudemos chamar de "bipolaridade" (para os intervalos simples), ou ainda de "multipolaridade" ou mesmo "onipolaridade" (para os grupos de mais de dois sons), permanece cautelosamente preservado,[19] por exemplo, por serem utilizadas de maneira privilegiada as disposições de "Sexta" e de "Quarta e Sexta" (Exemplo 8).

Exemplo 8

Mas, uma vez isso assegurado, é evidente que Webern quis poder novamente dispor de *caracterizadores* e *diferenciadores* harmônicos, que por muito tempo fizeram-lhe falta *em maior escala*, mesmo que o emprego por ele feito de todos os intervalos consonantes não-pesantes (Terças, Quartas e Sextas) evidenciasse há muito uma preocupação em contrabalançar e mesmo atenuar, no nível mais baixo, as excessivas neutralizações cromáticas.

Apesar de sua diferença, esse grupo central não é absolutamente estranho ao grupo definido pelos dois trechos externos. Se considerarmos ("atemporalmente"[20]) *todos* os seus intervalos constitutivos, notaremos que ambos comportam duas Terças menores, a distância global ou de Semitom, ou de Terça maior. Ao dispor as notas no registro, Webern insistirá muito sobre essa semelhança, aproximando-se assim (e não necessariamente no sentido dissonante) da harmonia dessas duas figuras (Exemplo 9).

---

17 Henri Pousseur: "L'Apothéose de Rameau – Essai sur la Question Harmonique". In: Musiques Nouvelles, tomo XXI, fascículo 2-4 da *Révue d'Esthétique*, Paris, p.111-6. (N. do A.) Pousseur refere-se ao tópico sobre a *função harmônica*. (F.M.)
18 Em alemão no texto original. *"Alles schwebt"* pode ser traduzido como "tudo gravita". (F.M.)
19 Cf. Pousseur, H. "O Cromatismo Orgânico de Anton Webern". (N. do A.)
20 *"Hors-temps"* (fora do tempo) no original francês. Pousseur faz uso, nesse contexto, do termo de Iannis Xenakis que se contrapõe às estruturas *en-temps* (dentro do tempo), tal como já fizera, antes, em "A Questão da 'Ordem' na Música Nova". (F.M.)

Exemplo 9

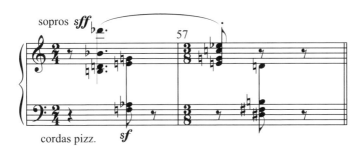

Se esses grupos de quatro notas puderem ser concebidos como quadriláteros ou paralelogramos (que poderíamos *estender* na forma de redes bidimensionais[21]), veremos que nos dois grupos a *exploração* se faz por caminhos diferentes (Exemplo 10).

Exemplo 10

Isso ainda pode ser expresso pelos seguintes esquemas: Semitom/Terça/Semitom ou Terça/Semitom/Terça, simetria que precisamente só pode ser obtida por essa diferença de exploração. Encontraremos essa possibilidade, submetida a uma variação extremamente refinada, na obra de Stravinsky. Não tenho ciência se Stravinsky chegou a analisar as *Variações Op 30* de Webern. Se o fez, certamente não pôde deixar de se surpreender pelo que encontrou. Se não o fez, a coincidência talvez seja ainda mais surpreendente!

III

Já constatamos a presença do grupo característico de quatro sons no engendramento dos compassos 417 e 418. Não teríamos nenhum problema em destacar (tendo em conta as notas e os grupos de notas mais ou menos

---

21 Cf. "L'Apothéose de Rameau", p.155. (N. do A.) Pousseur refere-se ao Exemplo 22 de "Apoteose de Rameau". (F.M.)

repetidos) as diferentes formas e transposições desse grupo que organizam toda a primeira parte do conjunto considerado, digamos, a princípio, até o compasso 456. Eu deixaria esse cuidado ao leitor, recomendando-lhe que não se abstenha, claro, de pesquisar em diferentes instrumentos as notas constitutivas das diferentes figuras (darei vários exemplos disso em nosso percurso). Aqui, mencionarei os casos especiais ou os aspectos de nível mais alto. Para começar, diversos modos de *agrupamento* de várias figuras dessa espécie.

A primeira aparição mencionada, compassos 417-418 (Exemplo 2), apresenta-se como a imbricação de duas figuras com duas notas em comum (Semitom ascendente Ré bemol-Ré), as duas notas finais da segunda figura sendo as mesmas (e na mesma ordem: Dó bemol-Si bemol) que as duas notas iniciais da primeira, em virtude da possibilidade de permutação demonstrada no Exemplo 5. Isso nos oferece um caso particular de notas repetidas em prazo bastante curto (uma delas muda de Oitava), sendo a repetição justificada pelo sistema de geração (o qual lembra diretamente – abstração feita ao número de notas utilizadas: quatro em vez de doze – certos procedimentos encontrados no *Konzert Op 24* de Webern, em particular no fim do Terceiro Movimento). Encontraremos outros exemplos em que o método de engendramento produz de maneira lógica diferentes *taxas de repetição*, ou seja, diferentes graus de fixidez (de estatismo ou de dinamismo). Claro está que o grau máximo (de estatismo) será obtido pela repetição imediata e não-variada de certas notas ou de certos intervalos, tal como Stravinsky emprega muito freqüentemente (de maneira mais "gratuita", mas que os outros casos ligam ao sistema lógico), em particular nos compassos que se seguem imediatamente (Exemplo 11).

Exemplo 11

A segunda figura é apresentada uma segunda vez, e suas duas primeiras notas são abundantemente repetidas (introduzindo um toque "stravinskiano" no pastiche, que se não fosse por isso seria quase literal demais), e as duas últimas apresentam-se já numa terceira disposição no registro. Se acrescentarmos a esta a nota precedente, segunda do grupo, o resultado será uma figura típica do *Konzert Op 24*, enquanto sua primeira versão, compasso 418, estava em posição mais fechada e suas duas últimas notas (Dó bemol-Si bemol), quando de sua primeira aparição no fim do compasso 417, formam outra figura weberniana, abundante nas *Variações* para orquestra (Sétima maior e Terça menor *no mesmo sentido*). Aquilo que o violino solo toca nos dois compassos seguintes (421-422) é de novo bastante caracterizado por suas *nuanças* de grau de repetição e de disposições de Oitavas (a figura final fazendo outro eco ao *Konzert Op 24*), assim como pelo contraponto bastante refinado que isso estabelece com as duas figuras tocadas pelas cordas graves: as violas definem, a partir dos dois Dós dos violoncelos e numa nova transposição, as duas figuras webernianas já evocadas: Terça menor e Sétima maior, em sentido idêntico ou contrário (Exemplo 12).

Exemplo 12

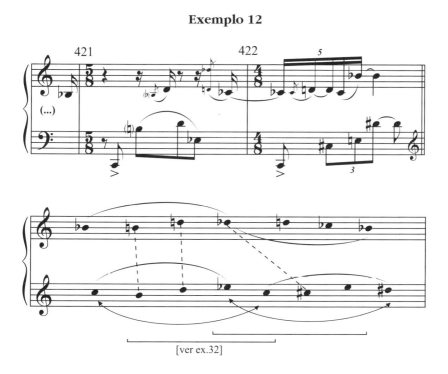

[ver ex.32]

Se essas duas figuras não têm nenhuma nota propriamente *comum* (pivô), elas comportam no entanto duas notas iguais (a Terça Dó-Mi bemol), das quais uma é oitavada de maneira idêntica (o Dó repetido nos violoncelos) enquanto a outra muda de Oitava *em razão da lógica das figuras* (estando aqui as condições para uma "virtualização" da Oitava, ou seja, a presença dos graus cromáticos, perfeitamente preenchidas). Essa Terça pode combinar-se, para formar nossa figura característica, com outra Terça, seja inferior (Si-Ré, estabelecendo, aliás, a mesma relação com as figuras do violino), seja superior (Dó sustenido-Mi). A figura do violino no compasso 423 utiliza novamente a mesma possibilidade, empregando no entanto uma das notas da Terça comum (Si) como nota-pivô, enquanto sua outra nota (Ré), situada nas duas extremidades do grupo de sete, muda de Oitava. Notamos também que as quatro últimas notas formam, com as notas do compasso 424, o que Olivier Messiaen chama de *modo II*[22] (Exemplo 13), com o qual ainda teremos que nos ocupar bastante. A seqüência propõe formações análogas, entretanto com numerosas outras nuanças de variação de que só podemos recomendar um exame detalhado.

Exemplo 13

Assinalemos ainda o fenômeno de *verticalização* progressiva, nos compassos 427-428, pois o grupo vertical de quatro notas tem *uma* nota em comum com cada um dos grupos de quatro notas expostos logo antes pelo violino solo (respectivamente Si e Si bemol, esta última sendo a única a ser apresentada na mesma Oitava do violino). Por causa dessas longas sustentações, e dos grupos articulados nas cordas (solo ou tutti) com *appoggiaturas*, o clima geral se aproxima muito mais, aliás, da *Sinfonia Op 21* do que de qualquer outra obra de Webern.

Fora as "irregularidades", das quais ainda voltaremos a tratar, não há nada de absolutamente inédito, do ponto de vista "serial", depois do sinal de repetição. A parte da viola dos compassos 452 a 456 expõe de novo dois grupos de quatro sons sem notas comuns e cujo total forma o *modo II* de Messiaen, já que as duas últimas notas do primeiro compõem com as duas primeiras do segundo (como no Exemplo 13) uma figura idêntica (Exemplo 14).

Exemplo 14

---

22 Modo constituído pela seqüência de uma Segunda maior seguida de uma Segunda menor. (F.M.)

Enquanto isso, os primeiros violinos tocam algo igualmente notável: quatro figuras de quatro sons se encadeiam a cada vez por uma nota-pivô, e o resultado é extremamente próximo da série de Webern. À primeira vista, poderíamos até mesmo enganar-nos, não fosse a identidade entre a primeira e a última nota (Ré). Feita a verificação, há, com efeito, uma nota "a mais" no centro, as duas figuras isomórficas de sete notas se encadeiam não por *duas*, mas por *uma* nota-pivô, e a figura central não é mais, evidentemente, um acorde maior-menor (mas não há o que temer: ele logo voltará com toda força!), mas antes um grupo de cinco notas que esconde ao mesmo tempo um acorde "de Quinta aumentada" (duas Terças maiores sobrepostas) e um acorde de Sétima menor (Mi-Sol-Lá-Dó, duas Terças menores *a distância de Quarta*): Exemplo 15a. Evidentemente, é muitíssimo recomendável comparar as diferentes disposições *nos registros* de nossos "grupos característicos" (já de três sons), inicialmente nessa frase, mas também em toda a peça (Exemplo 15b).

Exemplo 15

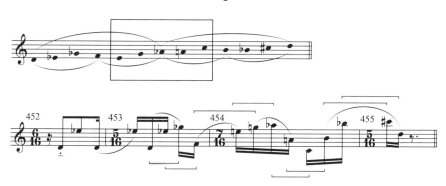

Uma estrutura análoga encontra-se na base da parte homofônica final (dessa primeira parte), que começa no fim do compasso 458. Essa é a base serial, composta também de quatro trechos de quatro notas, ligados entre si cada vez por uma nota-pivô, mas em que se utilizam disposições diferentes, retrógradas das disposições utilizadas no Exemplo precedente, o que resultará num material totalmente distinto. Se as notas extremas são mais uma vez iguais, elas são "ultrapassadas" de certo modo para "cima" e para "baixo" (tais notas "excedentes" preenchem assim os "vazios" deixados nas extremidades contrárias na escala cromática): Exemplo 16a. No texto, essa estrutura serial é utilizada duas vezes, inicialmente em movimento retrógrado, depois no movimento original, em um perfeito espelho harmônico, que contradiz, no entanto, a estrutura dinâmica: Exemplo 16b. Aqui também seria interessante examinar as diferentes disposições dos acordes. Observamos as notas Fá sustenido-Sol-

Lá na "voz superior" (violinos I), que reproduzem assim uma das figuras de três sons características (a que temos associado bastante às *Variações* e que é igualmente típica do *Quarteto Op 28*); se lhe acrescentarmos o Si, ela formará um *tetracorde* que reencontraremos em algumas poucas variantes.

Exemplo 16

Atentemos agora às "irregularidades" dessa primeira parte (tocada exclusivamente pelos instrumentos de arco), ou seja, às estruturas que não se reportam diretamente à nossa figura inicial de quatro sons. Como veremos, *todas elas remetem ao acorde maior-menor!*

Comecemos pelos compassos que precedem nosso último exemplo (456-458): Exemplo 17.

Exemplo 17

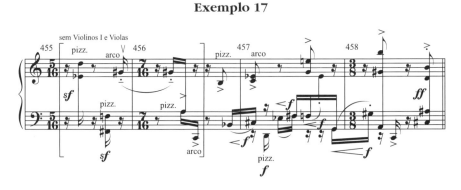

Uma estrutura serial idêntica àquela desenvolvida nos compassos seguintes (ela mesma precedida, nos violinos II, violoncelos e contrabaixos, compassos 455-456, por uma estrutura igualmente interessante e que a remete à frase dos primeiros violinos) encontra-se distribuída principalmente nos violoncelos (duas notas estão nas violas, duas nos contrabaixos, e o Si final, se não quisermos "voltar atrás", é igual ao Si que inicia a estrutura seguinte, nota superior do acorde de quatro sons): Exemplo 18a.

Exemplo 18

A essa seqüência se sobrepõem, nos violinos, dobrados parcialmente pelas violas, três Terças menores em disposições cada vez mais abertas: Dó-Mi bemol, Mi-Sol (Sexta maior), Sol sustenido-Si (Décima menor). Elas formam uma escala também bastante conhecida, à qual ainda voltaremos (Exemplo 19), que pode ser descrita como a imbricação de pelo menos dois acordes maiores-menores, respectivamente, sobre Dó e Mi (aquele sobre Sol sustenido, disjunto nas duas extremidades da figura, permanece puramente virtual). Conhecendo a presença desse acorde na série de Webern e tratando de completar esta a partir de nossos dois Exemplos, não teremos grande dificuldade, por meio de algumas tantas inversões de intervalos, em encontrar duas de suas formas completas, ocultas sob a superfície estrutural (Exemplo 18b). Observamos as muito numerosas Oitavas produzidas por essa estrutura dupla, que também se inserem (como as simples repetições) numa rede de legitimações diversas concernindo este intervalo.

Exemplo 19

Voltemos ao compasso 444. Encontramos, nos violoncelos e contrabaixos, duas figuras que não são nada além de acordes maiores-menores a distância de *Trítono* (Ré-Lá bemol). A escala que eles constituem juntos pode outra vez ser definida como *modo II* (de Messiaen), do qual elas fornecem então uma nova "análise potencial de combinatória" (Exemplo 20).

Exemplo 20

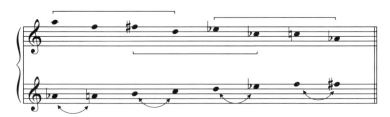

Nossa figura inicial de quatro sons encontra-se aí igualmente oculta, virtualizada em benefício dessa outra figura característica, a ela aparentada. A estrutura toda é enxertada, ou, mais que isso, suspensa (por uma nota comum), na Quinta que prolonga as duas figuras precedentes: Si bemol-Mi bemol. Identificamos essa Quinta (e outras, como no compasso 446) como exemplo de uma disposição vertical pouco weberniana: mesmo privada pelo contexto de qualquer poder polarizador considerável (a Quinta Mi-Si encontra-se na Oitava inferior), ela estabelece uma ligação de cor entre essa peça e as outras, em que existe uma harmonia mais habitualmente stravinskiana.

Os compassos que se seguem apresentam um interesse análogo. Às figuras "melódicas" perfeitamente justificadas pela primeira figura de quatro sons (violino solo, compasso 446, duas violas solo, compassos 445-450: Exemplo 21a) se sobrepõem, enxertando-se toda uma série de acordes maiores-menores. Os primeiros (formados de três Terças maiores Mi-Sol sustenido, Sol-Si, Si bemol-Ré) combinam-se com o Fá do violino solo e o Dó sustenido da primeira viola solo (com as quais as duas primeiras notas formam ainda um outro acorde maior-menor) para completar um *modo II*. O último (Fá sustenido-Ré-Ré sustenido-Si) parece mais isolado (Exemplo 21b). Mas se considerarmos que a última nota se encadeia com o Dó da segunda viola solo para formar, com as duas notas seguintes (Lá-Sol sustenido), nossa figura inicial, e se considerarmos que essas duas últimas notas são como um eco das duas últimas da primeira viola solo, compasso 450, as quais formavam uma figura similar com Fá sustenido (já presente em nosso acorde maior-menor) e sobretudo com o Fá longamente sustentado, obteremos novamente esse modo, em outra de suas transposições (Exemplo 21c).

Apoteose de Rameau

Exemplo 21

Todo esse trabalho sobre os acordes maiores-menores é preparado desde o início da peça, em particular desde o compasso 416, onde encontramos, no violino e na viola solos, duas apresentações muito diferentes da escala mencionada no Exemplo 19. Essa figura, composta com efeito de dois acordes de Quinta aumentada a distância de Semitom (e da qual existem apenas, abstração feita das Oitavas, quatro transposições diferentes, cromaticamente complementares duas a duas), contém três acordes maiores-menores imbricados, enquanto o *modo II*, composto de dois acordes de Sétima diminuta (e do qual existem apenas três transposições diferentes), contém quatro desses acordes (há efetivamente doze deles na gama cromática: um sobre cada grau).

Vimos que o acorde maior-menor continha em potência tanto acordes perfeitos, quanto acordes "webernianos" de Terça menor + Semitom. Isso é ainda mais verdadeiro para essa escala de seis notas (que Messiaen curiosamente não menciona entre seus *modos de transposição limitada* e que poderíamos chamar seja de *modo de Liszt* – a *Sinfonia Fausto* dele faz largo uso – ou "húngaro", seja de *modo I bis*, já que o *modo I* não é nada mais que a gama por Tons-inteiros, ou seja, dois acordes de Quinta aumentada a distância de um *Tom*).[23] Ela pode realmente ser dividida (de três maneiras diferentes) tanto

---

23 A presente passagem constitui uma das mais preciosas contribuições do texto de Pousseur ao estudo da harmonia, qual seja: a constatação da existência, muito antes de Messiaen, de um "modo de transposição limitada" que fora usado sistematicamente pelo visionário Liszt. A esse respeito, cf. Menezes, Flo. Op. cit., p.87-92. (F.M.)

em dois acordes perfeitos complementares (um maior e um menor), quanto em dois acordes webernianos simétricos (ou seja, de sentido contrário). Esta última possibilidade é a utilizada na série do *Konzert Op 24* de Webern, Exemplo 22,[24] sendo os acordes perfeitos, aí, cuidadosamente evitados.

Exemplo 22

Em contrapartida, as duas figuras de *Agon* que estamos considerando (Exemplo 23) expõem as duas possibilidades opostas, uma mais consonante, outra mais cromática, uma mais próxima da figura *inicial*, outra da figura *central* da série das *Variações Op 30*. Elas, entretanto, não se completam para formar o total cromático; tendo em comum um acorde de Quinta aumentada (Lá-Fá-Ré bemol em dois registros diferentes), elas constituem o *modo III* de Messiaen (alternância regular de um Tom e *dois* Semitons, modo de nove notas, do qual existem igualmente quatro transposições).

Exemplo 23

Resta analisar o extremo início da peça, em que tudo parece encontrar-se ainda em estado embrionário. O primeiro "Semitom" (na realidade, nona menor) Si bemol-Dó bemol, que será repetido depois sustentado, forma nossa figura inicial com as notas Ré bemol-Ré, expostas mais adiante, semi-verticalmente, pelos violoncelos e violas. Estes tinham inicialmente tocado um Dó, que preenche o "vazio" cromático dessa figura e se emparelha ao Ré de início isolado. Pode-se provavelmente explicá-lo pela lembrança do Dó fundamental sobre o qual terminava a peça precedente (e que é um tipo de

---

24 Para uma análise bem mais detalhada dessa série e de certos usos que dela faz Webern, ver Pousseur, H. *Musique, Sémantique, Société*, Éditions Casterman, Tournai, 1972. (N. do A.) Desse volume, traduzimos "A Questão da 'Ordem' na Música Nova". (F.M.)

"Tônica" *muito relativa* de toda a obra). Recordemos que o acorde edificado sobre esse Dó era, do grave ao agudo, Dó-Si-Dó-Sol-Dó. Temos aqui um exemplo dos encadeamentos muito cuidadosos que Stravinsky estabelece de peça a peça, mesmo quando elas são de "estilo" bastante diferente e mesmo quando *parecem* não ter muita coisa em comum.

À sustentação vertical de nossa figura de quatro sons se sobrepõem parcialmente nos violinos I e solo, duas figuras de três sons cuja ordem interna não permite simplesmente assimilá-los a nossa figura inicial (e que formam juntos meia gama cromática): Exemplo 24.

Exemplo 24

Reconhecemos, no entanto, "atemporalmente",[25] as duas figuras webernianas mencionadas anteriormente: Terça menor e Semitom, no mesmo sentido e em sentido contrário (sem considerar o registro das notas). Quanto ao Mi bemol dos contrabaixos, se o associarmos, como nos parece legítimo, ao grupo de cinco notas do início (incluindo o Dó), obteremos um conjunto de doze sons que, expresso sob a forma de uma série, mostra a aparição progressiva, a partir do cromatismo inicial, dos outros intervalos e grupos de intervalos (Exemplo 25). Seguem-se duas figuras "ortodoxas": nos violoncelos, Dó-Si (dispostos no registro sempre como no fim da peça precedente)-Ré-Mi bemol; Fá-Sol bemol-Lá (no violino solo)-Lá bemol (nos contrabaixos), que desencadeiam todo o desenvolvimento já examinado.

Exemplo 25

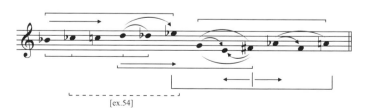

---

25 *"Hors-temps"* no original francês. (F.M.)

Certamente seria preciso ainda retomar esse desenvolvimento de antes e procurar saber se a aplicação dos elementos figurais na forma do conjunto corresponde a alguma serialização, mesmo global, ou se ela foi obtida por algum tipo de *montagem* mais empírica (mas *não* há incompatibilidade). Em todo caso, descobrimos facilmente uma fraseologia total baseada sobre os *tipos particulares*, graus de repetição etc. Deixo então ao leitor o cuidado de aprofundar essa análise e proponho, por ora, dar seqüência à nossa investigação das páginas seguintes (e precedentes). Estamos, com efeito, ainda bem longe do término de nossas descobertas e deslumbramentos!

IV

A seção seguinte, p.69 a 71, comporta três partes, a terceira sendo a retomada variada da primeira. Já evocamos a segunda (Exemplo 1), e um breve olhar sobre a totalidade das partes de flauta será suficiente para percebermos que elas são formadas por um desenvolvimento muito simples de nossa figura inicial de quatro sons (que começa com a sustentação nas trompas ao final da primeira parte: o Ré se encadeia ao Dó sustenido das flautas I + II, o Lá ao Sol sustenido da flauta III). As duas camadas (figuras em colcheias e figuras em semínimas) definem dois hexacordes cromáticos distintos (até o compasso 479), cujas duas notas extremas estão a distância de Oitava, enquanto falta o Sol central. Encontramo-lo entretanto nos compassos 480-481, sobretudo no acorde repetido pelas cordas em acompanhamento (o Dó deste acorde é então parte do hexacorde superior, do qual o Si bemol e o Lá são oitavações graves), acorde cuja repetição não deixa de lembrar a segunda seção das *Variações Op 30* de Webern, que tinha aliás ela mesma um aspecto impressionantemente stravinskiano. As quatro notas desse acorde, que retornam em posição fechada (sua disposição no registro poderia facilmente ser de Webern), formam um tetracorde regular, já mencionado algumas páginas antes (dois Tons separados por um Semitom, ou ainda: duas *Terças menores* agora a distância de *um Tom!*): Exemplo 26.

Exemplo 26

Encontraremos a seguir sua origem e veremos mais adiante sua importância.

A primeira e a terceira seções, com seus acordes de Quartas distribuídos em cânon entre as trompas e o piano, colocam-nos inicialmente um pequeno enigma. Mas é suficiente seguir cada uma das partes instrumentais, sem nos deixar desencorajar pelas repetições de Sétimas menores, para descobrir que o que temos é, de novo, nossa "figura inicial", expressa agora em intervalos ligeiramente alargados (mesmo fazendo abstração ao registro): Exemplo 27.

Exemplo 27

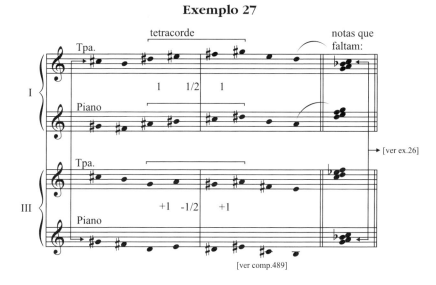

Trata-se aqui de uma verdadeira "transposição" na gama *por Tons-inteiros* daquilo que originalmente pertencia não tanto à gama cromática, mas ao *modo II*. Enquanto lá tínhamos Segundas e Terças menores, aqui esses dois intervalos são *maiores*; em outras palavras, eles foram aumentados de um mesmo "valor acrescentado": um Semitom. Enquanto isso, as figuras, tanto sobrepostas em instrumentos diferentes (a distância de Quarta) quanto justapostas no interior de uma mesma parte (a distância de Terça menor, tendo em conta a permutação, conforme nosso Exemplo 5), pertencem a gamas por Tons-inteiros *complementares* (produzindo cromatismo *ou diatonismo*, ao menos em curto prazo). Da mesma maneira, as figuras da seção precedente, oriundas do *modo II* (inclusos os acordes maiores-menores), eram integradas num espaço definível em termos de "total cromático".

Este, no entanto, pode ter um movimento harmônico muito diferente segundo seus modos e *velocidades* de engendramento (por exemplo, ciclo de Quartas, ou adição de acordes de Quinta aumentada ou de Sétima diminuta, ou ciclos que produzam mais ou menos repetições de sons antes de engendrar todos os doze). Ele será ainda profundamente alterado pela disposição de seus componentes nos registros, disposição mais ou menos aberta ou fechada, mais ou menos pesante (à Stravinsky?) ou suspensa (à Webern!), e comportando mais ou menos Oitavas, não somente "virtuais" como também reais, perceptíveis e eficazes. Em nosso caso, identificamos apenas que a progressão dos acordes de Quarta se faz *sobre um acorde maior-menor*. Exemplo 28! Em seguida dois acordes vizinhos formam, na região em que interferem, uma sobreposição de *Terças* e de *Segundas menores*, harmonia que ainda reencontraremos e da qual *Berg*, por exemplo, faz uso bastante freqüente em *Wozzeck*.

Exemplo 28

Dado que a parte do piano da terceira seção retoma, permutada de maneira diferente, a parte de trompa da primeira (examine a diferença de *juntura*!), as notas faltantes são as mesmas em ambas. São precisamente elas (das quais duas são ainda repetidas nos dois outros grupos de notas faltantes) que formam o acorde de cordas repetido durante toda a parte central; veremos logo mais que esse tetracorde comporta ainda outras implicações bem mais gerais.

Enfim, a terceira parte termina com uma pequena *coda*, inteiramente construída sobre um triplo contraponto de nossa figura inicial, dessa vez novamente oriunda do *modo II* e em posição *aberta*. Duas partes, confiadas às trompas, terminam respectivamente pelas duas notas Fá sustenido e Sol sustenido, sempre em posição de Sétima menor. A flauta, que todavia não tinha participado na primeira parte, a elas se sobrepõe, agora para fazer soar uma terceira forma (Exemplo 29).

Exemplo 29

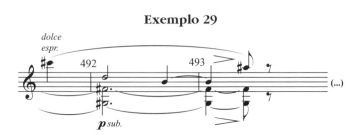

Não nos esqueçamos, a esse propósito, que toda essa seção tripartite, ela mesma centro do *Pas-de-Deux*, é a única em toda a obra em que vemos evoluir alternativamente um único dançarino por vez, masculino – trompas – ou feminino – flautas (há apenas dois outros solos: *Saraband-Step*, masculino, e *Bransle Gay*, feminino, mas eles são separados). Será preciso ver nessa alegoria "*animus-anima*" uma imagem da competição (*agon*, em grego), na consciência musical de Stravinsky, de dois universos a princípio difíceis de conciliar? O acolhimento de uma última figura de flauta (que poderia ser quase uma citação textual das *Variações* para orquestra) na última seção "masculina" tomaria então um sentido todo particular, que se irradiaria sobre o conjunto do *Pas-de-Deux* e mesmo de *Agon*.

Isso nos leva (compasso 495) à *Coda* geral do *Pas-de-Deux*, ela também composta de três partes, sendo que a última não é, contudo, uma variação tão simples da primeira. Identificamos também que a *juntura* entre essa nova parte e a precedente se faz, entre outras coisas, graças às duas notas comuns (identicamente dispostas no registro), Si e Si bemol (ou seus enarmônicos). O *mesmo* Si já tinha, aliás, ligado a primeira parte das trompas à que precedia e estava igualmente presente no começo do *Pas-de-Deux*.

A primeira parte da *Coda* desenvolve-se quase inteiramente sobre a figura de *sete* sons da qual já assinalamos a presença determinante na série do Op 30, e que até aqui só aparecera episodicamente (Exemplo 30). Ela é utilizada em espelho, ida-volta, sendo o jogo de repetições bastante notável. Encontramos três graus: repetição imediata sem mudança de Oitava (Dó bemol-Si bemol, esta última sendo entretanto *dobrada* duas Oitavas abaixo), repetição retrogradada, por conta do espelhamento, *com* ou *sem* mudança de Oitava (com mudança: Dó-Lá-Si bemol-Si; sem mudança: Sol sustenido-Sol, o mais espaçado possível).

Exemplo 30

A parte central, *doppio lento*, é talvez a mais suave em seu webernianismo. Stravinsky confessou a Robert Craft sua preferência por ela. Se sua harmonia remete evidentemente ao Webern tardio (mas, como veremos, dele "brotando" de uma nova maneira), é nas obras antigas, por exemplo, no Op 10, que sua instrumentação mais faz pensar. Podemos então ouvi-la na perspectiva simbólica proposta acima: *animus* e *anima* parecem ter atingido aí um ponto de altíssima fusão!

Encontramos, nesta pequena parte, várias figuras difíceis de referir ao sistema serial utilizado até agora (e que responde, portanto, pela maioria dos elementos); contudo, olhando mais de perto, vemos que se trata ainda do *tetracorde* que havia se emancipado há pouco na forma de acorde repetido, compassos 471-483 (Exemplo 31).

Exemplo 31

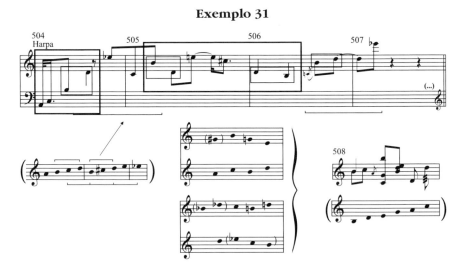

Stravinsky parece indicar aqui, discretamente, a maneira de se prolongar o pontilhado sugerido pela relação das duas figuras de quatro sons extraídas da série de Webern (Terças menores em diferentes distâncias e variação harmônica correspondente). Sem demora, sigamos essa pista que, como podemos adivinhar, nos conduzirá a descobertas significativas! Podemos saltar rapidamente o *Quasi Stretto*, pois um breve olhar já nos mostra que ele é constituído pelo grupo de sete sons mencionado no Exemplo 30 (a primeira nota, Sol, encontra-se no baixo da p.73), e que é também até certo ponto uma retomada do início da *Coda*. A partir do Sol que encerra o compasso 515, outra transposição da mesma estrutura se desenrola ainda em direção ao baixo. Ela conclui, depois da repetição das notas Ré e Dó sustenido, pela descida de um Semitom suplementar, num Dó, sobre o qual se inicia a peça seguinte, *Four Duos*. Damo-nos conta então de que esse *Quasi Stretto* era também uma transição em direção ao caráter desta peça que se segue.

Logo de início, algo de novo se nos revela aqui, algo que vai estruturar quase exclusivamente as duas próximas peças (em todo caso, esta aqui inteiramente), ou seja, tudo o que precede a retomada da parte bem mais diatônica, essa espécie de fanfarra "modal" pela qual a obra havia começado.

Trata-se de uma série de doze sons, utilizada sistematicamente, e que apresenta, em relação à série de Webern (Op 30), apenas uma diferença mínima: os três primeiros sons (em outras formas, os três últimos: por sua estrutura simétrica, isso não traz nenhuma novidade combinatória) encontram-se invertidos no tempo (Exemplo 32, comparar aos Exemplos 3 e 4!).

Exemplo 32

Essa inversão tem muitas conseqüências de grande interesse. De início, a primeira figura de quatro sons é agora diferente da última quanto à *ordem* em que as notas são expostas. O modo de exploração (Exemplo 10) sofreu de certa maneira não somente uma inversão – o que a estrutura do grupo já permitia –, mas também uma rotação de 90° (Exemplo 33), e as duas Terças menores são agora atualizadas, uma vez que um dos Semitons (Dó-Si) é relegado a um nível mais profundo, mais escondido ou "virtual". Contudo, há outra conseqüência. Enquanto na série de Webern os sons 3 a 6 formavam um fragmento completo de gama cromática (Dó-Si-Si bemol-Ré bemol), aqui, por causa da inversão, eles compõem o *tetracorde* de que já tratamos, apresentado de tal maneira que as duas *Terças menores* nele contidas ficam bem aparentes, separadas por um *Semitom* de sentido contrário (ver comentário do Exemplo 10)!

Exemplo 33

Esse tetracorde – podemos agora insistir nisso – remete ao menos a duas escalas que nos são familiares. Ele pode provir do *modo II*, no qual alterna, conforme o grau em que comecemos, com o tetracorde mais cromático (tetracorde "espanhol"[26]) sobre o qual era baseada nossa figura inicial (1/2-1-1/2, todos de mesmo sentido, Exemplo 34a); mas pode também pertencer a uma escala *diatônica*, ou seja heptatônica, à escala maior por exemplo (II-V ou VI-II), ou a algum outro modo antigo (como o "dórico" medieval, composto de dois desses tetracordes desenvolvidos dos dois lados da Tônica: Exemplo 34b). Enfim, pode ainda ser posto em relação com o total cromático, não somente pelo fato de que o encadeamento diatônico *continuado* desse tetracorde o engendra muito progressivamente, por uma verdadeira modulação à Quinta (Exemplo 34c), mas também porque três tetracordes dessa espécie a distância de Terça maior constituem-no diretamente, como já mostrara nosso Exemplo 27 e como mostrará ainda nosso Exemplo 38: de fato, trata-se de uma divisão das duas gamas por Tons-inteiros complementares em três trechos de conjugados de duas notas (Exemplo 34d).

Exemplo 34

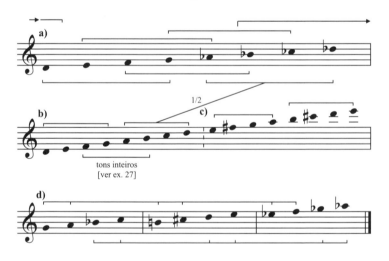

Depois de uma exposição muito simples nos *Four Duos* de três formas diferentes, repetidas ou não, imediatamente ou a distância, retrogradadas ou não (de maneira que haja sete séries ao todo), a peça seguinte, *Four Trios* (cujas duas primeiras notas, Sol-Si bemol, pertencem ainda ao conjunto serial

---

26 Constituído, pois, por Semitom + Tom + Semitom. (F.M.)

precedente, o que é marcado pela dinâmica) apresenta uma quádrupla entrada de *fuga*, na qual as partes principais (sujeito etc.) estão em conformidade com essa ordem serial, enquanto alguns dos contrapontos utilizam toda sorte de combinações de nossa "figura inicial", das quais a maior parte já havíamos encontrado na primeira parte do *Pas-de-Deux* (por exemplo, compassos 547-49, no baixo, aquela descrita em nosso Exemplo 16a, transposta uma Terça menor abaixo).

Eis que se produz o milagre! As quatro vozes que se conjugam a partir do compasso 549 em um contraponto bastante propulsor alcançam respectivamente as notas seguintes: Sol no primeiro trompete (forma retrogradada da série que começara no Dó), Lá nos trombones (forma invertida que começara no Ré), Dó nas cordas (forma original que começara no Sol) e no segundo trompete (seqüência de figuras imbricadas que termina naquela que fora iniciada por Si bemol e Lá): as duas notas Fá sustenido e Sol. Stravinsky confia todas essas notas às trompas. Lá, Sol e Dó são imediatamente sobrepostas. Quanto a Fá sustenido-Sol, aproveitando o Lá que precedia, ele acrescenta um Mi, realizando uma nova aparição do tetracorde diatônico (que logo passará, como tal, ao primeiro plano); essa aparição é ainda mais "vaticinante", pois é "acompanhada" (pelas trompas) de maneira igualmente diatônica e *convergente* (sem polimodalidade): Exemplo 35.

Exemplo 35

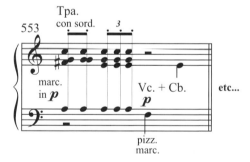

O acorde definitivamente estabelecido (Lá-Mi-Sol-Dó, Terças menores a distância de Quartas!) será repetido em pequenas figuras rítmicas de comprimento desigual, mas de velocidade praticamente igual, separadas por silêncios bastante longos, nos quais as cordas graves em *pizzicato* tocam ainda duas formas de nossa série (identificaremos a juntura, por volta da cifra 558: Sol-Si bemol-Dó-Mi bemol, transposição de nosso acorde à Terça menor). A nota final dessa seqüência em *pizzicato* é o Fá grave que se acrescenta ao acorde, agora retomado pelos trompetes e dobrado pela harpa, pelo piano e por todas as outras cordas, *pizzicato* e *forte* (até então, ele era tocado *piano*). É o início da reprise, a fanfarra pode de novo irromper, mas, mesmo que comportando como algo distinto apenas esse primeiro acorde e algumas notas do compasso 564, a ouviremos, agora, *de uma maneira totalmente nova*.

V

Com efeito, o que dominará essa peça é um tratamento de figuras diatônicas, a maior parte diretamente baseada sobre nosso tetracorde "emancipado" ou sobre escalas mais extensas que dele podem ser deduzidas. Melodicamente, no entanto, as figuras vão muito freqüentemente adotar um contorno diretamente deduzido de nossa "figura inicial": Exemplo 36. Em sua versão mais regular, ela tomará então a forma: Tom (ascendente), Terça menor, Tom (descendente).

Exemplo 36

Sabe-se que Stravinsky havia composto essa fanfarra (em uma primeira versão) vários anos antes do restante de *Agon*, e que a trabalhou em seguida para integrá-la ao conjunto (1957). Terá ele, nesse entretempo, conhecido de maneira mais aprofundada as *Variações Op 30*? André Souris (morto no início de 1970 e com quem eu passei uma última hora a escutar um ensaio – dirigido por Pierre Bartholomée – de *Requiem Canticles*!) me havia dito um dia que essa figura provinha de uma canção (acalanto?) cantada pela babá (?) de Stravinsky. Realidade ou lenda? Como quer que seja, coincidência fabulosa. E não esqueçamos que boa parte das figuras melódicas utilizadas por Stravinsky (por exemplo, a canção do *Rossignol*) repousa sobre o mesmo tetracorde ou sobre porções dele, em particular a Terça menor (*Symphonies d'Instruments à Vent*, pedal de *Œdipus Rex* etc.).

Nessa versão definitiva, a *fanfarra* aparece como um trabalho sobre toda sorte de extensões e torções do universo diatônico, que a aproximam, evidentemente, em diversos graus, do universo cromático e *de suas distintas manifestações*. Passa-se assim das sobreposições quase puramente heptatô-nicas (exceto por um Dó sustenido) dos compassos 574-580 às rudes fricções polimodais dos compassos 590-595, ou 610-615. Sobre o caminho que leva umas às outras, assinalemos a passagem, muito característica e atraente, dos compassos 570-573 (retomada, um pouco variada, em 583-585): Exemplo 37.

Exemplo 37

Será preciso afastá-la com desprezo, falando desdenhosamente em "baixos deslocados", "más disposições" ou "cadências defeituosas"? A noção de "sobreposição de várias modalidades" (sobre *uma* mesma nota atrativa? Qual?) e sobretudo a de "disposição de diferentes tipos de acordes em planos compartimentados" parecem-me já bem mais aceitáveis, desde que não se lhes atribua qualquer conotação pejorativa (será útil aí reconhecermos que essa compartimentalização está longe de ser absoluta, e que há toda sorte de conexões).

Vemos, com efeito, o papel que desempenham aqui as imbricações de tetracordes e outras figuras familiares mais ou menos *divergentes* (esse estimado "universo em expansão", tão mais perceptível com elementos suficientemente simples!), tais como o maior-menor, os acordes de Quintas e Quartas etc. (ou o acorde Lá-Mi-Sol-Dó!). Figuras cuja presença vimos num meio global diferente, no qual outros elementos eram, em contrapartida, submetidos a *tratamentos análogos*, figuras que mesmo aqui têm por função muito menos *reforçar* as polaridades "clássicas" (?) que, ao contrário, distribuí-las (distribuir a energia polarizadora que as constituía), atenuar sua centralização exclusiva, tornar sempre possível, sem transição necessária, a deleitável surpresa do salto de um pólo – ou de um grau de polaridade – a outro, criar, não somente na sucessão abrupta, mas mesmo na sobreposição, *pólos opostos*, tensões rivais, entre as quais a matéria harmônica encontra-se como que esquartejada e mantida em estado de perpétua e extrema vigília.[27]

As *separações* preservadas durante certo tempo, "planos compartimentados"[28] etc., constituem então os signos de uma grande virtude formadora, a qual permite uma organização que será tão mais bem talhada quanto mais elas puderem, a qualquer momento, transformar-se, subsistindo um único princípio unificador, subjacente a cada uma delas.

Deveria assinalar ainda os impressionantes compassos 586-589, em que a matéria, embora sempre extraída dos mesmos elementos, adquire uma espécie de ácida oscilação de brilho nacarado por conta das numerosas relações de "Oitavas diminutas ou aumentadas" que a *constituem*, dessas estruturas maiores-menores multiplicadas da maneira a mais refinada possível (Exemplo 38)?

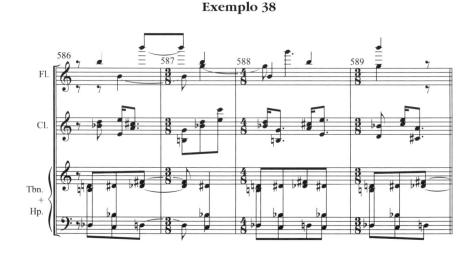

Exemplo 38

---

27 Aqui Pousseur tece comentários sobre as íntimas relações da harmonia em Stravinsky com aquela reinante no universo weberniano, no qual reconhecia, desde os primeiros textos da década de 1950, a potencialidade de uma *multipolaridade* ou *onipolaridade*. Nesse contexto, fala de uma matéria harmônica "esquartejada" (*écartelée*) e reporta-se, assim, ao final, igualmente polêmico com relação a Pierre Boulez, de seu texto "Apoteose de Rameau". (F.M.)
28 *"Étagements compartimentés"* no original francês. (F.M.)

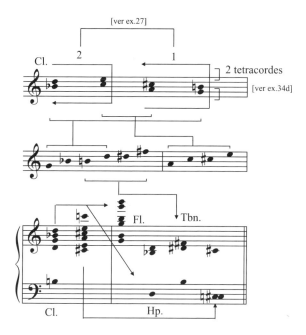

Queiramos ou não, isso me parece bem mais próximo do espírito (e da matéria!) de um Webern do que de um Schoenberg (exceção feita a algumas de suas obras). *Poética* de uma "beleza tocante", sim, mas em razão de uma *ciência* de escritura verdadeiramente pouco comum! Recomendemos o exame detalhado (e comparado) de cada uma das partes horizontais, de cada uma das formações verticais resultantes e mesmo das relações *oblíquas* entre vozes *e* acordes diferentes, ou seja, definitivamente de toda essa textura extraordinariamente bem controlada, em que os grupos mais transparentes (Oitavas e Terças maiores) encontram-se paradoxalmente sobretudo no agudo, e o cromatismo mais cerrado, especialmente no grave.

Precisaria, enfim, mencionar os grandes acordes que pontuam essa peça, dos quais encontraremos ecos por toda parte da obra, arcobotantes ou referências maiores? Basta que consideremos o acorde pelo qual a peça principia, e que, no começo da reprise, é substituído pelo acorde cuja inesquecível aparição já analisamos (Exemplo 39): Dó, ainda que "polar" melódico, duplamente *contradito* por Fá, sua fundamental, e Si, sua sensível, ela mesma Trítono de Fá, conseqüentemente o contradizendo. Harmonia "pesante" e no entanto expansiva, radiante, verdadeira *árvore* sonora[29].

---

[29] Trata-se, na verdade, aqui também de uma referência stravinskiana a Webern, posto que a constituição desse acorde inicial – como já tivemos a oportunidade de verificar – revela uma alteração de registro do arquétipo weberniano principal (Dó-Fá-Si = Quarta + Trítono). (F.M.)

Exemplo 39

Uma segunda forma dessa harmonia aparece a partir do compasso 7 (ou 567), que reaparecerá ainda em 19, sob a qual se desenrolará a bateria da Terça maior Sol-Si em Oitavas graves (Exemplo 40).

Exemplo 40

col'ottava

É o *ciclo de Quintas*, princípio de divergência, *expansivo*, que regula aqui a distribuição, assistido naturalmente pelas Oitavas e às vezes pelas Terças maiores (Si). Será outra forma ainda, mais fechada, redobrada sobre si mesma, que encerrará tanto a primeira fanfarra quanto sua reprise final (Exemplo 41), enquanto um desenvolvimento mais complexo aparecerá no decurso da peça e proporá, sobre essa base bastante sólida, uma expansão já mais considerável: é sobre uma harmonia de Mi bemol-Si bemol-Fá (com algumas Oitavas), trazida pelo contraponto de nossas figuras mais ou menos diatônicas, que repentinamente se sobrepõe, imperturbável, a Terça Sol-Si (natural), o que trará a reaparição do acorde Fá-Dó-Sol (com oitavação diferente), depois a alternância flexivelmente balanceada dos dois acordes de Quintas – ligados por uma nota comum, Fá, oitavada de maneira diferente, o que eleva então a cinco, estrutura pentatônica, o número de notas diferentes – sempre sobre o pedal de Terça Sol-Si (Exemplo 42).

Exemplo 41

Exemplo 42

Para mostrar outra aplicação particularmente clara e desenvolvida – por ser exclusiva – do princípio distributivo aqui utilizado, devemos voltar-nos ao *Prelude* (p.28), que reaparecerá duas vezes, ligeiramente variado, com o título de *Interlude* (p.46 e 61).

Encontramos inicialmente uma figura ascendente, fartamente repetida, que poderíamos analisar como uma "Oitava que contém um acorde de Sétima de dominante" (invertido e sobretudo *quebrado*), mas que mais me parece – conforme à sintaxe stravinskiana em geral e àquilo que acabamos de ouvir – como a imbricação (simultaneidade desdobrada) de dois acordes de três sons: Dó-Fá-Dó e Ré-Sol-Si, este segundo podendo se "resolver" (o que ele evidentemente não faz) sobre o primeiro à maneira das cadências medievais (que nos dão tão freqüentemente a impressão de terminar "na Subdominante", e que Stravinsky não deixou de ouvir com atenção – ele que tomava ensinamentos úteis onde quer que pudesse encontrá-los).

A repetição obstinada e cada vez mais próxima dessa figura conduz a uma espécie de ascensão furiosa dos trompetes, que chegam finalmente a esse acorde de Sol maior em posição de Quarta e Sexta, tocado *staccato forte*, mas que os harmônicos dos contrabaixos sustentam *piano* durante muito mais tempo na Oitava inferior e que vai se encadear ao *Meno Mosso* bem contrastante. Durante toda essa primeira parte, em que tudo o que acabamos de descrever se passa num registro relativamente agudo, uma espécie de baterias, nos tímpanos e tom-tons, mas também em certos instrumentos "melódicos", é produzida no grave sobre uma harmonia bastante diferente, inicialmente de Si bemol, depois de Mi bemol *menor*. Em contrapartida, o início do *Meno Mosso* alterna, com nosso acorde de Sol maior, um acorde de Ré, seja em posição fundamental (igualmente maior), seja em posição de Sétima (sem Terça), enquanto a bateria de Si bemol menor no baixo reaparece ainda momentaneamente (para conferir uma espécie de ritmo de minueto, ou mais ainda de gavota: a métrica é enganosa).

Parece que estamos bem em presença de um conjunto baseado sobre o ciclo de Quintas (Mi bemol-Si bemol-Fá-Dó-Sol-Ré-Lá, grupo heptatônico), sendo que as Terças, veículos de confirmação e reforço na cadência clássica (na qual fazem parte do conjunto heptatônico), não aparecem aqui sobre as "notas atrativas" centrais, mas somente, simetricamente menores ou maiores (e contrárias do que seriam em tonalidade), nas extremidades do ciclo, prolongando-o *em direção ao exterior* (Exemplo 43) e reforçando suas virtudes expansivas.

Exemplo 43

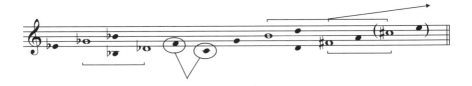

Nossa impressão confirma-se ainda pela "cadência" final (a partir do compasso 140). Um breve flerte com o grande século se combina com as sonoridades mais medievais, em particular os encadeamentos de Sol maior (sua própria Quinta sendo precedida de Dó sustenido) a Fá "vazio" (Quinta e Oitava), fim do compasso 142, e de Ré-Fá sustenido sobre o acorde final (de "tensão mantida") Dó-Si-Dó-Sol-Dó (acorde que, quando de sua terceira aparição, precede o início do *Pas-de-Deux*).

Seria preciso ainda mostrar a presença de nossa figura melódica, na sua (ou suas) forma(s) diatônica(s), na *Gaillarde* (p.34-9). Todo o cânon entre a harpa e o bandolim (que por vezes dobra uma das flautas) é constituído abundantemente por ela (Exemplo 44), a qual aparece de maneira notável nos pequenos cânones por aumentação do piano (Exemplo 45), compassos 166-167, 177-178 e 182-183 (assinalemos ainda as Sextas paralelas nas segunda e terceira flautas, compassos 172-173).

Exemplo 44

Exemplo 45

Quanto à harmonia bastante "consonante" (mas instrumentada e mesmo disposta de maneira tão surpreendente!) que acompanha tais contrapontos, penso que além de sua "beleza", ou seja, de sua "poética" intrínseca, não teremos grande dificuldade em justificá-la como "caso particular" de tudo o que já se apresentou. Podemos deduzi-la, *ad libitum*, das estruturas maiores-menores presentes até mesmo nas séries de Webern (elididas, amplamente repetidas e oitavadas de acordo com um princípio também logicamente estabelecido), ou ainda do ciclo de Quintas e Terças evocado há pouco (como caso particular de todos os ciclos e redes[30] já evocados, mesmo as mais cromáticas) e de certos acordes perfeitos que deles se destacam e sobre os quais fixamos mais particularmente nossa atenção: o acorde de Quarta e Sexta de Sol no *Prelude*, por exemplo, ou sua transposição uma Quarta abaixo (com baixo em Si bemol correspondente ao Mi bemol que o acompanhava), que pontua os diferentes períodos do *Bransle Simple*.

---

[30] Interessante notar, aqui, o emprego, ainda que *en passant*, da noção de *rede harmônica* no contexto analítico. (F.M)

VI

Há um conjunto sobre o qual precisamos agora nos deter um pouco mais: são os *Double* e *Triple Pas-de-Quatre* que se seguem imediatamente à fanfarra inicial e a separam do *Prelude*. (Este é seguido quase imediatamente pela *Gaillarde* já mencionada. Só o *Saraband-Step*, pelo qual começa esse *First Pas-de-Trois*, os separa.[31] Cada um dos *Pas-de-Trois* – que separam o *Prelude* e os dois *Interludes* – comporta três danças, com títulos quase todos arcaisantes.)

Imediatamente identificamos que sobre uma forte polarização de Ré (repetição/oitavação), ou seja, sobre a nota mais "à direita" (num ciclo de Quintas) e por isso menos "pesante" (nesse fragmento de ciclo em que as notas são as fundamentais umas das outras), desenvolve-se um contraponto em arabescos (Oitavas duplas no oboé e no fagote, figura de semi-acompanhamento tendendo a se emancipar nos primeiros violinos, "contra-sujeito" (?) nos segundos violinos), de natureza cromática bem cerrada. A partir do segundo compasso (62), descobrimos nossa figura familiar, em duas disposições imbricadas comparáveis ao Exemplo 2 (Exemplo 46). Ela está agora mais cerrada que em sua forma weberniana original; a Terça menor central foi reduzida a uma Segunda maior, não há mais "nota faltante", sendo exatamente à gama cromática, não mais ao *modo II*, que ela se referirá diretamente a partir de agora (definindo assim, em relação à peça precedente, um contraste mais marcado, de modo que a formulação weberniana ulterior pareça então ter uma função mediadora, ao menos nesse nível elementar).

Exemplo 46

Em todo caso, a partir do compasso 64 (ou mesmo 63 nos segundos violinos), a Segunda maior se emancipará e teremos seqüências de Segundas menores e maiores, nem sempre de sentido contrário (o que produz um Semitom como diferença), mas também *de mesmo sentido*, produzindo então pequenos fragmentos do *modo II* (cuja soma é uma Terça menor, intervalo mais típico desse modo). Este poderá, aliás, desenvolver-se em cadeias mais longas, freqüentemente contraditórias, produtoras de mais cromatismo em seu desdobramento (Exemplo 47).

---

31 Na realidade, o *First Pas-de-Trois* intitula-se igualmente *Saraband-Step*. (F.M.)

Exemplo 47

Isso poderá desenvolver-se até um aumento da quantidade proporcional de Segundas maiores (de mesmo sentido), o que nos levará momentaneamente às margens de um universo mais diatônico (ao menos na constituição de algumas de suas estratificações, judiciosamente separadas): Exemplo 48.

Exemplo 48

Será necessário insistir sobre o caráter realmente *funcional* de algumas notas "alteradas" (não diremos "evitadas"!) que aí se encontram? Em minha opinião, são tudo menos "tiques"!

Apreciaremos ainda, no mesmo ponto, as figuras simultâneas (e coordenadas) do clarinete e do trombone, cuja origem veremos logo mais, assim como o acorde quebrado de Mi menor no trompete, que prolongam as coisas que apareceram anteriormente (compassos 81-83), preparam a conclusão dessa peça e estabelecem uma outra relação lexical com o conjunto da obra.

Enfim, antes de chegar às tais figuras, notemos ainda que nossas figuras cromáticas e seus desdobramentos, a princípio continuamente apresentados em posição bastante estreita (idem na peça seguinte), vão aparecer também em posição mais aberta, de natureza mais "weberniana" (mas há exemplos disso igualmente em várias obras anteriores, mesmo as ditas neoclássicas, de Stravinsky!): Exemplo 49. Elas permitem de novo a emancipação, nos diferentes estratos dessa espécie de polifonia virtual (e finamente "polimodal"), de diferentes intervalos e grupos de intervalos.

Exemplo 49

Vamos agora a essas outras figuras, à primeira vista não tão simplesmente redutíveis às cadeias cromáticas ou a elas aparentadas. Sua primeira aparição se dá sob a forma de acordes perfeitos encadeados dois a dois nos sopros, nos compassos 69-73 (Exemplo 50).

Exemplo 50

Basta um rápido olhar para percebermos a que ponto esses grupos são ligados a um engendramento pelo que poderíamos chamar de "maior-menor expandido": o primeiro e o terceiro (transposições um do outro, a não ser pela disposição) poderiam ter sido extraídos do *modo II*, o segundo, daquele que chamamos de *modo I bis*. Por outro lado, tanto os três acordes maiores-menores que eles contêm, quanto os três acordes perfeitos (menores) que a Quinta nota acrescentada torna ainda possível, definem uma mesma e interessante figura global: Ré bemol-Dó-Fá sustenido, ou sua inversão retrogradada Si bemol-Mi-Mi bemol (o primeiro acorde de toda a obra – Exemplo 39 – não é nada mais que esse grupo de intervalos, aliás bastante weberniano, porém disposto no registro de maneira bastante "polarizadora"[32]).

Novas figuras aparecem a partir do compasso 81, com a desaparição da polarização de Ré (mantida até então quase sem interrupção, e que será retomada na peça seguinte), em benefício de uma fixação momentânea sobre

---

32 Pousseur reconhece, aqui, as afinidades da harmonia inicial com a harmonia tipicamente weberniana, tal como já pontuamos anteriormente. (F.M.)

acordes de Lá menor e depois mais tarde, como assinalado, também de Mi menor (mas a "cadência" final se fará sobre Sol-Ré-Sol-Si-Dó-Sol, no agudo). Aqui estão suas primeiras versões, nos trompetes e flautas sobrepostos: Exemplo 51.

Exemplo 51

O exame das escalas das quais elas foram tiradas mostra que não são nada mais do que novas transposições – e, no que diga respeito a uma delas, de inversão – das escalas do exemplo precedente, com, todavia, uma nota suplementar (Ré sustenido) na parte da flauta, o que a aproxima bastante da outra (da qual ela é então uma transposição à Terça menor inferior, com nota acrescentada: Ré), permitindo uma nova imbricação de acordes perfeitos, contrária à imbricação maior-menor habitual: Sol sustenido menor e Sol maior (Mediante comum), sendo aliás este último acorde comum às duas escalas. Sua exposição melódica permite ainda outras constatações. As quatro últimas notas da figura do trompete constituem nossa "figura inicial", com ampliação da Terça central, que passa a ser *maior* (o que modifica evidentemente todo o "paralelogramo", introduzindo uma *Quarta* "diagonal", sem contudo perder completamente a Terça menor: Sol-Lá sustenido na diagonal oposta; temos então um tetracorde "húngaro"[33]). Por outro lado, suas cinco notas formam duas figuras isomórficas de três sons, ligadas por uma nota comum: Ré-Fá sustenido-Sol e Fá sustenido-Lá sustenido-Si, grupos que se encontram freqüentemente em estado vertical e que, dependendo de sua disposição, podem soar bastante "webernianos" ou, ao contrário, bem "stravinskianos" (como o acorde final do *Prelude-Interlude*).

Quanto à figura das flautas, ela é ainda mais rica em implicações: trata-se de três Quintas (ou Quartas) sucessivas, transpostas sobre as notas Mi-Sol-Sol sustenido, ou seja, sobre uma figura que reconhecemos desde o início como tipicamente weberniana (e que é também um fragmento maior-menor). Se

---

33 Constituído, pois, por Semitom + Terça menor + Semitom. (F.M.)

agruparmos as Quintas duas a duas (o que é certamente legítimo em dois dos três casos – aqueles em que as Quintas são vizinhas –, o terceiro caso podendo ser eventualmente possibilitado pela disposição no registro), encontraremos três figuras de quatro notas de que podemos facilmente ver a relação de variação com nossa figura inicial e com as diferentes deformações que esta já sofreu: Exemplo 52. Entre outras coisas, podemos definir a primeira como substituição dos Semitons originais, em torno da Terça menor inalterada, por Quintas ou Quartas, o que nos faz automaticamente passar de um universo cromático a um universo diatônico.[34]

Exemplo 52

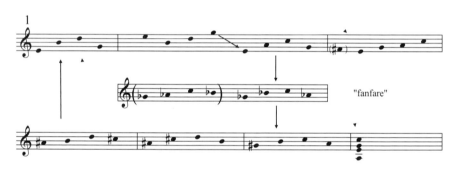

Essas duas figuras vão aparecer no decorrer das duas peças em todo tipo de "disposições" diferentes (por exemplo, as figuras de clarinete e de trombone já assinaladas no compasso 91); seria interessante fazer um inventário completo dessas figuras, preocupando-se também com sua variação rítmica e sua dependência mais ou menos pronunciada com relação à variação "melódica" (Exemplo 53).

---

34 Cf. "L'Apothéose de Rameau", p.132-6; e também aqui, Exemplo 60. (N.do A.) Pousseur refere-se à parte na qual cita o texto de Walter O'Connell e expõe em seguida sua técnica das *permutações seriais cíclicas*. (F.M.)

Apoteose de Rameau

Exemplo 53

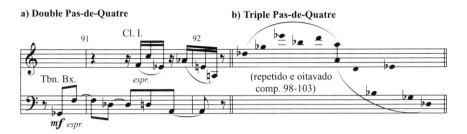

a) Double Pas-de-Quatre   b) Triple Pas-de-Quatre

Já por conta de sua constituição "abstrata" (sem se considerar sua disposição no registro), e independentemente de sua originalidade *harmônica*, tais figuras estabelecem úteis meios-termos *melódicos* (ou seja, de *dimensão* de intervalos) entre as figuras *cerradas* (em Segundas e Terças efetivas, cromáticas ou mesmo diatônicas) e suas versões abertas (comportando Sextas ou Décimas, Sétimas ou Nonas, ou vários desses intervalos combinados). Isso é ainda mais válido se considerarmos suas distintas disposições, pois se as Quintas, por exemplo, quase não diferem das Quartas por suas dimensões (ainda que difiram do ponto de vista da sua polaridade[35]), ao menos as Segundas disjuntas no tempo (cujas notas não se avizinham imediatamente na ordem de sucessão) aparecerão, por causa das diferentes disposições, em suas versões cerradas *ou* abertas, o que criará uma nuança mediatriz suplementar entre os diferentes tipos.

Stravinsky retoma inteiramente para si, então, a preocupação de Webern (que encontrava um de seus modelos na *Pflanzenlehre* de Goethe) em deduzir todos os seus materiais, por mais diversos que sejam, de um único gérmen, o mais "potente", o mais "sobredeterminante"[36] possível. Mas ele acrescenta ao sistema "genético" weberniano novos e importantes eixos de variação, com os quais toda sua experiência anterior e particularmente sua exploração (crítica, inventiva) de múltiplas músicas preexistentes haviam no familiarizado. Lá onde Webern, durante quase toda sua carreira, imobiliza (ou lá onde é indubitavel-

---

35 Cf. "L'Apothéose de Rameau", p.114; e também aqui, Exemplo 60. (N. do A.) Pousseur reporta-se à mesma discussão acerca da diferença de potencial polarizador da Quinta e da Quarta, desenvolvida dentro do tópico sobre a "dimensão harmônica" ao início de "Apoteose de Rameau". (F.M.)

36 *"Surdéterminant"* no original francês. O termo adquire, aqui, conotação distinta da empregada pelo próprio Pousseur quando fala de *sobredeterminação* (*surdétermination*) como distinção das poéticas européias das obras abertas em relação ao indeterminismo de John Cage. Aqui, Pousseur entende por "sobredeterminante" alguma estrutura da base, de cunho serial, que serve para a estruturação global de uma obra. (F.M.)

mente obrigado a imobilizar) os fenômenos, para poder submetê-los então a tratamentos totalmente novos de outros pontos de vista essenciais (o que outros músicos, em primeiro lugar Boulez, e mais tarde também Stravinsky, poderão aprender com ele) – quero me referir, aqui, à dimensão dos diferentes graus de atração e de repulsão harmônica, parentescos, polaridades etc. (todas baseadas sobre as *proporções* de freqüência e suas complexidades, e que evidentemente é possível tratar de maneira completamente diferente do que pelo sistema clássico das *resoluções*) –, Stravinsky (que tinha desde muito dado prova dessa possibilidade) reintroduzirá uma maravilhosa riqueza e leveza, que tratará aliás, como estamos constatando, com uma *minúcia* verdadeiramente *weberniana*.

Fará ele outra coisa, afinal de contas, que não seguir as indicações, certamente ainda bem prudentes, dadas pelo próprio Webern, por exemplo, na série das *Variações Op 30* e em sua utilização (relação das duas figuras de quatro sons e sua projeção nos registros)? Schoenberg já não havia declarado seu desejo de poder reintegrar as harmonias momentaneamente excluídas – como os acordes perfeitos –, desde que tivesse podido liberá-las de sua demasiado tirânica pretensão centralizadora? E qual é o teórico de seu círculo que afirmava que as Oitavas simultâneas podiam ser escritas se suas notas pertencessem a diferentes estratos, suscetíveis de desviar sua energia, e então senão "virtualizá-las" ou neutralizá-las completamente, ao menos relativizar o seu poder? Quanto a Webern, já recordei sua carta de 1941 a Willi Reich a propósito das *Variações para Orquestra Op 30*, na qual afirma claramente ter desejado instaurar "uma nova tonalidade", conforme o princípio schoenberguiano dos "doze sons relacionados somente uns com os outros"[37], mas também de acordo com o princípio da "natureza do som" (do som musical, evidentemente, ou seja, do som *percebido*), natureza sem cujo respeito – é sempre Webern quem fala – não saberíamos compor qualquer música sensata.[38]

O trabalho de Stravinsky, com sua *variação geradora*, efetua-se em distintos níveis de generalidade, e esses níveis interferem de maneira bastante *orgânica*:

1) no nível das "escalas", dos mais abstratos grupos de sons, desnudados tanto de ordem cronológica quanto de disposição no registro (mas em que intervêm certos fenômenos de inversão, de aumentação etc., produtores de *potencial* harmônico variável);

---

37 *Komposition mit zwölf nur aufeinander bezogenen Tönen*, tal como Schoenberg definira, tecnicamente, seu método dodecafônico de composição – cf. Schoenberg, A. "Twelve-Tone Composition" (1923). In: *Style and Idea*. London/Boston: Faber and Faber, 1975, p.207-8. (F.M.)

38 Cf. o texto "De Schoenberg a Webern: uma mutação". (N. do A.)

2) no nível das estruturas de intervalos já ordenados no tempo, mas não ainda dispostos no registro (sendo o clássico "movimento retrógrado" um caso particular entre muitas outras permutações possíveis e reconhecíveis);

3) no nível das estruturas puramente verticais, dispostas no registro, mas não ordenadas na "dimensão horizontal" (que podem consideravelmente ajustar e mesmo modificar os dados harmônicos); e enfim

4) no nível das estruturas definitivamente dispostas no registro e ordenadas no tempo (ou seja, no qual foram fixadas todas as escolhas "atualizantes" ou "virtualizantes" dos potenciais dados), nível que o ritmo e a instrumentação poderão ainda deformar com maior ou menor força.

Se não esquecermos que o ponto 2 comporta a possibilidade de uma *fixação* por *repetição* mais ou menos prolongada de certos sons e grupos de sons, que o ponto 3 comporta a possibilidade de uma considerável *acentuação* de certos componentes por *multiplicação nas Oitavas* (de modo que os outros intervalos "naturais", como as Décimas segundas, criam ainda uma interferência entre essa possibilidade e a harmonia combinatória propriamente dita), e que o ponto 4, enfim, os integra a ambos, será bem difícil para nós não reconhecer, a um só tempo, o *interesse* e a *coerência* de tais aquisições.

VII[39]

O acorde final do *Triple Pas-de-Quatre* nada mais é que um fragmento do ciclo de Quintas, acorde *pentatônico* igual, à exceção de uma nota, que encerrara o *Pas-de-Quatre* inicial e encerrará a obra, porém em posição mais "aberta": Fá-Dó-Sol (clarinetes)-Sol-Ré-Lá (flautas) com, no ataque, uma figura das cordas que "recheia" a Oitava Sol-Sol: Terça Si bemol-Ré "com *appoggiatura*" nos Tons-inteiros respectivamente inferior e superior.

As peças que ainda não examinamos, e que pertencem todas aos dois *Pas-de-Trois* situados no centro da obra, são aquelas cujos dados temáticos e seriais são aparentemente os mais distanciados dos dados gerais abordados até o presente. Sem nos delongar muito, mostrarei, no entanto, que elas se baseiam sobre formas e figuras engendradas e elaboradas a partir de gérmens comuns (dos quais elas constituem combinações específicas) e tratadas sempre segundo eixos análogos.

Confesso ainda não ter encontrado uma "chave" combinatória simples no *Saraband-Step*, com o qual se abre o primeiro *Pas-de-Trois* (e confesso tam-

---

39 Trata-se, a partir daqui, da segunda parte do ensaio, de acordo com sua publicação original. (F.M.)

bém não ter dispensado aí a devida atenção). Descobrimos sem dificuldade um grande número de pequenas figuras, horizontais ou verticais, harmônicas, melódicas e *rítmicas*, pertencentes ao vocabulário já repertoriado. E é igualmente fácil seguir os (diversos) fenômenos de transposição e inversão que realiza a segunda parte com relação à primeira. Notemos ainda a simetria instrumental que se estabelece entre essa peça e a *Coda* desse primeiro *Pas-de-Trois*, por conta do solo de violino que encontramos nas duas peças; em ambos os casos, não podemos nos impedir de lembrar a *História do Soldado*.

À parte esse solo de violino em Sextas paralelas, no qual encontramos, a partir de um cromatismo inicial, tanto nossos tetracordes – primeiro o "espanhol", depois o diatônico – quanto nossas relações de Oitava – seja justa, seja diminuta (maior-menor!) –, e à parte alguns fenômenos de coloração harmônica, toda essa peça se constrói sobre uma nova série de doze sons: Exemplo 54.

Exemplo 54

Dois trechos simétricos de cinco notas (inversões retrogradadas um do outro) apresentam exclusivamente Segundas maiores e menores (como será freqüentemente o caso das séries "melodizantes", "linearizantes" de Stravinsky, como as que podemos encontrar no *Canticum Sacrum*). Encontramos aí, unidos por uma nota-pivô, os dois grupos de Tom/Semitom, de mesmo sentido ou de sentido contrário, dos quais são extraídos os arabescos dos *Double* e *Triple Pas-de-Quatre*, e que apontam um na direção do material cromático, o outro, na direção do *modo II*. Uma vez que os dois pentacordes cromáticos estão separados entre si por um Tom-inteiro de cada lado, as duas notas que faltam, a distância de *Trítono*, são deixadas para o fim da série e formam com a décima nota o acorde de Quarta e Trítono, já encontrado em diferentes ocasiões, disposto no registro de maneira muito especial no começo da obra[40] (este acorde desempenha um papel capital nas *Variações para Piano Op 27* de Webern).

---

40 Pousseur alude aqui, mais uma vez, à disposição de índole "cubista" do arquétipo weberniano ao início de *Agon*, à qual já nos referimos. (F.M.)

Esses intervalos (sobretudo as Segundas) são dispostas tanto de maneira aberta quanto fechada, com relações de articulação de toda espécie de outras figuras, eventualmente próprias a outras partes da obra, mas também ao solo de violino parcialmente simultâneo. Prestaremos uma atenção bem particular aos acordes finais (Exemplo 55). Eles ocultam, vertical e horizontalmente, toda sorte de combinações complexas de várias de nossas figuras elementares.

Exemplo 55

Mencionamos já a *Gailllarde* que separa o *Saraband-Step* dessa *Coda*. Destarte, contentar-nos-emos em indicar a dialética bastante ramificada, em particular nos *Pas-de-Trois*, entre a *harmonia* (em si já bastante múltipla em seus eixos de evolução) e os *modos de articulação* (que compreendem elementos rítmicos, melódicos, temáticos etc., e compõem toda uma escala de graus de "paródia" estilística, graus que interferem por si sós na escala histórica dos estilos aos quais se referem): estamos bem longe de um puro e simples paralelismo!

O segundo *Pas-de-Trois* tem uma simetria bastante similar à do primeiro. Inicialmente do ponto de vista coreográfico, especificado por Stravinsky, em evidente similaridade à combinatória sonora (desde o número de doze dançarinos!); enquanto no trio precedente um dançarino era circundado por duas dançarinas, aqui é o inverso (mas a variação de intervenção cronológica é complexa: M, 2F, 3-2M, F, 3; a ordem dos sexos é conservada, a dos números parcialmente permutada), e parece que, comparado ao *Pas-de-Deux* que precede o *Finale*, no qual acreditamos poder ler a realização de uma *união* (amorosa), aqui temos ainda fenômenos de *rivalidade* (num nível de representação bastante sublimado e por isso suscetível a uma simbolização polivalente): um representante de um sexo é a cada vez solicitado por *dois* representantes do sexo contrário (*anima* e *animus* parecem ambos em conflito...).

Mas há também uma simetria musical, pois que as duas partes "externas" – o *Bransle Simple* inicial e o *Bransle Double* final – têm propriedades comuns, opondo-os ao *Bransle Gay* que os separa. Além da presença característica, nas extremidades, dos dois trompetes, cor que se opõe à instrumentação mais "pastoral" da peça central, e além da oposição dos ritmos regulares e irregulares (este último ambíguo, em razão da regularidade das castanholas), um motor e o outro mais "hierático" (como não pensar em afrescos egípcios?), há ainda uma semelhança e uma diferença subjacentes, que dependem de elementos pertencentes ao sistema combinatório explorado.

O *Bransle Simple* é, com efeito, construído sobre uma "série" de seis sons na qual encontramos novamente toda uma série de figuras familiares (Exemplo 56): nosso tetracorde diatônico, as duas figuras de três sons que compunham o pentacorde cromático duplamente presente na série precedente (Exemplo 54), mas que são aqui agenciados diferentemente, assim como uma terceira figura de três sons, também já encontrada em diversas ocasiões (por exemplo, no acorde final, excetuando-se as Oitavas, do *Prelude-Interlude*) e que poderíamos interpretar como tetracorde "húngaro" defectivo (outra divisão possível do *modo I bis*, também "húngaro", em duas partes iguais). Nosso exemplo mostra ainda diferentes correspondências entre essa figura e todo o sistema de geração expansiva.

Exemplo 56

No *Bransle Double*, essa semi-série meio-diatônica, meio-cromática é completada por um grupo de seis sons cuja ordenação também mantém toda sorte de relações tanto com o grupo que ele completa, quanto com outras figuras exteriores a essa peça: Exemplo 57.

Exemplo 57

Enquanto na primeira metade dessa nova série de doze sons encontramos nossa figura inicial (a), em sua versão cromática própria ao *Double Pas-de-Quatre* e em posição original (1/2-1-1/2), encontramo-na ainda montada sobre as duas metades (b), após uma rotação de 90° (1-1/2-1, agenciamento novamente diferente das duas figuras de três sons); em contrapartida, o tetracorde ascendente pelo qual ambas começam é diatônico em uma (1-1/2-1), "espanhol" na outra (1/2-1-1/2), que entretanto o prolonga (c') para formar um *modo II* parcial. Encontramos ainda, na intersecção, o acorde Mi-Lá-Sol, e, no final da segunda, um simples acorde de duas Quintas. Perceberemos a notável seqüência bi-serial da parte do violino (Exemplo 58), digna das simetrias webernianas as mais estudadas, com, por exemplo, a troca das figuras a e b, assim como as emancipações e interversões de fragmentos de três e seis sons que se efetuam em outros pontos (por exemplo, baixos, compassos 343-351).

Exemplo 58

Enquanto no *Bransle Simple* o desenvolvimento dessas figuras se dá principalmente em posição cerrada e bem "linear" (o que é reforçado pelas numerosas repetições), no *Bransle Double* os intervalos são muito mais ampliados, mais "webernianos" em suas dimensões, o que não impede de modo algum uma articulação "*à la* C.P.E. Bach". De passagem, notemos os acordes repetidos, nas madeiras e no piano, dos compassos 352 a 364. Redutíveis em boa medida ao tetracorde "diatônico" (e jogando, em todo caso, com as *Terças menores*), eles lembram (ou, mais que isso, *antecipam*) tanto os acordes repetidos da parte feminina do *Pas-de-Deux* (disposição parecida), quanto aqueles trazidos pela reprise da fanfarra, depois do *Triple Pas-de-Quatre* (disposição no registro, sonoridade e articulação rítmica mais próximas), similaridade ainda realçada pelos *staccatos* graves que separam os diferentes grupos de acordes repetidos (na escuta, nosso Exemplo 17 parece bem fazer parte dessa cadeia de correspondências mnemônicas).

Enfim, a partir do compasso 373, e até o fim da peça, ou seja, antes do último *Interlude*, temos um contraponto triplo da série ou de seus trechos, do qual não é apenas o aspecto gráfico que nos faz pensar nas partituras de Webern (por exemplo, a das *Variações Op 30*); o *Pas-de-Deux* do qual partimos começa precisamente após o próximo *Interlude*.

Quanto ao *Bransle Gay*, ele é inteiramente construído sobre outro grupo de seis sons, cujos parentescos superficiais são fáceis de reconhecer (Exemplo 59a), que controla tanto as figuras puramente horizontais (a partir do compasso 321), quanto – por complementaridade "negativa" – os acordes (compassos 330-331) e sobretudo as notáveis figuras "bidimensionais" com as quais essa deliciosa peça começa e termina. Vista de mais perto, a escala "complementar" mostra-se tão-somente como uma transposição da escala sobre a qual se constrói o Exemplo 56, o que significa também que o grupo "positivo" repousa sobre a mesma escala do grupo de seis sons acrescentado a esta para se obter a série do *Bransle Double* (Exemplo 59b). O caráter bastante compacto e entrecruzado das relações profundas aparece aqui em particular evidência; notaremos a maneira sutil pela qual ele se exprime na conexão entre o *Bransle Simple* e o *Bransle Gay*: o acorde repentino excepcionalmente *apelativo* sobre o qual se conclui, forte, a primeira peça (por conta da descida Fá sustenido-Fá no agudo e da Quinta diminuta simultânea Si-Fá), não é de modo algum *resolvido*, uma vez que a estrutura bastante estável pela qual começa a segunda peça comporta a mesma Quinta diminuta (Exemplo 59c).

Exemplo 59

(ex.57)

(ex.56)

Durante nosso percurso, pudemos tomar conhecimento da estrutura total de *Agon*. Em torno dos dois *Pas-de-Trois*, que estão inseridos entre o *Prelude* e os dois *Interludes* (cujas variações – por certo limitadas, porém

Apoteose de Rameau

muito significativas, definindo uma sensível progressão ascendente de tensão harmônica, rítmica e polifônica – será proveitoso pesquisar), vemos agora disporem-se, simetricamente, de um lado os *Double* e *Triple Pas-de-Deux*, precedidos pela primeira *fanfarra*, e de outro, o *Pas-de-Deux* (em si mesmo subdividido e balanceado, como vimos) e os *Four Duos* e *Four Trios*, que se encadeiam com ele, entre si e com a *fanfarra* final sem qualquer solução de continuidade.

Apesar das retomadas (mais ou menos variadas), penso não estar forçando as coisas ao considerar essa forma de conjunto como uma forma *serial* de nível mais alto, como uma *generalização* particularmente eficaz do princípio distributivo que articula os níveis mais baixos. Stravinsky não teria nos dado as ilustrações mais convincentes de todo tipo de possibilidades de *repetição* de elementos nesse nível inferior, justificadas (de início e fartamente) pelo tratamento serial mais "ortodoxo", mas retomado em seguida (sobretudo nos dois *Pas-de-Trois*) de maneira autônoma? E Webern, no interior de um método serial, contudo ainda bem mais *exclusivo*, já não teria chegado igualmente a engendrar de maneira muito orgânica, e muito adequadamente lógica, fenômenos de repetição mais ou menos próxima (e mais ou menos variada, com ligação variável entre tais graus de proximidade), tanto no nível dos sons ou das figuras elementares, quanto no nível das partes mais "macroscópicas" de uma forma (nesse sentido, as *Variações para Piano Op 27* talvez constituam o exemplo mais demonstrativo a todos os níveis)?

A forma serial que define *Agon* no nível superior (e na direção da qual *aponta* ainda muito precisamente a variação das quantidades e agrupamentos de dançarinos, de tal modo comparável às combinações dodecafônicas – mais ou menos "defectivas" –, e da qual pudemos entrever, aliás, algumas interpretações simbólicas possíveis) é uma "série" de *caracteres globais*, distintos uns dos outros e também ligados entre si por *intervalos complexos*, para cuja definição intervêm o ritmo (que mereceria evidentemente uma análise tão minuciosa quanto a da *Sagração*[41]), a articulação (modos de ataque, polifonia etc.), a temática melódica e também, de maneira bastante eminente, a *harmonia*.

Isso se exprime de maneira talvez mais evidente por uma variação de *cores estilísticas*, processo este bem longe de uma simples *colagem*, uma vez que repousa sobre um metabolismo extraordinariamente ativo, sobre a circulação onipresente de elementos moleculares comuns a todas as organizações

---

41 Pousseur refere-se mais uma vez ao texto "Stravinsky permanece" de Pierre Boulez, em Boulez, P. *Apontamentos de aprendiz*, op. cit., p.75-136. (F.M.)

especializadas e suscetível, para produzi-las, de se combinar de múltiplas maneiras (o que os tornará evidentemente capazes de se comunicar e cooperar em um nível mais alto). Particularmente edificante é a maneira como se condicionam mutuamente o tratamento *lógico* (combinatório) do material dodecafônico (propriedades do número 12) e seu tratamento mais *empírico* (propriedades harmônicas "naturais" dos intervalos e grupos de intervalos que se produzem, ainda que à custa de certas aproximações, temperamento, enarmonias etc.).

Em 1960, em seu belo texto "La Musique, Art Réaliste",[42] Michel Butor, que um pouco depois, em 1962, prestaria com seu texto "Description de San Marco" uma homenagem de rara qualidade ao compositor do *Canticum Sacrum* (as duas obras são homotéticas entre si e à basílica por toda sorte de aspectos, reunidos em torno do número 5), já saldava essa "realização" de Stravinsky (iluminada por Webern), esse nascimento de um sistema geral das noções musicais, por exemplo, do conceito de tonalidade, para o qual a série de doze sons seria apenas "um dos tipos de séries possíveis, como um *Dó maior* das cores seriais".[43]

Reconhecida a legitimidade e a fecundidade dessa empresa, compreendemos melhor que a *instrumentação* tão rica e eficaz de *Agon* não seja apenas fruto de uma "sensibilidade" e de uma "poética" inexprimíveis, que ela não se deva simplesmente a uma preocupação puramente "hedonista", nem a alguma "mania" gratuita desnudada de funcionalidade (sempre o "tique", devido sem dúvida ao "encantamento e à angústia de uma essencial impossibilidade"!?).

Religada à *harmonia* por seus aspectos mais "naturais", pela similaridade de alguns de seus intervalos constitutivos com os espectros dos diferentes instrumentos, determinando, aliás, as possibilidades articulatórias das quais o ritmo obtém algumas de suas virtudes mais penetrantes, participando, enfim, de maneira particularmente eficaz na definição das "cores" características no nível mais alto da forma (e de sua combinatória quase sempre múltipla e especular), ela talvez seja aquilo que *liga* mais indissoluvelmente entre si todos os "parâmetros" aplicados na obra por uma racionalidade eminentemente *artesanal* e *de jardineiro* (no melhor sentido dessas palavras, ou seja, insistindo sobre a familiaridade profunda com a matéria e suas mais secretas

---

42 Butor, M. "La Musique, Art Réaliste". In: Butor, M. *Répertoire (I)*, Paris: Éditions de Minuit, 1960, p.27-41. (F.M.)

43 Vê-se aqui a influência de tais concepções sobre a própria poética de Pousseur em torno da *cores harmônicas*. Sua obra orquestral *Couleurs Croisées* (*Cores Cruzadas*), de 1967 (discutida em "Apoteose de Rameau"), é, nesse sentido, de enorme significância. (F.M.)

Apoteose de Rameau

propriedades): a astúcia "interiorana"[44] que caracteriza as numerosas descobertas abundantes nessa instrumentação não falaria nesse sentido?

Que a forma, enfim, como em boa parte das obras de Stravinsky, seja relativamente "compartimentada", trata-se apenas de um vício para *certa* estética, evidentemente mais próxima da de Wagner que da de Mussorgsky (a qual estou bem longe de querer, aqui, menosprezar: mas ela não representa *toda* a verdade![45]). Seria preciso recordar de César Franck quando repreendera o jovem Debussy por *não modular o bastante*? E agora bem mais próximo de nós, uma obra como *Le Marteau sans Maître* de Boulez – que Stravinsky teve a oportunidade de ouvir já em sua estréia em Donaueschingen em 1954, *tendo-a apreciado muito,* e que com grande probabilidade ajudou o próprio Stravinsky a captar a mensagem de Webern e a projetá-la *no porvir* – não evidenciaria também, desse e de outros pontos de vista, uma estética bem pouco wagneriana? Aqui como em *Agon,* a separação aparente de partes diferentemente caracterizadas (princípio que me lembro freqüentemente de ter ouvido Boulez defender com vigor, em oposição às pretensões exclusivistas de certos colegas que pregavam uma forma *"durchkomponiert"* em um só movimento) encobre uma multiplicidade de comunicações mais subterrâneas.[46] Em *Agon,* particularmente, e por causa de um sistema, aliás, muito aparente de correspondências *temáticas,* a linearidade do tempo se redobra e se enrola sobre si mesma para formar um organismo compacto, "esférico", de uma *densidade* excepcional.

---

44 *"Villageoise"* no original francês. (F.M.)

45 É digno de nota, nesse contexto, que Pousseur aluda à música de Wagner, com muita pertinência, como essencialmente *autoritária,* em que pese seu inestimável (ainda que, por isso mesmo, discutível) valor, opondo-lhe a "versatilidade" formal stravinskiana. (F.M.)

46 Pousseur refere-se à *Durchkomposition* (que poderíamos traduzir por *composição que atravessa o tempo),* terminologia que simboliza a construção de uma obra musical em um único movimento, e que foi, na verdade, inaugurada em plena era romântica pela *Sonata em Si menor* (1853) de Liszt. A *Durchkomposition* acabou sendo um traço marcante, ainda que de modo algum exclusivo, da música contemporânea, assentando-se sobretudo (mas não somente) em solo alemão. O espírito francês, mais condizente com o pensamento "por blocos", opôs-se, de certa maneira, a essa pretensão formal em se edificar toda a estrutura de uma obra em um único movimento. Na polêmica acerca da *Durchkomposition* escamoteava-se, na verdade, uma rivalidade entre franceses e alemães, e, em época contemporânea, mais particularmente entre Pierre Boulez e Karlheinz Stockhausen. Nesse sentido, vale aqui uma curiosa anedota: certa vez, em 1999, quando eu visitava Stockhausen em sua casa, este me falou a respeito de Boulez: "Ele só sabe escrever por blocos!" Ainda que se deva, obviamente, relativizar o comentário de Stockhausen, ele não deixa de ser sintomático dessa polêmica à qual se reporta Pousseur. (F.M.)

VIII

Poder-se-ia dizer que tudo isso encontra aqui coerência considerando-se uma obra como *Agon*, ou seja, uma obra efetivamente serial, em que Stravinsky, tendo "refletido", enfim se "inflectiu" (e na qual teria, então, sobrevindo "sintaxe"?); mas teríamos, crer-se-ia, dificuldade em conduzir uma demonstração tão convincente a partir de partituras anteriores a essa famosa "inflexão"?

Bem, consideremos a *Sagração*, de cuja harmonia Boulez se livrou tão negligentemente! (Pois teria sido igualmente possível, não é mesmo?, descrever sua própria rítmica em termos de "ritmos tradicionais" somente mais ou menos "entortados", sobre os quais viriam apenas "enxertar-se" as síncopas, valores acrescentados e outros "expedientes", destinados a mascarar alguma "derrota" fundamental!). E, de passagem, recordemos o momento em que essa obra veio à luz, quando seu autor acabara de sair do colo de Rimsky-Korsakov ou, mais ainda, de Debussy! Do *Pássaro de Fogo* e mesmo de *Petruchka* à *Sagração*, que salto de gigante! Claro que havia outros, nesse momento, tomando decisões bem mais "radicais" e Stravinsky tinha, até certo ponto, conhecimento delas. Mas há coisas às quais ele teimosamente se atinha e às quais se prendeu por toda sua vida; o balanço que podemos fazer hoje não prova que ele tinha razão em não querer abandoná-las, mesmo se os outros que as abandonavam tinham razão, tinham *certas* razões, *suas* razões em abandoná-las?

Inútil dizer que realizar com mínima profundidade tal exame exigiria um espaço e um tempo ao menos tão consideráveis quanto aqueles dedicados aqui a *Agon* e por Boulez à rítmica da *Sagração*. Não é nosso caso aqui, e é preciso por ora que nos apressemos ao fim da presente exposição. Contentar-me-ei em apresentar alguns exemplos. Escolhi certamente entre os mais significativos possíveis, mas na prática não o seriam mais que *qualquer outra* passagem da obra stravinskiana; *todas* poderiam igualmente me servir. Pois essa obra também, na sua diversidade, evidencia uma coerência e uma unidade harmônicas notáveis, que repousa entre outras coisas sobre a aplicação de um *princípio central* (ou seja, geral) perfeitamente eficaz.

Mais que isso, essa consistência harmônica se mostra, a meio século de distância, extremamente próxima da de *Agon*. É bastante possível, então, que seu princípio reja *toda* a harmonia de Stravinsky, e tenha mesmo uma importância lingüística ainda mais geral. Sua atualização ser-nos-ia então extremamente preciosa, tanto para a compreensão e a apreciação da música do mestre russo, quanto para a de toda a música de seu tempo (ou seja, praticamente do século XX). Finalmente, ela nos ajudaria também na tomada em consideração e no ensaio de solução dos problemas que se nos colocam hoje e nos chamam a inventar a música de amanhã.

Apoteose de Rameau

Para começar, a *Introdução* da primeira parte, cuja trama temática sutil e viva Boulez analisa de maneira tão luminosa, sem contudo remeter à sua (consistente) natureza *harmônica* (vale lembrar aqui que essa noção não cobre apenas a dimensão "vertical", mas todas as relações de altura harmonicamente eficazes, mesmo em sua sucessão ou em grande escala[47]). Para que se compreenda minha ligação excepcional a esse exemplo, é bom que eu conte aqui uma experiência pessoal. No início dos anos 1960, eu começava a trabalhar em *Votre Faust* e empreendi (entre outras razões, por causa das exortações de Michel Butor) a reabertura de minha linguagem harmônica (até então exclusivamente cromática, à parte os *ruídos*, harmonicamente ainda mais neutros, da música eletrônica) a possibilidades mais diversas, compreendendo aí o diatonismo etc. Um dos primeiros meios de prospecção de que me servi foi um pequeno sistema (cíclico) que permitia passar do engendramento do total cromático pela seqüência de Semitons àquele que procede por uma seqüência de Quintas[48] (Exemplo 60).

Exemplo 60

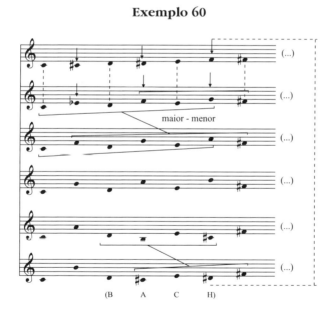

---

[47] Pousseur retoma, aqui, sua atual concepção de *harmonia* com o sentido de relações entre alturas, independentemente se se trata de alturas simultâneas ou sucessivas, tal como fizera anteriormente (no tópico I). (F.M.)

[48] Pousseur refere-se às *permutações seriais cíclicas*, tais como expostas em "Apoteose de Rameau". (F.M.)

Notaremos os "casos intermediários", em que a Terça menor, que se alterna com um ou outro dos intervalos inicialmente geradores, desempenha um papel mediador capital, e dos quais as progressões harmônicas clássicas fizeram um uso abundante, cortando-os, sobrepondo-os dois a dois (ou mesmo mais, com os ciclos originais): Exemplo 61.

Exemplo 61

É isso que permitiu, por exemplo, a utilização tonal de motivos cromáticos como o motivo-BACH (ver também Beethoven, *Variações Diabelli*, contra-sujeito da *Grande Fuga*, 32ª Variação). Qual não foi então minha surpresa e meu deslumbramento quando de repente dei-me conta (*Votre Faust* estava praticamente terminada, estávamos em 1966 ou 1967, e eu estudava a *Sagração* com meus alunos da Universidade de Buffalo) de que toda essa *Introdução*

poderia ter sido engendrada por esse sistema, como evidenciam alguns fragmentos particularmente demonstrativos: Exemplo 62.

Exemplo 62

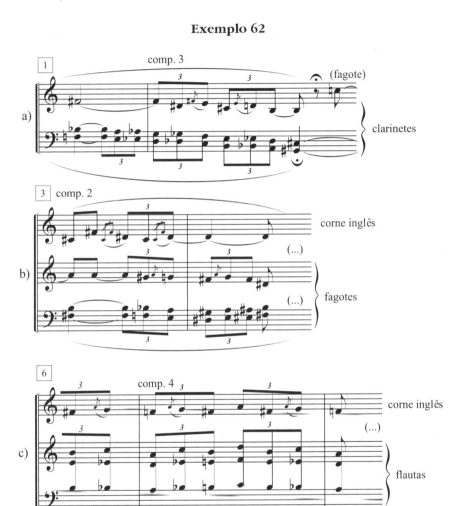

Se constatarmos que é próprio dos "ciclos intermediários" comportar dois dos hexacordes "maiores-menores" – alternando, segundo o grau em que se inicie, com figuras ou cromáticas (para um), ou diatônicas (para outro) – (Exemplo 60, colchetes – comparar também com o exemplo 56) –, não teremos nenhuma dificuldade em imputar a esse processo de geração os eventos que não parecem, de início, estar-lhe ligados tão diretamente (Exemplo 63).

Exemplo 63

O "maior-menor", do qual já vimos, a propósito de *Agon*, as múltiplas expressões e extensões possíveis, mostra-se então como a harmonia "média", "pivotante", dessa peça, ao redor da qual se oscila mais ou menos no sentido diatônico ou cromático. Podemos, aliás, considerá-lo como um dos principais "símbolos", como o *Dó maior* de toda a harmonia stravinskiana, e não é por acaso que isso salta tão freqüentemente aos olhos dos exegetas, mesmo se estes não lhe reconheçam o valor *funcional* que de fato tem, o qual já esboçamos aqui e que nos encarregaremos de ser ainda mais precisos em sua definição.

Claro que é característico dessas figuras que elas *parem* durante um tempo mais ou menos prolongado, graças a taxas elevadas de repetição, sobre porções mais ou menos estreitas dos diferentes ciclos. Mas isso apenas torna sua aplicação mais eficaz em um nível alto, e é preciso frisar que as distintas figuras seletivas são postas mutuamente em relação, sucessiva ou simultânea, por articulações de mesma natureza, seja porque as harmonias verticais resultantes são controladas "nota a nota" e submetidas a um regime de variação mais ou menos fino (Exemplo 62a, b, c), seja pela existência desse sistema de camadas momentaneamente separadas e imobilizadas que Boulez tão amargamente criticou (mesmo assim, sua aplicação nessa peça, por conta da maneira como ela evolui, demonstrou relativo charme a seus olhos), e que institui, numa espécie de "perspectiva egípcia" (presente em mais de um quadro de Klee!), um espaço de zonas a um só tempo distintas e, no entanto, fartamente comunicantes.

No exemplo 63b, temos um tipo de aglomerado (mais ou menos ritmi-camente iluminado[49]) que reaparece em vários pontos dessa partitura, sendo uma de suas constantes mais fiéis: dois acordes "de Sétima de dominante" (pela estrutura, não pela função!), tendo o Trítono em comum (verdadeiro *pivô*), são sobrepostos em planos (aqui, acordes de Mi e Si bemol), e formam uma harmonia complexa, multipolar (mas *não* onipolar, há "peso", notas mais ou menos privilegiadas[50]), isto é, um tipo de "politonalidade" bastante evoluída. O acréscimo, a partir da Quarta superior (Fá-Si bemol), de outras notas do ciclo de Quintas (Ré sustenido-Sol sustenido, enarmônicos de Mi bemol-Lá bemol, que aparecem, por exemplo, oitavados nas flautas a partir do compasso seguinte), assim como o emprego de figuras mistas como a do clarinete em Lá, baseada sobre duas Terças menores, cujo Si inferior dobra o dos baixos a distância de duas ou três oitavas, estabelecem toda sorte de "curtos-circuitos" bastante úteis e permitem (no nível dos automatismos per-ceptíveis) uma abundante circulação de energia relacional.

Aqui temos um pequeno exemplo em que formações verticais semelhan-tes, longe de permanecerem fixas, evoluem em progressão rápida (Exemplo 64). Neste caso, os dois acordes sobrepostos têm uma Terça menor em comum e há dois tipos de amálgamas (as fundamentais teóricas dos dois acordes amal-gamados estão a distância ou de Terça menor, ou de Trítono), o que resulta em algum "movimento contrário" e em intervalos "melódicos" distintos nas quatro vozes superiores, por um lado, e nas três inferiores, por outro.

---

49 *Ajouré* no original francês. (F.M.)

50 Curioso notar, aqui, que Pousseur distingue excepcionalmente *multipolaridade* de *onipolari-dade*, conceitos que, aplicados à harmonia weberniana e pós-weberniana, são sinônimos. No contexto stravinskiano, Pousseur associa a multipolaridade ao caráter essencialmente *politonal* de sua harmonia ou, melhor ainda, a uma politonalidade envolta a estruturas seriais. (F.M.)

Exemplo 64

É ainda um acorde análogo que constitui o "nó" em que convergem as duas camadas, bastante díspares, pelas quais começa a *Introdução* da 2ª parte (Exemplo 65). Estas, notemos, são muito menos separadas nos registros e interferem profundamente entre si, mesmo desse ponto de vista, o que aumenta muito a *névoa*, essa espécie de obscurecimento mútuo que elas sofrem (e que não me parece de modo algum poder ser reduzido a um fenômeno de "alteração ou de passagem": falta a *sucessividade* resolutiva!; tenho muito mais a impressão, ao menos no início do fenômeno, de um *timbre* complexo, por exemplo, do ataque de um grande tam-tam metálico). O acorde em que as duas camadas convergem, e que é menos simples que cada uma delas (elas precisavam ser simples para poder opor-se tão radicalmente), constitui uma verdadeira *mediação* por conta dos parentescos (aliás complexos, dada sua própria complexidade) que ele estabelece com cada uma. Uma verdadeira estrutura maior-menor (de Si bemol) recobre a sobreposição imbricada das duas "Sétimas de dominante" (sempre agrupadas em torno do Trítono Sol sustenido-Ré). Note-se o pequeno acorde de Mi menor no agudo, que fecha o compasso e reconduz ao estado contraditório inicial.

Exemplo 65

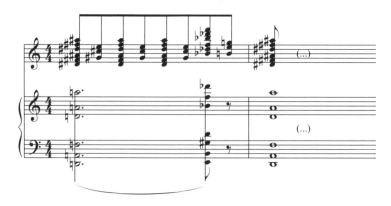

Este, apesar de sua dinâmica bastante suave, e por causa de sua estrutura harmônica perturbadora, é certamente um dos momentos mais opacos, mais "ruidosos" de toda a partitura. Na outra extremidade da paleta acústica, a *Évocation des Ancêtres* parece uma consonância total, com grandes dobramentos em Oitava de acordes perfeitos sucessivamente maiores e menores (a sucessão Dominante-Tônica sendo, no entanto, entravada pela ordem modal dos acordes), acordes que colorem apenas ligeiramente algumas notas-pedais ou alguma "Sexta acrescentada". Contudo, não se pode esquecer que todas essas estruturas "em Dó maior" (com sétimo grau abaixado) repousam sobre um pedal implacável de Ré sustenido (enarmonia de Mi bemol, Mediante menor do modo e sobretudo de seu acorde principal), e que esse pedal é periodicamente introduzido por uma pequena figura melódica ainda mais estranha à estrutura modal das partes superiores: Exemplo 66. (De passagem, sugiro um olhar sobre a pequena degringolada dos fagotes com a qual a peça conclui, ligando-a à peça seguinte e definindo uma rotação harmônica bastante sutil: Exemplo 67.)

Exemplo 66

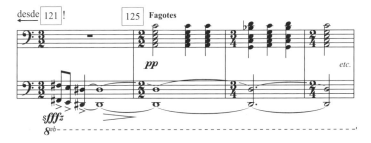

Exemplo 67

Uma primeira definição do princípio geral dessa harmonia parece bem poder ser a coexistência permanente de consonâncias simples, polarizadoras, e de relações mais complexas, que vêm "inflectir" o espaço harmônico e lhe conferir uma verdadeira "curvatura" (ou em todo caso uma estrutura vetorial de ângulos variáveis). Consonâncias e dissonâncias não são aqui postas em relação de *subordinação*, em que as últimas resolvem-se, como na música "clássica", nas primeiras e apenas dessa subordinação tiram um valor. Elas contribuem, ao contrário, ambas a igual título, à constituição de um espaço complexo, cujas *tensões*, longe de serem continuamente *reabsorvidas* (como tendem ainda a ser em Schoenberg, mesmo que apenas em virtude de sua fraseologia), são obstinada e rigorosamente *mantidas* (e às quais até mesmo as polarizações, por conta de seus antagonismos equilibrados, são capazes de concorrer).

Os grandes "intervalos" (harmônicos) complexos, constitutivos desse espaço (por exemplo, entre diferentes *estados* mais ou menos imobilizados – é raro que o sejam totalmente), desdobram-se tanto na sucessividade quanto na simultaneidade, seus termos se revezam (ou se "entelham") em velocidades bastante variáveis, ou interferindo-se mutuamente de maneira mais ou menos profunda, ou, ao contrário, opondo-se uns aos outros de maneira diversamente abrupta. Em todo caso, o mais comum é que os *deslocamentos*[51] por eles definidos, sendo o objeto mesmo de toda essa arquitetura e do interesse que nossa percepção ativa pode conferir-lhe, são sempre cuidadosamente *preservados*, tanto nesse plano macroscópico como no nível das relações mais elementares (donde a freqüência bastante baixa dos desenvolvimentos contínuos, que Boulez – o que prova sua atenção à primeira *Introduction*, e contrariamente ao que se passa em muitas de suas obras, como vimos a propósito de *Le Marteau sans Maître* – queria exclusivamente privilegiar).

Apesar das enormes diferenças exteriores, é, afinal de contas, de Webern, do Webern da maturidade (definitivamente liberto das *passagens insensíveis* entre o som e o silêncio de que consistia a música de sua primeira fase), de um Webern com quem ele praticamente não pode mais ter contato, mesmo que indireto, quando este ainda era vivo, que Stravinsky, em profundidade, encontra-se mais próximo; não é de se espantar que ele tenha podido finalmente reconhecer seu gênio de maneira tão brilhante e acolher sua lição com tanto proveito (tomara que possamos preservar até uma idade dessas tal capacidade de aprendizagem!)

Se Webern é um pouco o *Ícaro vitorioso*[52] da música moderna, aquele que primeiro soube se liberar radicalmente do peso da harmonia "terrestre", desviando contra ela as energias que, até então, acreditávamos ser ela a única capaz de explorar, e se sua música permaneceu suspensa em um tipo exemplar, ainda que bem ascético, de crucifixão (a escolha de seus textos não corroboraria com tal identificação "heróica"?), Stravinsky seria efetivamente aquele que, tendo igualmente descoberto certas possibilidades inéditas do espaço (mesmo "gravitante"), pôs-se a explorá-las em suas perspectivas mais amplamente habitáveis, esforçando-se por preparar as mais vastas regiões a uma vida humana de certo modo cotidiana e popular (uma vez que cortara

---

51 *Écarts* no original francês. (F.M.)

52 Sobre a obsessão de Pousseur pelo mito de Ícaro, ver o tópico "A Utopia e a Obsessão por Ícaro e Mnemósine" de meu texto "Nosso Rameau", que abre o presente volume. (F.M.)

muito menos as amarras). Dois últimos exemplos devem mostrar o caráter insubstituivelmente *prospectivo* dessa pesquisa, ainda para a atualidade.

Um fenômeno que parece incomodar muito a Boulez são as "séries de Terças paralelas..., acompanhadas de igual paralelismo em Terças ou Sextas, das quais ora a nota inferior, ora a superior, é elevada em um Semitom". Mesmo na *Sagração*, passagens dessa espécie, por exemplo, no *Jeu du Rapt* ou no *Jeu des Cités Rivales* (das quais conhecemos, entretanto, a eficácia musical, e isso particularmente *quando Boulez dirige a execução*), não parecem de modo algum satisfazê-lo (Exemplo 68a). No entanto, tudo isso é bem mais lógico, bem mais original (mesmo "segundo Boulez"), bem mais carregado de porvir, do que possa parecer!

Exemplo 68

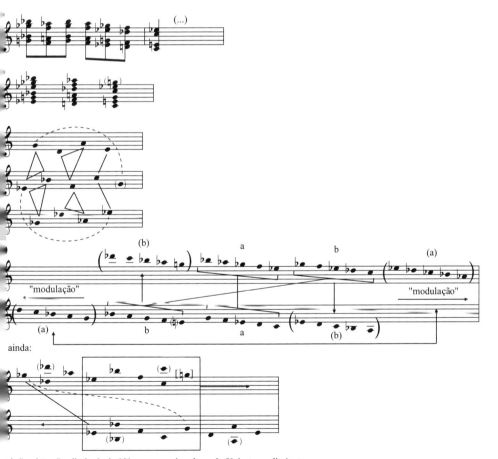

ainda:

ois "registros" a distância de 10ª menor, explorados pela 8ª, justa ou diminuta, que resultam as 3ᵃˢ, maiores e menores, e as 6ᵃˢ.

Já o paralelismo *rigoroso* das partes internas por um lado (Sextas sempre menores) e externas por outro (Décimas sempre menores) deveria colocarnos a pulga atrás da orelha! Se examinarmos as sobreposições resultantes de Oitavas, Quintas e Terças diversas (Exemplo 68b), constataremos inicialmente fenômenos bem próximos de várias coisas encontradas em *Agon* (nos Exemplos 50 e 51, entre outros). Uma análise dessa estrutura pelo ciclo de Quintas (desdobrado sobre si mesmo em fragmentos que se encontram entre si a distância de Terça: Exemplo 68c) já nos revela melhor sua lógica interna (maior-menor em sentido amplo: siga o movimento do texto musical propriamente dito nessa rede[53]!). Enfim, a redução do todo a uma estrutura escalar (complexa e disposta no registro, note-se bem: Exemplo 68d) revelanos mais claramente sua própria natureza: temos escalas ou fragmentos de escalas (aos quais poderíamos dar prosseguimento, como nos sugere aqui o texto, reproduzindo-se *em outros intervalos que não a Oitava*).

Como isso não é somente o resultado de uma modulação *sucessiva*, mas coexiste antes na estabilidade simultânea (ou mesmo "atemporal"[54]), não estaríamos diante de um universo harmônico total tendo "um (ou uns) intervalo(s) de definição diferente(s) da Oitava" (sou eu quem sugere o plural), tal como Boulez escreve sobre Edgar Varèse, felicitando-o por isso (*Relevés d'Apprenti*, p.229[55])? Tal espaço não foi, no entanto, desenvolvido arbitrariamente, ou de maneira puramente intelectual, mas sim a partir de certas possibilidades concretas daquilo que Webern chamava de "natureza do som". As Oitavas que *resultam* de sua geração estratificada adquirem então uma natureza (uma função) totalmente diferente daquela que lhes é conferida quando *reinam* sobre o espaço acústico como mestras absolutas.

Mesmo quando exprimimos nesse tipo de escalas (como é o caso aqui, mas como evidentemente não é sempre e obrigatoriamente o caso) as estruturas mais paralelas e oitavantes possíveis, utilizando, entretanto, apenas os graus disponíveis da escala (donde as ditas notas "evitadas"), chegamos a desviá-las de seu poder subordinador e integrá-las numa hierarquia diferente, que elas contribuem evidentemente a colorir. (Faça-se então uma experiência: restabeleçam-se essas pretensas "falsas notas" e veremos como *tudo* muda, e não para melhor!). O "ouvido", com efeito, se dá conta perfeitamente de que as duas notas constitutivas de tais Oitavas têm *funções diversas*, em razão de sua inserção distinta no contexto escalar ao qual pertencem.

---

53 Saliente-se aqui, mais uma vez, o emprego na noção de *rede*. (F.M.)

54 "*Hors-temps*" no original francês. (F.M.)

55 Cf. Boulez, P. "Tendências da música recente". In: Boulez, P. *Apontamentos de aprendiz*, op. cit., p.206. (F.M.)

Apoteose de Rameau

Tais passagens fazem-nos então progredir consideravelmente em relação às escalas sempre definidas no interior da Oitava: gama cromática, *modos* de Messiaen (que se pode, no entanto, como *Agon* o prova, desdobrar das maneiras as mais diversas, não simplesmente oitavantes: ver Exemplo 28) etc. Para que fossem eficazes, sua simplicidade melódica era provavelmente indispensável, ao menos momentaneamente (vimos que a oposição de estruturas melódicas mais ou menos fáceis de perceber e reproduzir seguirá sendo uma das constantes, como em *Agon*: as estruturas mais simples não desempenham aí um papel eminentemente *pedagógico?*).

Evocamos o *modo II*; já sabemos que, sendo um dos modos de expansão do acorde maior-menor, ele pode ser considerado um dos fenômenos-"pivô" do novo espaço harmônico. Já o encontramos efetivamente na *Sagração*,[56] como provará nosso último exemplo.

Este provém da prodigiosa *Danse Sacrale*. Para começar, recordemos a taxa bem elevada de cromatismo que ela evidencia desde o início. As Oitavas, Quintas e outros agregados consonantes aí encontrados são (nas relações harmônicas) tão distantes entre si – sendo acompanhadas por freqüências "complementares" (nesse caso, é preciso dizer: "contraditórias") –, tão próximas (no registro) e portanto tão eficazes (suas periodicidades têm proporções numéricas tão complexas e tão profundamente interferentes), que lidamos com "blocos" de sonoridade dificilmente analisáveis pelo ouvido em todos os seus detalhes (mesmo se certas freqüências dominantes emergem) e evoluímos decisivamente em direção ao *ruído*.

Gostaria de escolher um exemplo aparentado ao começo, entretanto mais tardio, pertencente ao que Boulez chama de *Coda* dessa dança (Exemplo 69). Como provam a segunda parte do exemplo e também muitos outros (praticamente todos os outros) casos dessa espécie, podemos interpretar os aglomerados das trompas na primeira parte como "acordes de Sétima de Dominante" incompletos, sobre as fundamentais Fá sustenido-Lá-Mi bemol-Fá sustenido (cadeia de Terças menores), ou seja, tendo (como aparece claramente na segunda parte do Exemplo) uma Terça menor ou um Trítono em comum, sempre situados no mesmo registro (mas nem sempre no mesmo instrumento). Algumas partes horizontais constitutivas (reais ou distribuídas entre vários instrumentos, por conta de seus cruzamentos)

---

56 Antes ainda da *Sagração da Primavera* (1911-1913), o *modo II* de Messiaen pode já ser encontrado em *Scherzo Fantastique* (1907-1908) ou em *Petrushka* (1910-1911), como bem aponta Roman Vlad (cf. Vlad, R. *Stravinsky*. London: Oxford University Press, 1971, p.8). (F.M.)

têm então uma estrutura de *modo II*, seja puramente escalar (trompas 1 e 2 na segunda parte do Exemplo), seja por fragmentos da cadeia de acordes maiores-menores (trompas 3 e 4): alternância de Semitons ascendentes e Terças maiores descendentes.

Exemplo 69

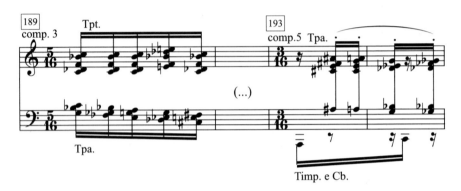

Esses acordes se sobrepõem, por um lado, a um aglomerado dissonante, por si só (acordes de Si bemol menor e Terça maior "cromática": Dó-Mi) e em relação a eles (mas com certas oitavas "enganchadas"[57]), e, por outro lado, à Terça menor em ostinato dos baixos Lá-Dó, notas estas que *não* se avizinham diretamente dos acordes de mesma fundamental (nos dois primeiros "refrões", essa Terça situa-se respectivamente sobre Ré e Dó sustenido). Onde estão aqui (e no restante da obra!) as funções "de Dominante e de Subdominante", e em torno de qual verdadeira "Tônica"? Não se vê que os "pólos" são *intencionais*, *construídos* de certo modo *contra* a fusão global e *com o intuito de clarificar* (são operadores *míticos*); enquanto na tonalidade clássica eles eram muito mais passivamente *aceitos* (mas também *desejados*, claro; ilusoriamente, eles estabeleciam a primazia do *eu* sobre o mundo)?

Em razão das notas comuns, tais acordes encadeados fazem-nos pensar em certas estruturas de Debussy (por exemplo, em *Fêtes*, no nº 2 e com outras diversas reaparições, com seqüência de acordes perfeitos encadeando-se *segundo o 3º ciclo*, descendente, do nosso Exemplo 60, mas em que se escondem – como Nicolas Ruwet nos fez perceber – duas gamas cromáticas descendentes a distância de Terça menor: Exemplo 70).

---

57 *Octaves "crochets"* no original francês. (F.M.)

Exemplo 70

Em Stravinsky, os aglomerados tornaram-se consideravelmente mais espessos e, por causa do abundante cromatismo vertical *e horizontal*, a taxa de "materialidade" também aumentou consideravelmente. Por exemplo, podemos estar seguros de que, em razão dessas numerosas interferências e dos *sons de combinações* por elas produzidos, tais estruturas fornecem ao ouvido (acumuladas em massas que dificilmente são penetráveis) toda sorte de fenômenos *não-temperados* e *não-redutíveis unicamente aos primeiros harmônicos utilizados pela música tonal* (2-3-5). Acredito, aliás, que já os paralelismos de "acordes de Sétima de Dominante" (privados portanto de toda função atrativa clássica), freqüentemente utilizados por Debussy, fazem que tais acordes sejam interpretados como "misturas" incluindo o harmônico 7.

Em *Agon*, uma vez comparado a Debussy, trata-se obviamente bem menos de uma *densificação* (ao menos material, pois a harmonia permanece em alguns momentos bem mais "perturbadora") que de uma *depuração* – e também de uma *condensação* temporal. Sabemos qual outro músico serviu de modelo a essa diferença de postura. Mas não se escreveu que, "com efeito, Debussy é o único que podemos aproximar de Webern" (*Relevés d'Apprenti*, p. 273[58])? E essa depuração não se teria realizado, em Stravinsky, logo após a *Sagração*, ou seja, a partir do momento em que, tendo aproveitado as densidades materiais da música sinfônica "*fin de siècle*", ele se viu capaz de liberar sua linguagem harmônica em toda sua originalidade e coerência?

Uma obra como as *Sinfonias para Instrumentos de Sopro*, comovente dedicatória póstuma ao autor de *Pelléas et Mélisande*,[59] não seria já extremamente próxima de *Agon* e mesmo, em profundidade (por sua poética, ou seja, também por certos aspectos da *escritura*), de Webern? Impressionante diálogo criador, com continuidade até mesmo na consciência de músicos mais jovens! No intervalo entre as duas obras, entre as duas personalidades que talvez mais o tenham fascinado,[60] Stravinsky teria "concebido (como escreve André Souris) e realizado o projeto paradoxal de recuperar, no passado da música

---

58 Cf. Boulez, P. "Incipit". In: Boulez, P. op. cit., p.247. (F.M.)
59 Stravinsky concebera suas *Symphonies d'Instruments à Vent* (1920) a partir de um coral escrito em 1918 como homenagem póstuma a Debussy. (F.M.)
60 Pousseur refere-se, obviamente, a Claude Debussy e Anton Webern. (F.M.)

europeia, os materiais que haviam servido de apoio à retórica clássica, a fim de reconduzi-los, de certa maneira, a um estado selvagem".[61]

Sempre me pareceu que havia uma ligação bastante profunda entre a música da *Sagração* e o *argumento* que foi seu ponto de partida, no qual Stravinsky tinha-se esforçado e conseguido exprimir bem profundamente esse diálogo entre uma tribo "primitiva" e a natureza mítica que a circunda. Acreditei mesmo, por vezes, poder interpretar dessa maneira o relativo dualismo dessa partitura, ou seja, a oposição de melodias "arcaizantes", representando uma humanidade ainda pouco evoluída (do ponto de vista de nossa civilização racional e tecnológica) e as enormes massas sonoras opacas e agressivas que as enquadram como uma vasta percussão (ou, segundo Boulez, aquela oposição entre "certo diatonismo horizontal e um cromatismo vertical").

Mas já no início de uma análise ainda bem superficial, vemos que, como sugere o texto de Boulez ("... sem excluir a disposição contrária"), as coisas estão longe de ser simplesmente opostas, pois que o dito povo estabelece com essa natureza uma relação de extrema proximidade e mesmo familiaridade (o que, como todos sabem, não impede evidentemente que haja nem antagonismos, nem agressões, aliás bilaterais!): as melodias "folclorizantes" mostram-se capazes de bifurcações, inserções e distorções múltiplas, enquanto as massas verticais mostram-se compostas, em última instância para a escuta – e mesmo em seus estados mais impenetráveis –, de estruturas tão elementares quanto as melodias, eventualmente em estado bem mais selvagem – ou seja, ao mesmo tempo mais complexo e ordenado de maneira menos simples, menos domesticada. Há, então, para a humanidade assim representada, a possibilidade não só de *se alimentar* da dita natureza, mas também de *agir* sobre ela, e, por seu trabalho atentamente transformador, de fazê-la produzir, sem necessariamente dilapidá-la, todo tipo de riquezas as mais úteis (para os dois lados envolvidos, pois sem isso elas permaneceriam puramente *latentes*).

Na Abertura de seu livro *O cru e o cozido*,[62] Claude Lévi-Strauss sugere considerar as partituras de Wagner como verdadeiras *análises estruturais dos mitos*. Não se poderia dizer o mesmo, e com muito mais verdade, sobre uma obra como a *Sagração da Primavera?* O vocabulário musical ainda amplamente idealista utilizado por Wagner o fez descrever antes de tudo (e *dando*-lhe muito utilmente *forma*) a representação (certamente bem "intrincada" e bastante interessante) que a sociedade burguesa de seu tempo podia ter das antigas lendas germânicas, a *significação* que estas podiam ter para essa sociedade. Ele liberou, talvez antes de tudo, conteúdos muito mais especifi-

---

61 *Revue Belge de Musicologie*, tomo XVI (1962), fascículos 1-4, p.56. (N. do A.)

62 Lévi-Strauss assevera que "devemos reconhecer em Wagner o pai irrecusável da análise estrutural dos mitos" (Lévi-Strauss, C. *O cru e o cozido*. São Paulo: Cosac & Naify, 2004, p.34). (F.M.)

Apoteose de Rameau

camente próprios aos problemas profundos dessa sociedade, conteúdos que essa mitologia lhe permitiu fazer aparecer em toda luz sem infringir muito diretamente os tabus ainda ativos da conveniência social.

Em virtude de sua acústica muito mais selvagem (claro que controlada, mas de maneira muito mais mágica que racionalmente científica, quase à maneira de um aprendiz de feiticeiro), Stravinsky nos oferece uma representação (uma manifestação) bem mais imediata do *mundo material* e de nossos diversos modos de inserção nele. Estando, aliás, diretamente em contato (ao menos *musical*) com uma parte da classe trabalhadora russa (os camponeses, cuja cultura tradicional é de constituição bem anterior ao reino da burguesia ocidental, ou seja, do grupo social que produziu nossa música "clássica"), pode dar-nos (no interior de um de nossos próprios "espaços de representação": o concerto sinfônico) a imagem de uma organização bastante antiga da relação natureza-cultura (seria preciso fazer uma análise mitológica aprofundada do sistema dos *títulos* das distintas peças da obra, das músicas que estes encobrem e das relações que existem entre ambos). Ao mesmo tempo (os mitos sendo precisamente aquilo que deve ser continuamente reatualizado e reinterpretado), ele pode propor-nos uma reflexão bastante sensível sobre nossa própria *práxis*, uma experimentação bastante concreta das relações de nossas estruturas mentais coletivas com as estruturas da realidade mais autônoma. Assim é que contribui substancialmente, no nível – por demais negligenciado – da *imaginação*, a elaborar as questões amplamente "morais" e "políticas" que se nos colocam.[63]

IX

Seria ainda preciso provar se a coincidência que descobrimos a um intervalo de 50 anos é igualmente válida para toda a obra de Stravinsky, se toda sua produção se liga a isso de uma maneira ou de outra. Por exemplo, as obras de seu período dito "neoclássico", no qual com freqüência ressalta preponderantemente o lado consonante – embora o princípio da *tensão mantida* me pareça, todavia, sempre preservado –, e aquelas de seu período mais recente, serial, que acentuam evidentemente o lado cromático e combinatório – sem que, no entanto, as fórmulas relativamente lineares, por um lado, e as Oitavas e outras disposições "gravitacionais", por outro, jamais sejam completamente expurgadas! Deixemos isso a outros, ou a outra oportunidade, esperando que as realidades sobre as quais dirigimos nossa atenção ao longo dessas páginas possam servir, senão de guia, ao menos de auxiliar no prosseguimento de tal investigação.

---

63 Cf. Pousseur, H. *Fragments Théoriques I sur la Musique Expérimentale*. Bruxelles: Éditions de l'Institut de Sociologie, Université Libre de Bruxelles, 1970, p.91-3. (N. do A.)

Seria preciso também mostrar que o "princípio" manifestado na obra de Stravinsky talvez seja o mais geral elemento organizador, tendendo (de maneira mais ou menos pura e mais ou menos vigorosa) a se definir por meio de *toda a pesquisa musical moderna* e suscitando tudo o que ela produziu de mais válido.

Seria preciso mostrar, por exemplo, que o conceito de "tensão mantida" teria sido já largamente responsável pelas organizações mais originais de Debussy (para citarmos um caso simples: a estrutura suspensa de *Nuages* para orquestra é inteiramente centrada sobre uma dupla polarização de Sol e Si, de modo que todas as formações, mesmo as mais divergentes, venham organicamente enxertar-se no *modo II* que contém essa Terça maior, enquanto *Fêtes* desenvolve as matrizes definidas dessa maneira numa dimensão espacial multiplicada).

Seria preciso mostrar que já Scriabin havia feito um uso abundante, por exemplo, em suas últimas *Sonatas* para piano, de sistemas de geração baseados sobre os *ciclos cromáticos curtos* (cadeia de Terças maiores ou menores etc., que distribuem evidentemente figuras mais complexas). Seria preciso mostrar, ainda, que Bartók já havia cuidadosamente estudado, entre outras coisas, sistemas de homotetia entre grupos pertencentes a distintas escalas de natureza harmônica díspar, e que Messiaen colocou algumas balizas não-negligenciáveis nas vias de uma definição teórica generalizada disso tudo.

Seria preciso também aplicar-nos em descobrir em que medida as aquisições de um Schoenberg e de um Berg, talvez considerados a distância dos preceitos da ortodoxia dodecafônica e mesmo atonal, e abstração feita de sua estética pós-romântica, ou seja, ainda amplamente idealista, vêm infirmar ou confirmar, ou mesmo eventualmente *nutrir* as definições gerais que acreditamos ter podido propor.

"Quanto a Webern"... (*da capo*).

E quanto a saber em que medida tais definições ainda podem ser empregadas hoje, guiando-nos em nossa pesquisa de uma música superiormente "útil" (da qual sem dúvida não podemos esperar a aparição "distendida" antes que exista sobre este planeta um estado bem melhor das relações humanas; mas quem sabe se sua busca bem compreendida não poderá contribuir um tanto, ainda que pouco, a apressar essa mutação?), cabe realmente a cada um decidir, pois que não há mais aqui prova suscetível de nos liberar de uma escolha fundamental; é preciso, pois, apostar e se engajar na direção que melhor nos convença de sua justiça.

Para mim, no decurso dos dez últimos anos, o exemplo de Stravinsky não cessou de tornar-se cada vez mais importante. Quando comecei a trabalhar em *Votre Faust* – e eu me perguntava com alguma apreensão como iria encontrar uma saída aos problemas que me havia colocado –, tive a oportunidade de ouvir *Agon*, regido por André Souris (mas não de lê-la, muito menos de ana-

Apoteose de Rameau

lisá-la; só faria isso bem mais tarde, em Buffalo, com a *Sagração* e, aliás, as *Variações Op 30* de Webern). Essa escuta foi para mim uma grande iluminação e um grande apoio. E na ocasião em que Pierre Souvtchinsky, em 1962, me pediu que escrevesse algumas palavras a Stravinsky para seu 80º aniversário, tive também a audácia de redigir o seguinte poema:

VOTO

Igor Stravinsky!
Tu és pedra.
Pedra no meio do caminho.
Pedra na qual tropeçávamos outrora,
Na qual tropeçamos ainda hoje,
Ao entrar em composição musical.
Pavimento,
Seixo,
Gema,
Que faz brilhar de um fogo novo
Cada hora,
Cada dia,
Cada estação da vida.
Rochedo,
A emergir desde sempre,
Os efeitos do tempo
Em ti revelaram cavidades fabulosas.
Bloco de granito,
Que consomem os sóis que afronta,
Mas sempre renascente.
Igor Stravinsky!
Depois de cinco vezes dezesseis anos,
Depois dessa infatigável adolescência
Repetida às dimensões da infância,
O que a ti desejamos,
O que te pedimos,
(como pedem os amantes o que sabem não lhes poder ser negado),
É ser,
Ainda e sempre
(e com algum brilho suplementar que possam arrancar de ti
as técnicas,
as máquinas,
as furadeiras[64] mais perfeitas),
Inalteravelmente mineral.

---

64 *Marteaux-perforateurs* no original francês. Pousseur faz provável alusão a Boulez, através do título de sua obra capital *Le Marteau sans Maître*. (F.M.)

Igor Stravinsky!
Pedimos porque temos disso necessidade,[65]
Tal qual esse pão
De que se fazem as casas das fadas:
Permaneça pétreo[66]!
E sobre esta pedra poremos abaixo nossa igreja.

Que é necessário acrescentar hoje?

Acima de tudo isso (para parafrasear ainda uma vez, mas invertendo dupla-mente, uma fala de "Pedro" Boulez, que, creio eu, aliás, ama suficientemente a música de Stravinsky, e que havia atado com o homem uma amizade sufi-cientemente profunda para poder aceitar sem animosidade minha polêmica, e para poder considerar meus argumentos a sangue frio):

Graças à inesgotável herança musical que nos lega,
e apesar do amargor que nos deixa sua partida,
interrompendo arbitrariamente uma curva espiritual sem desfalecimento
e colocando-nos desde então na impossibilidade de dialogar a viva voz,
não somente "Stravinsky permanece" (pétreo),
mas
afirmemo-lo
(como para Webern)
com a tranqüilidade daqueles cujos olhos viram e os ouvidos ouviram:[67]
STRAVINSKY ESTÁ VIVO.[68]

Abril de 1971

---

65 Cf. a citação inicial de Debussy ao início do presente ensaio. (F.M.)

66 Nestes dois últimos versos, Pousseur utiliza por duas vezes a palavra *pierre* (pedra), e o indi-cativo *demeurez* (permaneça) fornece a chave da questão: refere-se, também aqui, a Pierre Boulez, com quem polemiza sobre Stravinsky, e de quem cita o artigo sobre a *Sagração da Primavera* intitulado "Stravinsky demeure" ("Stravinsky permanece"). (F.M.)

67 Aqui, Pousseur responde às críticas de Luciano Berio acerca da estréia de *Votre Faust* em Milão, publicadas pela primeira vez em 1969, quando o compositor italiano, tecendo comentários sobre o novo teatro musical que defenderia e criticando Michel Butor e o texto na ópera de Pousseur, afirma que este deveria "se corrigir na base de motivações significativas para quem sabe também olhar com os ouvidos e ouvir com os olhos" (Berio, L. "Notre Faust". In: *Con-trechamps No 1 – Luciano Berio*. Lausanne: Éditions l'Age d'Homme, setembro de 1983, p.56). (Para detalhes dessas referências, ver meu texto "Nosso Rameau" no início deste volume.) (F.M.)

68 A paráfrase duplamente invertida refere-se ao famoso texto de 1952 de Boulez não sobre Stravinsky, mas sobre Schoenberg, intitulado "Schoenberg est mort" ("Schoenberg está morto" – cf. Boulez, P. *Relevés d'Apprenti*, op. cit., p.265-72; em português [traduzido como "Morreu Schoenberg"]: Boulez, P. *Apontamentos de aprendiz*, op. cit., p.239-45). (F.M.)

Apêndice

Agon ou a Geometria do Puro Amor

Escrita nos anos 1950, na charneira da conversão stravinskiana às técnicas seriais, *Agon* tem a reputação de ser um balé abstrato, desnudado de qualquer argumento narrativo. Ora, analisando de perto, não é nada disso! De um modo por certo extremamente formalizado, comparável a uma equação algébrica que age sobre os materiais musicais mais autônomos possíveis, essa obra não apenas conta uma história, melhor: é uma história de amor – mas de um amor extremamente depurado.

Recordemos a relação viceral, sem dúvida alguma congênita, de Stravinsky com a dança! Desde seus primeiros balés para Diaghilev, e sobretudo com *A Sagração da Primavera*, ele aprofundou essa relação (de origem amplamente rural) em direção a dimensões pré-históricas e mesmo telúricas. (Quando, bem mais tarde, ele rejeitar a função expressiva da música, será pensando na sentimentalidade egocêntrica dos sub-românticos; porém, é evidente que suas obras também descrevem e exprimem, mas reportam-se, de preferência, a alguma realidade de ordem cosmológica.)

As exigências imagéticas da produção de balés (e de outras formas de teatro igualmente não-naturalistas, ou distanciadas da grande ópera, como o teatro de feira ou mais tarde a cantata) o impelirão e ajudarão a multiplicar suas explorações materiais culturais os mais diversos (a partir das profundezas primitivas do campesinato russo), entre outros, em nosso passado musicológico, que, se não lhe era totalmente familiar, lhe será revelado por uma insaciável curiosidade – e pelos acasos do "mercado": de Tchaikovsky a Machaut, da liturgia ortodoxa a Pergolesi, do jazz ou da música de cervejaria às "dancinhas" da Renascença etc.

De maneira que ao final ele terá à sua disposição uma paleta bastante extensa – para fins certamente pessoais (se nos é permitido dizê-lo, ditados ao menos pela necessidade de sua vocação bastante concreta, tal como talvez lhe inspire, por meio de um crescente "sentido do sagrado", uma reivindicação propriamente "tribal") –, um arsenal cada vez mais exaustivo à medida que ele avança em experiência. Isso impede categoricamente qualquer classificação sob uma etiqueta "neoclássica".

Sua marca estilística fortemente individualizada, imediatamente reconhecível em todas as circunstâncias, garante sem dúvida a integração dessa coleção heterogênea. Mas ele parece estar sempre à pesquisa do denominador comum que a extrema diversidade de suas fontes pressupõe, de um catalizador mais confiável, mais potente (mais aberto e representativo, mas numa concentração extrema) do que o que alguns consideram como seus maneirismos – ele sabe no entanto que estes escondem ou incluem um gérmen de unidade superior que deve ainda chegar a extrair e definir.

É então por intermédio, entre outros, de seu secretário Robert Craft, também regente (que publica a primeira caixa de LPs consagrada às obras – quase – "completas" de Anton Webern[1]), que ele descobre a criação musical do mais inovador dos "clássicos vienenses do século XX", e recebe então um impacto realmente tremendo (mas não nos esqueçamos de que também assiste, em 1955 em Donaueschingen, à estréia de *Le Marteau sans Maître* de Boulez e fica vivamente impressionado).

Se ele tinha, antes mesmo da guerra de 1914, sido impactado e mesmo um pouco influenciado pela estética do *Pierrot Lunaire*, não podemos dizer que sua relação com Schoenberg tenha sido particularmente cordial (ambos exilados, no final de suas vidas, na aglomeração de Los Angeles, não se encontraram nem uma única vez!). Alguns discípulos mais doutrinários que músicos certamente contribuíram para intensificar a inimizade, mas suas sensibilidades também teriam sido muito dificilmente compatíveis!

Já com Webern (morto por uma bala norte-americana "perdida" em 1945, e para quem ele escreverá, em 1955, um texto de homenagem de uma inimitável e soberana modéstia, ao mesmo tempo que de uma exatidão de avaliação sem igual), a coisa é radicalmente diferente. Lá aonde chegou, encontra finalmente

---

1 Robert Craft grava a obra (quase) completa de Webern no início de 1957, mas introduz a obra de Webern a Stravinsky já por volta de 1951-1952 (cf. a esse respeito Eric Walter White, op. cit., p.130 e 138). (F.M.)

um irmão; quase, de certos pontos de vista, um mestre (mas, naturalmente, isso teria sido recíproco): aquele que, tanto por sua clarividência quanto por sua tenacidade, pôde fazer emergir o estado mais condensado e mais puro daquilo que ele mesmo buscava tão apaixonadamente, por meio de seu consumo de (quase) todas as músicas conhecidas.

* * *

Ele acabara de escrever, em 1953, uma pequena fanfarra para três trompetes (e harpa), paródia amorosa de uma Idade Média que poderia situar-se nas vagas cercanias de um mítico século XIV. Retrabalhando-a no sentido de um enriquecimento harmônico e orquestral inaudito, fará dela um trampolim para uma das aventuras mais extraordinárias de sua carreira, mas também sem dúvida de toda a História da Música – e que o ocupará durante quatro anos.

Doze dançarinos, quatro homens e oito mulheres (o que já não é dramaturgicamente indiferente), vão, como as notas de uma série dodecafônica, organizar-se em "grupos", "segmentos" ou "constelações" (terminologia técnica ou poética utilizada para analisar essa música) de quatro, três ou duas pessoas, que se disporão, simultânea ou sucessivamente, segundo um roteiro afinal de contas bastante evidente, no espaço-tempo deleitável que a partitura desdobra.

Após uma seção de introdução gradual dos protagonistas, aberta pela fanfarra (e da qual encontraremos a simetria no fim da obra, dessa vez terminada por essa peça focal, mas seguindo um caminho e assumindo um papel global fatalmente diferente), há três grandes partes, cada qual seguida de diversas peças em certa medida contrastantes.

As duas primeiras, *Pas-de-Trois* de estruturas inversas (1 homem e 2 mulheres; 1 mulher e 2 homens), avançam através de um "prisma serial" mais ou menos ativo na evocação dos estilos antigos, musicais e coreográficos, mais caros ao músico.

Contudo, sob esses tratamentos em que com freqüência age uma terna ironia, desponta cada vez mais com mais clareza o que irá irromper, praticamente inalterado, no terceiro grande período, isto é, a linguagem tão característica (sobretudo na época), e tão afetuosamente imitada, do mestre de *Das Augenlicht*. Aliás, uma série autêntica, aquela das *Variações para Orquestra Op 30* (muito levemente alterada numa espécie de malicioso piscar de olhos que também abre uma janela: sobre o que se ouviu até então), serve, constituindo-se pouco a pouco, de ferramenta privilegiada para construir gradualmente esse combate amoroso (*agon!*), essa grande reverência ritual quase-nupcial.

Pois se trata agora de um *Pas-de-Deux*, equivalente coreográfico por excelência do *duo de amor*: o signo não poderia ser mais claro e a música que o porta não poderia ser mais quintessencial!

Depois disso, tendo subido alguns degraus em formas de estretos mais ou menos literais, generalizando a linguagem assim conquistada numa coletividade mais ampla, o compositor, por um incrível passe de mágica, traz de novo, da maneira mais surpreendente e no entanto mais lógica, a fanfarra inicial, que adquire agora – "no retorno" – função conclusiva (ele havia tomado o cuidado, em três ocasiões, por um "prelúdio" e dois "interlúdios" praticamente idênticos, que abrem cada um dos três capítulos centrais, de nos relembrar, até certo ponto, um pouco secretamente, o seu clima).

Isso posto, a explicação mais eloqüente desse balé incomparável (estreado em 1957 e sempre tão fudamentalmente provocante) parece-me ainda ser – plano de suas articulações destinado a clarificar sua recepção – a lista dos títulos de suas partes, completada pela indicação do pessoal coreográfico implicado em cada uma: quadro abaixo.

Primeira parte: INTRODUÇÃO	
Pas-de-Quatre (fanfarra)	4 homens
Double Pas-de-Quatre	8 mulheres
Triple Pas-de-Quatre	todos (4 homens e 8 mulheres)
Segunda parte: DESENVOLVIMENTO	
Prelude [1]	
First Pas-de-Trois, Saraband-Step	1 homem solo
Gaillarde	2 mulheres
Coda	os 3 (1 homem e 2 mulheres)
Interlude [2]	
Second Pas-de-Trois, Bransle Simple	2 homens
Bransle Gay	1 mulher solo
Bransle Double	os 3 (2 homens e 1 mulher)
Interlude [3]	
Pas-de-Deux, Adagio	
Variação 1	1 homem
Variação 2	1 mulher
Refrão (Variação da Variação 1)	o mesmo homem
Coda (em duas partes)	os dois (1 homem e 1 mulher)
Terceira parte: CONCLUSÃO	
"Quasi stretto"	
Four Duos	4 x 1 homens e 4 x 1 mulheres
Four Trios	4 x 1 homem e 4 x 2 mulheres
Coda (fanfarra)	todos (4 homens e 8 mulheres).

Adendo de maio de 1997.

Livros de Henri Pousseur

Fragments Théotiques I sur la Musique Expérimentale, Bruxelas: Éditions de l'Institut de Sociologie, Université Libre de Bruxelles, 1970.

Musique, Sémantique, Société, Paris/Tournai: Casterman, 1972.

Musica, Semantica, Società, Milão: Bompiani, 1974.

Música, Semántica, Sociedad, Madri: Alianza Editorial, 1984.

Die Apotheose Rameaus – Versuch zum Problem der Harmonik, Darmstadt: Wissenschaftliche Buchgesellschaft, 1987.

Composer (Avec) des Identités Culturelles, Paris: Institu de Pédagogie Musicale et Chorégraphique, 1989.

Schumann le Poète – 25 Moments d'une Lecture de Dichterliebe, Paris: Méridiens-Klincksieck, 1993.

Musiques Croisées, Paris: L'Harmattan, 1997.

Parabeln und Spiralen – Zwei Hauptaspekte eines Lebenswerkes, Komposition und Musikwissenschaft im Dialog II (1999), Signale aus Köln – Musik der Zeit, Münster: Lit Verlag, 2002.

Écrits Théoriques 1954-1967. Sprimont (Bélgica): Pierre Mardaga Éditeur, 2004.

Livros sobre Henri Pousseur

HUBIN, M., POUSSEUR, H. Rencontre avec Son Temps. Bruxelas: Éditions Luc Pire, 2004.

POUSSEUR, H. Musik-Konzepte, Heft 69. Munique: Edition Text+Kritik, julho de 1990.

––––––––––––––. Visages, revue Circuit, Numéro 12-1. Montreal, 2001.

SABBE, H. Het muzikale serialisme als techniek en als denkmethode. Gent: Rijksuniversiteit te Gent, 1977.

Obras de Henri Pousseur

1949
Sonatine = 5'
piano

1950
Sept Versets des Psaumes de la Pénitence = 3'40"
quatro vozes mistas

Missa Brevis = 7'
quatro vozes mistas

1951
Trois Chants sacrés = 4'30
soprano e trio de cordas

1952-1953
Prospection = 5'
piano-triplo em sextos-de-tom

1954
Séismogrammes = 3'
música eletrônica

Symphonie a quinze Solistes = 13'
1.1(tb. Cl. In A.).1.1, 2.1.1, 2 harpas, piano, 1.1.1.1.0

1955
Quintette à la mémoire d'Anton Webern = 17'
clarinete, clarone, violino, violoncelo e piano

1956
Exercices = 17'
Piano

1957
Scambi = duração variável
música eletrônica

Mobile = 12-15'
dois pianos

1958
Madrigal I = 4'
clarinete solo

Liège, Cité ardente = 25'
Música para um filme de Emile Degelin

Rimes pour différentes sources sonores = 13'
3.1.3.1. – 1.2.1.0. – 4 percussionistas, harpa, celesta, piano – 8.0.6.4.4. – fita
magnética

1959
Préhistoire du Cinéma = 20'
Música para um filme de Emile Degelin

1960
Electre = 50'
música eletroacústica

Répons = 30'
móbile para sete músicos [flauta, violino, violoncelo, dois pianistas tocando piano, celesta e órgão elétrico, harpa e percussão]

1960-1961
Ode = 17'
quarteto de cordas

1961
Caractères = 9'
piano

Trois Visages de Liège = 20'
música eletrônica

Madrigal II = 3'
quatro instrumentos antigos [flauta ou violino, violino ou segundo violino, viola de gamba e cravo]

1962
Trait = 10'
quinze arcos [5.4.3.2.1, scordatura]

Madrigal III = 12'
clarinete e cinco instrumentos [violino, violoncelo, piano e dois percussionistas]

1964-1965
Miroir de Votre Faust = 29'
piano e soprano ad libitum

1965
Répons avec son Paysage = 35'
sete músicos e um ator

Echo I de Votre Faust = 3'
violoncelo solo

1964-1966
Apostrophe et six Réflexions = 18'
piano

1966

Phonèmes pour Cathy = 8'
mezzo-soprano solo

Caractères madrigalesques
oboé solo

1966-1967

Jeu de Miroirs de Votre Faust
como Miroirs de Votre Faust + elementos da fita magnética da ópera

1967

Couleurs croisées = 30'
grande orquestra [4.4.4.4 – 4 sax. – 6.4.4.1. – 2 pianos – 2 harpas – cravo e celesta – 5 percussionistas – min. 12.12.10.8.6.]

1961-1968

Votre Faust = 150-180'
fantasia variável do gênero ópera
em colaboração com Michel Butor
[cinco atores (duas vozes femininas e três vozes masculinas), quatro cantores (S,M,T,B), doze instrumentistas (flauta, clarinete, fagote, sax tenor, trompa, trompete, violino, violoncelo, contrabaixo, harpa, piano e percussão) e fitas magnéticas em difusão quadrifônica.

1968

Mnémosyne = 5'
monodia para voz ou instrumento solo ou coro em uníssono
texto de Friedrich Hölderlin

1969

Mnémosyne II = 10-12'
grupo variável

Echos de Votre Faust = 26'
voz feminina, flauta, violoncelo e piano

1969-1970

Les Voyages de Votre Faust = 60'
filme RTBF, realização de Jean Antoine

1970

Les Ephémérides d'Icare II = 50'
solista e ensemble [solista principal (grande extensão), concertino de três (agudo, médio, grave) e quatro quarteto de sonoridades o mais homogêneo possível, ocupando cada qual um largo âmbito, do grave ao agudo]

Crosses of Crossed Colors = 30'
voz feminina, de preferência negra, dois a cinco pianos, e seis operadores de áudio (dois gravadores, dois toca-discos e dois receptores]
in memoriam Martin Luther King

Icare Apprenti = duração variável
grupo variável

1971
Stravinsky au Futur ou l'Apothéose d'Orphée = 50'
obra coletiva em colaboração com o Ensemble Musique Nouvelle, em particular com Pierre Bartholomée e Philippe Boesmans

L'Effacement du Prince Igor = 10'
orquestra [4.3.4.4. – 4.3.3.1. – 2 percussionistas – harpa – piano e celesta – cordas]
in memoriam Igor Stravinsky

Invitation à l'Utopie
texto de Michel Butor (baseado em Charles Fourier)
como Les Ephémérides d'Icare II + recitante, duas cantoras e coro misto

1971-1972
Ex Dei in Machinam Memoria = 20'
instrumento solo e dispositivo eletroacústico

1972
Icare obstiné
programa de composição

Huit Etudes paraboliques
música eletrônica

Paraboles-Mix = duração variável
música eletrônica

1973
Vue sur les Jardins interdits = 14'
quarteto de saxofones
in memoriam Bruno Maderna

Nouvelle Invitation à l'Utopie = 40'
mesmo texto de Invitation à l'Utopie (1971)
voz recitada ou gravada, acompanhada de música eletrônica combinada com Système des Paraboles, e de um grupo de músicos improvisadores

Mnémosyne II = 4'
piano

Lob des Langen Marsches (1973) 2x45'
exemplo de um Paraboles-Mix especial, incluindo dois textos diversos

1974
Die Erprobung des Petrus Hebraïcus = 180'
teatro musical de câmera em três atos
dois atores masculinos, soprano dramático, tenor e contratenor (se possível um só e mesmo cantor), barítono, sete instrumentistas (clarinete e clarone, cor, violino e viola, violoncelo, piano, harpa e piano, percussão e piano) e fitas magnéticas]

Deuxième Vue sur les Jardins interdits = 14'
órgão

Troisième Vue sur les Jardins interdits = 14'
quinteto de sopros

Quatrième Vue sur les Jardins interdits
orquestra [2.2.2.2. – 2.2.2.0. – harpa – vibra – piano e celesta – cordas]

Parade de Votre Faust = 20'
orquestra [3 (1 tb. piccolo), 2+corne inglês, 4; 2 (2 tb cfg) – 2 sax – 4.3.4.0. – harpa, 3 percussionistas – cordas]

1975
Chroniques berlinoises = 25-30'
piano e quarteto de cordas com barítono ad libitum

Modèle réduit = 20-25'
clarone (ou violoncelo) e piano (1975)

L'Ibéricare = duração variável
violão solo (1975)

1976
Racine 19e de 8/4 = 15-20'
violoncelo solo em temperamento de dezenove graus iguais por oitava

Chroniques illustrées
grande orquestra com barítono ad libitum

1977
Ballade berlinoise = 7'
piano solo

Liège à Paris = 50'
música eletroacústica
textos de Michel Butor e André Breton

1978
Les Ruines de Jeruzona = 20'
coro misto e "seção rítmica" [contrabaixo, piano e órgão, bateria]

Vocalise = 5'
voz e piano

Humeurs du Futur quotidien = 15'
dois recitantes e orquestra de câmera [1.1.1.1. – 1.1.1.0. – harpa, piano, marimba, percussão – cordas]

Le procès du jeune Chien = 180'
versão francesa de Die Erprobung des Petrus Hebraïcus

Pour Baudelaire = 3-4'
monodia para voz solo ou coro em uníssono

1979
Chevelures du Temps = 120'
oratório popular para conjuntos amadores e profissionais [1 recitante, 2 cantores solistas, ateliê vocal, ateliê instrumental e ateliê de ruídos, 8 instrumentistas profissionais indeterminados]

Tales and Songs from the Bible of Hell = 27'
música eletroacústica com quatro vozes eletrificadas em tempo real]
textos de William Blake e Edgar Allan Poe

Flexions I = 5'
flauta solo

Flexions II = 5'
trompete solo

Flexions III = 5'
violino solo

Flexions IV = 5'
viola solo

1980
Flexions V = 7'
violoncelo solo

Le Bal de Cendrillon = 5'
"dicté par..." nº0 : P.I.Tchaïkowsky
piano

Canines = 9'
voz e piano

La Patience d'Icarène = duração variável
harpa solo

Les Iles déchaînées = 70'
formação de jazz, ensemble de sintetizadores e orquestra

Fantaisie et Fugue = 5'
quarteto de cordas [pour nº 1c: 2.0.2.0. – 2.2.0.0. – 2 percussionistes –
4.4.4.4.0.]
"dicté par..." nº1a, 1b e 1c

Variations = 10'
"dicté par..." nº2 : Anton Webern 1940
clarinete e piano

Naturel = 7'
trompa solo

Pédigrée = 25'
voz feminina e sete instrumentistas

1981
La seconde Apothéose de Rameau = 25'
ensemble de 21 músicos [2232/2221/harpa, piano, piano elétrico e celesta, 2
percussionistas]

La Passion selon Guignol = 30'
quarteto vocal eletrificado e orquestra [3.3.3.2. – 4.3.3.1. – 2 sax. – harpa, piano
e órgão elétrico, violão e baixo elétricos, 7 percussionistas – cordas]
em colaboração com Paulo Chagas

1982
La Paganania = 35'
violino solo

La Paganania seconda = 35'
violoncelo solo

La Rose des Voix = 50'
em colaboração com Michel Butor

quatro recitantes, quatro quartetos vocais, quatro coros e 8 instrumentistas improvisadores

Cinquième Vue sur les Jardins interdits = 14'
quarteto vocal

Variations-Caprice = 8'
flauta e cravo

1983

Hermes I = 5'
"dicté par..." nº3: Bela Bartok
clarinete solo

Hermes II = 5'
"dicté par..." nº3: Bela Bartok
violino solo

Trajets dans les Arpents du Ciel = 30'
instrumento solista indefinido e orquestra

Carré magique I = 4'
piano

Yin-Yang = 8'
Carré magique II
piano

Carré magique III = 8-10'
piano

1984

Sixième Vue sur les Jardins interdits = 14'
trio de cordas

Patchwork des Tribus américaines = 15'
orquestra de harmonias

Chroniques canines = 25-30'
dois pianos com soprano ad lib

Cortège des belles Ténébreuses au Jardin boreal = 18'
corne inglês, viola, trompa, tuba e dois percussionistas

Litanie du Miel matinal = 6'
instrumento melódico agudo indeterminado

Litanie du Miel vespéral = 6'
instrumento melódico grave indeterminado

Litanie du Cristal des Fleurs = 5'
piano, somente mão esquerda

Sonate des Maîtres viennois
trois "dictés par...":
• nº-1a: Ludwig van Beethoven 1795
• nº-1b: Wolfgang Amadeus Mozart 1780
• nº-1c: Franz Schubert 1810
piano

Tango de Jeanne-la-Sibylle = 3'
piano, somente mão esquerda

L'Etoile des Langues = 20'
recitante e coro

Vers l'Ile du Mont pourpre = 4'
flauta solo

Les Noces d'Icare et de Mnémosyne = 30'
combinação de Mnémosyne, Mnémosyne II, Icare apprenti, de extratos op-
tativos de Système des Paraboles e de um texto original

1985
Nuit des Nuits (Nacht der Nächte) = 13'
orquestra

Sur le Qui-Vive = 25'
textos de Michel Butor
voz feminina, cinco instrumentos e sons gravados [clarinetes, de mi b a contrabaixo, violoncelo, tubas T e B, piano e sintetizador, percussão]

1986
Arc-en-Ciel de Remparts = 25'
texto em colaboração com Michel Butor
coro em uníssono e orquestra de estudantes [composição variável]

1987
Un Jardin de Passacailles = 60'
ensemble de doze instrumentos

Traverser la Forêt = 50'
cantata para recitante, vozes e instrumentos [recitante, soprano, barítono, coro de câmera e ensemble de 12 músicos: 1.1.1.1. – sax. – 1.0.0.1. – piano e sintetizador – 2 percussionistas – 1.0.0.0.1.]
textos baseados em Baudelaire e Michel Butor

À travers les petits Miroirs = duração variável
voz, instrumentos e objetos diversos

1988
Figure et Ombres = duração variável
1 instrumento ad libitum

Mnémosyne (doublement) obstinée = 15'
Ode II
texto baseado em Hölderlin
quarteto de cordas com voz feminina ad lib

Méthodicare – Estudos de compreensão, interpretação e invenção em música contemporânea (1988-2008)
• Tome I para teclados
• Tome II para instrumentos melódicos
• Tome III para conjuntos instrumentais
• Tome IV (em preparação)

1988-1989
Déclarations d'Orage = 30'
recitante, soprano, baritono, três instrumentos improvisadores (sax alto, tuba e sintetizador), grande orquestra e fitas magnéticas]
em colaboração com Michel Butor

1989
Cinq Soupirs pour une Clairière = 10'
voz feminina e piano

L'Ecole d'Orphée = 20'
recitante "eletrificado", grande órgão e fitas magnéticas ad lib.]
em colaboração com Michel Butor

At Moonlight, Dowland's Shadow passes along Ginkaku-Ji = 12'
três instrumentos tradicionais japoneses [shakuhachi, shamisen e koto]

La Lune et les Flots = 12'
trio de cordas

Flexions hermétiques pour Baudelaire = 12'
combinação de Pour Baudelaire, Flexions III e Hermès II

1990
Amen = 4'
coro misto a capela em uníssono

Puer Natus = 8'
moteto para três cantores [soprano, contralto, barítono]

Suite de Cœur et de Pique = 23'
clarinete, violino, violoncelo e piano

Leçons d'Enfer = 105'
teatro musical in memoriam Arthur Rimbaud [dois atores, três cantores, sete músicos (clarinete, sax alto, tuba, harpa, piano e dois percussionistas), fitas magnéticas e dispositivo eletroacústico]
textos de Arthur Rimbaud e Michel Butor

U oder E-Musik? = 2'
quarteto de cordas

1992
Song on Love's Eternity = 2'
voz e acompanhamento ad lib

Coups de Dés en Echo pour ponctuer – au piano – le Silence de John Cage = 4'

1992-1993
Dichterliebesreigentraum = 65'
soprano, barítono, dois pianos solos, coro e orquestra

1993
Trois petits Caprices sur une Mélodie populaire hongroise = 4'
violino solo

Tarot pérégrin = 25'
voz de baixo e seis instrumentistas [flauta, clarinete, clarone, violino, violão e piano]

Devise = 3'
4 vozes mistas

Caprices de Saxicare = 12-15'
móbile concertante para saxofone contralto e orquestra de câmera

1994
Les Litanies d'Icare = 16'
Aquarius-Mémorial (in memoriam Karel Goeyvarts) I
piano

Le Sablier du Phœnix = 60'
recitante, quinteto vocal e orquestra de câmera [madeiras por 1, trompa,
trompete, sintetizador, percussão e cordas: 5.4.3.2.1.]
em colaboração com Michel Butor

1995
Les Fouilles de Jéruzona = 18'
Aquarius-Mémorial (in memoriam Karel Goeyvaerts) III
móbile para orquestra [36 músicos indeterminados, divididos em seis grupos
de registros gradualmente diferenciados]

Motet = 8'
três instrumentos de sopro [flauta, oboé, fagote]

1995-1996
Triptyque des Septuajubilaires
• Bulles de Temps a Pierre Boulez para o 26/2/95
• Jahresschlangenstaub para viola solo, a György Kurtag para o 19/2/96
• Passa-Fuga-Caglia a Luciano Berio para o 24/10/95

1996
Zwei kleine Spinnereien über einem Thema von Clara Wieck = 3'
piano

Chaconne = 20'
violino solo

Don Juan à Gnide ou les Séductions de la Chasteté = 60'
Répons III
teatro musical [um ator, soprano, barítono, cinco instrumentos (flauta, violino,
violoncelo, harpa e piano) e projeções luminosas]

Septième Vue sur les Jardins interdits
cinco clarinetes de diversas tessituras

Duel de Capricares = 12-15'
móbile para saxofone contralto e piano

1997
Suite du Massacre des Innocents = 15'
grande orquestra [4.4.29.3. – 6 sax. – 4.4.4.10. – 2 CB. – 6 perc.; com coro
em uníssono ad lib]

Reflets d'Arc-en-Ciel = 6'
violino e piano

La Guirlande de Pierre = 75'
soprano, barítono e piano

1998
Danseurs Gnidiens cherchant la Perle clémentine = 10'
Aquarius-Mémorial (in memoriam Karel Goeyvaerts) II
orquestra de câmera [37 solistas]

1999
Icare au Jardin du Verseau
Aquarius-Mémorial (in memoriam Karel Goeyvaerts) IV
piano e orquestra de câmera

Ombres enlacées = 5'
órgão

Les Métamorphoses de Marie-Madeleine = 8'
coro misto, piano e dois percussionistas

Litanie du Miel zénithal = 4'
piano

Paraboles-Mix avec Leçons d'Enfer = 80'
Paraboles-Mix mit Höllenlektionen
versão fixa em 8 canais de uma conferência de Colônia

2000
Navigations
Harpa solo

Anneaux du Soleil
piano

Seize Paysages planétaires = 210'
música etno-eletroacústica

2000-2001
Jardinet avec Automates = 6'
piano

Automates dans leur Jardinet
dois instrumentos melódicos

2001

Quatre Berceuses
textos de Michel Butor
voz solo ou coro em uníssono

Eclipticare = durée variable
um, dois ou três instrumentos
in memoriam Iannis Xenakis

Sursauts = 10'
violino (tb. viola), trombone e piano

2002

Aiguillages au Carrefour des Immortels = 25'
16 ou 17 instrumentos solistas

Les Icare africains = 20'
vozes solistas, coro ad lib e orquestra

Un Jour du Monde en 280 minutes = 280'
instalação sonora quadrifônica

2003

Arioso = 3'
texto de Michel Butor
monodia para voz feminina

Rossignolade = 7'
microópera
voz feminina e clarinete
in memoriam Cathy Berberian et Luciano Berio

2003-2004

Voix et Vues planétaires
música multimedial

Javanitas = 1'45
violino e trombone

Litanie du Miel des Nuits hivernales
viola e piano

2004

Tables
móbile para piano

Piccolo Ricercare = 2'30
quarteto de cordas

2005
Confidences des roseaux = 12'
flauta, viola e harpa

Il sogno di Leporello (Leporellos Traum) = 10'
Parade 2 (de Votre Faust)
orquestra [2 (tb. piccolo), 2 (tb. corne inglês), 2 (tb. Mi b)+clarone, 2 (tb.
contrafagote) – 2 sax (A e T) – 4, 2, 2, 1 – 3 percussionistas – harpa, piano
– V1, V2, Vl, Vc, CB]

Petit Mausolee ambulant = ca 15'
violoncelo e piano

Canzonetta = 2'30
voz feminina femme (ou violino) e trio de cordas

2006
Ostinato finale = 2'20"
quarteto de cordas

Minima Sinfonia = 7'20
quarteto de cordas e voz feminina ad libitum

L'Antre de la Nymphe = ca 15'
texto de Michel Butor
voz feminina e cinco músicos [flauta, clarinete, violoncelo, piano e percussão]

Huit petites Géométries = ca 8'
ensemble de sete músicos [flauta (tb. piccolo e contralto), clarinete (tb. clarone), violino, viola, violoncelo e dois percussionistas]

2007
Dépli et Configuration de l'Ombre
arpeggione solo

Auguri per i Lustri futuri = 5'
ensemble [oboé (tb. corne inglês), clarinete (tb. clarone), percussão, piano, quinteto de cordas]

Índice remissivo

A

acorde (ou arquétipo) maior-menor (e derivados) 206, 216, 256, 257, 264, 265, 271, 272, 274, 275, 280, 287, 296, 297, 302, 311, 314, 316, 320, 321

agregado(s) (harmônico(s)) 54, 61, 75, 85, 209, 321

ambigüidade (harmônica) 57, 80, 122, 128, 135, 183, 187, 257

anarquia (ou anarquismo) 79, 103

andamento (*allure*, segundo Pousseur) 162

aperiodicidade (não-periodicidade) 79, 98, 99, 154

arquétipo (harmônico) 61, 227, 264, 289, 302

arquétipo(s) weberniano(s) 264, 289, 302

assimetria 92, 98, 100, 101, 103, 106, 116, 118, 191

atonalidade 52, 58, 83, 194

B

banda(s) (de freqüências; e derivados) 42, 126, 153, 154, 158, 174, 176, 178

bipolaridade (bipolar; e derivados) 39, 40, 51, 52, 75, 145, 161, 184, 266

C

campo (harmônico, de amplitude; e derivados) 36, 41, 42, 44, 45, 46, 50, 53, 55, 58, 61-64, 68-70, 73-75, 79, 85, 93, 94, 119, 123, 134, 139, 146, 150, 151, 154, 156, 158, 162, 167, 197, 218, 245

cardinalidade (dos intervalos; em Costère) 173, 184

centro de gravidade (da harmonia) 20, 39, 56, 175, 182, 235

ciclo(s) 16, 35, 36, 178, 198, 199, 203, 204, 206, 209, 210, 220, 221, 231, 232, 236, 247, 248, 250, 264, 279, 290, 292-295, 312, 313, 315, 320, 322, 326

citação musical 13-15, 21-23, 166, 193, 194, 213, 218, 219, 281, 328

colagem 193, 307

complexidade 8, 50, 153, 154, 157-159, 166, 172, 175, 182, 183, 189, 195, 199, 210, 224, 226, 233, 256, 300, 316

composição de perfis 231

comprimento de onda 119-122, 125-127, 134, 136, 139, 144, 145, 148, 150-153, 155, 157, 158, 160, 162, 285

congelamento das propriedades harmônicas 158, 172

conexões (rede de; e derivados) 31-33, 35-45, 50, 52, 62, 128, 164, 287, 306

consonância 54, 58, 180, 183, 196, 212, 235, 258, 317

continuidade 9, 23, 113, 143, 157, 192, 194, 307, 323

continuum 46, 216, 250
cores (citações) estilísticas 166, 307
cores harmônicas 13, 219, 241, 308
croma (em oposição a peso) 36-38, 66, 177
cromatismo orgânico (em Webern) 29-47, 49, 52, 66, 73, 98, 129, 136, 172, 184, 266

D

defasagem 120, 137, 139
descontinuidade 98, 101, 112, 113, 143
desordem 103
diagonalidade (harmônica, ou dimensão/relação "oblíqua" em Webern; e derivados) 69, 70, 201, 289, 297
direcionalidade (direcional; e derivados) 38, 39, 51, 87, 91, 105, 115-117, 124, 125, 127, 129-131, 134, 136, 138, 155, 167, 170, 180, 211, 244
dissonância 54-56, 58, 61, 62, 79, 112, 179, 199, 212, 216, 235, 317
distância de ataques (no serialismo) 125
dodecafonismo (método, sistema, técnica dodecafônica; serialismo dodecafônico) 8, 17, 37, 50, 52, 64, 65, 76, 78, 80, 81, 87, 186-188, 204, 257, 300
duração (noção de) 44, 123
duração da ressonância 135
durações intraconectivas 44
Durchkomposition 309

E

Ensemble Musiques Nouvelles 12, 259
en-temps (fora do tempo; em oposição a *hors-temps*) 107, 108, 266
entidade (harmônica) 50, 76, 81, 118, 128, 158, 174, 186, 227, 264
entropia 101, 158
envelope (espectral; e derivados) 32, 119, 136, 143, 145
escritura 9, 38, 42, 44, 55, 57, 64, 66, 80, 137, 251, 259, 289, 323
escritura durativa 44
espacialidade (dos intervalos)177
esperança (*Hoffnung*) 22, 110, 253
espessura 135
estabilidade 65, 109, 162, 320
estrutura (musical; e derivados) 9, 11, 12, 14, 18-20, 22, 26, 32, 33, 35, 40, 42, 43-47, 50, 51, 53-55, 58, 61-69, 71, 73-80, 83, 90, 91, 94, 98, 100, 105, 107, 108, 111-113, 115-117, 120, 121, 123, 127-129, 136, 138, 146, 155, 160, 165, 167, 176, 178, 182,

184-187, 189, 192, 198, 206, 211, 212, 214-217, 219, 226, 230, 231, 234, 238, 240-242, 244, 250, 252, 253, 256, 258, 260, 262, 263, 266, 271-274, 282, 283, 288, 290, 293, 299, 301, 306, 309, 315-317, 320-326, 331
Estúdio de Música Eletrônica de Colônia (da NWDR) 10, 32
expressionismo (ou expressionista) 59, 96, 97, 129, 244

F

fase (de uma onda; fenômenos de; coincidência de; oposição de; difusão de) 18, 119, 120, 134-139, 142, 143, 148, 149-151, 154, 155, 181, 240
fenomenologia da escuta 9
Festival (Cursos de Verão) de Darmstadt (*Internationalen Ferienkurse für neue Musik Darmstadt*) 10, 11, 100, 138
Festival de Donaueschingen 10, 11, 51, 309, 330
figura (figuralidade) 17, 18, 166, 232, 287
forma de onda 119, 123, 124, 126, 139, 142-144, 148, 155
formante 108, 149, 192
forma-pronúncia (de Flo Menezes) 253
fragmentação (*lambeaux*; no uso de citações musicais) 13, 14, 16
fraturas (*déchirures*; no uso de citações musicais) 14
freqüência estacionária (e derivados) 120, 126, 127, 139, 158, 162
função (harmônica; e derivados): 22, 32, 33, 35, 36, 38, 40, 44, 50, 53, 55, 58, 65-67, 76, 86, 87, 92, 95, 106, 117, 128, 154, 158, 163-165, 167, 172, 174, 176, 179, 183-187, 189-192, 194, 201, 213, 221, 227, 229, 238, 240, 246, 252, 260, 266, 287, 294, 315, 320, 322, 323, 329, 332
funcionalidade (ou funcionalização)166, 173, 235, 308

G

geração (ou Escola) de Darmstadt 8-10, 39, 50, 51
geração (música) pós-weberniana (pós-webernianismo) 7, 8, 11, 33, 35, 47, 66, 87, 91, 106, 116, 157, 161, 167, 172, 180, 190, 217, 218, 315
Gestalt (ou *Gestaltpsychologie*) 119, 160
gramática musical (generalizada; ou metagramática; e derivados) 15, 19, 26, 172, 194

H

harmonia (noção expandida de) 15, 16, 19, 20, 26, 27, 31, 33, 67, 70, 76, 79, 80, 85, 167, 168, 172, 177, 179, 180, 183-185, 190, 194, 195, 219, 225, 246, 255, 258, 260, 266, 274, 275, 280, 282, 288-290, 292, 293, 296, 300, 301, 303, 307, 308, 310, 311, 314, 315, 317, 318, 323

harmonia de simultaneidade 8

homogeneidade (harmônica em Webern) 9, 16, 37, 39, 50, 69, 76, 87, 106, 130, 158, 172

hors-temps (fora do tempo; em oposição a *en-temps*) 106-108, 266, 277, 320

I

Ícaro (mito de)21, 22, 318

identidade (figural) 14, 20, 21, 231

identidade entre as dimensões horizontal e vertical da harmonia 46, 80, 91

improvisação coletiva 259

impulso (eletrônico) 120, 124-126, 136, 139, 146, 152, 155, 162

indeterminação 11, 19, 20, 92, 100, 103, 106, 108, 168, 191

Integral de Fourier 119

Interversão 198, 242, 305

K

Klangfarbenmelodie (melodia de timbres) 67

L

luminosidade (sonora) 175, 176

M

massa (em Schaeffer) 116, 178, 179, 323, 324

material (musical; e derivados) 14, 42, 86, 91, 100, 127-129, 154, 158, 159, 162, 166, 167, 185, 195, 203, 204, 213, 226, 244, 246, 250, 258, 271, 302, 308

melodia 26, 58, 65, 69, 80, 81, 83, 137, 177, 182, 240, 242-244, 324

miniaturismos (miniaturas das forma musical; e derivados) 10, 22

Mnemósine (mito de) 21, 22, 318

modelos reduzidos de sociedade (*modèles réduits*) 22

modo I (de Messiaen) 275

modo I bis (ver também: modo de Liszt; modo húngaro) 275, 296, 304

modo II (de Messiaen) 270, 274, 275, 279, 280, 284, 294, 296, 302, 305, 321, 322, 326

modo III (de Messiaen) 216, 276

modo de Liszt (ver também: modo húngaro; modo I bis) 213, 216, 218, 275

modo húngaro (ver também: modo de Liszt; modo I bis) 275

modos de transposições limitadas (de Messiaen) 213, 274-276, 296

modulação (da onda sonora; de amplitude; de freqüência; e derivados) 146-155, 157, 159, 160

modulação em anel (*Ringmodulation*) 230

módulos cíclicos (de Flo Menezes) 253

montagem 17, 278

motivo-BACH 20, 283, 293, 311, 312

multiplicações (de acordes; de Boulez) 30, 180, 208, 209, 253

multipolaridade (espaço multipolar; e derivados) 16, 20, 23, 39, 51, 52, 61, 63, 64, 66, 67, 69, 76, 79, 87, 109, 136, 167, 169, 172, 184, 195, 266, 288, 315

música (composição) coletiva 12, 13, 171, 259

música concreta (*musique concrète*) 9, 33

música eletroacústica 10, 44, 99, 115, 177, 335, 339

música eletrônica (*elektronische Musik*) 9, 10, 18, 24, 32, 33, 67, 99, 100, 115, 124, 136, 161, 219, 311, 334, 334, 335, 337

música especulativa (e derivados) 7, 9, 15, 17, 47, 49, 118, 170, 253

música informal 100

música intuitiva 12

música pontilhista ou pontual (pontilhismo; e derivados) 9, 10, 16, 30, 35, 51, 52, 66, 67, 99, 102, 116, 127, 170, 208, 217

música serial 9, 10, 30, 47, 89, 90, 92, 100, 111, 114, 162, 167, 169, 171, 191

N

não-oitavação (princípio da) 113

não-repetição (princípio da) 113

notação proporcional 24

Nouveau Roman 13

Nova Complexidade (de Ferneyhough) 8, 154

O

obra aberta 11, 12, 24, 159, 193, 213

onda (sonora) 18, 102, 115, 119-128, 131, 134, 135, 138-153, 155-158, 160-162, 168, 170, 176, 181, 234 240

oitava (intervalo de; definição) 65

oitavação 36, 37, 199, 221, 241, 278, 290, 294

onipolaridade (ou omnipolaridade; ver também multipolaridade) 20, 184, 195, 266, 288, 315

ordem 11, 39, 59, 73, 86, 87, 89, 92-96, 98, 99, 101, 103, 105, 106, 112, 113, 128, 136, 142, 143, 145, 158, 160, 182, 183, 188, 198, 199, 204, 210, 211, 213, 222, 224, 226, 229, 230, 241, 252, 258, 262, 263, 266, 268, 276, 277, 283, 285, 299, 317

P

perfil (perfis; contornos) 14, 17-21, 29, 114, 115, 138, 178, 179, 182, 231, 253, 286

periodicidade (generalizada; de Pousseur) 16, 17, 67, 90, 92, 98, 101, 102, 105, 108, 109, 111, 113-115, 118, 128, 154, 158, 159, 166, 168, 169, 230, 234, 240, 251, 252, 321

periodicidade de freqüências (em Webern) 105

permutações seriais cíclicas (de Pousseur) 14, 24, 31, 105, 173, 178, 188, 198, 206, 242, 268, 279, 298, 301, 311

peso (em oposição a croma) 36, 177, 182, 183, 196, 197, 266

pitch class theory (*set theory*) 20, 36, 73

polaridade (e não-polaridade) 39, 51, 68, 79, 81, 182-185, 195, 199, 201, 235, 288, 299, 300

polarização 20, 51, 56, 174, 184, 195, 197, 294, 296, 318, 326

polimodalidade 257, 285

politonalidade 195, 206, 315

pólo (nota polarizada) 14, 51, 79, 256, 266, 288

pós-wagnerianismo (escritura pós-wagneriana; e derivados) 31, 55, 57

potencial cromático 40

projeções (nas redes harmônicas; de Pousseur) 178, 230-232, 238, 239

projeções proporcionais (de Flo Menezes) 253

Q

quadrado serial (de Boulez) 157

quinta do lobo 247

R

racionalidade (e irracionalidade) 50, 58, 62, 79, 166, 308

redes harmônicas (*réseaux harmoniques*; de Pousseur) 14, 17, 19, 20, 22-24, 31, 32, 37, 45, 70, 118, 129, 164-166, 178, 220, 221, 224-234, 238-242, 245, 250, 253, 267, 273, 293, 320

região (harmônica, freqüencial; e derivados) 30, 42, 50, 58, 66, 79, 86, 116, 128, 178, 199, 219, 246, 259, 280, 318

registro (dos intervalos, das alturas) 9, 20, 27, 35, 36-39, 41, 42, 53, 54, 66, 70, 73, 74, 76, 83, 84, 91, 99, 100, 105, 113, 115, 138, 177, 178, 182, 185, 186, 189, 194, 195, 197, 204, 208, 209, 211, 216, 226, 236, 241, 261, 264-266, 268, 271, 276-281, 289, 291, 296, 298-302, 305, 316, 320, 321

resolução (harmônica) 51, 54-56, 62, 80, 94, 95, 300

ruído (branco, colorido; e derivados) 24, 101, 102, 114, 124, 153, 154, 158, 166-168, 174, 176, 178, 179, 191, 218, 219, 311, 317, 321

S

seção (ou proporção) áurea 122, 123, 135, 162, 163

semitom (o papel do s. em Webern) 55

serialismo (integral) 9, 16, 17, 19, 22-24, 30, 31, 37, 67, 80, 91, 92, 99, 113, 116, 125, 127, 134, 158, 161, 172, 180

série de Fibonacci 247

série generalizada (ver também serialismo integral) 8, 9, 11, 13-16, 92, 116

série harmônica (natural) 38, 119

silêncio estrutural (o papel do silêncio em Webern) 101

simetria 92-98, 100, 102-104, 106, 112, 113, 116, 118, 205, 210, 221, 222, 226, 230, 232, 245, 262, 263, 267, 302, 303, 305, 331

simplicidade 118, 159, 180, 181, 183, 199, 231, 236, 321

sobredeterminação (*surdétermination* segundo Pousseur) 10, 11, 13, 19, 106, 193, 299

Spiegelbild (forma espelhada, simétrica) 71

Sprechgesang (ou *Sprechstimme*; canto falado) 179

strata (ostinatos em Webern) 98

Studio di Fonologia Musicale (de Milão) 24, 101

Studio PANaroma (de Música Eletroacústica da Unesp) 90

Sturm und Drang 96

supremacia das alturas (ou das relações harmônicas) 33, 127

suspensão (harmônica, da tonalidade; e derivados) 51, 56, 80, 274, 280, 318, 326

T

teatro dell'udito (ou *teatro per gli orecchi*; teatro para os ouvidos) 25, 26

tecido (sonoro, musical; e derivados) 14, 44, 116, 118, 129, 168

técnica de grupos (na música serial integral) 9, 30, 99, 108, 116, 117, 134, 158, 191, 209

tematismo 80, 81, 252

Teoria da Forma 161

tetracorde espanhol 284, 302, 305

tetracorde húngaro 297, 304

textura 9, 14, 18, 40, 46, 66, 114, 116, 117, 125, 151, 159, 179, 193, 213, 240, 241, 289

timbre 9, 10, 32, 33, 43, 67, 69, 114, 124, 125, 138, 143, 149, 155, 159, 166, 168, 171, 173, 175, 316

U

Unidade do Tempo Musical (teoria de Stockhausen) 115, 155

unipolaridade (tonal; e derivados) 38, 39, 51, 79

utopia 21-23, 110, 318

V

verbalidade 24

verticalização (harmônica) 8, 270

Índice onomástico

A

Adorno, Theodor Wiesengrund 100, 177

Ansermet, Ernest 264

B

Bach, Carl Philipp Emanuel 305

Bach, Johann Sebastian 20, 26, 81, 82, 93, 96, 138, 158, 193, 194, 253, 256, 312

   O Cravo Bem-Temperado: 81, 82

   Variações Goldberg: 93, 96, 138

Bachelard, Gaston 67

Bartholomée, Pierre 12, 250, 251, 259, 286, 337

   Tombeau de Marin Marais: 251

Bartók, Béla 112, 172, 189, 326, 341

Beethoven, Ludwig van 218, 312, 342

   Variações Diabelli: 312

Berberian, Cathy 24, 347

Berg, Alban 81, 83, 87, 179, 252, 280, 326

   Violinkonzert: 81

   Wozzeck: 280

Berio, Luciano 7-9, 11, 15, 18-20, 23-27, 51, 101, 104, 110, 191, 253, 328, 345, 347

   Allelujah II: 24

   Cinque Variazioni: 26

   Circles: 24, 26, 191

   Coro: 253

   Différences: 24

   O King: 23

   Recital I (for Cathy): 24

   Ritratto di città: 24

   Sequenza I: 24

   Sequenza III: 24, 26

   Sequenza V: 24

   Sinfonia:15, 23, 25, 110

   Tempi concertati: 24

   Thema (Omaggio a Joyce): 25

   Visage: 24, 26, 253

Bloch, Ernst 22, 110

Blumröder, Christoph von 27

Boesmans, Philippe 259, 337

Borio, Gianmario 11

Boulez, Pierre 7, 8, 10, 11, 13, 17, 18, 24, 25, 30, 50, 90, 92, 99, 100, 102, 108, 113, 157, 171, 180, 191, 208, 209, 212, 234, 235, 246, 252, 253, 255-259, 288, 300, 307, 309-311, 315, 318-321, 323, 324, 327, 328, 330, 345

   Le marteau sans maître: 108, 191, 309, 318, 327, 330

   Pli selon pli: 18, 209, 256

   Poésie pour pouvoir: 10

   Structures: 90, 99, 100, 108, 113, 209, 212

   Troisième Sonate: 108

Brailoiov, Constantin257

Butor, Michel 13, 15, 16, 18, 23, 25, 26, 110, 160, 170, 192, 193, 308, 311, 328, 336, 337, 339, 340, 342-345, 347, 348

C

Cage, John 7, 10, 11, 20, 106, 113, 193, 299, 344
  Music of Changes: 113
Claudel, Paul 98, 101, 102, 111, 161, 164, 165, 170
Corrêa de Oliveira, Willy 18, 138
Costère, Edmond 173, 174, 184, 195
Couperin, François 171
  Apothéose de Lully: 171
  Le Parnasse ou l'Apothéose de Corelli: 171
Craft, Robert 282, 330

D

Dalmonte, Rossana 26
Dante Alighieri 21
Danuser, Hermann: 11
Debussy, Claude:
112, 121, 137, 192, 194, 212, 219, 250, 255, 258, 309, 310, 322, 323, 326, 328
  Nocturnes (*Nuages*; *Fêtes*): 326
  Pelléas et Mélisande: 323
Decroupet, Pascal 11, 29, 49
Deliège, Célestin 258
Descartes, René 95
Diaghilev, Serge 261, 329

E

Eco, Umberto 11, 159
Eimert, Herbert 10, 32, 204

F

Ferneyhough, Brian 8, 154
Fokker, Adriaan D. 247
Fourier, Charles 22, 337
Francastel, Pierre 59
Franck, César 309
Froidebise, Pierre 8

G

Gershwin, George 26
Gesualdo, Carlo 194
Globokar, Vinko 250
  Fluide: 250
Gluck, Christoph Willibald 194
Goethe, Johann Wolfgang von 299
Goeyvaerts, Karel:
10, 30, 345, 346
  Sonate: 30

H

Hindemith, Paul 81
Hubin, Michel 15, 22, 333
Husserl, Edmund 164
Huyghens, Christian 246, 247

J

Joyce, James 11, 25

K

Klee, Paul 99, 161, 257, 315
Koenig, Gottfried-Michael 10
Kolneder, Walter 98

L

Leibniz, Gottfried Wilhelm 95
Leibowitz, René 78, 258
Lévi-Strauss, Claude 25, 324
Ligeti, György 7
Liszt, Franz 213, 216, 218, 275, 309
  Eine Faust-Symphonie: 213, 275
  Sonata em Si menor: 309
Luther King, Martin 23, 337
Lyotard, Jean-François 164

M

Machaut, Gillaume de 330
Maderna, Bruno 8, 24, 337
  Ritratto di città: 24
Mahler, Gustav 15
  Segunda Sinfonia: 15
Mallarmé, Stéphane 11, 18
Menezes, Flo 10, 15, 27, 29, 32, 33, 36, 37, 49, 50, 61, 89, 99, 105, 111, 115, 155, 171, 174, 186, 206, 208, 213, 220, 247, 255, 264, 275
  Profils écartelés: 253
Messiaen, Olivier 17, 112, 194, 198, 213, 216, 226, 270, 274-276, 321, 326
Monteverdi, Claudio 14, 15, 192, 194, 203, 225
Mozart, Wolfgang Amadeus 26, 342
Mussorgsky, Modest P. 194, 309
  Boris Godunov: 259

N

Nattiez, Jean-Jacques 253
Newton, Isaac 95
Nono, Luigi 7, 50

O

O'Connell, Walter 203, 205, 206, 298
Oliveira Santos, Mauricio 27, 89, 111, 171, 255

P

Pascal, Blaise 95, 203
Pergolesi, Giovanni Battista 330
Pitágoras 221
Pound, Ezra 11
Pousseur, Henri (obras em particular – ver
  lista completa ao final do volume):
  Apostrophe et six réflexions: 16, 212
  Couleurs croisées: 23, 110, 219, 220, 231,
    238, 252, 308
  Crosses of crossed colors: 23
  Déclarations d'orages: 15
  Dichterliebesreigentraum: 15
  Electre: 24
  Exercices pour Piano: 209
  Icare Apprenti: 22
  Icare obstiné: 22
  La Patience d'Icarène: 22
  La seconde apothéose de Rameau: 15,
    171, 252
  Les Éphémérides d'Icare II: 21, 110
  Madrigal I: 24
  Miroir de Votre Faust: 194, 213, 218, 220
  Mobile: 11
  Phonèmes pour Cathy: 24
  Quintette à la mémoire d'Anton Webern:
    24, 211
  Répons: 11
  Scambi: 11, 24, 27, 101, 102
  Sept Versets des Psaumes de la Pénitence: 8
  *Stravinsky au futur ou l'Apothéose
    d'Orphée*: 12, 171, 259
  Symphonies à Quinze Solistes: 9
  Rimes pour différentes sources sonores:
    10, 24
  Traverser la forêt: 15
  Trois chants sacrés: 188, 212
  Trois visages de Liège: 24, 253
  Votre Faust: 13, 16, 18, 25, 109-111, 191,
    193, 194, 212, 213, 218-220, 225, 231,
    311, 312, 326, 328
Proust, Marcel 110

R

Rameau, Jean-Philippe 15, 18, 19, 36, 70,
  118, 171, 252, 253, 256, 258, 260, 266,
  267, 288, 298, 299, 308, 311, 318, 328,
  333, 340
Ramires, Marisa 174
Ravel, Maurice 117, 256, 264
  Bolero: 117

Reich, Willi 83, 86, 300
Rilke, Rainer Maria 97
Rimsky-Korsakov, Nicolai 310
Ruwet, Nicolas 90, 322

S

Sabbe, Herman 26, 333
Sanguineti, Edoardo 11
Schaeffer, Pierre 33, 178
Schoenberg, Arnold 7, 8, 14, 20, 25, 30, 31,
  37, 39, 46, 47, 49, 50, 52, 53, 57-59, 64, 65,
  76, 78-87, 96-98, 103, 106, 112, 113, 136,
  172, 174, 179, 184, 186, 205, 206, 212, 218,
  241, 252, 256, 259, 264, 289, 300, 318, 326,
  328, 330
  Bläserquintett Op 26: 77
  Das Buch der hängenden Gärten Op 15:
    84
  Drei Klavierstücke Op 11: 84
  Erwartung Op 17: 84
  Fünf Klavierstücke Op 23: 77
  Fünf Orchesterstücke Op 16: 84
  Kammersymphonie Op 9: 83
  Klavierstück Op 33a: 77, 81
  Ode to Napoleon Op 41: 81
  Pierrot Lunaire Op 21: 330
  Sechs kleine Klavierstücke Op 19: 52, 57,
    78, 79
  Serenade Op 24: 77
  I. Streichquartett Op 7: 83, 86
  II. Streichquartett Op 10: 83
  III. Streichquartett Op 30: 30, 77, 78
  IV. Streichquartett Op 37: 30, 77, 80
  Streichtrio Op 45: 212
  Suite für Klavier Op 25: 79
  Variationen für Orchester Op 31: 77,
    106
  Verklärte Nacht Op 4: 82
Schumann, Robert 15, 192, 333
Scriabin, Alexander 216, 326
  Sonatas: 326
Souris, André 66, 286, 323, 326
Souvtchinsky, Pierre 327
Stockhausen, Karlheinz 7, 8, 10, 12, 22, 24,
  30, 50, 108, 110, 115, 117, 124, 132, 155,
  191, 212, 235, 251, 252, 309
  Gesang der Jünglinge: 109, 235
  Gruppen: 108, 109, 191, 251
  Hymnen: 110, 252
  Kontakte: 109, 155, 252
  Kontrapunkte: 117

Mantra: 110
Zeitmasze: 109, 124, 132, 212, 252
Stoianova, Ivanka 26
Stravinsky, Igor 8, 12, 17, 22, 25, 79, 112, 171, 172, 212, 213, 234, 252, 255, 256, 259-261, 264, 267, 268, 277, 280-282, 285-288, 291, 295, 299, 300, 302, 303, 307-310, 318, 321, 323-330, 337
    Agon: 17, 25, 213, 252, 255-332
    A Sagração da Primavera: 255-257, 307, 310, 312, 319 321, 323
    Canticum Sacrum: 212, 302, 308
    Histoire du Soldat: 302
    Le Rossignol: 287
    Œdipus Rex: 287
    O Pássaro de Fogo: 310
    Petruchka: 310, 321
    Requiem Canticles: 286
    Scherzo Fantastique: 321
    Symphonies d'Instruments à Vent: 260, 264, 287, 323

T

Tchaikovsky, Pyotr Ilyich 261, 330
    A Bela Adormecida: 261

V

Valéry, Paul 13
Varèse, Edgar 320
Vecchi, Orazzio 26
    L'Amfiparnaso: 26
Virgilio 21
Vlad, Roman 321

W

Wagner, Richard 309, 324
    Tristão e Isolda: 259
Wangermée, Robert 66
Webern, Anton 8, 10, 14-17, 19, 20, 22, 24-27, 29-31, 33, 35-39, 43, 44, 46, 47, 49-55, 59-62, 65-71, 73-88, 97-99, 101-106, 108, 109, 112, 113, 116, 118, 129, 136, 172, 184, 190, 194, 195, 203, 205, 211-213, 216, 234,

252, 253, 255, 256, 259, 262-268, 270, 271, 273, 276, 278, 280, 282, 283, 289, 293, 299, 300, 302, 306-309, 318, 320, 323, 326-328, 330, 334, 340
    Das Augenlicht Op 26: 55, 72, 74, 75, 260
    Drei Gesänge Op 23: 72
    Drei kleine Stücke Op 11: 102, 103
    Drei Lieder Op 18: 72
    Drei Volkstexte Op 17: 71, 72
    Fünf Canons nach lateinischen Texten Op 16: 67, 68
    Fünf Lieder Op 3: 71
    Fünf Orchesterstücke Op 10: 282
    Fünf Sätze für Streichquartett Op 5: 47, 59, 60, 62, 65, 68, 71, 76, 82, 265
    I. Kantate Op 29: 37, 55
    II. Kantate Op 31: 55, 72, 188, 212, 264, 265
    Konzert Op 24: 72, 104, 216, 265, 268, 269, 276
    Quartett Op 22: 72, 112
    Sechs Bagatellen Op 9: 30, 32, 34, 37, 40, 46, 49, 50, 52, 54, 59, 62, 64-67, 82, 97, 105
    Streichtrio Op 20: 30, 72
    Streichquartett Op 28: 30, 72, 272
    Symphonie Op 21: 138, 270
    Variationen für Klavier Op 27: 67, 70, 72, 74, 302, 307
    Variationen für Orchester Op 30: 86, 262, 263, 265, 267, 272, 276, 278, 281, 283, 286, 300, 306, 327, 331
    Zwei Lieder Op 19: 55, 72
    Zwei Lieder nach Gedichten von Rainer Maria Rilke Op 8: 97
White, Eric Walter 261, 264, 330

X

Xenakis, Iannis 7, 107, 108, 266, 347

Z

Zarlino, Gioseffo 221

SOBRE O LIVRO

Formato: 16 x 23 cm
Mancha: 23 x 43 paicas
Tipologia: Gatineau 10/13
Papel: Offset 75 g/m2 (miolo)
Cartão Supremo 250 g/m2 (capa)
1ª edição: 2009

EQUIPE DE REALIZAÇÃO

Edição de texto
Antonio Alves e Nair Kayo (Preparação de Original)
Adriana Cristina Bairrada (Revisão)

Editoração Eletrônica
Eduardo Seiji Seki

Edição dos exemplos musicais
Matheus Bitondi e Luciano Rossa

Cromosete
Gráfica e editora ltda.
Impressão e acabamento
Rua Uhland, *307*
Vila Ema-Cep *03283-000*
São Paulo · SP
Tel/Fax: *011 2154-1176*
adm@cromosete.com.br